网络经济译丛

彼得·R·芒戈(Peter R. Monge)
诺什·S·康特拉克特(Noshir S. Contractor) 著
陈禹 刘颖 等译
褚建勋 等审校

Theories of Communication Networks

传播网络理论

中国人民大学出版社
·北京·

中文版序

这本书是关于人类传播网络，人与人、人与人造物品之间形成的知识、图像、符号和信息流，比如化身（avatars）和知识仓库。网络领域曾经如同中国一样是一个相对孤立的学术专业，参与的研究者不多，孤立于学术世界的其他领域。而在过去的三十年中，对网络的研究也一如中国的发展一样，有了巨大的变化。网络研究已经不再是孤岛，而成为关系到多学科、遍及整个世界的中心课题。

当然，中国的网络久负盛名。家族产业这种中国经济的核心形式，正是典型的传播网络。中国在世界范围与其他国家形成的政治联盟，核心部分也是传播网络。由中国政府领导的过去三十年中的“信息革命”使中国在信息技术上处于领先地位，其中包括互联网——世界上最大规模的传播网络。

尽管过去几年中发表了一定数量的有关社会理论的学术文献，但很少涉及传播网络领域。这本书首先认识到大部分社会理论都具有网络方面的构成，有些是明显表达出来的，而其他的需要特别加以阐释。本书的大部分考察了网络理论、它们的结构特征和网络寓意。尽管这些理论在中国可能不是众所周知的，它们背后蕴含的观点在整个中国却是通俗易懂的。比如，交换理论讨论人们建立联系获得宝贵资源的条件。中国的一些俗语很好地表达了这种思想，如“礼尚往来”、“投桃报李”。再比如一致性理论，人们有与具有自己相似特征的其他人建立传播网络的倾向。英语中我们通常所说的“同一种类的鸟聚集在一起”（直译，Birds of a feather flock together），充分体现了这种理论。中国俗语“物以类聚，人以群分”则表达了类似的含义。本书讨论的另一个社会理论是传染理论，主要涉及思想、信息和观点如何在传播网络内的人与人之间流动。一句中国俗语抓住了这个理论的实质——“近朱者赤，近墨者黑”。最后，我们经常提到的一个重要的网络特征被称为传递性，它揭示了如果个体 A 与个体 B 有联系，而个体 B 与个体 C 有联系，那么个体 A 与个体 C 亦有联系，正如我们通常所说的朋友的朋友也是我的朋友。一个更有力的中国俗语表达了这种思想——“敌人的敌人就是朋友”。

网络外部性的思想表明网络的价值与他所连接的人的数量直接相关。中国有数千名学者，有了这些学术组织成员的加入，全球范围的学术传播网络的价值将得到显著增加。我们很高兴能够与中国读者分享本书中的思想，在此我们对参与的翻译者表示深深感谢，他们的工作、时间和精力使本书中文版能顺利完成。他们包括刘颖博士、褚建勋博士、粟春科博士、黄梅宽博士、王京博士、朱孟潇和沈粹华。特别要感谢中国人民大学的陈禹教授，他指导了这次翻译工作，以及中国人民大学出版社的总编辑周蔚华和本书的策划编辑马学亮。

前言：多理论、多层次和多重分析

斯坦利·沃瑟曼（Stanley Wasserman）

在过去的70年中，社会网络分析（social network analysis）一直被用于进行社会和行为科学的深入研究。事实上，几乎在本书出版整整70年前，Jacob Moreno就向纽约州医学会陈述了他关于儿童和孤立的研究，他在1933年4月的报告中对社会关系网图（sociograms）的使用，被广泛公认为是对社会网络分析的首次应用。

社会网络分析发展缓慢（几乎是线性发展），随着社会计量学（社会关系网图、社会关系矩阵）、图论、二元组、三元组、子图和块模型的发展，启发了一些重要的观点，比如互惠、结构平衡、传递性、聚集性和结构对等性。直到1980年，所有这些方法已被一小部分网络分析学家所接受。

在20世纪80年代早期，Sunbelt会议（现在为社会网络分析国际网络的官方年度会议）由70多位核心专家学者构成。参加者总人数很少；有极少数人员处在外围。追溯从教授到学生、从一代研究人员到下一代研究人员的网络理论和观点的演化发展并不难，甚至可以把网络分析领域视为网络来进行分析！使用者逐渐变成分析者，还有一些人甚至成为方法论者。但是我们很容易就能清楚地了解场上的“球员”和分数。毕竟看清一个只有3个职业棒球队规模的比赛场地并不难！

大约在十年前我曾和一份知名的方法论期刊的编辑聊过。他基本上抱着一种谦虚的态度对我说，社会网络分析仅仅是一连串的指数应用，一次一个，针对小规模的数据集。他想知道“模型”在哪里！网络分析对于他来说仅仅是一组简单的非连续的数据分析，与统计几乎没有关联。在那时，网络分析也许就是一种有效的观察。

但是，这种现象大约在 1990 年发生了一些变化。这些变化或许是认识到了行为的社会背景的重要性；或许是开始承认传染病并不是在人口中均匀扩散的（这些人口分布几乎从来都不是同质的）；或许是具有某些争议性的观点，例如研究性关系需要考虑其网络，即使这种网络只是二元的；或许是关于管理研究的核心是组织网络研究的新发现（现在管理学会的年会上，几乎三分之一的报告都采用网络视角）。这些变化还可能体现为一直寻求解决大量技术问题的物理学家，也把注意力转向了网络、小世界和新陈代谢系统。所有这些都是对少数几个社会和行为科学家工作多年总结出来的范例的应用，现在许多物理学家正在做着网络分析。

密歇根大学 ICPSR 的定量分析方法暑期班（Summer Quantitative Methods Program，1987 年 7 月）关于社会网络分析的第一课上只有 3 个学生。该班过去的一年大约有 40 个学生（最大容量），分成两个班授课，另外还有 10 个人在排队等候。我在前面提到的那个杂志编辑，最近和他的同事一起基于前人的工作成果（尤其是统计学成果），完成了一篇很不错的关于网络的方法论文章。很显然，他现在认为网络分析是十分重要的了！我们已经看到在过去的十多年中大家对这个“小领域”的研究兴趣正在不断增长；而这十多年里的主要突破是已经承认这个范式从实质内容与方法论上都极大拓展了它的实用价值，尤其在因特网研究、组织科学、政策研究和传染病学等方面。其中，前两个领域是传播理论研究的内容，也是 Monge 和 Contractor 两位教授撰写的这本书的研究重点。

社会网络分析进入了一个新纪元的主要标志是：它呈现出指数增长态势，而不是线性增长。现在看来，最近 15 年的教科书，都显得范围太窄了——无论是它的基础内容，还是阐释内容（比如，由 Sage 出版的 Dave Knoke 和 Jim Kuklinski 的小绿本，以及仍由 Sage 出版的 John Scott 编撰的短小精悍的书，该书中有一个极具可读性的简介），或者是更高级的、更专业性的内容（比如，Pip Pattison 和 John Boyd 分别撰写的漂亮册子）。Wasserman 和 Faust（1994）于十多年前出版的著作，仍需要增加大约 4 章约 200 页的内容才能跟得上当前的进步（参阅 Carrington，Scott 和 Wasserman 2003 年出版的著作，能够纵览该领域的最新研究方法）。

翻开 Monge 和 Contractor（2003）（即本书），它展现给我们的是广受好评的社会网络分析体系，该书非常及时、内容丰富且分析翔实。它像 Friedkin（1998）和 Watts（1999）这两本著作一样深入，但又比它们更广泛全面。我期望着本书能够作为社会网络分析课上的推荐读物，向所有研究人员证实社会网络分析必须采用多重理论。这些坚实的理论将指导我们以多层次的视角来对网络进行分析；但是，新世纪的社会网络分析最重要、最独特的方面就是必须进行多重分析。Monge 和 Contractor 提出了大量独到的理论观点（比如，集体行为理论、认知和传染理论、交换理论、邻近理论和同嗜理论）和分析方法（特别是标准网络模型和 p^*）。

正如作者在他们的致谢中所说的，我当然不是他们研究工作中的旁观者，而是和他们都一起工作过，尤其是和 Contractor 教授一起工作过很多年；我们共同申请课题基金，本书前几章中的一些观点还是从我与 Nosh 和 Katie Faust 几年前一起合作撰写的文章中得来的。但为了使我过去的观点不致扭曲和影响我现在对它的评价，我将尽可能保持客观。

在这里，我提出对一些分析方法的保留意见：计算模型是不是真的为这个理论的“黄金时间”做好了准备呢？本书重点强调的 Blanche 软件，看起来比其他软件都好，但是计算模型仍然处在发展早期，模型平台的兼容性很差，每位研究者都拥有自己的一套假设。毫无疑问，许多重要假设已经被嵌入模型的代码里了，但是许多（甚至是大多数？）研究人员并没能完全展现他们的假设；理解如何将理论翻译成代码，代码又如何转变成“伪”数据，这是一项烦琐的工作。模拟提供了一个非常不完美和不完备的方法来取代解析方案，尤其是那些基于现实的随机模型。计算模型产生的数据并不是传统观念中的数据，因此，标准的统计分析并不合适。我希望，作为改进网络数据分析的第一步，计算模型应能够和统计模型恰当地结合。这一点将能从 Monge 和 Contractor 教授提出的多重分析观点中获得切实的帮助。

新的世纪需要新的网络分析工具；当然就更需要智者来说明这些工具是什么以及如何使用它们。本书是第一本可很好地满足这种需求的著作，我强烈推荐本书：阅读本书并学习如何做个更好的网络分析专家！

自 序

尽管学者对网络概念的研究已经超过两个世纪，但是对这一现象的研究只是在最近几年才比较成熟，尤其是在传播和组织领域。相关研究有显著增长，很多学术和流行书籍都以网络为标题，管理文献中充斥着对网络问题提出各种建议的文章。相关书籍的主题包括结构洞(Burt，1992)、战略联盟（Yoshino & Rangan，1995）和网络社会(Castells，1996，2001)。学术期刊中收录了对连锁董事会、社团联盟、价值链、网络组织等多方面有深入研究的文献。流行杂志提供了数不清的探讨因特网和万维网、企业内部网和外部网、电子商务、B2B网络、个人和公司网络以及虚拟组织等的文章。

本书的思想是从我们过去几十年广泛的网络研究和写作项目的合作中发展出来的，其中之一便是《组织传播新手册》（*New Handbook of Organizational Communication*，Monge and Contractor，2001)。其中的一章，我们将它命名为“传播网络的涌现”（Emergence of Communication Networks)。在组织这章内容时，我们注意到，已发表的关于传播和组织网络的研究中，只有很少部分是由网络理论推动的。与此同时，很多网络研究使用了社会科学理论中的部分内容，或者利用了一些由这些理论得到的理论机制，以提出和检验网络假设，尽管这些假设经常是含蓄而非直接的。因此，我们围绕学者们在解释各种组织内网络过程时用到的社会科学理论组织了这一章的内容。像许多手册中的章节和在学术期刊发表的综述性文章一样，所能阐释的内容因篇幅有限而受到严格限制。而且，这一领域工作的割裂给了我们很深的印象。此领域还没有一个贯穿的高层次框架，来整合概念上、理论上和实证上的工作。因此，我们着手建立这个框架，本书便是这些努力的结果。

具体地说，对大量网络研究文献的综述，让我们看到了目前网络研究中的若干问题。

第一，相对来说只有较少的网络研究利用理论作为阐明研究假设的基础，即使那些用到了理论的，也仅仅应用了单一的理论。因此，它们倾向于只能解释相对少量的几种不同网络。当然，这些研究丰富了我们关于传播网络的知识，但是没能接近大家期望的程度。这一发现促使我们发展了一种多重理论观点，作为帮助比较和集成不同理论、提高研究成果解释能力的方法。

第二个关于现有文献的发现是，大多数研究是在单一的分析层次上开展的，典型的如个体的、二元的层次，虽然有时是在全局网络层次上开展的，但很少有研究触及多重的网络层次。然而，网络是由存在于所有层次，并且能在各层次上得到解释的组成部分和属性构成的复杂系统。针对任何具体网络中观察到的特定结构，为了对这种结构做出全面解释可能需要从所有层次获得的信息。因而，我们建立的框架不仅是多理论的，也是多层次的。我们所谓的多层次是指在一个具体网络中的所有典型层次，既包括某一特定时间点也包括之前的时间点。进一步，在框架中我们还包括了可能与当前网络有关联的其他网络，以及构成网络成员的个人属性。这就为开展网络研究提供了一个比现有环境更加广阔、综合的分析语境。

第三，当代许多学者正在探索科学中与涌现系统属性相关的、具有挑战性的领域，比如复杂性（Axelrod，1997）、混沌和灾变（Simon，1996）、协同演化（Kaufmann，1993；McKelvey，1997）。这些当代的科学观点并没有很快渗透到网络研究中来。所以，我们会在这本书中介绍复杂适应性系统的观点——通过一个基于主体的建模框架来进行介绍。我们从人的种群、组织或其他构成网络的实体（通常称为主体）出发。这些主体遵从可能相互独立或相互关联的随机性规则，他们观察在所处的局部环境中与他们相联系的其他主体的行为，并做出反应。当他们遵照这些规则时，网络结构便显现出来。改变这些规则和主体间的相互联系方式，结构也随之改变。这便是基本的基于主体的建模。

我们方法的独特性在于赋予主体的规则源于书中考察的社会学理论。比如，基于应用于网络形成的集体行为理论的生成机制是相互性，认知平衡理论的生成机制是传递性。如果我们为主体创造基于相互性的规则，我们就能构造计算模型来检验关于网络形成的集体行为理论。如果我们创造基于传递性的规则，我们就能开发出计算模型来探索网络的平衡理论。并且，通过开发提供给主体这两种规则集的计算模型，我们能以多重理论的视角来探索这两种理论。

第四，大多数网络分析是静态和横截面的。当然，这种发现不是仅存在于网络领域，大多数社会科学研究中都可以观察到同样的现象。尽管如此，那些对研究网络演化和动力学方法感兴趣的人，必须找到实现这一目标的工具。探索协同演化动力学的一个工具集就是计算建模，这是一个组织分析和更广阔社会科学中的新兴领域（Carley，1995）。在这本书中，我们介绍与传播网络的计算建模有关的观点。通过使用 Blanche 计算机程序，我们建立了对网络演化的动态模拟。我们还解释了如何用这些结果来做出有意思的假设并分析研究数据。

第五，我们认为对书中表达的观点和框架做实证验证是极为重要的。近来网络分析的发展，为实现这些验证提供了非常有用的工具。因而，我们描述了 p^* 统计框架（Crouch and Wasserman，1998；Wasserman and Pattison，1996）和 PSPAR 计算机程序（Richards and Seary，2001；Seary，1999），为检验多理论多层次（MTML）网络数据的不同部分提供了可能。这些技术能应用于从现实世界中收集到的或由计算机仿真生成的网络数据，从而检验理论中获得的生成机制函数，作为个体行为规则能在何种程度上生成相应的网络结构。如果我们使用复合的理论和复合的规则生成机制，p^* 分析技术和 PSPAR 计算机程序将使我们能够检验本书提出的多理论多层次框架。当然，那是个巨大的任务，也是相当大的未来研究的主题。因此，我们在书中阐明的是例子而不是确定的结果，这些应该能为未来深入的研究工作提供基础。

这本书共有10章，分为两个主要部分和一个总结性章节。前四章提供了研究传播网络的理论框架。接下来的五章探讨了大范围的社会科学理论，包含了网络相关生成机制。第10章整合了前面两个部分。

第1章对网络做了一般性介绍，并对将在书中第二部分详细展开论述的主要理论做了初步介绍。第2章对网络概念和测量给出了一个概览，并提出了多理论多层次框架。在这里，我们会展示不同的理论是如何发展出不同的网络理论机制的。由此，不同理论会生成不同的网络构造或网络实例。我们提出了包含个体的、二元的、三元的、子图的和全局网络属性的框架。我们也把来自同一个网络之前某一时点的影响，以及来自其他关系网络的同一个时点或之前某个时点的影响包括了进来。最终，这个框架将允许我们探索多种多样网络的构成属性和特征。第3章陈述了我们把网络视为复杂系统的观点。我们使用基于主体的模型，模型中主体遵守一定规则。这些规则来源于书中剩余部分将涉及的社会科学理论，因此为比较和对照它们如何单独或一起发生作用从而生成涌现结构提供了方法。第4章讨论了计算组织建模这个新兴领域。我们提供了更好地应用计算机仿真进行网络和相关现象研究的视角。我们还介绍和描述了Blanche这个面向对象、多主体的网络模拟建模环境，它可用于研究社会科学理论的动态网络表述。

第5章至第9章着重于具体的理论体系，并说明了我们的多理论多层次方法如何用于检验它们的理论机制。第5章探讨了自利和互利（集体行为）的理论，包括交易成本经济学和公共品理论以及Burt（1992）的结构洞理论。第6章检验了认知和传染理论。在这里，我们检验了平衡机制、预防理论、语义网络和交互记忆理论。第7章介绍了交换和依赖理论。第8章探讨了接近和同嗜理论。第9章着重于协同演化理论。

第 10 章是对前 9 章的总结。我们从对多理论多层次框架的关键论据的总结开始。我们首先回顾了 p^* 分析方法和计算模型是如何使我们能够描述和测试多理论多层次模型的。然后，我们回顾了针对每种网络机制的关键理论陈述和实证发现。我们介绍了近来在社会网络分析方法上一些更让人兴奋的理论进展，特别是“小世界”、“无标度”网络。我们对如何结合本书提出的多理论多层次框架来考察新型的、基于对等架构的 21 世纪网络组织形式提出了一些思路。我们注意到，许多最具创新性的实例出现在非传统的组织环境中，比如非政府组织和恐怖分子网络。

目录
CONTENTS

第 1 章 组织传播中的网络和流 ········· 1

全球的传播网络和流 ······························ 2
正式网络和涌现网络 ······························ 6
来自混沌的结构涌现 ······························ 9
涌现和时间 ······································ 14
网络和组织形式 ·································· 14
关于组织内部结构涌现的三个历史观点 ·············· 16
理论框架概述 ···································· 18
理论体系概述 ···································· 19

第一部分 多理论多层次分析框架

第 2 章 网络的概念、测量和多理论多层次分析框架 ·················· 26

网络分析 ·· 27
属性世界中的关系 ································ 27
网络连接 ·· 30
网络概念和测量 ·································· 32
描述网络 ·· 33
测量网络属性 ···································· 34
分析的个体层次 ·································· 34
分析的二元（链接或连接）层次 ···················· 37
距离和测地线 ···································· 37
分析的三元层次 ·································· 39

目录 CONTENTS

分析的子图层次…… 39
分析的全局网络层次…… 41
多理论多层次分析框架 …… 41
多理论分析…… 42
多层次分析…… 42
合并属性…… 43
有效统计推论…… 44
p^* 分析中图和网络的实现 …… 44
多理论多层次模型…… 51
内生网络变量…… 51
外生变量…… 57
总结…… 65
一个多理论多层次 P^* 网络分析实例…… 65
假设的基本理论原理…… 66
下载和安装 PSPAR …… 68
使用 PSPAR 的 P^* 分析 …… 68

第 3 章　作为复杂系统的传播和知识网络 …… 74

系统模型简史…… 74
功能主义…… 76
控制论…… 77
一般系统论…… 78
批评…… 78
复杂性理论和复杂系统…… 79
主体网络…… 80
属性或特征…… 81

交互规则 …… 81
结构涌现 …… 83
总结 …… 83
自组织复杂系统 …… 84
作为复杂系统的知识网络 …… 85
多主体知识网络：虚拟角色、网络机器人和知识库 …… 87
作为复杂的自组织系统的知识网络 …… 89
总结 …… 91

第 4 章　网络的计算建模 …… 93

组织网络的计算模型 …… 96
计算网络模型中的概念 …… 97
属性 …… 98
关系 …… 99
主体的属性和关系的变化 …… 100
初始条件 …… 101
Blanche 概述 …… 102
确定模型和随机模型的比较 …… 103
确定模型和随机模型的例子 …… 104
计算网络建模中的特殊问题 …… 106
p^* 网络计算建模方法的例子 …… 109
对计算模型进行实证验证的策略 …… 111
执行虚拟实验 …… 114
对虚拟实验结果的解释 …… 115
在 Blanche 中描述并实现计算模型的例子 …… 115
第一步：下载并安装 Blanche …… 116

目录
CONTENTS

第二步：确定计算模型的理论机制 …… 116
第三步：描述计算模型 …… 117
第四步：选择研究问题以可计算地演绎假设 …… 120
第五步：设计一个虚拟实验 …… 121
第六步：为计算模型生成初始数据 …… 122
第七步：为特定情境选择初始数据 …… 124
第八步：运行计算模型 …… 124
第九步：查看结果 …… 125
第十步：可计算地演绎假设 …… 129
总结 …… 130

第二部分　传播网络研究的社会理论

第 5 章　自利理论和集体行为理论 …… 132

自利理论 …… 133
社会资本理论 …… 133
自利的理论机制 …… 146
总结 …… 149
共同利益和集体行为理论 …… 149
公共品理论 …… 150
公共品悲剧和传播困境 …… 155

集体行为和动员 …………………… 158
集体行为和创新采纳 ……………… 159
集体行为理论的扩展 ……………… 159
共同利益和集体行为的理论机制 … 160
总结 ………………………………… 162

第 6 章 传染理论、语义和认知理论 ……………………… 163

传染理论 ………………………… 163
传染的理论机制 ………………… 164
传染机制的实证研究 …………… 167
传染理论的扩展 ………………… 172
语义和认知理论 ………………… 175
语义网络 ……………………… 175
作为知识结构的网络组织 ……… 181
认知社会结构 …………………… 182
认知知识网络和交互记忆理论 …… 187
认知一致性 ……………………… 192

第 7 章 交换和依赖理论 …………… 197

社会交换和资源依赖的理论框架 …… 198
使用交换机制的实证研究 ………… 200
权力 ……………………………… 200
领导才能 ………………………… 201
信任和道德行为 ………………… 201
资源依赖理论和组织间网络中的权力 ……………………………… 202

目录
CONTENTS

目录 CONTENTS

公司精英和连锁董事 …………… 204
公司间连接的创建、维持、解除和重组 …………… 205
网络组织 …………… 206
网络组织的局限性 …………… 208
交换和依赖理论的扩展 …………… 209

第8章　同嗜性、接近性和社会支持理论 …………… 211

同嗜性 …………… 211
同嗜性的理论机制 …………… 212
应用同嗜性机制的实证研究 …………… 213
同嗜性理论的扩展 …………… 214
物理接近性理论 …………… 215
物理接近性的理论机制 …………… 216
物理接近性的实证研究 …………… 216
电子接近性理论 …………… 217
电子接近性的理论机制 …………… 218
电子接近性的实证研究 …………… 219
物理和电子接近性理论的扩展 …… 221
社会支持理论 …………… 223
社会支持的理论机制 …………… 223
使用社会支持机制的实证研究 …… 224
社会支持理论的扩展 …………… 226

第9章　演化和协同演化理论 ……… 227

演化理论和种群生态学 …………… 228

变异、选择和保持 …………………… 232
环境生态位和资源 …………………… 235
组织形式和种群 ……………………… 237
组织变革 ……………………………… 239
种群生态学观点评论 ………………… 239
社群生态学和协同演化 ……………… 241
社群的定义 …………………………… 242
总结 …………………………………… 245
演化理论和 Kauffman 关于粗糙适应度景观的 *NK* 模型 ……………………… 246
布尔网络 ……………………………… 247
适应度景观 …………………………… 249
自组织 ………………………………… 251
协同演化理论和 Kauffman 关于耦合景观的 *NK*(*C*) 模型 ………………… 254
演化 *NK* 模型的理论机制 …………… 256
协同演化 *NK*(*C*) 模型的理论机制 ………………………………… 263
总结 …………………………………… 272

目录
CONTENTS

第三部分 综合

第 10 章 传播和其他组织网络的多理论多层次模型 ………… 276

基本论点 ……………………………… 276
多理论多层次方法 …………………… 277
社会理论中的网络理论机制：回顾…… 280
自利和共同利益理论 ………………… 280

目录 CONTENTS

传染、语义和认知理论 …………… 282
交换和依赖理论 ………………… 284
同嗜性、物理接近性、电子接近性和社会支持理论 ………………… 285
协同演化理论 …………………… 287
小世界网络 ………………………… 289
未来的网络组织形式 ……………… 296
网络理论和研究的未来 …………… 308

附录：第 2 章所用数据集 …………… 310
参考文献 …………………………… 312
译后记 ……………………………… 378

第1章 组织传播中的网络和流

3 传播网络作为一种联系模式，由传播者之间穿越时间和空间的消息流组成。从广义的角度理解，消息（message）这个概念可以被理解为数据、信息、知识、图像、符号，以及任何其他符号形式，它们都可以从网络一端传输到另一端，或者可以被网络成员共同创造。在当代组织中，这些网络具有多种不同形式，包括个人关系网络、团队内部或团队之间的信息流、公司间的战略联盟以及全球化网络组织等。本书提出了一个新的**多理论多层次**（multitheoretical, multilevel, MTML）视角，综合了众多理论学者和研究者提出的各种理论机制，这些理论机制可以用来解释多样的、复杂的组织内和组织间网络的创造、维持、破坏和重新创造（Monge and Contractor, 2001）。上述视角提供了一种重要而全新的、不同于早期的实证研究性文献的综述，早期文献综述根据前因后果（Monge and Eisenberg,

1987）或者组织行为的研究主题组织起来（Krackhardt and Brass，1994）。

尽管传播网络研究的出现本身是一项令人振奋的事业，但是势不可挡的全球化趋势给传播学研究者和从业者带来了更加紧迫的压力（Held，McGrew，Goldblatt and Perraton，1999）。本章始于强调传
4 播网络和流在全球范围兴起的基本原理，同时，这一章对本书的贡献还在于介绍了关于组织内正式和涌现网络的传统传播观点，并且介绍了当前对结构涌现研究的流行哲学观点。

全球的传播网络和流

21 世纪的传播网络和组织形式正在经历迅猛而引人注目的改变（Fulk and DeSanctis，1999）。展现在我们眼前的是计算机和传播技术显著的进步和融合，以及由共同的经济、政治、社会和传播过程所带动的全球化（Grossberg，Wartella and Whitney，1998；Monge，1998；Robertson，1992；Stohl，2001；Waters，1995）。对于人类而言，全球化带来的变化多数是有益的，然而也有一些明显是有害的（Scholte，2000）。站在组织研究的立场看，作为新的“网络社会”（Castells，1996）发展的一部分，组织中网络形式的涌现（Monge，1995）正是这些变化的关键。这些组织和社会形式既不是典型的市场，也不是传统的科层组织（Powell，1990），或者两者都不是（Piore and Sabel，1984），而是建立在那些连接本地和全球的人和事物的物质和信息流之上，而与传统的国家、制度或组织界限无关。

本书研究的重点除了组织形式之外，还包括流。事实上，Appadurai（1990）创立的全球化理论是建立在五种“流”的基础之上的，这也正是全球化理论中所谓的五大视角：种族观、技术观、金融观、媒体观和意识形态观。这些流代表了种族、技术、金融资本、媒体娱乐和意识形态/政治通过全球化网络的运动。所以，资本、物质、劳动力、信息和符号通过供应商、制造商、消费者、战略伙伴、管理者以及各种机构而流动，在区域和全球同时形成了 Hall（1990）所谓

的“全球后现代文化”。在易变的、动态的、短暂的关系中，这些网络的流构成了大部分组织活动（Monge and Fulk，1999）。因此，全球化组织是一个时间和空间的过程，而不是场所。

全球化过程从根本上改变了我们对时间和空间的认识。Harvey（1989）提出了“时空压缩”的概念，即瞬间传播减少了信息跨越空间所需的时间，从而使得时间和空间坍塌。Scholte（2000）讨论了 5
一种由于人们居住空间超越了特定的地区而引起的社会地理的根本变化。Giddens（1984）系统地阐述了空间—时间距离化是一种过程，在这一过程中社会关系，或者称之为本书所定义的组织传播关系，在时间和空间上展开，并随之更抽象和更遥远。

从历史角度而言，组织在空间上建立，也就是与“何时”与“何地”相联系。组织建立在特定的地区，因而事件就会发生在有这些组织的特定地区。早期的传播技术使人们可以进行远距离传播，于是组织便开始通过时间连接起来。今天，新千年的晨曦已经出现，传播技术使世界任何地方的人们可以在同样时间经历同样事件（O'Hara-Devereaux and Johansen，1994）。距离不再是问题，时间压缩了空间。传播和计算机技术被集成从而引发了“虚拟组织”，这样人们就可以像他们同时都在同一个空间（DeSanctis and Monge，1999）中那样远距离合作。随着虚拟组织形式的激增，虚拟将变成“现实”，被视为自然的、可接受的组织方式（DeSanctis and Monge，1999）。

Castells（1996）指出“没有时间序列的时间”的出现摧毁了历史上被感知的事件的自然序列和时间顺序，这种现象源于超文本和其他新式的多媒体特征，例如超级链接、信息排列变化以及图像处理。这些传播形式改变了组织、人类和整个世界的经验方式。正如Castells所说：“所有种类的信息在传播过程中融合，因为传播媒体变得如此广泛、如此多样、如此灵活，将过去、现在和未来全人类的经验融合到多媒体文本之中。”这些发生在时间、空间及虚拟经验中的引人注目的变化将在未来的数十年里随着传播技术的继续融合而增强，这些过程是我们需要理解的。

Granovetter（1985，1992）批评那些组织研究的学者们忽视了组织是内嵌在社会过程的网络中的，并且社会过程与组织（特别是那些产生信任或防范渎职的组织）是彼此影响的。然而，虽然 Granovetter 的论述很重要，但是这也只道出了问题的一个方面。相
6 比之下，Giddens（1984，1991，2000）则将内嵌的概念应用于全球化过程，他和其他一些学者的研究表明，人们和组织传统上关注的是本地网络而不是全球背景。相比于全球范围内的远距离连接，人们更倾向于内嵌在家庭、邻里和社区中，组织、网络则内嵌于自己的家乡、州和国家。但是 Giddens 指出，全球化进程正在改变这种情况。特别是，全球化进程将导致"内嵌解构"，即传统网络连接被打破的过程。同样重要的是，全球化通过重新内嵌过程引导人们建立远距离联系，从而将世界重构，并将重点从本地转向全球。在某些情况下，有学者提出，这些远距离联系能够重构并加强本地传播。对于组织而言，内嵌解构（disembedding）也很重要，因为它引发了重构过程，并带来与全球范围远距离组织联系的新网络和新连接。传播在这些内嵌化和内嵌解构过程中扮演着核心角色，它提供信息、知识和驱动力，这些恰恰使人们能够在关系中做出选择。这些过程（内嵌和内嵌解构）是如何运作的？这将成为我们理解 21 世纪组织的核心问题。

全球化的另一个方面是自反性，这是一个"自我深化"的过程，为形成新的个体关系形式和参与新型的传播网络提供了机会。随着传播技术在全球传播着关于组织和社会进程的新闻、信息和娱乐资讯，人们变得更加见多识广，对世界、自身及生活环境有了更多的了解。这些身份转换的经验包括个性化过程，由此人们开始更少地依赖传统规范、价值观和惯例，而是更多地依赖他们自己对事物的认识。这导致了个性化消费和大规模定制生产模式，同时这也是对未来组织的重要挑战。这同样改变了工作期望和工作体验的本质，也改变了社会、政治、宗教和娱乐活动组织的过程。因此，我们很可能在未来的十年中看到在人类看待自己的方式、人们如何将自己与组织联系起来，以及人们希望看到的内容等方面的全球性变革（Held，McGrew，Goldblatt and Perraton，1999）。

这些变化的早期表现是"e 骑兵"（e-lancers）的发展，这一概念

指的是由电子方式联系在一起的自由职业者，他们为提供产品和服务而暂时在一起工作（Malone and Laubacher，1998）。这种新型的职业 7 者在开放的市场上出售他们的产品和服务的同时，将他们自己视为过客，对他们为之工作的组织只有很少的忠诚度和奉献精神。取而代之的是，他们忠诚于所投身的行业。事实上，像 guru.com 这样的网站正是通过将 e 骑兵彼此联系，并通过合约项目联系在一起发展壮大的。

全球变革的另外一个表现是可自由支配劳动力的出现。这些人“拥有数年工作经验，并非由于自身的原因而失业且在别处找不到类似的工作”（Conrad and Poole，1997，p. 582）。从网络观点来看，这些人曾经拥有他们的组织连接，但目前在劳动市场上是没有连接的，需要建立新的连接从而使自己获得收入以继续生存下去。这些人在就业市场经历了内嵌解构，并寻求着重新内嵌。这些例子与以下雇佣形式都是截然不同的：长期任职的大学教授方式和日本公司的终身雇佣模式。

作为组织传播研究的特定资源，上述现象本身如果正经历着激进的变革，那么我们也必须随之改变研究方法。为了实现有效研究，我们所采用的新方法必须反映我们试图理解的变革。由于组织的性质在 21 世纪正发生着根本性的变革，我们应该放弃过去的组织构成观念，并开拓新的可能性——其中流和连接所构成的网络，也许恰恰是许多理论的根基（Eisenberg，Monge，Poole，et al.，2000），而不必考虑传统的名词术语和规则框架。我们必须超越本学科的狭隘主义，以有利于将其他观点融入我们的分析框架，包括经济学、哲学、政治科学、新的系统思考模式，譬如，协同演化、复杂性、自组织系统理论等。

最后，我们必须认识到全球化也带来了和积极方面同样多的负面结果。我们必须坦率地将全球化带来的问题包含到文章中，包括取代人力、剥削童工、劳动力迁徙、环境退化以及其他许多重大问题。由于以上原因，21 世纪对于研究传播网络和组织内部、组织间的流，将是一个最有趣而且最富有挑战性的时期。在接下来的部分本书将叙述先前的关于正式和涌现网络的传播学研究。

正式网络和涌现网络

8 历史上，组织传播学者已经对正式网络和涌现网络做了理论上和经验上的重要区分。理论上，“涌现网络”的概念最早区分了非正式的、自然出现的网络与正式的、强制的或“托管”网络（Aldrich，1976）。后者代表了组织的正统权威并且通常通过组织结构图反映。正式的组织基于这样一种假设：命令从上到下传达，信息从下到上传递（Weber，1947）。早期的组织理论学者注意到正式的网络结构难以解释组织传播的许多重要方面，也难以解释非正式传播和小道消息的重要性（Barnard，1938；Follett，1924）。几位学者发展了研究小道消息和非正式网络的方法，例如 Davis（1953）的组织通道插话式传播（ECCO）分析法，这是跟踪分析一个组织中人际间谣言扩散和其他信息流传播的一种方法。

Fukuyama（1999）提出社会和组织结构范围是一个从正式到非正式的连续体。他说：“没有人会否认社会命令通常是分层产生的。我们应该清楚规则可以从一系列的来源中产生，这些来源包括科层式和中央集权式权威，直到完全民主和个体间的自发互动。研究人员这些年来已经为这两种网络的同时存在提供了大量的证据。”例如，Stevenson 和 Gilly（1991）使用 ECCO 分析法发现管理者们倾向于依赖关系网络而非正式的途径解决问题，这样就绕过了正式组织。类似的，Albrecht 和 Ropp（1984）发现“工人们更喜欢与那些他们能够和其谈论工作与个人问题的同事谈论创新想法，而不愿通过指定的基于科层角色关系的渠道”（p. 3）。Stevenson（1990）提出通过地位差别模型能够最好地理解正式组织结构对涌现结构的影响。在关于公共运输代理的研究中，他发现一些证据表明，跨越科层的社会距离降低了高层员工和低层员工之间的传播水平，而中层员工能提供缓冲。

9 研究涌现传播网络的重要原则已经从正式组织结构和组织行为相关研究的非结论性发现中衍生出来（Johnson，1992，1993；McPhee

and Poole，2001)。Jablin（1987）关于正式组织结构的实证研究综述指出关于结构化变量例如科层、规模、差别和形式化研究的非结论性。最近，一系列元分析研究（meta-analytic studies）已经断定，正式结构、组织效能（Doty，Glick and Huber，1993；Huber，Miller and Glick，1990）和技术（Miller，Glick，Wang and Huber，1991）两两之间的关系在很大程度上是方法设计产生的人为结果。正式结构变量不能提供充分的解释力，这一事实已导致许多学者对正式结构对于进一步研究的作用产生了质疑。相比而言，他们已经提出研究涌现结构更可取的观点，因为涌现结构可以使我们更好地理解组织行为（Bacharach and Lawler，1980；Krackhardt and Hanson，1993；Krikorian，Seibold and Goode，1997；Roberts and O'Reilly，1978；Roethlisberger and Dickson，1939）。

放弃研究正式网络而研究涌现网络并非最好的想法，一个富有创造力的想法是找到一种能同时研究正式网络与涌现网络的新的研究方法。正式结构的问题已经促使一些学者发展网络测量以从涌现网络中获取关键概念来描绘正式组织结构。例如，Krackhardt（1994）已经发展出非正式结构的四项测量——连通性、层次性、效率和最小上界（指令的统一性），这四项测量可以映射到关于一个组织的正式组织结构的理论中。

更进一步以计算机为媒介的新型传播体系的兴起催化了用正式组织结构做基准比较涌现传播网络的研究，例如，那些在电子媒体中涌现的网络。人们已得到几项有趣的研究发现，尽管某些结果存在矛盾。在对某个R&D组织的800多个成员的持续两年的研究中，Eveland和Bikson（1987）发现，电子邮件能扩大并在某些情况下补充正式结构。类似的，Bizot、Smith和Hill（1991）发现，电子传播模式在科层式的传统R&D组织中相当符合正式组织结构。但是，Rice（1994a）发现，电子传播结构最初与正式组织结构相似，但随时间的推移，相似点逐渐减少。Hinds和Kiesler（1995）探讨了在一家电
信传播公司里的正式网络和非正式网络之间的关系。他们发现传播技 10
术越来越多地被用于跨越正式组织界限的横向传播，对于技术人员而

言更是如此。Lievrouw 和 Carley（1991）认为，新的传播技术可能因为向大学和产业界的传统组织结构提供了新的选择，而引领了新的“电信科学”时代。

将（面对面或借助其他媒介形式的）涌现传播结构与正式结构进行比较的文献通常表现出一种倾向于涌现的偏见，即关注于非正式传播为个人和组织带来优势的理论和经验证据。但是，Kadushin 和 Brimm（1990）对如下假设提出了挑战，即认为三种涌现网络——影子网络（事物运作的真实方式）、社会互动网络和工作网络（所谓网络的工作现场）彰显了组织正式网络的局限性假设。他们认为这三种非正式网络的目标经常与组织相反，因此限制了而不是促进了组织的利益。在一项对某大型国际高科技公司高层执行者的研究中，他们通过一句俗语发现这种现象。这句俗语是：尽管构建网络，但你不能回避权威结构。组织产生了 Bateson（1972）所称的双重约束，它指的是每种选择都与其他选择相矛盾的情况。他们认为“重要的第一步是发现涌现网络结构和公司权威结构之间的不一致性，并将这种不一致性从双重约束状况转变为相互制约协调状况”（Kadushin and Brimm，1990，p. 15）。

很明显，学者们仍然对关注正式网络和涌现网络间区别的研究感兴趣。但具有讽刺意味的是，组织内正式与非正式结构的区别近年来已经显著减少，而且在今后几十年里有可能变得更微小。这种趋于一致的趋势可以归结为不断变化的组织结构和管理哲学。这些变化的突出表现是：向以团队为基础的组织转变，对矩阵式组织结构的采用（Burns & Wholey，1993），以及向网络组织形式的变迁（Miles and Snow，1986，1992，1995；Monge，1995）。这些变化的核心是横向传播形式的广泛采用（Galbraith，1977，1995）。由于新的信息技术的产生，这些新的信息技术使点对点传播和广播式传播变得容易，而不用考虑传统科层的影响（Fulk and DeSanctis，1999）。

这些发展标志着先前的组织结构分类之间的差异逐渐消失，特别
11 是正式组织和非正式组织或者正式组织和涌现组织之间的差异。与传统观点相反，当代组织越来越多地由涌现传播连接构成——这些连接

是暂时的，它们的形成、持续、破裂和再形成过程非常容易（Palmer，Friedland and Singh，1986）。正如Krackhardt（1994）所说："交互形式的一条固有的原则是，网络关系存在于整个组织中，很少受到正式结构的约束，并且可塑性很强，能够适应不断变化的技术需求。这些关系可以是多重的和复杂的，但是一个共性是它们并非被预先计划，而是在组织中涌现"（p. 128）。在这些过程中涌现出的网络以及由这些网络构成的组织被称为网络组织形式，它代表了一系列复杂而精巧的观念，这些观念关注在自然和社会环境中秩序是如何从随机中产生的。

来自混沌的结构涌现

涌现表示在自然和社会复杂而精巧的环境中，"秩序是如何产生于随机的"。这一问题引起了心理学、物理学和社会科学领域学者浓厚的研究兴趣（Dyson，1997；Gell-Mann，1994；Holland，1995，1998）。在组织学中，McKelvey（1997）将涌现定义为"任何出现在复杂随机事件中的秩序、结构或模式——这些秩序、结构或模式无法归因于一些可识别的（正式或非正式）组成实体的特定目的活动或决策"（p. 359）。

典型的涌现是指一组高层次现象显示出低层次不能显示的性质。显然，层次概念和隐含的多层次系统的概念，是涌现概念的一个组成部分。Kontopoulos（1994）认为层次间规则的不同反映了涌现结构的不同类型。如图1—1所示，层次也许是嵌套的，也许不是。嵌套表示低层次至少部分包含于高层次。嵌套结构可能是完全嵌套，如在科层结构中那样，或者部分嵌套，如在异构分层结构情况下，这种情况也被称为"缠结复合结构"（Hofstadter，1979；McCulloch，1945，1965）。

缠结指的是层次间的关系导致重叠结构的事实。典型缠结的每一层次都比科层结构中的非重叠关系产生更多自主性和复杂性。例如，基于"单一指挥链"，人们在科层组织中，向唯一的上级报告，在整

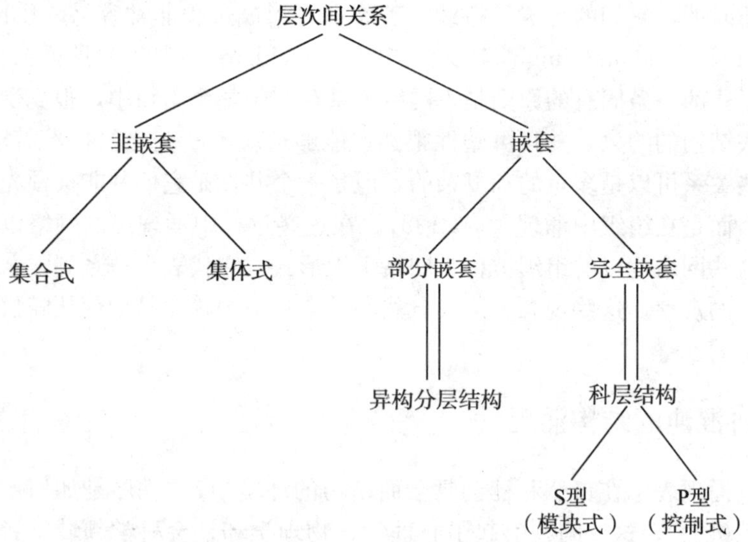

图 1—1　层次间次序关系

注：据 1993 年剑桥大学出版社出版的 K. M. Kontopoulos 的著作《社会结构的逻辑》（*The Logics of Social Structure*）中的图重绘。获剑桥大学出版社授权。

12 个组织中每个人都只向自己唯一的上级报告，从而形成了明晰的权力等级链。在异构分层结构中的人们，例如在矩阵形式的组织中，一般向多重上级报告，这些上级同样再向他们的多个上级报告。这种缠结复合形式的结构比简单的、完全嵌套的科层制更加复杂并更具自主性。最后，两种科层类型被区分开。第一种是 *P* 型科层组织（因 Howard Pattee 系统地论述科层组织原则而命名），这种类型的组织基于自上而下的强控制运作原则。第二种是 *S* 型科层组织（因 Herbert Simon 关于涌现结构的开创性工作而命名），这种类型的组织基于自下而上的具有较弱控制的模块性运作原则（Kontopoulos，1994，pp. 54－55）。

涌现的概念也带来了关于哪一层次决定其他层次的问题。当低层次部分影响高层次部分的行为时，微观决定出现了。当高层次部分决定低层次部分的行为时，宏观决定便出现了。当然，其他可能性也存在。每一层次都有可能在相同或不同程度上决定其他层次。或者，任何层次都不能决定其他层次，在这种情况下，每一层次可能都被外部实体决定，外部实体是指当前结构及其组成部分以外的、会对结构中层次产生影响的其他过程。最后，我们必须承认有这样的可能，每一层次通过循环反馈和自组织过程影响着自身。如图 1—2 所示，异构分层结构允许所有这些影响形式。事实上，对于网络涌现的充分描述一定程度上需要所有形式。 13

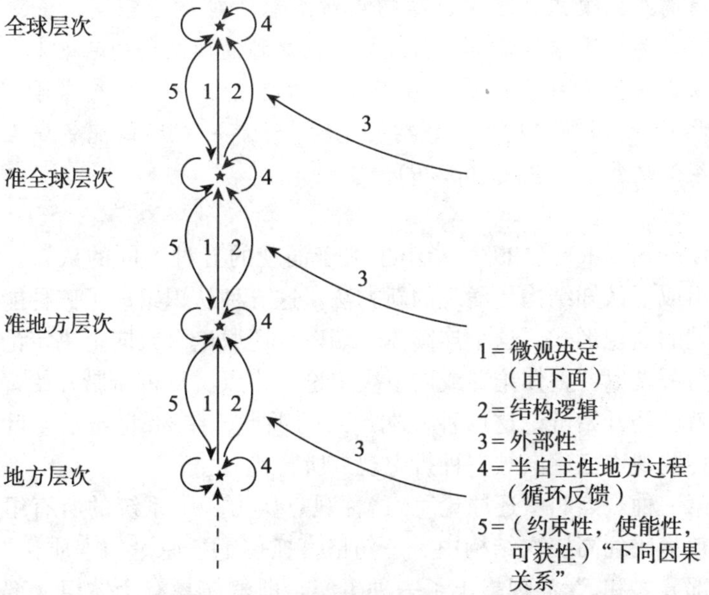

图 1—2　异构分层结构的一般形式

注：据 1993 年剑桥大学出版社出版的 K. M. Kontopoulos 的著作《社会结构的逻辑》（*The Logics of Social Structure*）中的图重绘。获剑桥大学出版社授权。

Holland（1997）认为一个重要的观点普遍存在于涌现的多种形式中："每种情况下都有一个自由产生各种可能性的过程，相应的还有一组限制那些可能性的约束。"这方面的一个例子是神经网络。以神经网络为例，Holland 认为："单个神经细胞的活动范围受到与其相连的其他神经细胞的限制"（参阅 Cilliers，1998，pp. 122 - 123）。

14 Holland扩展了这种观点，他认为所有社会行为的涌现可以由一般的算法描述，算法中主体间的交互作用由输入和限制可能发生的反应的一组规则所决定。他将这种算法称为“受限生成过程”。关于这种策略将在第3章进一步讨论。

涌现暗含结合的观念。正如Kontopoulos (1994) 所说：

> 一种更高的、有优势的涌现结构出现了，包括全部或部分已有的组织模式。这种新结构重新组织了可能性空间、资源和过程，为涌现结构设置了新边界。在这种涌现结构的基础上，新的法则和性质可能出现并且确立新的生态统一。这相当于Pattee和Polayni所说的涌现结构的逻辑——将一组新的完备属性作为组织运作的新法则 (p. 39)。

Kontopoulos (1993) 指出了关于涌现的五种不同的认知。这些观点组成了认知结构化涌现的新方法。这五种认识组成了三种能被连续排列的涌现形式，这个连续体一端以“还原论”或向上决定论为终点，另一端以“整体论”或向下决定论为终点。从古希腊开始，哲学家们就已经开始辩论这两种极端形式的观点。在20世纪后半叶，这两种传统观点已逐渐被三种折中观点所替代。

第一种观点叫“还原论”。这种观点认为一个系统的所有组成部分都被集成到高层次结构中。一句格言抓住了还原论的本质：“整体等于部分之和。”涌现指出了一种事实，即整体具有个体组成部分所不具有的性质。这种整体现象显示了“‘同步集成’，即更高层次集合而成的准实体显示了新的特性和稳定性”(Kontopoulos, 1994, p. 26)。还原论还意味着结构的高层次完全由低层次所决定。还原论也指认识论的信条，即所有能观察到的现象、所有知识，最终能解释为物理法则，即还原到基本粒子的行为。于是，社会学被还原为心理学，心理学被还原为生物学，生物学被还原为化学，化学被还原为物理学。这种观点已经被彻底否定了 (Holland, 1998)。

第二种观点是构造或组合涌现。这种认识策略包含部分的微观决

定论，但也包含了“关系交互变量和环境生态变量”（p. 12）。这是一 15
种微观决定形式，部分以及部分之间的相互作用组成了更大的系统结构。Holland（1995，1998）提出大量遵循少数规则的主体的相互作用可产生高度复杂的宏观结构。Hofstadter（1979）关于蚁群行为的描述提供了一个经典例子。蚂蚁个体的行为遵循十多个规则，而整个蚁群的结构和行为高度复杂（Wilson，1971）。因此，在某些重要方面，涌现结构依赖于组成单元间存在的关系以及外部变量环境。

异构分层是第三种涌现观点。异构分层是含有多种重叠、跨层次关系的“缠结复合结构”。根据McKelvey（1997）的观点，异构分层结构代表由其他多重层次决定的“多重命令”（p. 355）。而不是如同模型中唯一地被自下向上决定，或如同科层结构中自上向下决定，异构分层结构中的层次互相决定。异构分层结构在以下基础上运作：“部分由下层决定，部分被自上向下决定，部分由当前层次决定，（且）剩余全局不确定……由于异构分层结构涉及多重访问、多重连接和多重决定，所以这是可能的”（Kontopoulos，1994，p. 55）。McKelvey（1997）指出多重决定使得异构分层比科层更加复杂，所以，这些多重秩序可能难以描述。为了描述这个问题，他列举了一个例子：一个部门经理希望把结构再造工程引介到公司。那么对变革的反抗可能来自下级或上级，因此，跨越了三个层次的组织运作形式使得涌现比起在科层组织或“还原论”组织中更难识别。

涌现的第四种观点是科层。如图1—1所示，科层是大部分（完全）嵌套结构，意味着高层次包含低层次。在科层中，微观部分由较高层次决定。每个人都熟悉传统组织的权威科层制，在这种制度下每个人向唯一的负责人汇报。所有负责人在科层制中拥有高于所有下属的权威，因而可以理解为包含他们的权威。顶级负责人拥有最高权威。科层制是国家、宗教和其他官僚机构的统治形式。在组织网络中，科层制经常代表正式的组织结构。

第五种观点是整体论，有时也称做超越，它在宏观系统中形成了
一种强大的决定关系，自上向下地决定其微观部分。整体论有时由格 16
言总结为“整体大于部分之和”。这种观点强调整体结构，从结构低

层次到高层次的自主性，以及整体结构对部分结构的宏观决定性。在网络分析中，整体论强调整体组织结构独立于组成网络的特定个体，同时认为网络结构影响着网络中个体的行为。

涌现和时间

在时间方面可以从两种视角看待涌现。同步涌现（synchronous emergence），是指在任何给定的时间点可以同时研究局部网络和整体网络的跨层次结构，以及网络的属性如某一层次所特有的稳定性和模块性。同步涌现既能够展示整体网络如何影响局部网络的行为，又可以同时展示网络局部和整体的结构。历时涌现（diachronic emergence），是指系统的历时行为使其在一个或多个层次上表现出在先前的时间点不存在的属性，历时涌现提供了更多关于网络涌现动力学的观点，因为它比同步涌现解释了更多的涌现过程（参阅 Monge 和 Kalman，1996 的进一步讨论）。

这一节介绍了与涌现相关的抽象的核心概念和认知视角。为了将这些抽象概念与组织网络的涌现联系在一起，下面两节内容将分别回顾组织中网络形式的起源和研究组织中结构涌现的重要成果。在这些综述的基础上，我们将论述一系列的多层次理论和理论机制，以帮助理解结构涌现的含义。

网络和组织形式

在多种环境中反复出现的传播网络模式称为网络形式。Bavelas（1948）的一篇早期论文基于 Lewin（1936）的心理学理论，识别出
17 了组织中的一些小组传播网络形式，包括链状、环状、轮状和“全连通”，并创立了不同传播形式如何处理信息的理论。这些网络形式是根据它们的中心化程度来区分的，其中轮状的中心度最高，因为所有连接都集中于一点，而全连通的中心度最低，因为每个人都和其他所有人相联系，于是拥有相同的连接数目。

这一理论性论文和 Leavitt（1951）创造的一个富于想象力的实验设计在其后 25 年时间里导致了大量研究论文的产生。这些努力的焦点集中于研究不同网络形式的信息处理对生产力和满意度的影响。从这些研究中产生了两个突出的发现：第一，集权组织在例行公事方面更有效率，而分权网络在需要创造性和合作的工作方面更有效率；第二，在分权组织中的人对工作过程的满意度比在集权组织中的要高，但例外的是集权网络中的中心人物满意度极高。遗憾的是，相对于丰富的实证研究来说，该领域的理论研究只有很小的发展。结果是，该研究方向实质上已经死亡，在过去 20 年里几乎没有关于组织中小团体网络形式研究的论文发表。

组织结构，包括拥有共同特征或普遍模式的传播网络被称为**组织形式**（McKelvey，1982）。Weber（1947）认为官僚制是普遍的组织形式。构成官僚制的三个理论机制是合理化、分工和整合。合理化由指定合理的产生标准操作的指令过程产生，所以几乎没给个体自主性留下机会。网络合理化意味着指定谁向谁说什么，官僚制中常见的指令可总结为命令应自上而下传递而信息应自下而上传递。分工是将工作分解成不同组件的过程。这使得生产过程的规模和复杂性激增，通常导致工作专门化。当工作存在差异时，不同的工作就需要相互协作，于是整合过程便出现了。Weber 提出官僚制沿垂直组织链分工，并且也主要以这种方式整合。官僚制几乎不允许横向的、跨层次的、 *18*
跨部门的传播网络，如非正式网络或者涌现网络，这一特征使官僚制经常遭受批评（Galbraith，1977；Heckscher，1994）。

Miles 和 Snow（1986，1992）识别出经过 20 世纪发展而来的四种主要组织形式。它们是：（1）传统职能型，出现在 20 世纪早期；（2）事业部型，由 Alfred P. Sloan 在 20 世纪 40 年代始创于通用汽车公司（Chandlet，1977）；（3）矩阵型，于 20 世纪 60 年代至 70 年代产生；（4）网络型，在过去十多年间已经出现端倪。Miles 和 Snow（1992）认为每种组织形式都有自己的运作逻辑，用本书的术语来说是自己的理论机制。

职能型组织的逻辑是“中心协调专门化”，这一逻辑使得职能型组织可以有效地为稳定的、相对不变的市场生产一组有限的标准化的商品或服务。事业部型组织的运作逻辑是“事业部具有自主性，而中心通过绩效评估和资源分配对其实施控制”（p. 60）。各事业部生产独立的产品或聚焦于分隔的市场，但通过它们的传播网络共同对中心权威负责。产生新事业部的能力使得多事业部组织形式能够在变化的市场中获得新的机会。矩阵型组织将职能型组织与事业部型组织的操作逻辑相结合，一部分是职能型，生产标准化的产品和服务，一部分是事业部型，通过项目组或项目团队来发现新的机会。网络型组织则是使用灵活的、动态的传播链来连接和重新连接多个组织，形成可以创造产品或服务的新实体。

关于组织内部结构涌现的三个历史观点

传播网络分析与结构分析一脉相承，结构分析拥有悠久而卓绝的发展历史。在社会科学领域，Herbert Spencer（1982）和 Emile Durkheim（1989/1964）将结构的概念引入到了社会学的思考中。在人类学方面，Radcliff-Brown（1959）将结构功能主义思想融入他的文化流域分析中。在语言学方面，结构化思想始于 de Saussure（1916/1966）的开创性工作。大部分组织学和传播学中的结构分析能
19 够被归结为三个传统：（1）定位传统；（2）关系传统；（3）文化传统。

定位传统源于 Max Weber（1947）、Talcott Parsons（1951）和 George Homans（1958）的经典著作。组织结构被看做位置间的关系模式。一系列组织角色与位置、特定的行为，以及因处于一定位置而责无旁贷的义务关系相关联。位置和相应角色组成了相对稳定和持久的、独立于扮演这些角色的人员的组织结构。这个传统认为位置和角色决定了谁该向谁传播，由此决定了组织中的传播结构。White、Boorman 和 Breiger（1976）以及 Burt（1982）已经发展出了近来最重要的定位理论，此理论能应用于结构对等范畴下的组织传播。这一理论指出，人们会保持与其组织内位置一致的态度、价值观和信仰而

不考虑他们与其组织网络中其他人的传播量。这一定位传统因无法体现个体在创造和形成组织结构过程中的积极作用而受到了批评（Coleman，1973；Nadel，1957；White，Boorman and Breiger，1976）。

关系传统主要关注建立和维持传播链的直接传播。总体上说，这些链建立了涌现传播结构，这一结构连接起组织内不同的人和团队而不考虑他们的正式地位或角色。关系传统源于系统论（Bateson，1972；Buckley，1967；Watzlavick，Beavin and Jackson，1966），它强调由人与人之间信息流的反复模式所创造的结构的动态的、不断变化的、被设定的本质属性。Rogers 和 Kincaid（1981）认为这是研究组织中传播最有优势的传统。

文化传统研究符号、意义、信息在传播网络中的传递。作为组织文化价值复兴的一部分（Frost，Moore，Louis，Lundberg and Martin，1985），其多数工作基于 Giddens（1976，1984）关于结构论的著作，试图解释社会结构的创造性和强制性方面。这些研究的特点在于，明确关注意义通过传播不断产生和再生，同时检验意义是如何从相互作用中产生并限制随后的相互作用的。文化传统催生了本书后面 20
将描述的关于语义网（Monge and Eisenberg，1987）的最新研究。这三种传统在 Monge 和 Eisenberg（1987）的著作中有更为详细的讨论。

虽然这些网络传统非常有趣也非常有用，但是它们都将研究注意力集中在元理论层面而没能详细说明其理论机制，例如自利性、传染和交换——这些理论机制描述人们、团队和组织如何创造、保持和解除这些连接的过程。因此，这三个网络传统在组织结构对态度和行为的影响方面有着糟糕的偏见，对组织中的人为什么以及如何建立、维持、破坏和重新建立网络缺乏进一步的解释。从而在过去十年间，尽管许多学者（例如，Rogers，1987；Salancik，1995；Wellman，1988）已经呼吁要发展出更好的网络理论，却几乎没人响应。最后，尽管有一些评论者已经发现了适用于组织内和组织间网络研究的理论（Galaskiewicz，1985；Grandori and Soda，1995；Mizruchi and Galaskiewicz，1994；Smith，Carroll and Ashford，1995），却很少有人系统地探索这些理论和它们的理论机制（Monge and Contractor，2001）。

本书将从四个方面讨论这些问题。第一，本书提供了新的理论框架，融合了产生网络结构的多种理论机制；第二，本书提出遵循一定行为规则的基于主体的模型，融合了产生复杂适应网络的多种理论机制；第三，本书展示了计算模型，特别是 Blanche 计算仿真平台在研究网络动态演化方面的作用；第四，本书论述了网络分析的新发展，这些网络分析为多理论多层次模型提供了新的网络参数。这促进了对传播网络动力学多重理论解释的实证研究。

接下来，我们将对理论框架做一个简要概括。然后，我们将提供不同系列理论体系的大纲，这些理论为多理论多层次模型奠定了理论基础。

理论框架概述

第 2 章描述了新的研究框架，我们称为多理论多层次模型。我们认为不同的社会科学理论对传播网络将做出不同预测。一些理论机制是独特的，甚至是互为补充的。另外一些理论是重复的，至少部分是
21 重复的。还有一些则提出了互相矛盾的解释。没有一种理论能提供系统而完整的解释。多理论多层次框架识别出一些网络性质（例如相互性和密度），并展示出这些性质如何与社会理论中的理论机制相对应。我们认为使用多层次理论能够提高对网络演化的解释力，并显著地增强理论机制对差异性的解释能力。

由于网络天然是多层次的，多理论多层次框架认为网络属性体现在不同层次上：个体层（individual level）、二元层（dyad level）、派系层（clique level）和网络层（network level）。更进一步，多理论多层次框架扩展了层次的视角，包括了相同网络的不同时期和相关的其他网络。最后，框架还涵盖了所有相关层次节点的属性。与现在的研究方法相比，多理论多层次方法提供了更为通用的研究传播网络演化的框架。

第 3 章展示了基于主体的、规则引导的复杂网络模型。当主体遵

循规则，复杂的结构便涌现出来。这个过程不需要预先被计划，它能够进行自组织。基于主体的模型与多理论多层次框架结合的关键是建立符合社会学理论普遍机制的规则。我们探讨并且展示了建立在不同理论机制上的模型，内在理论的不同导致了涌现结构的不同。一部分理论机制相互补充，另一部分理论互相重叠，我们认为多理论的视角能改进我们的解释和解释的差异化程度。

第 4 章重点关注计算建模在网络研究中的角色。我们介绍了一个专门设计用于传播网络涌现建模的程序——Blanche。我们还讨论了计算机仿真在探索传播网络演化及其动力学中所扮演的角色。计算模型使我们能够根据社会学理论机制设置主体遵循的规则，进而研究当主体遵循不同规则时，如何演化出不同的系统结构。

理论体系概述

本书第二部分重点关注理论和理论机制在解释传播网络涌现和演化中的作用。这一部分综述表明已有一大批理论能够用来解释网络构
型。一些不同的理论使用了相同的理论机制，提供了相似的解释，但 22
属于不同的分析层次。正如前文中所回顾的，从混沌产生结构涌现的五种认知观点为整合具有异质分层结构的多重理论解释提供了帮助。这一部分综述强调了基于不同理论和理论机制的概念发展和实证研究在深度上的巨大差异。由于本书研究的重点是理论机制，其他一些有价值但与本研究关系不大的内容没有被包括进来。本书涉及的理论和理论机制被总结成表 1—1，这些体系分别在以下几段中做简要介绍。

表 1—1

理论	理论机制
自利理论	个人价值最大化
社会资本	机会投入
结构洞	信息流控制
交易成本	成本最小化

续前表

理论	理论机制
互利和集体行为 　公共品理论 　临界规模理论	联合价值最大化 　贡献诱导 　拥有资源和获得利益的人数
认知理论 　语义/知识网 　认知社会结构 　认知一致平衡理论 　认知不和谐	认知机制导致： 　共同的解释 　知觉结构相似 　避免不平衡和平衡恢复 　降低不和谐
传染理论 　社会信息处理 　社会学习理论 　制度理论 　行动结构理论	充分接触导致： 　社会影响 　模仿，建模 　模仿行为 　相似的结构位置或角色
交换和依赖 　社会交换理论 　资源依赖 　网络交换	有价值资源的交换 　等价交换 　不等价交换 　关于平衡的复变微积分
同嗜和接近 　社会比较理论 　社会认同 　物理接近 　电子接近	基于相似性的选择 　选择可比的其他事物 　基于本群体认同的选择 　距离的影响 　可获性的影响
网络演化理论 　组织生态 　NK（C）	变异、选择和保留 　稀缺资源的竞争 　网络密度和复杂性

第 5 章阐述了自利理论和集体行为理论。自利理论关注人们如何做出满足自我偏好和愿望的选择。这一领域的两种主要理论是社会资本（social capital）理论和交易成本经济学（transaction cost economics）理论。与描述个体特性的人力资本不同，社会资本关注人们身处其中的传播网络的特性。网络的结构洞为人们提供了投入他们的信

息、传播和其他社会资源以获取利润的机会。交易成本经济学研究了市场和组织交易涉及的信息和传播成本，以及成本最小化的方法。更关注复杂网络内嵌的组织的网络形式提供了一种可替代市场或科层制的形式。信息流成为决定一家公司应与谁建立连接的关键因素。联合价值最大化成为替代交易成本最小化的原则。

互利和集体行为理论考察了集体协调的行为如何产生个体行为无法实现的结果。一个证明此观点的理论是公共品理论，研究能帮助组织者诱导集体成员贡献他们的资源以形成公共品的传播策略。互利性往往与自利性冲突，导致搭便车和其他社会与传播两难问题。网络关系通常对于产品供应和维持是必要的。

第 6 章讨论了传染理论和认知理论。传染理论解决想法、信息、态度和信念通过一些直接接触形式传播这一类问题。传染理论基于对疾病传染的隐喻，这里指暴露在传播信息中导致"污染"。接种理论 23
提供了一种能够被用来阻止传染的策略。两种竞争的传染机制在研究文献中被广泛关注。凝聚传染意指人们由于在传播网络中与其他人直接接触而受到影响。结构对等传染认为那些在网络中拥有相似的关系 24
结构模式的人更容易互相影响。社会信息处理（社会影响）理论声称人们的态度和信念会逐渐变得与他们的传播网络中的其他人相似。社会学习理论和制度理论认为，模仿过程导致传染，人和机构模仿他们相关网络中的其他人和机构。

认知理论探索意义、知识和概念在传播网络中的作用。语义网建立在共同的信息内容以及相似的解释和理解的基础上。一种补充观点将组织间网络视为知识结构。创建组织间联盟要求在未来合作者中建立广泛的知识网络，并且在当前合作者之间维持该网络。这些知识网络是组织分享显性和隐性知识的机制。认知传播结构代表了人们对于传播网络的理解，即：在他们的网络中谁和谁传播。这些个人认知传播网络能够被集成来提供被整个网络集体或一致认同的观点。认知一致理论检验了网络成员的态度、信念、观点和价值在多大程度上被取得一致性的动机支配。这一理论认为网络成员趋于认知相似是网络认知平衡的一个结果，而不是源于其他机制例如传染。

交互记忆系统由许多知识网络组成，人们为掌握在广阔的知识领域中的不同方面而承担责任，由此集体比任何组成部分更具有知识。知识库连接到更大的知识网络促进了知识的存储和处理。尽管知识流对于有效的知识网络是必要的，传播两难问题有时导致人们保留可能有用的信息。

第 7 章关注交换理论和依赖理论。这些理论试图基于信息和物质资源在网络成员间的分配解释传播网络的涌现。人们在给予别人其所获信息的同时也从别人处获得自己所寻信息。这些理论中的交换形式建立在平等原则基础之上，假定在整个网络中的给予和获得是平衡的。依赖理论强调不平等性并关注网络中的资源富有者如何支配资源贫乏者。因此，权利、控制、信任和伦理行为是两种理论的核心问题。交换理论和依赖理论被用来研究在连锁公司董事会中的信息流和
25 权力依赖。交换理论也部分地解释了组织网络形式的涌现。

第 8 章讨论同嗜理论和接近理论。这些理论基于网络成员特点嗜好相似和位置相近解释了网络的出现。特点代表不同的个性和人口统计特征，例如年龄、性别、种族和职业兴趣。社会比较理论指出，当人们将自己与那些和自己不同的人比较时会感觉不舒服，因为他们本能地希望加入到和自己特征嗜好相似的人群中。当然，这种观点忽略了“异性相吸”这句格言，这将被作为一种异嗜理论被讨论。接近理论提出人们与那些和他们物理位置相接近的人传播最频繁。电子接近理论将其扩展到电子邮件、电话等其他电子传播形式领域。

第 9 章探索了协同演化理论。传统演化论基于变异、选择、保留和竞争机制。组织特征出现随机的和有计划的变异，因其对组织适应性和生存能力的贡献被选择和保留下来。协同演化理论从整体上分析组织中和组织间的群体是如何通过网络连接来竞争或合作分享稀缺资源的。为了继续生存，组织必须适应不断变化的环境，同时看到自身也正在影响环境的改变。

作为本书的最后一章，第 10 章总结了本书的四个主要贡献。在该章的开头我们对多理论多层次框架和第 5～9 章讨论的理论做了必要的回顾。接着，我们讨论了“小世界”研究的最新进展。“小世界”

反映了一个有趣的、令人惊奇的普遍性质：网络拥有非常多的本地链接，而与其他节点的分离度却很低，“距离”很小。接下来，我们讨论关于组织传播网络涌现和演化研究的未来计划，提出了需要探索的领域并为分析策略的综合提供了一些建议。这些工作能够显著促进我们对网络演化过程以及 21 世纪新型组织形态的认知。最后，我们得出结论：通过对网络与流的深入探讨，可以更深入地理解 21 世纪的全球化世界。

第一部分

多理论多层次分析框架

第2章 网络的概念、测量和多理论多层次分析框架

29 本章以对网络分析概念和测量的综述作为开篇部分。对这一领域感到陌生，或是对本书中的社会理论比较熟悉但不熟悉网络分析本身的读者，应该仔细阅读这一章的第一部分，这对于理解这一章和本书的其余部分是必要的。网络分析已成为一个相当具有技术性的话题，有很多概念、测量和分析策略需要详细地解说。

本章的前面一部分本该提供足够的有关网络分析的背景知识来达到广泛涉猎网络文献的目的，但是，需预先强调的是，这里我们只能做一个简洁的介绍。于是，我们试图在概念的精确和简洁之间权衡，这一点与所有其他介绍性质的材料相似。在网络分析方面存在众多文献，包括一些非常优秀的教材和许多精彩的综述章节。有意对本章前三分之一内容中所罗列的网络分析资料做更深入探讨的读者可查阅被我们编制在“属性世界中的关系”一节下的参考资料。对网络分析比较熟悉的读者

会发现这一章的第一部分不太重要，所以对我们所选择和使用的概念及定义快速地浏览一下就足够了。

第二部分介绍了多理论多层次框架。这里说明了不同分析层次的网络属性是如何代表了源自不同社会理论的生成机制的，同时也显示出多种理论结合使用来研究涌现网络，可以比每种理论单独使用时具 30
有更广泛的解释力。作为该框架的一部分，我们将介绍图的实现所涉及的统计概念，并且讨论 p^* 分析策略和可用于分析相关数据的 PS-PAR 计算机程序。这一部分最后提出了一种对多理论多层次模型的扩展表述，它广义上将诸多变量因素划分为内源性和外源性因素，每一种因素都有多个层次。由这个分析框架产生了十类假设，对当中的每一类假设，本章都提供了例证。

网络分析

网络的概念极其一般化且宽泛，可以被运用于世界上的许多现象。网络分析的核心，是将一个关系的集合应用到一个被识别出的实体集。公路网络使用“可以到达哪里”这种关系把各个地点连在一起，而电力网络使用关系“向谁提供能源”把不同的能量来源和出口连接起来。在组织传播语境中，网络分析人员常常把实体定义为属于一个或更多组织的人，而且它处在一种或更多种传播关系中（诸如“向谁提供信息”、“从谁那里得到消息”、“认识谁”、“与谁进行传播交流”等传播关系）。同样，使用工作组、事业部或整个组织作为实体集去探索多种新的关系（诸如“与谁合作”、“转包给谁”、“与谁共担风险”等关系）也是常见的。正如我们随后将在本书中讨论的，实体也可以表示成非人类机构，如知识库、虚拟角色等。

属性世界中的关系

关系是网络分析的中心，因为它们定义了个人、群体和组织间的传播联系的本质。这个观点与社会科学的其他领域形成了鲜明对比。

社会科学倾向于研究“属性”，即个人、群体和组织的特性，而不是它们之间的关系。关系拥有许多重要的性质，包括强度、对称性、传递性、互惠性和多样性。有大量文献立足于描述这些性质以及网络分析的其他基础，包括网络概念、测量、方法和应用（Haythornth-
31 waite，1996；Marsden，1990；Monge，1987；Monge and Contractor，1988；Scott，1988，2000；Stohl，1995；Wasserman and Faust，1994；Wigand，1988）。表2—1、表2—2和表2—3来自Brass（1995a），总结了主要的网络概念。这些表描述了对网络连接的测量、对个体的测量以及用来描述整个网络的测量。这一章描述的测量和几个附加的度量可以使用网络分析软件程序如UCINET6（Borgatti，Everett and Freeman，2002）、MultiNet（Richards and Seary，2000）和Pajek（Batagelj and Mrvar，2002）来计算。由于本书的焦点在于理论和研究，因此我们只提供对一些广泛使用的网络测量和分析技术的简要介绍，而不是覆盖所有方法。

表2—1　连接的典型社会网络测量（Brass，1995a）

测量	定义	例子
间接连接	两个成员之间的连接路径需要通过一个或更多个他人	A与B连接，B与C连接；所以A与C通过B间接连接
频度	连接发生的次数和频率	A与B每星期谈话10次
稳定性	连接在时间上的持续性	A与B做朋友有5年了
多样性	两个成员被多重关系连接的程度	A与B是朋友，他们向彼此寻求建议，并且一起工作
强度	描述时间、感情强度、亲密度或互惠服务的量（频度和多样性常常被用于度量连接强度）	A和B是亲密的朋友，或长时间在一起
方向	从一方指向另一方的方向量	从A到B的工作流，但不是从B到A的工作流
对称性（互惠性）	关系的双向程度	A向B询问建议，B也向A询问建议

表 2—2　　对个体成员的典型社会网络测量（Brass，1995a）

测量	定义
度	与其他成员的直接连接数
入度	从其他成员连接到该成员的直接连接数（进入的连接）
出度	从该成员连接到其他成员的直接连接数（出去的连接）
范围（多样性）	连接到其他不同成员的数量（其他成员被定义为不同是因为他们本身没有互相连接，或代表不同的群体或状态）
邻近度	一个成员靠近或可以轻易地达到网络中所有其他成员的程度，通常通过该成员到所有其他成员的平均路径长度（直接或间接连接）来测量。一个直接连接被看做 1，间接连接根据比例得到较小的权重
介度	一个成员充当中介（落到其他任意两个处在最短连接路径上的一对成员中间）的程度。通常通过该成员在网络中所有可能的连接对之间充当中介的次数取平均值
中心度	一个成员在网络中处于中心的程度。不同的测量（包括度、邻近度和介度）曾经被用作中心度的指标。某些中心度的测量借助与该成员连接的其他成员的中心度来度量
声望	建立在非对称关系基础上。有威信的成员是关系的目标，而不是源头。类似于中心度的测量，通过解释关系的方向来计算（如入度）
角色	
明星	处于一个网络的中心的成员
联络人	与两个或更多个彼此没有连接的群体具有连接但不属于这些小组中的成员
桥	同时属于两个或多个群体的成员
把关人	在网络的一部分和另一部分间作为中介或控制流（两部分间唯一的连接）的成员
孤立点	没有连接或相对来说几乎没有连接的成员

表 2—3　　用来描述网络的典型社会网络测量（Brass，1995a）

测量	定义
规模	网络中成员的数量
包含度	一个网络中的成员总数减去孤立成员数（没有连接任何其他成员的成员的数量）。也用被连接成员数与总成员数的比率来测量
组件	网络节点和连接的最大连通子集。组件中的所有节点互相连接（既可是直接连接，也可是间接连接）并且没有节点和组件以外的节点相连接
连通度（可达性）	网络中的成员与另一个成员直接或间接相连的程度。有时用网络中任意两个成员间最大（或平均）的路径长度来测量
连通率	相互可达的成员对数与总的成员对数的比率
密度	网络中实际连接数与可能连接数的比率
中心势	计算网络中大多数中心度最大的成员和所有其他成员间中心度值的差别，从而得到实际差别总数和最大差别总数的比率
对称性	网络中对称连接数与非对称连接数（或与总连接数）的比率
传递性	三个成员（A，B，C）是传递的：如果 A 与 B 连接，并且 B 与 C 连接，那么 C 就与 A 连接。传递性是可传递三元组的数目除以潜在的可传递三元组的数目（长度为 2 的路径的数目）

网络连接

当一种或更多种传播关系被运用于个人、群体或组织时，网络连接就产生了。比如在组织情境中，Farace、Monge 和 Russell（1977）
32 基于产生、保持和创新关系，指出了三种不同的重要传播网络。其他类型的传播连接也是可能的。例如，Badaracco（1991）区分了两种知识，分别称为迁移型和嵌入型知识，每一种对应一种不同类型的连接。迁移型知识指那种易于从一个地点、人、群体或公司转移到另一地点、人、群体或公司的信息。迁移型知识一般存在于书、设计、机器、方案、计算机程序和个人意念中，在它们被创建时，知识就被存放至其中。嵌入型知识相对难以转移。它“主要存在于个体之间和群体之间特定的关系中，存在于构成他们彼此间关系的特别的规范、态度、信息流和决策方式”中。手艺、独特的才能和技能、积累的技术诀窍和组织专长及协同作用都是很难从一个地点转移到另一个地点的，更不用说跨越组织甚至部门边界转移。 33

Badaracco（1991）定义的两种类型的网络连接是生产连接（与迁移型知识相关）以及知识连接（与嵌入型知识相关）。在公司内部，一种生产连接是这样一种安排，通过这种安排，一个公司依靠“一个外部同盟者来实现它的一部分生产线，或生产公司以前自己制造的复杂组件”。知识连接指的是公司寻求“学习或联合创造新知识或能力”的过程中形成的联盟。这些“联盟是一种组织安排和运作政策，通过它们促使独立的组织共享管理权威，形成社会连接，并接受联合所有制。在联合所有制中，更松散、更开放的合同安排取代了高度专有而且关联度低的合同”（Badaracco，1991，p. 4）。 34

组织间连接的研究早在40多年前就已经开始了，始于Levine和White（1961）、Litwak和Hylton（1962）的研究，他们的成果激起了人们在商品和物质资源交换研究上的长达四分之一个世纪的兴趣（Mitchell，1973；Warren，1967）。该领域更新的研究聚焦于传播、信息和知识连接（Gulati，1995；Powell，Koput and Smith-Doerr，1996；Tsai 2001）。Eisenberg等（1985）基于连接内容和连接水平发展了一种二维的组织间连接分类法。内容维度分为：（1）材料内容；（2）符号或信息内容。水平维度区分了三种形式的交换。Eisenberg等（1985）说：

> 一个**机构型**连接发生在信息或物质在组织之间交换时，而不涉及具体的组织内角色或个体特性（例如银行之间转移的常规数据）。一个**代表型**连接发生在系统内一个组织的官方代表和另外

一个组织的代表（如一个制定联合政策的代理委员会）相接触的时候。这里的重点在于交易的官方本质和个体的代表能力。最后，一个**个人型**连接发生在来自一个组织的个人和另一个组织的个人交换信息和物质之时，并且是以不具代表性的或是以私人的能力（如通过友谊或老校友联系）建立的。

网络概念和测量

35 网络分析是一门使得研究人员可以描绘关系型数据和探索那些关系的本质和性质的分析技术。本章之前提到的实体，例如个人、工作组和组织，在网络分析中典型地被表述为节点或点。每一个节点都对应一个实体。

关系，例如“与谁传播”或“向谁提供数据”，被描述为连接到各种各样节点的线。这些线一般被称为连接、连线或弧，而连接一般被认为是关系的固有属性。关系的两个重要的属性是**方向性**和**强度**。关系既可以是有方向的，也可以是无方向的。有方向的连接是那些从一个节点指向另一个节点的连接。也就是说，它们有一个源头和目的地。与此相反，无方向的连接是那些没有方向、代表一个共有的合作关系的连接。关系“提供零件给谁”是一个有方向的连接，因为零件是从一个组织（提供者）到另一个组织（接受者）的。关系“与谁结成战略性联盟”是一个无方向的连接，因为它把两个公司没有方向地连接在一起。

第二个属性是**强度**，它指出了关系的量。一个连接的强度可以是“二分的”或“赋值的”。一个二分的连接仅仅指出关系存在或不存在。因此，二分关系“与谁传播”仅仅指出两个人、两个工作组或两个组织彼此是否有传播而非发生多少次传播。一个赋值的连接则描述了连接的强度或频率。因此，同样的关系“与谁传播”的强度在赋值的连接中，可以指出人们在彼此传播中花费的时间总量，如每个星期不多于五分钟、一个星期一小时、一个星期数小时等等。或者，它也可以描述他们传播的频率，如一个月一次、一个星期一次、每天一次，或是他们对传播的满意度在数值量表上的得分。

研究者可以考察相同的节点集上的一种或更多种关系。当一次只研究一种关系时，它被叫做单层关系。两种或更多种被同时研究的关系叫做多重关系。历史上，大多数网络研究，包括本书回顾的大部分工作，都研究过单层关系，但是并没有理论性或分析性的原因要求研究者必须把自己限制在单层关系上。事实上，Wasserman 和 Faust (1994) 认为网络研究如果从单层关系转向多重关系可能会取得具有 36
重大意义的进展。

描述网络

在网络分析中把网络数据组织在一个方形的矩阵中（行数和列数相同）是惯用的方法，这种矩阵通常被称为**社会矩阵**。矩阵中的行和列在分析中一般以节点的名字或编号命名，即个人、工作组或组织。矩阵的单元包括描述所有可能节点对之间关系的值。如果关系是二分的，则值是 1 或是 0；1 代表关系存在而 0 代表关系不存在。一个由 0 和 1 代表的二分关系组成的社会矩阵被叫做**邻接矩阵**。如果关系是赋值的，那么数字就被引入矩阵，以代表网络中每一对节点之间关系的强度（频度、持久性或数量）。通常用这些“谁到谁”矩阵的行来代表“谁”，而用列来代表“到谁”。因此，就可以从左向右地“读”矩阵，选择代表“谁”的某一行，而后移动到一个特定的单元来找到其关系的特点，然后移动到列的顶端来“读”它发生“到谁”。在一个无方向网络中，从节点 A 到节点 B 的连接的赋值与从节点 B 到节点 A 的连接的赋值是相同的。因此这类矩阵是对称的，对角线以上部分的值和对角线以下部分的值是一种镜面反射。而有向网络几乎总是非对称的。

另一种描述网络数据的方法是**图**。网络中的每一个参加者用有标号或标记的点来指代。点之间的线代表关系。如果关系是有向的，线的前端就画一个箭头来指出关系的方向。具有有向关系的图形被称做**有向图**。如果关系是二分的，线代表关系，线的有无代表关系的有无。如果关系有值，数字可以被放在每一条线上来代表频度、持久性或关系的其他量。这类图称做赋值图。

在某些情况中，网络矩阵中的行和列可能代表的不是相同的实
37 体，如可能行代表个体而列代表不同的知识库。可以用长方形矩阵（而不是方形矩阵）来描述它们。这类网络有时被称为**二模式**或**隶属网络**。

总之，网络代表一个节点集合的连接关系。这些节点可以是个人、小组、组织或任何定义好的实体。而关系可以是传播、影响、共有解释或者有形的或抽象的资源的转移。关系可以是有方向的或无方向的、二分的或赋值的、单层的或多重的。这些网络都可以用矩阵或图来描述。

测量网络属性

除了把网络描述为图和矩阵，分析家们还发展了一套用来计算各种网络属性的度量系统。这些属性可以在分析的各种层次上进行计算。Wasserman 和 Faust（1994）建议分成五个不同的层次。**个体成员层次**是用节点或点来代表网络中的成员的层次，它们可以是个体、小组或组织。在这一层次，分析聚焦在每一个成员拥有的联系的数目或直接与他们联系的其他成员的数目上。**二元层次**研究成对的网络成员和他们的关系。在这一层次研究者可能要询问网络中每一对连接的互惠程度。**三元层次**同时检查三个节点，大概聚焦于网络中所有三个成员之间的平衡水平。第四层即**子图层次**。在这一层次，分析家们频繁地想要定义谁属于子图和谁不属于子图。最后是**总体层次**，即将整个网络作为一个整体。这里的研究焦点可能是网络中实际存在的连接占所有可能连接的比率等问题。

分析的个体层次

度、入度和出度

对于任意一个给定的节点，从它出发产生的有向连接的数量称做

该节点的**出度**。类似的，指向那个节点的连接的数量，换句话说，终点是那个节点的连接的数量，称做该节点的**入度**。与一个节点相连的无方向的连接的数量被简单地称做节点的**度**。对度的解释依赖于所考察的网络的特点。在一个有向传播网络中，一个节点的出度，可以被 *38*
解释为“扩展性”；而一个节点的入度，可能标志着它的“流行度”。一些研究者使用度作为节点的社会资本或中心度的一个指标，将高的中心度解释为网络积极的和令人喜爱的特性，似乎应当是合理的，而把它解释为一种压力，例如信息过载或是对节点有效运行能力的一种约束，也是无可非议的。度为零的节点可以被视作**孤立点**，即在网络中它们与其他节点没有连接。

介数

度用来度量一个节点与网络中所有其他节点直接连接的程度，而**介数**则用来测量一个节点与那些彼此之间没有直接连接的节点直接连接的程度，即它测量一个节点在网络中其他节点之间充当中介的程度。介数的测量既可以考虑连接的方向性，也可以仅仅考虑连接的存在性。在一个传播网络中，一个有较高介数的节点常常被认为能够通过控制或中转信息流或掌握信息的解释权来获得权力。显然，一个有较高的介数的节点的删除或离开会造成网络中许多其他节点之间间接连接的丧失。正因为如此，它可作为网络中心度概念的另一种形式。在没有直接联系的组之间（而不是没有连接联系的个体之间）提供中介服务的节点有时被看做**联络人**或**桥**。

邻近度

度用来度量一个节点与网络中所有其他节点直接连接的程度，介数用来度量间接连接，而邻近度则用来测量节点直接或间接连接到网络中所有其他节点的程度。因此一个节点可以有高的邻近度值，即使它的度值很低，但是它必须连接到那些或许有很高的度值的节点，或连接到另一些高度值节点的节点。所以邻近度被认为是一种有用的测 *39*
量，能评价一个节点有效地直接或间接地“顺着藤”访问其他节点的能力。在那种意义上，它提供了网络中个体中心度的第三种概念化形式。它同样用来测量一个节点的间接网络可达程度。

Padgett 和 Ansell（1993）对 15 世纪意大利佛罗伦萨的 16 个家族的婚姻和商业连接进行了分析并提供了一个有趣的关于度、邻近度和介数中心度之间的区别的例证。Padgett 的数据显示，在婚姻网络中，Lambersteschi 家族和 Peruzzi 家族有大致相同的与其他家族联姻的可能性。因此他们在婚姻网络中的中心度大概相同。然而，Peruzzi 家族的介数中心度值比 Lambersteschi 家族要显著地高。这表明 Peruzzi 家族的成员与其他没有相互联姻的家族建立了联姻。另一个明显的对比，涉及 Medici 家族和 Ridolfi 家族，可以体现在商业网络中。尽管 Medici 家族比 Ridolfi 家族只有略高的邻近度值，他们的介数中心度的值却相差五倍。即在 Medici 家族和 Ridolfi 家族与佛罗伦萨其余家族直接和间接的商业连接相当的情况下，Medici 家族更可能直接连接到那些相互之间没有直接商业关系的家族。这些对比提供了对这些家族在 15 世纪的佛罗伦萨所扮演角色的一些有用的解释和说明。

结构洞

Burt（1992）发展了一系列描述个体在网络中填补**结构洞**程度的测量。这些测量检查“自我中心”网络的各种属性，“自我中心”网络是指个体网络中的成员构成的一个整体网络的子集。基于自我中心网络，Burt 计算了个体的**有效网络规模**。这一测量建立在这样一种假设上，即个体的网络成员之间的连接减弱了该个体网络的有效规模。当与某个体传播的成员彼此之间没有连接时，网络具有最大有效规模，随网络中（与当前个体相连的）成员间平均连接数的增加，个体的有效规模相应降低。Burt（1992）表明**效率**是测量个体使其自我
40 中心网络的有效规模最大化的程度的指标。一个个体的**结构制约**是指一个个体与其他成员有强连接的程度，且这些成员与个体网络中其他成员有强连接。最后，一个个体的**层次制约**测量了网络中某个单个节点给该个体带来的结构制约网络的结构制约源泉的程度。

这一部分提供了概念性的定义并对一些网络属性做了解释，可以对网络中每个个体或节点测量这些属性。即我们可以测量网络中每一个个体的度、介数、邻近度、有效规模、效率、结构制约和层次制约。下面我们要描述可以在个体对的基础上进行计算的测量。

分析的二元（链接或连接）层次

Wasserman 和 Faust（1994）指出，网络中任何两个个体之间的有向连接被划分为对称的、非对称的或无连接的。如果个体彼此连接则连接是对称的。如果只有一个个体到另一个个体的连接则连接是非对称的。如果他们彼此间没有连接则是无连接。**相互性**或**互惠性**被定义为两个个体之间的连接的对称程度。对于二分关系，共有性或者存在或者不存在，这依赖于对称连接在两个个体之间是否存在。对于赋值关系，共有性测量了两个个体之间连接值的相似程度。这里共有性测量了两个个体彼此直接联系的程度，它也可以用来测量网络的其他属性，如两个个体通过网络间接联系的程度（距离和测地线）或他们与网络中其他成员具有相似连接模式的程度（结构对等）。

距离和测地线

对于任何一对节点，可能存在两种类型的连接：直接连接和间接连接。**直接连接**是指任何只涉及那两个节点的节点对之间的连接。**间** 41
接连接发生在依靠与其他节点的连接形成连接的两个节点之间。两个节点之间的直接连接被称做一步连接。最小的间接连接是两步，即用两个直接连接把三个节点连接在一起。这里，第一个节点直接连接到第二个节点，第二个节点直接连接到第三个节点，那么第二个节点就使得第一个和第三个节点彼此用一个两步连接或称为二度分离间接连接起来。两个节点可以同时直接连接和间接连接。在刚刚给出的例子中，第一个和第三个节点也可以是直接连接的，这样，这两个节点彼此既有一个直接连接，也有通过第二个节点的一个间接连接。

高层次的间接连接存在于许多网络中，如把四个节点连在一起的三步连接、把五个节点连在一起的四步连接等等。“小世界”假说也是参照了这种测量，它认为地球上的任何两个个体的距离平均为六度分离（Milgram，1967）。在 ***n* 步连接**中，*n* 代表连接的数量，这种多步连接的思想，自然让人联想到网络中的**链**或**路径**。在组织环境中，有许多关于这方面的应用。Wasserman 和 Faust（1994）提供了组织中雇员间信息传播的例子。“一个重要的问题是，源于一个雇员的信息是否可能最终到达所有其他雇员，如果可能，为了实现这种到达必须通过多少个连接。也许还应该考虑一条消息从一个雇员到达另一个雇员可否经过多条路线，以及这些路线中哪些是效率较高或较低的”（p. 105）。

有许多网络概念描述在网络中如何从一点到达另一点。其中最重要的概念之一是两点之间的**距离**。距离 d 是两个节点之间的连线的数量。两个节点之间的最短距离被称做**测地线**，最大的距离被称做**直径**。

总之，两个个体之间的间接连接提供了至少两个在二元层次有用的测量。首先，**可达性**是在网络中连接两个个体的最短路径（测地线）。如果两个个体是直接连接的，可达性取最小值 1；如果它们是一步间隔的则取值为 2，依此类推。可达性取值为无穷大，如果一个个体直接或间接都不可能达到另一个个体。

其次，**冗余**测量了间接连接的两个个体可选的最短路径（测地
42 线）的数量。高冗余值表明信息更有可能从一个个体通过多条间接路径中的一条流向另一个个体。

结构对等

共有性是基于两个个体间的直接连接的测量，可达性和冗余是基于两个个体间的间接连接的测量，这里还有另一个测量：**结构对等**。它基于两个个体间交互模式的相似性，其严格定义是：两个个体间具有高的结构对等性，如果他们同样连接到或同时没有连接到网络中的相同个体。一个对结构对等的更一般化的测量，有时被称做规则对等，它测量了两个节点连接到网络中相似的其他个体的程度，而没必

要是相同的其他个体。所谓相似的其他个体，是根据属性（如职业）预先定义的。举例来说，两个医生可能具有高度规则对等，只要他们都与护士有连接，即使不是相同的护士。然而，更常见的是，“相似的其他个体”是根据他们在网络中的交互模式而定义的。

分析的三元层次

网络的属性也可以在网络中每次取三个个体来测量。**传递性**和**循环性**测量网络中每三个成员的子集（比如 A、B 和 C）展示特定的结构模式的程度。当 A 连接指向 B 并且 B 连接指向 C 时，如果 A 同样连接并指向 C，那么这个网络三元组是传递的。如果一个由三个组织组成的小组具有传递关系，那么如果 A 向 B 捐赠，则 B 将向 C 捐赠，并且 A 也将向 C 捐赠。

如果一个三元网络是循环的，则表示当 A 连向 B、B 连向 C 时，反过来 C 连向 A，这时循环就形成了。如果网络是无向网络，那么传递性和循环性是相同的。本质上，它们都评估了一类关系发生的可能性，这类关系比如我们与我们朋友的朋友也是朋友。

分析的子图层次

组件和派系

一个图或网络是**连通**的，如果图中任意一点都能达到其他点， 43
即每一个点对于其他各点来说都是可达的。这种情况一般发生在相对较小的网络。更多的情况下，图是非连通的或不连通的，这说明从任意一点不可能到达图中所有其他点。这意味着存在彼此互相连接的网络中点的子集，称做**子图**；并且这些子图彼此之间是没有连接的。这些网络中连通的子图被称做网络的组件。一个强连通组件由与组件中所有其他个体有直接或间接连接的个体组成。一个**弱连通组件**由与子图中所有其他个体有连接的个体组成，而不管连接的方向性。

定义这些组件的标准比较灵活。实际上，组件表明了可以明确辨别且互不相同的派系在网络中存在的程度。尽管**派系**这个术语在网络方法论中有明确的定义，但这里以及后面的句子中我们使用它更口语化的意思。在网络理论中，一个派系被定义为一个最大的完全子图，即网络中的一个个体集合，集合内个体彼此都直接连接但在网络中加入任何一个其他个体都会使集合无法满足完全直接连接的性质，这个个体集合包含了彼此具有直接连接的最大数量的个体。一个或更多个体可能是不止一个派系的成员。同样，更多的不严格的标准也被用来定义派系。一个 n-派系包含网络中最大数量的满足下述性质的个体，这些个体都直接或通过不多于 n 条连接边间接地彼此连接。更进一步地说，他们不可能都直接（或间接）通过 n 条或少于 n 条连接边连接到网络中任何其他额外的个体。显然，一个 1-派系（即 $n=1$）等同于派系的严格定义。一个 2-派系或 3-派系的定义就不太严格，从而允许更多成员被包含进来。

n-派系放松了对**直接**连接到派系中的所有成员的要求，而 k-丛（k-plex）则放松了对直接连接到网络中的所有节点的要求。一个 k-丛包含了网络中最大数量满足下述性质的个体，这些个体至少直接连接了小组中除 k 个个体外的其他所有个体。也就是说，它们并不是完全与网络中任何其他节点都有连接。显然，一个 1-丛等同于一个派系，它的所有个体都与组内除一个个体（即它们本身）外的其他所有个体直接连接，而一个 2-丛包括一组个体，每个个体都与除两个成员（即它本身和另外一个成员）外的其他所有个体直接连接。

位置

组件和派系用来测量一个网络中子图内个体联结的黏着程度。同时还存在其他测量，用来指出网络中个体参与相似结构的相互作用（或称为结构对等）、扮演相似角色或占有相似位置的程度。组件和派系用来辨认互相连接的个体构成的子图，角色分析用来辨认占有相似位置的个体组。这两组测量之间的不同反映了第 1 章中描述的关系方法和位置方法之间在传统思想上的区别。

分析的全局网络层次

密度这个概念涉及网络中关系的广泛或完全程度。另一个被频繁使用的表示密度的术语是**连通性**。密度定义为网络中实际连接数和可能连接数的比率，即实际存在的关系占可能关系的百分比。含有较少连接的网络被称做**稀疏**网络或稀疏连接网络；有很多连接的网络被称做**稠密**网络或高度连接网络。

网络中心势是研究网络中个体在中心度上的变化情况的一个总括性概念。个体的中心度值前面在个体分析层次上讨论网络测量的部分中已经定义了。一般来说，一个网络是集中的，是指一部分个体（或许只有一个）比网络中其他个体有明显高出许多的中心度值。而当一个网络中的成员有大致相同的中心度值时，网络是非集中的。这意味着网络中的每个人不比其他人更重要（或更不重要）。因此，网络中心势表明了个体中心度间的变化程度。度的网络中心势测量个体比其他个体有高出许多的中心度值的程度。介数和邻近度的网络中心势提供 *45*
相应的指标，而这些指标分别基于个体介数和邻近度的中心度值。

多理论多层次分析框架

以矩阵或图表示网络，并且测量网络的属性对描述网络是非常有用的。然而，要解释网络的涌现需要一种能在理论和统计实验的基础上推论出结论的分析框架。因此，这一部分介绍多理论多层次框架和 p^* 网络统计技术——一个完整的理论和分析框架，它为在有效统计推论技术的基础上跨越若干分析层次研究多种实质理论提供了一个适合的基础（Contractor，Wasserman and Faust，2001）。

本书探讨的解释网络涌现现象问题对于网络分析家们来说，是一种挑战，他们要完成以下四个关键性的转变：（1）从单一理论分析转向多重理论分析；（2）从单个层次分析转向多层次分析；（3）从纯粹的网络解释转向同时需要考虑个体节点属性的混合模型；（4）从描述性的或探索性的技术转向推论性的或验证性的技术。这四个问题将在随后的部分进行详细讨论。

多理论分析

首先，我们通过大量阅读网络研究文献（Monge and Contractor，2001）发现，几乎没有网络研究将理论作为其研究假设的基础，即使有也是仅仅使用单一理论。正因如此，它们通常只能解释网络差异的一小部分。这当然也有助于我们对传播网络的理解，但是还未达到我们所希望的程度。这个发现引导我们将多理论多层次视角发展为一种有助于比较和集成不同的理论，从而增强研究工作的解释能力的方法。

不同的社会理论都对传播网络做了不同的预测。其中有些理论机制是独特的，甚至是互补的。其他有些是重复的，至少有某一部分是

46 重复的。还有另一些是相互矛盾的，提供了互不相容的解释。这些理论单独来看对网络现象都未能提供权威性的、详尽的解释。多理论多层次框架识别了社会理论中的理论机制，并且说明了它们与网络属性（例如相互性和密度）是如何对应的。我们认为，利用多重理论应该能够改进我们对网络演化的解释，同时利用这些理论机制也会明显增加所能解释的网络的差异性。

多层次分析

其次，网络视角主要的好处之一是能够在分析的不同层次（个体、二元、三元、子图、组织、组织间）收集和校对数据。然而，为了分析的目的，大多数网络数据要么被处理后用于一个单层的分析（如个体或二元层次），这样必然要损失数据的丰富性；要么在不同的分析层次被分开研究，这样就阻碍了不同层次的理论影响的直接比较。如社会交换理论提出，一个从个体 A 到个体 B 的传播连接的可能性取决于从个体 B 到个体 A 的传播连接是否存在。然而，平衡理论则认为一个从个体 A 到个体 B 的传播连接的可能性取决于这两个

个体通过另一个体，比如说Z与第三个个体C所拥有的连接的结构。如果说社会交换理论在二元层次上建立预测，那么平衡理论则是在三元层次上建立预测。

Jones、Hesterly和Borgatti（1997，p. 912）甚至把这一两难境地扩展到三元层次之外，指出尽管很多组织研究采用了网络视角，但是“这些研究大部分聚焦于交换的二元组，而不是网络的整体结构或体系结构上”。由于仅把注意力局限于二元层次，而忽视更大的结构情境，因此“这些研究不能够充分阐释网络结构如何影响交换”（Jones et al.，1997，p. 912）。这是Granovetter（1992）所提出的二元原子化问题。虽然网络分析为每一分析层次的理论预测提供了独立的统计检验，但是要合成并比较层次之间的效果，就有必要建立一个能够提供多层次假设检验的分析框架。多理论多层次框架与p^*分析技术的结合，恰好提供了这些功能。

合并属性

再次，结构学者之间长期存在着一个争论，争论的焦点集中在把 47
关于节点的属性信息并入网络研究的优势和可行性上。典型的例子是性别和一个个体在组织间网络中的组织从属关系。形式主义者们倾向于拒绝考虑属性的作用，而大多数网络学者赞成这个观点（Wellman，1988）。而且，即使那些愿意构造包含属性信息以解释网络模式的混合模型的人，如果想在统计学上站得住脚的话，有时也会受到一些困难的阻碍。

进一步地，尽管存在一些考虑个体属性数据的实证性网络研究，然而这些分析常常会如先前所描述的那样，仅限于分析的某个层次。如同嗜理论提出，在一个组织间网络中，有相似组织从属关系的人比有不同组织从属关系的人彼此之间更可能有传播连接。与此推测潜在地相矛盾的是，集体行为理论提出，有相似组织从属关系的个体，比来自不同组织的个体，更可能在他们之间的集中网络中被结构化。同时结合和对比这两个关于个体属性的预测超出了大多数当代网络分析方法的能力。

有效统计推论

在过去的二十多年里，学者们在描述性网络度量的发展上取得了相当大的进步。因为网络数据是有关联的，那么很明显，它们构成非独立性的观察。因此，建立在独立性假设基础上的“标准”统计方法（例如回归分析和 ANOVA）用在这里是不合适的。针对网络属性开发统计估计方法的努力相对较少，彼此之间缺乏联系，而且局限在一个小圈子里，因此使它们不易于被广大的研究社群所了解，也不利于跨越多个层次的分析的整合。举例来说，存在一些用来描述网络中互惠水平的测量，即从个体 A 到个体 B 的传播连接同样在从个体 B 到个体 A 上存在的程度。然而，网络分析家们并没能够成功构建在统
48 计学上站得住脚并且在计算上可实现的检验方法，以确定是否网络中的互惠程度具有统计显著性。

总之，对多理论多层次的组织网络分析方法的需要是迫切的。具体地说，这个框架需要包括整合这些理论性解释的能力，这些理论性解释是建立在属性以及其他当前网络边界之外的外部特征的信息基础上的。并且，有效统计学推论技术需要同时整合个体、二元、三元和全局分析层次上的理论解释。

以下的部分将介绍网络分析中 p^* 统计分析技术。这个框架有三个潜在的益处。第一，它作为一个模板，促进了一个有意识的尝试，即具体化那些在多个层次上基于多种理论的假说。第二，它对这些理论的互补性和矛盾性进行了一个概要评估。第三，它把注意力放在了仍然有机会发展新理论解释的领域。这些讨论提供了一个情境，在这个情境中，有可能发展出影响网络结构趋势的多理论多层次的假设类型。在描述了 p^* 分析的逻辑后我们将转向这个任务。

p^* 分析中图和网络的实现

每一个被观察的网络，即每一个网络数据集，在统计学上都可以

被看做一个网络或图的“实现”。一个**实现**是所有可能构型集合中的一个网络连接的特殊构型。这些可能的构型的一个极端形式是完全连接网络，即在这个网络中，每个人都连接到其他每一个人。它的另一个极端形式是完全无连接网络，在这样的网络中，每个人与网络中任何其他人都没有连接。显然，在这两个极端之间存在许多不同的实现。如在一个三元网络的实现中，个体 A 可能被连接到个体 B 和个体 C，但是个体 B 和个体 C 可能彼此不连接；而在另一个实现中，个体 A 可能既不与个体 B 也不与个体 C 连接，而是个体 B 和个体 C 彼此连接。

考虑一个由 17 个代表各种行业和政府组织的成员组成的组织间共同体。我们将在这一章稍后的部分详细讨论上述共同体。被观察到的传播关系在数据上表现为唯一的图的实现，包括 17 个个体以及它们之间可能的连接。理论上，存在许多其他的在 17 个成员之间的基于传播连接的图实现。进一步地，随着网络中节点数量的增加，可能 *49*
的网络实现的数量将随之显著增加，这一现象应当是显而易见的。而统计学的兴趣在于解释，为什么这些被观察到的实现能够在其他那么多的可能的图实现的集合中脱颖而出。

这个问题的答案在于，被观察到的图实现是否展现了某种假设的结构特征，例如互惠、平衡和密度。如果这些特征存在，则它们增加了一些实现的可能性，同时也降低了其他实现的可能性。这些结构特征的存在性是通过一些估计参数获得的，这些参数量化了网络中结构属性对网络中连接存在或不存在可能性的作用。这些估计显示包含理论假设属性的图实现具有显著的更高的被观察到的可能性。如果是这样，那么这些假设属性对理解被观察网络的结构构型具有统计学上的重要意义。这个逻辑是随机图模型的核心，包括马尔可夫（Markov）随机图模型（Frank and Strauss，1986；Strauss and Ikeda，1990）和 p^* 模型体系（Anderson，Wasserman and Crouch，1999；Pattison and Wasserman，1999；Robins，Pattison and Wasserman，1999；Wasserman and Pattison，1996）。

回顾一下我们在前一段中的讨论，含有 17 个个体的网络的实现或构型的数量可以非常多，但是有限的。它的一个极端形式是网络中的 17 个个体之间都没有直接的传播连接。另一个极端形式是 17 个个体彼此都有直接传播连接，是一个完全连通网络。由 17 个个体组成的共同体，有很大数目的可能构型。在含有 17 个个体的网络中，每一个个体可与其他 16 个个体有连接，因此，整个网络就有总共 272 个（17×16）连接。如果网络是一个二值网络（即个体的连接表现为存在或不存在），272 个连接中的每一个连接则为两种状态中的一种，即可以存在或不存在。因此，有 2^{272} 种可能的网络构型，或者说大概是 7.5885×10^{81} 种！网络可能构型的数量被看做**样本空间**（Wasserman and Faust，1997）。

我们的大体目标是确定被观察网络的特定结构特征是否更多、更少或刚好在样本空间中各种各样可能的构型中随机出现。这些结构特征可以是，比如，被观察网络中连接的数量、互惠连接的数量、可传
50 递三元连接的数量或整体网络中心势。为了估计被观察网络中这些结构特征的趋势，我们首先必须对样本空间中 2^{272} 种可能实现的每一种的可能性做一些假定。为此我们做了一个简单的——稍后我们将表明，在某种程度上过于简化的——设想，网络中的每一个连接有 50%的可能性被观察到。在我们这个有 17 个个体、包含 272 个出现和不出现同等可能性的连接的例子中，2^{272} 种构型中的每一个实现被观察到的可能性也是相同的。也就是说，2^{272} 种可能网络构型中的每一个实现有 $1/2^{272}$ 的可能性被观察到。在这里，我们的假设暗示了，各种各样的实现遵循一种**均匀概率分布**，即每一个实现的发生有相同的可能性。

既然我们假设，每一个连接都有 50%的发生机会，那么在网络中的 2^{272} 种构型的大部分同样遵循这样的规律，即每个个体将选择网络中 16 个其他个体中的一半（即 8 个）。这些实现拥有不同的构型是因为个体可以选择任意不同的 8 个个体的集合。这样我们可以得出，基于我们的均匀概率分布假设，如果被观察网络与 2^{272} 种网络可能构型中的任何一种有相同出现的可能性，那么被观察网络中每一个成员的"期望"连接数量是 8，即 16 的一半。也就是说，被观察网络中

存在的连接的期望数量将是136（17×8）。具体来说，如果被观察网络存在比136个更多或更少的连接，我们将可以评估此构型在所有可能构型的样本空间中出现的可能性（即发生概率）。这样的话，我们将可以在统计意义上计算被观察网络具有结构趋势的概率，即拥有比单纯基于偶然性发生数量更多或更少的连接。

在决定理论假设属性是否有显著的更高的可能性被观察到时，确定这一可能性不是由网络本身的其他属性所导致的是非常重要的。如考虑两个都有17个个体的网络。假设第一个网络比第二个网络有更多的传播连接。进一步假设我们观察到第一个网络比第二个网络显示出更高的互惠性（含有大量的相互连接）。这个观察本身并没有证明这样的结论——第一个网络有更大的互惠的结构趋势。第一个网络中高的互惠性可能是由于网络中更大的连接数量所导致。即如果一个网 51
络中有更多的连接，纯粹基于偶然就会有更高的互惠性。因此，为了决定第一个网络是否显示了更大的互惠趋势，以网络连接数量为条件的统计方法需要被运用到分析的情况中（Wasserman and Faust，1997）。

更一般地，限定了较低层次的结构特征（例如每个个体选择的连接的数量）之后，这些技术有利于高层次结构特征的检验，如互惠性。如在限定了低层次结构特征（例如网络中个体选择的连接的数量、网络中互惠连接的数量）之后，我们就可以对网络中传递性的结构趋势进行统计检验了。这样做，才可能确定网络中被观察到的传递性的结构趋势不是简单地由网络中连接数量或互惠连接数量所导致的。

统计意义上的“限定”仅仅描述了基于非常简单的逻辑的情形。设想，在我们的17个个体的例子中，我们感兴趣的是估计被观察网络是否展现了一个互惠性（或相互性）结构趋势。用统计术语来讲，即我们想估计被观察网络的互惠性概率是大于、小于还是正好等于17个个体构成的样本空间中的所有可能的网络构型的互惠性概率。因此，正如前面所提到的，被观察网络中的互惠性可能在某种程度上是由被观察网络中的连接数量所导致的，我们将需要限定这种情况。

这一限定就是简单地减少样本空间，使之只包括那些与被观察网络有完全相同的连接数量的图实现。如果在被观察网络中，每一个个体平均只与其他三个个体有连接，那么网络中出现的总的连接数量将是 51（17×3）。为了确定被观察网络中是否有互惠性的结构趋势，我们将需要把它与 2^{272} 个实现中只含有 51 个连接的网络实现的子集合进行比较。即被用来检验互惠结构趋势的样本空间将只包括那些网络连接数量（在这个例子中是 51 个）与被观察网络中出现的连接数量相同的网络实现。这样的话就相当于把被观察网络中的互惠性的程度与跟它有相同连接数量的网络集合做比较。对于这个缩小的样本空间，我们就可以对最可能发生的互惠性进行评估了。这样，这个“期
52 望”互惠性就可以与被观察到的互惠性相比较。如果被观察到的互惠性远大于或远小于期望互惠性，我们就可以有充分理由认为被观察网络展现了统计意义的互惠趋势。因此，“限定”的过程相当于减少与被观察网络相比较的可能构型的数量（或称样本空间）。用统计术语表达，即被观察网络与基于条件概率分布的期望值进行了比较。一般来说，这个步骤遵循统计推论的逻辑，在这个逻辑中，系统变量或期望变量被认为服从某个已知的分布。被观察组件超过期望的程度显示出被观察网络是否在选定的概率水平上具有统计学上的显著性。正如先前所提到的，限定的逻辑可以同样被用来估计更高层次的结构趋势，例如在限定了低层次结构趋势如个体选择的数量、互惠的程度、传递性的趋势之后的网络中心势。这样，就为网络中的结构趋势设置了多层次统计检验的框架。

到目前为止，讨论仅仅基于一个过于简化的前提，这个前提应立刻被修订。我们已经假设，在样本空间内所有可能的网络实现中，两个个体之间的连接存在或不存在的几率皆为 50%。接下来我们将描述如何将被观察网络中结构趋势与所有同分布的网络实现中期望得到的结构做比较。Wasserman 和 Faust（1997）指出这个假设可以用投币（coin tosses）这个术语来有效描述。为了确定一个可能的网络实现，假设我们是用投一枚硬币的方法来决定网络中一个个体和另一个个体之间的连接是否存在。让我们假设硬币的正面意味着连接存在，而反面意味着连接不存在。我们需要投币 272 次，用每一次的结果来

指定网络中每一对个体之间的连接的现状（存在性）。272 次投币将产生这个有 17 个个体的网络的一个可能的实现。如果我们重复这 272 次投币动作并且记录每次的结果，我们将得到一大批可能的网络实现。假设得到硬币的正面和反面的机会是没有“偏颇的”，那么每一次投币是平等的，即出现正面和反面的几率均为 50%，并且每一次投币都与任何先前的投币是完全独立的。也就是说，每一个从一个个体到另一个个体的连接都有 50%的发生几率，并且每一个连接与任何其他个体对之间的其他连接是独立的。这等同于各种网络构型实现的一个均匀概率分布的假设。 *53*

假定我们用一枚“有偏颇的”硬币来代替这枚硬币——每次投掷有 60%的可能性出现正面、有 40%的可能性出现反面的硬币。如果我们重复上面的动作，我们同样可以得到相当大数量的网络实现。但是这种情况下，会出现从一个个体到另一个个体的不平等的 60%和 40%的连接几率。另外，同样如前一种情况所示，从一个个体到另一个个体的连接独立于从任何一个个体到任何其他个体之间的连接。这个假设等价于在统计术语中被描述为贝努利分布（Bernoulli distribution）的一个例子。贝努利分布使用参数 p 和 n 来定义。参数 n 是试验的数量，在这个例子中则指个体间可能的连接数 272；而参数 p 是每一次试验“成功”的概率，在这个例子中则指个体间 60%的连接可能性。

进一步扩展这个假设，设想我们要设置一个场景，在这个场景中每一次投币与先前的投币不是独立的。这种情境在实际中很难实现，但当考虑个体构成的网络时却是完全合乎情理的。也就是说，从个体 A 到个体 B 的连接的存在不独立于从个体 B 到个体 A 的连接、从个体 B 到个体 C 的连接和/或从个体 C 到个体 A 的连接，甚至在某些情况下也不独立于从个体 D 到个体 E 的连接。事实上，这些正是我们想要研究的结构趋势的序列。

列出“限定条件”的过程实际上是评估这些结构趋势的一种方法。它通过评估这些基于等概率分布的结构作用的倾向来达到目的——在通过限定合理的较低层次的影响，例如通过限定选择的数量、互惠的程度等方法收缩样本空间之后。一个替代性的解释是，我们使用条件均匀分布来评估被观察网络的互惠程度，这一分布包含所有与被观察网络有相同连接数量的网络实现。同样，我们使用条件均匀分布来评估被观察网络的传递性，这一分布包含所有与被观察网络有相同连接数量以及相同对称和非对称连接数量的网络实现。

如果考虑一个均匀概率分布，那么网络的某个具体实现的概率可以被看做网络中每一对个体之间连接服从的独立概率的乘积。因此，一个特定网络实现的概率类似于一个传统的列联表，例如根据性别和
54 管理职位分类的一个表。在这个例子中，列联表的行可以被分成男性和女性，而列可以被分成经理和非经理。那么一个特定单元例如女性经理的期望值可以用在女性行的概率乘以在经理列的概率计算。典型地，研究者将把观察到的女性经理数量与基于样本中女性和经理的比率得到的期望数量进行比较，从而评估实际情况是比预期更高、更低还是正好相等。

利用相同的方法，网络中连接或更高层次的结构特征与根据网络中个体发出和获得连接的比率得到的期望结构相比，是具有更高、更低还是相等的趋势也能得到评估。对于定类或定序数据，即大多数社会科学家研究的典型网络连接，这些作用常常可以使用**对数线性分析**来估算。在这种分析的一个简单的形式中，网络中连接的可能性或期望概率是个体 A 发出的连接数量和个体 B 发出的连接数量之间的独立概率的乘积。然而，一种被称做**对数似然性**的直接的数学转换将概率取对数，可以用独立概率的对数和来计算。由于它是通过取对数方式将概率乘积转化为对数概率的线性和，因此这种技术被称为对数线性分析。将介于 0 到 1 之间的概率转化为它的对数值，则把它的取值范围拓宽到从 $-\infty$ 到 $+\infty$，这样就可以更好地解释网络结构特征的变化，这些特征理论上在这个范围内发生。为了保证统计估计在分析上易于操作，很多技术实际上估算一个连接的奇异性而不是计算一个连接的概率。奇异性被定义为一个连接的存在概率与不存在概率的比率。奇异性的对数转换被称做罗吉特变换。Wasserman 和他的同事（如 Anderson，Wasserman and Crouch，1999；Wasserman and Pattison，1996）已经证明一个特定的 p^* 罗吉特网络模型可以使用**罗吉斯蒂回归**来很好地估算。关于如何使用 PSPAR 网络程序来进行 p^* 网络分析的细节在本章的末尾将通过一个例子加以说明。

多理论多层次模型

对网络分析的挑战和机遇的简短的统计学综述展示了在多理论多层次基础上评估网络结构趋势的更大的合理性。表 2—4 提供了用来检验组织网络的假设的多理论多层次（MTML）框架的概览。这张表描述了十级网络假设。每一级描述了影响图的实现概率的相关属性的不同集合。在每一级中都有一个隐含的假定，即含有假设属性的图实现比那些不含有假设属性的图实现有更大的被观察到的概率。 55

这张表由内生变量和外生变量组成，这些变量会影响焦点网络中连接存在或不存在的概率。**内生变量**（第 1～4 行）是焦点网络中影响网络实现的内在关系的属性。**外生变量**（第 5～10 行）涉及各种影响焦点网络内连接存在或不存在的概率的焦点网络之外的属性。

应该指出的是，这里内生和外生的区别不同于广义的因果模型和狭义的结构等价模型的开发中使用的相似术语。与因果模型不同，这里的内生变量不可由外生变量预测。这里，这两类变量都解释了网络的结构趋势。**内生变量**是网络中关系的属性，它们本身被用来解释关系的结构趋势。**外生变量**是网络的属性，是除了关系本身之外被用来解释结构趋势的属性。外生变量包括网络中人或其他节点的属性、网络中的其他关系和网络中在先前时间点上的同一关系。下面两小节回顾了在个体、二元、三元和全局层次的每一层次中内生和外生因素对形成特定结构网络实现的影响。十级假设的每一级都将用后面章节中详细讨论的某一种关于传播网络涌现的理论机制阐明。

内生网络变量

表 2—4 包含 3 列。第一列定义了在分析的四个层次上的内生（第

表 2—4　检验组织网络假设的多理论多层次框架的总结（重要变量：一个图实现的概率）

独立变量	具体测量的例子	假设
1. 内生（同一网络）：成员层	个体网络度量，例如成员选择中心度、结构自治	具有更高成员层次测度值（如中心度、结构自治）的图实现有更大的发生概率（如**社会资本理论**、**结构洞理论**）
2. 内生（同一网络）：二元层	相互性、互惠性	具有更高共有性或互惠性（如从 i 到 j 的一个连接与从 j 到 i 的一个连接）的图实现有更大的发生概率（如**交换理论**）
3. 内生（同一网络）：三元层	传递性、循环性	具有更高循环性（如从 j 到 k、从 k 到 i、从 i 到 j 的一个连接）或更高传递性（如从 i 到 k、从 k 到 j、从 i 到 j 的一个连接）的图实现有更高的发生概率（如**平衡理论**）
4. 内生（同一网络）：全局层	网络密度、中心势	具有更高网络中心度的图实现有更大的发生概率（如**集体行为理论**）
5. 外生：成员属性（成员层）	年龄、性别、组织类型、教育	具有相似属性（年龄、性别、组织类型、教育）的成员之间的连接的图实现有更大的发生概率（如**同嗜理论**）
6. 外生：成员属性（二元层）	有差别的共有性和互惠性	具有相似属性的成员之间有极大的共有（或互惠）连接的可能性的图实现有更大的发生概率（如**交换理论**）
7. 外生：成员属性（三元层）	有差别的传递性和循环性	具有相似属性的成员之间有极大的可传递（或循环）连接的可能性的图实现有更大的发生概率（如**平衡理论**）
8. 外生：成员属性（全局层）	有差别的网络密度、中心势	具有相似属性的子图之间有极大的网络中心势的可能性的图实现有更大的发生概率（如**集体行为理论**）
9. 外生：网络（其他关系）	建议、友谊网络	成员之间的传播连接与他们第二层关系（如建议或友谊）的连接一起发生的图实现有更大的发生概率（如**认知理论**）
10. 外生：网络（在前一时间点的同一网络）	传播网络	某一时间点的成员之间的连接与先前时间点的连接一起发生的图实现有更大的发生概率（如**演化理论**）

1～4 行）和外生（5～8 行）预测变量，还有关系到其他网络的变量（第 9 行和第 10 行）。第 2 列为十级假设的每一级提供了具体的网络测量的例子。最后一列提供了典型的网络假设。第 1～4 行列举了焦点网络中影响网络实现的四个层次的内部关系属性。 57

图 2—1 至图 2—10 是针对表 2—4 的十行中每一行的讨论的图解。这里的每一幅图都是一个简单的假想网络，用圆圈代表个体、部门、组织等，用线条表示彼此连接。实线代表网络中观察到的连接。虚线代表根据某个具体的理论机制做出的网络中新增连接的预测。用来标志这些虚线的正号和负号表示在某个理论预测中这个新增连接出现的或高或低的可能性。理论上可能预测出假想网络的多个新增连接，为简化起见，图中只诠释一个较可能出现的连接和一个不太可能存在的连接的可能性。

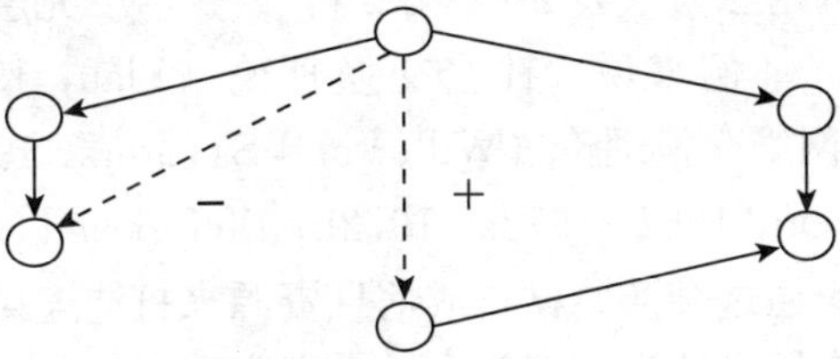

图 2—1　内生成员层：结构洞理论

个体层

内生个体层（有时也称做节点或成员层）涉及组成网络实体的网络属性。个体层可以是人、小组，甚至在一个组织间网络情形下还可以是整个组织。表 2—4 的第 1 行第 2 列列举了内生节点层次的属性，这些都是在本章早前讨论过的个体层测量，包括对度、介数、邻近度以及一些诸如有效规模、效率、结构自主性和层次约束的测量。这些内生网络属性不同于个体节点的外生属性，诸如年龄、性别和关系。前者被视作是网络固有的，也就是说，是被节点关系所定义的，而后者被视作是网络之外的，独立于网络的（外部测量将很快在下文中得到讨论）。如结构洞理论（Burt，1992）提出个体试图通过打造与两个或更多其他无连接的节点的连接来增强他们的结构自主性，从而在他们连接到的人们之间创造间接连接。因此，正如图 2—1 所诠释的，结构洞理论认为，顶部中心的成员与左下角的成员间的连接具有较低概率，因为前者已经通过一个间接连接与后者间接相连了。然而，这
58 种理论也暗示了从顶部中心的成员到底部中心的成员的连接有较高的发生概率，因为前者与后者并不存在间接连接。正如表 2—4 第 1 行第 3 列所指出的和图 2—1 所诠释的，这个假设宣称，在个体或组织有很高的结构自主性的情况中一种特殊网络构型的实现具有更大的概率。

二元层

内生二元层（也称做链接或连接层）涉及各种各样的刻画网络中节点间连接的网络测量（表 2—4 第 2 行）。这些二元层次属性包括相互性和互惠性。举例来说，社会交换理论（Blau，1964；Homans，1958，1974）、网络交换理论（Willer and Skvoretz，1997）和资源依赖理论（Emerson，1962，1972a，1972b；Pfeffer and Salancik，1978）提出个体和组织通过交换原材料或信息资源来打造连接。根据其最基本的形式，这个假设认为在网络中一个有很高互惠或相互连接数的图
59 实现发生的概率更高（见图 2—2）。正如图 2—2 所显示的，社会交换理论将得出从网络顶部右角的成员到顶部中间的成员的连接概率更

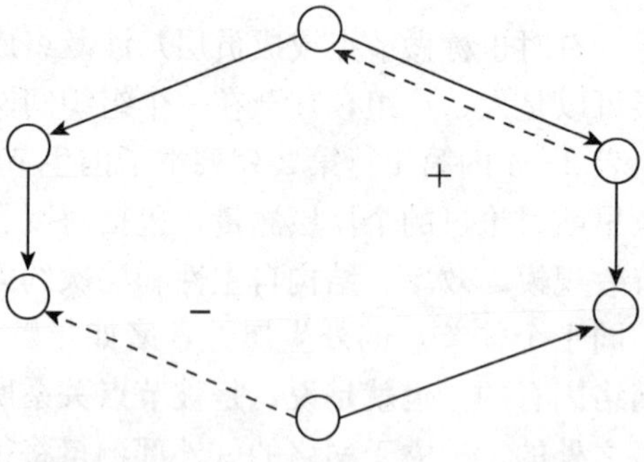

图 2—2　内生二元层：社会交换理论

高的结论，因为这两个成员之间已经存在了一个从顶部中间成员指向顶部右角成员的连接，从而实现了互惠连接。相比之下，从网络底部中间成员到网络底部左角成员的连接有较低的可能性，因为底部左角成员与底部中间成员没有任何连接。

三元层

内生三元层涉及网络中可能的三节点组合集上定义的测量。对于内生变量（表2—4第3行），这些三元层次的网络属性包括传递性和循环性。正如之前所定义的，一个三元组是可传递的，表示如果个体A到个体B有连接，个体B到第三个个体C有连接，那么A也有到C的连接。传递性可以用很多方法来解释，这取决于被研究关系的实质。如果关系是一种情绪，例如喜欢或友谊，那么认知平衡理论（Heider，1958；Holland and Leinhardt，1975）提出了关系趋于一致性的趋势。通俗地说，就是某人朋友的朋友可能是他的朋友，也就是说，人们一般都会喜欢他们朋友的朋友。相比之下，正式关系中的传递性，例如权威关系，反映了一个网络中的等级趋势——某人老板的老板也是他的老板。传递行为的假设通过包含高传递性的三元组的网络实现得到支持，见图2—3。

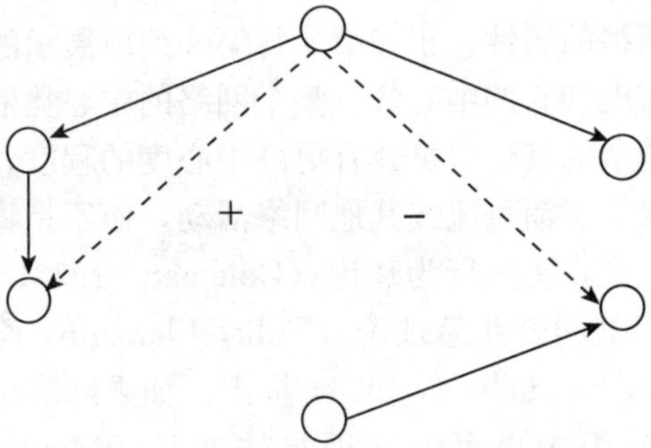

图2—3 内生三元层：平衡理论

当从个体A到个体B有连接，从个体B到个体C有连接，并且从个体C到个体A有连接，形成循环的时候，三元组的**循环**就出现

了。对循环的解释依赖于关系的本质。当连接表现为一种资源的流
60 动，例如提供帮助或提供信息，那么循环就可以被看做一般交换理论（Bearman，1997）里解释的网络属性。成员A帮助成员B，而成员B不是直接回报给成员A，而是帮助了成员C，而成员C又反过来帮助了成员A，因此B就间接回报了成员A对他的帮助。

正如图2—3所示，平衡理论提出了从网络顶部中心成员到网络底部左边成员的连接的可能。做出这个预测是因为这个连接能够形成一个涉及网络顶部中间的成员和网络左边的两个成员的可传递三元组。然而，从网络顶部中间成员到网络底部右边成员的连接有较低的可能性，因为这个连接并不利于一个可传递三元组的形成。需要注意的是，如图2—3所示，当平衡理论提出从网络顶部中间成员到网络底部左边成员的连接具有较高可能性时，而如图2—1所示，结构洞理论提出了从网络顶部中间成员到网络底部左边成员的连接具有较低的可能性。综合考虑，这些观察强调了在两个不同的理论机制可能对网络连接的可能性提供互相矛盾的解释的情况下，多理论多层次框架如何能同步研究它们。

全局层

全局层（表2—4第4行）涉及影响一个具体的被观察网络的实现概率的整个网络的属性。正如第4行第2列所展示的，内生总体属性包括网络的密度和它的中心势。整个网络的中心势依赖于网络中某个成员子集比剩余的其他成员具有更高中心度的程度。这种构型类型在那些节点上聚集了消息流或其他网络活动，而不是将其平分至所有的节点。举例来说，集体行为理论（Coleman，1973，1986；Marwell and Oliver，1993）和公共品理论（Fulk，Flanagin，Kalman，Monge and Ryan，1996；Samuelson，1954）提出，如果网络是中心化的，那么网络中的人或组织更可能获得集体产品（Marwell，Oliver and
61 Prahl，1988）。如果含有高中心势的网络实现具有更大的概率，这个假设将得到支持（见图2—4）。

图2—4所示的集体行为理论预测从顶部中间成员到网络底部右

边成员之间的连接有更高的概率。之所以这样，是因为在网络底部右边成员是一个中心成员，而增加从顶部中间成员到底部右边成员的连接将增强网络的中心势。然而，集体行为理论也同样认为从网络顶部中间成员到底端中间成员的连接有较低的概率，因为这个连接不会增加整体的网络中心化程度。

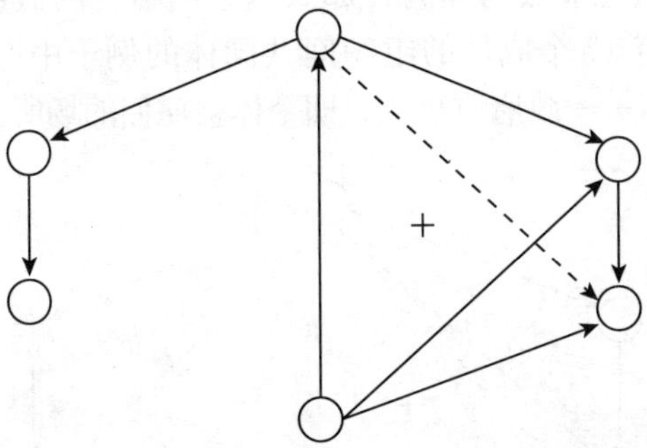

图 2—4　内生全局层：集体行为理论

外生变量

外生变量是网络中焦点关系之外影响焦点网络中连接存在或不存在概率的元素。正如前面所提到的，这些外生变量源于节点的属性（表 2—4 第 5 行至第 8 行）以及网络中的其他关系的属性（表 2—4 第 9 行），还有同一网络关系前期某一时点的属性（表 2—4 第 10 行）。接下来将对这些内容进行讨论。

个体层

外生变量的个体层（表 2—4 第 5 行）涉及影响被观察网络中连接存在或不存在的概率的个体属性或组织属性。这些个体层变量包括 62
年龄、性别和组织的成员资格，或组织的类型。外部节点属性与内部节点属性（表 2—4 第 1 行）的不同在于，前者是组成网络实体的具体外生属性，例如年龄、教育、组织从属关系，而后者是源于网络本身的属性，例如一个个体的受欢迎程度或一个组织的中心度。举例来说，同嗜理论认为，个体倾向于与那些与他们有相似属性的其他个体形成连接。关于同嗜性，已有一些基于年龄、性别、教育、声望、社会阶层、任期和职业相似性的研究（例如 Carley，1991；Coleman，1957；Ibarra，1992，1993a，1993b，1995）。正如表 2—4 第 5 行第 3 列所显示的，如果网络中连接存在或不存在的概率反映了节点连接到有相似属性的其他节点的倾向，那么基于同嗜性的假设将得到支持。在前面讨论的有 17 个成员的组织间共同体的例子中，重要的属性可能是组织的类型——政府或行业，即个体被雇佣的场所（见图 2—5）。

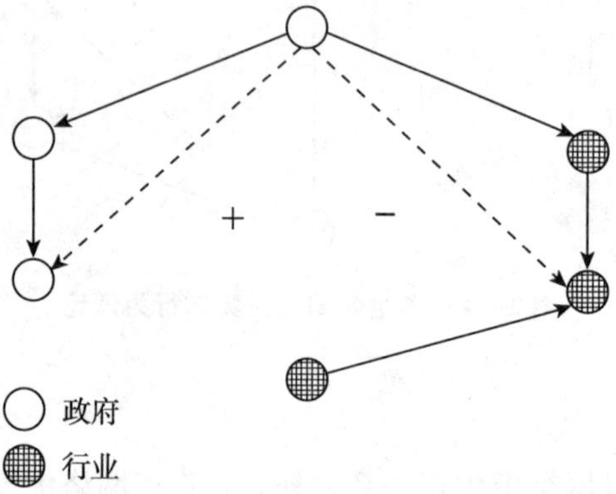

图 2—5　外生属性成员层：同嗜理论

同嗜理论认为图 2—5 中从网络中顶部中间成员到网络中底部左边成员的连接有更大的可能性，因为这两个成员共享相似属性——都代表政府组织。相比之下，同嗜理论预言从顶部中间成员到相对网络底部右边成员的连接有较低的可能性，因为前者代表政府组织而后者代表行业组织。

二元层

63 二元层外生变量（表 2—4 第 6 行）的影响是指共享的外部属性对网络二元特性的影响。典型的二元层特性包括相互性和互惠性。正如之前所讨论的，焦点网络二元层的内生影响（表 2—4 第 2 行）将导致网络中从一个个体到另一个个体的互惠连接有更高的出现可能性。这里描述的外生影响是指个体的外生属性对这些互惠连接出现的可能性的“差别”（正的或负的）影响。举例来说，社会交换理论认为，任何两个个体更可能通过交换或共享不同的资源进行互动。然而，在某些情况下指出在具有相同属性（例如性别或组织关系）的成员之间出现互惠连接的可能性会更大（在这种情况中，指正的差别）也是有必要的。因此，社会交换和资源依赖理论的一个扩展提出，交换连接，即相互或互惠连接，更可能在具有相似属性的个体间发生。这种因此增加的可能性被称做**差别**效应。如果有相同属性的节点对的图实现有更大的出现概率，那么这个基于差别相互性或互惠性的假设将得到支持。换句话说，如果网络中连接存在或不存在的概率反映了成员与和他们具有相似属性的其他成员建立互惠连接的趋势，那么这些假设将得到支持（见图 2—6）。

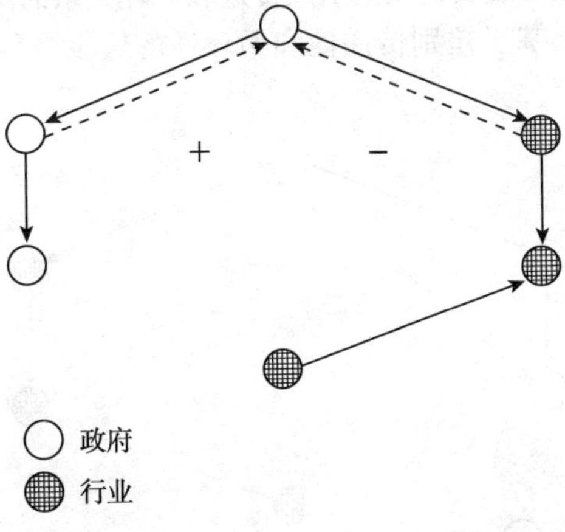

图 2—6　外生属性二元层：资源依赖理论

扩展社会交换理论并结合同嗜理论，可以说明从顶部左边的成员到网络顶部中间的成员的连接应该有更大的可能性。这个连接可能使从网络顶部中间的成员到网络顶部左边的成员的一个连接达成互惠，此外，这两个成员具有相同的属性，即都代表政府组织。然而，相同 64

的逻辑表明了从网络顶部右边的成员到网络顶部中间的成员的连接有较低的概率，因为尽管这能使从顶部中间成员到顶部右边成员的一个连接达成互惠，但是这两个成员并不具有相似的属性。在网络顶部中间的成员代表一个政府组织，而在网络右边较高的成员代表一个行业组织。

三元层

外生变量的三元层（表 2—4 第 7 行）是指共享外生属性对网络三元层特性的影响。网络的三元层属性包括传递性和循环性（在前面对表 2—4 第 3 行的讨论中已定义）。正如前一层一样，网络中个体共享的外部属性，有差别地（正的或负的）影响网络可传递或可循环的倾向。认知平衡理论和一般交换理论可以被扩展进而覆盖这样的情形，即可传递和可循环连接更可能在有相似属性的成员之间出现。如果含有相同属性的成员彼此间形成传递和循环关系的图实现有更大的出现概率，那么基于差别传递性和循环性的假设将得到支持，见图 2—7。

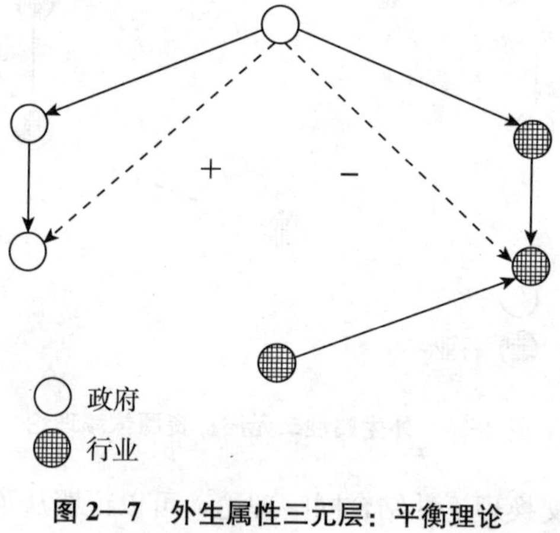

图 2—7　外生属性三元层：平衡理论

平衡理论可以与同嗜理论结合，如图 2—7 所示。这种结合暗示了，从顶部中间的成员到网络底部左边的成员的连接有更大的可能性，因为这个连接将在具有相同属性的三个成员之间形成一个可传递三元组，它们都代表政府组织。另一方面，相同的逻辑将暗示，从网络顶部中间的成员到底部右边的成员的连接有较低的概率，因为尽管这个连接将在三个成员之间形成一个可传递三元组，但是它们并不具有相似属性。在网络顶部中间的成员代表一个政府组织，而三元组中另外两个成员代表私有的行业组织。

应该注意的是，图 2—7 中所指出的新增连接的概率与图 2—5 以 65
及稍后的图 2—8 介绍的是等同的。这阐明了多层次模型是如何提供对网络的结构趋势的完备解释的。在这种情况中，外生成员层的同嗜理论（图 2—5）、外生三元层的平衡理论（图 2—7）和外生全局层的集体行为理论（图 2—8），互相补充解释了为什么包含从顶端中间的成员到底部左边的成员的连接的一个网络有更高的出现概率；并且，它们彼此补充解释并指出了包含从顶端中间的成员到网络底部右边的成员的连接的网络有较低的出现概率。

全局层

外生变量的全局层（表 2—4 第 8 行）是指共享外生属性对网络的全局层特性的影响。全局层属性包括网络密度和中心势（网络的一些成员比其他成员有高得多的中心度）。对网络的全局特性的外生影响（表 2—4 第 4 行）的讨论指出，网络连接的构型展现了网络趋于集中化的趋势。也就是说，个体可以与网络中其他成员选择性地形成
连接，从而使得一些个体比其他个体具有更高的中心度。这些解释致 66
力于通过网络内部解释网络中心势的全局结构趋势，而同样也可以通过基于网络个体的共同外生属性的影响来解释全局网络属性。在集体行为理论和公共品理论的一个扩展中，具有相似属性（例如结构关系）的成员间比不具有共同属性的个体中更可能发生网络中心化。如果具有相似属性的成员、有更高层次的子图网络中心势的图实现有更高的发生概率，那么这个基于差别网络中心势的假设将被支持。换句话说，如果网络中连接存在或不存在的概率反映出成员与其他具有相似属性的成员形成更中心化的子图网络的趋势，这一假设将被支持

(见图 2—8)。在图 2—8 中，集体行为理论结合同嗜理论，预测在网络顶部中间的政府组织更可能与在底部左边的政府组织形成连接，因为这个连接将加强后者在政府机构网络中的中心地位。然而，在网络顶部中间的政府实体不太可能与在底部右边的行业组织连接，因为这个连接不会加强后者在行业组织网络中的中心地位。

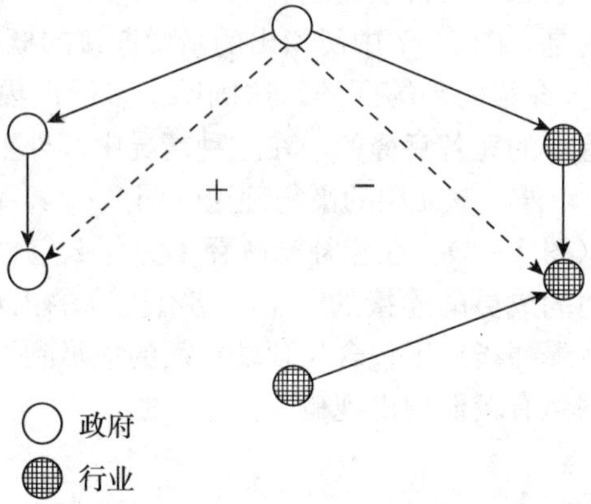

图 2—8　外生属性全局层：集体行为理论

其他外生关系

67 除了网络成员属性的外生影响，成员间的其他关系构成外生变量的第二个集合，这些变量同样可能影响焦点网络中连接存在或不存在的概率（表 2—4 第 9 行）。举例来说，传播聚合理论（Richards and Seary，1997；Rogers and Kincaid，1981；Woelfel and Fink，1980）、认知理论（Carley，1986，1991；Carley & Krackhardt，1996；Krackhardt，1987a）和交互记忆系统理论（Hollingshead，1998a，b，c；2000）提供了可以被用来预测认知或语义网络（Monge and Eisenberg，1987）对传播网络的影响的论证。这些理论表明，人们之间认知或语义连接的存在或不存在与他们之间传播的有无有关。如果焦点网络中个体的连接与他们在外部网络中的连接对应的图实现有更大的出现概率，那么这个基于外生网络影响的假设将得到支持。换句话说，如果外生网络连接的有无增加了焦点网络中连接有无的概率，这一假设将得到支持（见图 2—9）。图 2—9 指出，在网络的顶部中间的个人或组织更可能与在网络顶部左边的个人或组织有友谊关系，因为他们已经有一个传播连接。然而，在网络底部左边的实体则不大可能与在底部中间的实体有友谊连接，因为他们并没有传播关系。

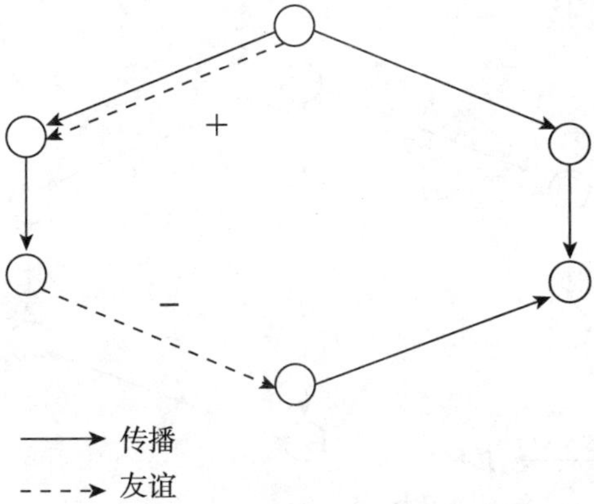

图 2—9　其他外生关系：认知理论

这些目标似乎可以非常容易地通过计算网络中两种关系的简单相 68
关性来得到。实际上，Krackhardt（1987b）使用 Hubert 和 Schultz（1976）引进的技术开发了二次分配程序，用来计算两个网络之间关联的显著性。一些组织传播研究者（如 Stohl，1993）已经使用了二次分配程序，但是以二次分配程序目前的技术，还不能生成这里提出的多层次框架。

先前外生关系

最后，焦点网络中有无连接的概率也同样受同一个网络之前某个时间点上有无连接的影响（表 2—4 第 10 行）。在早期形式中，演化理论（McKelvey，1997）提出，依据惯性可以预言在前一时刻人们之间的连接将增加这个连接在后来的时间点持续的可能性。例如 Gulati（1995）假设："两个公司过去结成联盟的次数越多，它们彼此就更可能形成新的联盟。"如果焦点网络中的连接与先前网络中的连接相对

应的图实现有更大的出现概率，那么这个基于同一个网络在前一时间
69 点连接构型影响的假设将得到支持（见图 2—10）。图 2—10 显示了，网络中顶部中间的成员和网络中顶部左边的成员之间的未来传播有更大的可能性，因为他们当前正在传播。然而，网络顶部中间的成员和底端中间的成员之间的未来传播有较低的可能性，因为他们并没有一个先前的传播连接。

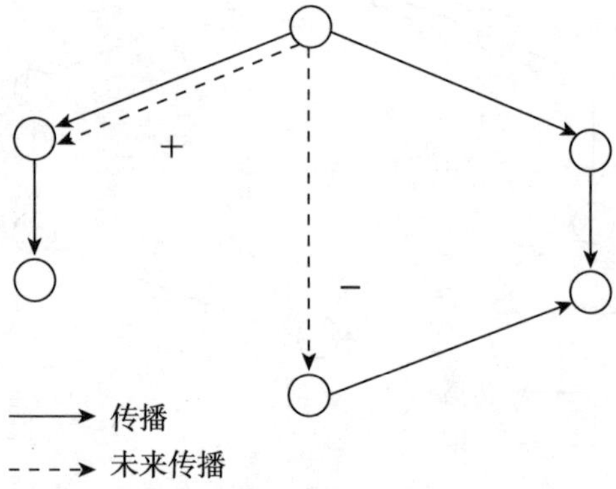

图 2—10　先前外生关系：演变理论

本书中描述的外生变量并没有涉及刚才描述的外生变量间的交互作用。原因是，当前的统计技术还远未达到这种能力。有两种情况值得考虑。第一种，外生网络（同一成员网络的不同关系或同一网络的前一时间点的关系）在焦点网络中的影响可以根据外生变量的第三个集合，即成员的属性来调节。换句话说，建立在先前存在的连接上的趋势，在不同属性的成员间可能不同。这种情况在 Stevenson 和 Gilly（1993）处理网络的组织问题的研究中有详细解释。在研究中，他们指出："当面对组织问题时，管理者们比非管理者们更可能使用先前已存在的连接。"第二种情况是焦点网络同时受外生网络（网络中相同的人构成的不同关系）和在前一时间点上存在的关系的影响。这也就是说当一种不同类型的已存在关系消除的同时，新种类的连接可能被创建。正如 Granovetter（1985，1992）所论述的，经济交易关系常常被"嵌入"到社会关系中。这意味着当人们或组织间之前存在一

种社会关系时，他们更有可能发生经济关系。统计模型——包括马尔可夫随机图模型和 p^* 体系模型——已经开发了能够检验在这部分描述的十个假设的技术，更多的努力正被用来实现对更复杂的相互关系的说明，例如上面阐述的两种情况。

总　结

上面介绍了多理论多层次集成分析框架，它试图找出组织网络的结构趋势被多理论多层次分析假设影响的程度。对相关数据中相互依赖的迫切需要妨碍了标准统计检验程序的使用。因此，这部分介绍了图实现的概念，并且描述了网络的假设特性如何影响一个具体网络构型的实现概率。这些特性从广义上可被划分为内生的（意味着它们属于当前网络本身的焦点关系）和外生的（包括成员属性和不同于网络中焦点关系的关系）。这两种类型中的每一种属性又进一步根据它们的层次被划分为成员层、二元层、三元层和全局层。对于每一个子类，基于理论的假设被用来诠释那种特性在网络结构趋势上的影响。图 2—11 展示了多理论多层次模型的一个总体框架。 70

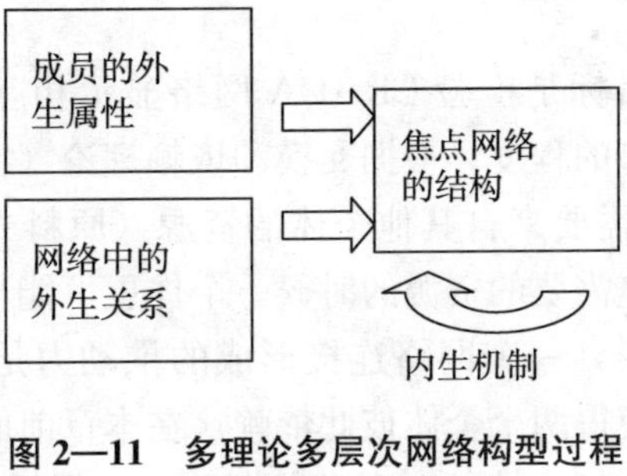

图 2—11　多理论多层次网络构型过程

一个多理论多层次 P^* 网络分析实例

本章的最后一部分引进了一个实例，来诠释前述部分的概念。特别地，它检验了从两个层次的三个理论推论出的八个假设。它利用统计估计，检验这些假设推出的结构趋势影响特定网络实现出现概率的程度。

这个实例所使用的数据是从代表7个组织的17个个体处收集而来，这些组织正准备签署一份合作研究和发展协议（cooperative research and development agreement，CRADA）。CRADA被创建的目
71 的是将改善大型机构设施的建筑设计过程的软件产品商业化。这17个个体分别来自四个美国军队机构和四个私人企业。美国军队机构包括一个研究实验室、一个地区办公室、一个军队储备单位和一个总部。四个私人公司包括一个CAD操作系统开发商、一个建筑软件公司、一个软件开发公司和一个建筑公司。

它们所代表的组织被划分成两大块：第一块由九个个体组成，代表私人部门公司；第二块由8个个体组成，代表政府机构。个体提供他们谈判CRADA过程的数据。数据描述了每一个个体报告的在他们签署战略性联盟协议之前按时间顺序交流的信息总量。为了进行分析，我们对这些数据做了二分化处理。

假设的基本理论原理

这个实例的目标是检验CRADA网络显示相互性、传递性和循环性这些结构趋势的程度。根据交换和依赖理论（在第7章有更详细的讨论），当他们需要来自其他个体的资源（原料或信息）或他们可以提供给其他个体需要的资源的时候，个体更可能与其他个体形成网络连接。也就是说，一个网络连接形成的推动力是交换资源的可能性，而这些资源使得两个个体彼此依赖。在本章前面的论述中，这个结构趋势被定义为相互性。在现在的实例中，根据交换和依赖理论，两个合作开发软件的个体更可能拥有相互的传播连接，而这个传播连接将促使他们交换资源。

交换和依赖理论在二元层假定结构趋势存在，而认知一致性理论（在第7章将更详细地讨论）检验了三元层的结构趋势。根据一致性

理论，个体更可能与他们朋友的朋友交朋友。即从A到C的网络连接形成的推动力受从A到另外一个个体，比如说B和从B到C的连 72
接的存在的正向影响。前面我们定义了这种A、B和C之间的结构属性为传递性。一致性理论也同样能被用来支持一个相关论断：从A到B的网络连接和从B到C的网络连接将增加从C到A的连接的可能性。“形成闭环”的动力显示了一个我们之前描述为循环性的结构特性。

当然，对二元层和三元层结构趋势的假设只能在个体选择网络中其他个体的时候被评估——基于个体层针对**抉择**的结构趋势。在这些相对简单的理论证明预览的基础上（本书后面章节将进行详细扩展），我们将对下面五个假设进行检验。

H1：网络显示了针对抉择（即选择其他成员）的结构趋势。

H2：网络显示了针对抉择和相互性的结构趋势。

H3：网络显示了针对抉择、相互性和循环性的结构趋势。

H4：网络显示了针对抉择、相互性和传递性的结构趋势。

H5：网络显示了针对抉择、相互性、传递性和循环性的结构趋势。

另外，我们要检验三个假设，即在这些根据他们的外生属性（即他们是代表一个私人部门或政府部门中的组织）而分属不同块的成员之间，那些结构趋势的差别程度。同嗜理论（在第8章将更详细地讨论）暗示了个体更可能与其他那些和其具有相似属性的个体形成连接。在这个例子中，这些属性即政府或私人部门的组织从属关系。

H6：网络显示了针对抉择、相互性、传递性的结构趋势，以及对同一块中（私人部门或政府部门）其他成员的抉择的更大趋势。

H7：网络显示了针对抉择、相互性、传递性的结构趋势和针对同一块中对其他成员的抉择和针对同一块中其他成员的相互性的更大趋势。

H8：网络显示了针对抉择、相互性、传递性的结构趋势和针对 73
同一块中其他成员的抉择和针对同一块中其他成员的传递性的更大趋势。

下载和安装 PSPAR

PSPAR 是由西蒙弗雷泽大学（Simon Fraser University）Bill Richards 的一个研究生 Andrew Seary 开发的，是一个基于 DOS 的、在运行 Windows 操作系统的电脑上进行 p^* 分析的程序。这个软件可以从 PSPAR 的官方网站 http://www.sfu.ca/~richards/Pages/pspar.html 上下载，点击链接 http://www.sfu.ca/~richards/PdfZipFiles/psparw32.zip 即可。

在本实例中使用的网络数据以及本章结尾涉及的网络数据，是一个名为 crada.neg 的文本文件。PSPAR 要求网络数据是连接列表格式的。连接列表格式规定了一个网络连接源的 ID，紧随其后是网络连接的目的，再后面是网络连接的强度。所以读作3 4 1的一行意味着 ID 为 3 的成员有一个强度为 1 的连接指向 ID 为 4 的成员。连接列表格式是描述一个巨大而稀疏的连接网络中的关系的一个特别的压缩格式。它也是 Bill Richards 的 Negopy 程序使用的格式。Bill Richards 提供了一个通用程序，即 ADJ2NEG.exe。这个程序自动将邻接矩阵形式（也就是 UCINET 格式，一个流行的网络分析软件程序使用的格式）的数据转化为连接列表格式。这个转化通用程序可以从 http://www.sfu.ca/~richards/Pages/utility.htm 下载。本实例中使用的网络数据集合已经被转化为连接列表格式。

本实例中使用的属性数据以及本章结尾涉及的属性数据，是一个名为 crada.atr 的文本文件。PSPAR 要求属性数据存储在一个文件中，这个文件的第一列是成员 ID，另外的列是成员属性。因为在本实例中，只有一个属性（代表私人或政府组织），所以第一列是成员的 ID，而第二列是一个数字，指出那个成员的属性。因此，如读为4 1的一行代表 ID 为 4 的成员有属性 1（代表一个私人部门）。类似的，读为 11 2 的一行代表 ID 为 11 的成员有属性 2（代表一个政府部门）。

使用 PSPAR 的 P^* 分析

74 1. 双击名为 Psparw32.exe 的文件启动 PSPAR 程序。

2. 你将看到一个 DOS 窗口，有命令提示行：*Enter name of network file*（输入网络文件的名字）：

输入 *crada. neg* 并且按下 *Enter* 键。

3. 你将被提示：*Include diagonal*（*y or n*）（包括对角线?）：

因为对角线在本实例中是无关的，输入 *n* 并且按下 *Enter* 键。

4. 你将被提示：*Fit to block parameters*（*y or n*）（加载块参数?）：

对于验证前 5 个假设，并不涉及块的差别作用。输入 *n* 并且按下 *Enter* 键。

5. 你将被提示：*Enter name of output file*（输入输出文件的名字）：

为了保存第一个假设的输出，输入 *crada*1. *out* 并且按下 *Enter* 键。

6. 你将被提示：*How many global parameters*?（在这个模型中使用多少个全局参数?）：

编号为 1 到 16 的参数将供你选择。为了检验假设 1，你将需要一个参数：抉择参数。输入 1 并且按下 *Enter* 键。

7. 你将被提示输入参数编号。

抉择参数（$i>j$）在 PSPAR 中被称做边，参数编号为 1。输入 1 并且按下 *Enter* 键。

8. 程序返回分析的结果。这些结果被保存在文件 crada1. out 中。

你将被提示：*Continue*?（*y or n*）（继续?）：

为了继续测试另外的假设，输入 *y* 并且按下 *Enter* 键。

9. 你将被提示 *Same files*?（*y or n*）（是否想要使用相同的文件?）：

为了检验假设 2 至 5，输入 *y* 并且按下 *Enter* 键。

10. 你将被提示选择 *How many global parameters*?（在这个模型中使用多少个全局参数?）：

对假设 2 到 5 中的每一个重复步骤 6 到步骤 9。

对于假设 2，参数的个数是 2：抉择或边（参数编号 1）、相互性或互惠性边（R 边）（参数编号 2）。

对于假设 3，参数个数是 3：抉择、相互性和循环性（参数编号 7）。

对于假设 4，参数个数也是 3：抉择、相互性和传递性（参数编号 6）。

75 对于假设 5，参数个数是 4：抉择、相互性、循环性和传递性。

完成对假设 5 的检验之后，你将被提示 *Continue*?（*y or n*）（继续?）：

输入 *n* 并且按下 *Enter* 键。

11. 继续检验有差别的假设 6 到假设 8，重复步骤 1 到步骤 3。

你将被提示：*Fit to block parameters*（*y or n*）（加载块参数?）：

因为我们想检验关于块中差别效应的假设，输入 *y* 并且按下 *Enter* 键。

12. 你将被提示：*Enter name of attribute file*（输入属性文件的名字）：

输入 *crada. atr* 并且按下 *Enter* 键。

13. 你将被提示：*How many attributes*（*not including id*）?［多少个属性（不包括 *id*）?］：

因为唯一的属性是组织代表的类型，输入 1 并且按下 *Enter* 键。

14. 为了保存假设 6 的输出，输入 crada6. out 并且按下 Enter 键。

15. 你将被提示：*Enter attribute number for blocking*（输入分块的属性编号）：

因为只有一个属性，输入 1 并且按下 *Enter* 键。

16. 你将被提示：*Accept this block structure*?（*y or n*）（接受这个块结构?）：

块结构显示出有两个块：分别为私人和政府部门块。输入 *y* 并且按下 *Enter* 键。

17. 你将被提示：*How many parameters*?（选择多少个参数?）

对于假设 6，你将需要估计四个参数：抉择、相互性、传递性和块内的抉择。输入 4 并且按下 *Enter* 键。

18. 你将被提示：*Enter Parameter Numbers*（输入参数编号），同时也将提示你 *Add 100 for corresponding block parameter*（相应的块参数增加 100）。

对于假设 6，你将需要估计参数 1（抉择），参数 101（块内的抉择）。输入 1 101 2 6 并且按下 *Enter* 键。

19. 你将被提示：*Continue*?（*y or n*）（继续?）：

为了继续检验假设 7 和 8，输入 *y* 并且按下 *Enter* 键。

20. 如果你输入 *y*，你将被提示：*Same files*?（*y or n*）（相同的文件?）：

输入 *y* 并且按下 *Enter* 键。

21. 你将被提示：*Same blocking*?（相同的分块?）

输入 *y* 并且按下 *Enter* 键。

22. 重复步骤 18 到步骤 20。

对于假设 7 你将需要估计参数 1（抉择）、参数 101（块内抉择）、参数 2（相互性）、参数 102（块内相互性）和参数 6（传递性）。对于假设 8，你将需要估计参数 1（抉择）、参数 101（块内抉择）、参 76
数 2（相互性）、参数 6（传递性）和参数 106（块内传递性）。现在你就可以审核分析的结果了。

表 2—5 总结了从所有 8 个假设的检验中获得的结果。表中的最后一列（对数可能性测量）是一个**拟合劣度**（badness of fit）的测量。它指出了如果结构趋势被具体的假设所控制，找到被观察的图实现是多么不可能。因此，低对数可能性值表明模型有更好的拟合度。快速地观察一下表 2—5 所报告的结果将发现假设 8 有最大的支持，因为它有最低的对数可能性值（218.925）。然而，因为假设 8 中被估计的参数的数量（也就是被解释的变量的个数，5）也是最大的，它可能不是最简约的模型。也就是说，假设 8 有最好的拟合度仅仅是因为它比前面的假设有更多解释变量的人为原因。为了估算是否真是如
此，你可以比较假设 8 和其他有更少解释变量的假设的拟合度。具有 77
4 个变量的假设中拟合度最高的模型（假设 6）的对数可能性值为

222.754。这比假设 8 的对数可能性值（218.925）大了许多。而假设 6，这个在具有 4 个解释变量的假设中拟合度最高的模型，比假设 4（对数可能性值为 228.836）——在具有 3 个解释变量的假设中拟合度最高的模型——更加优越。同样，假设 4 比具有两个解释变量的假设 2（对数可能性值为 254.251）更加优越，而假设 2 反过来又比有一个解释变量的假设 1（对数可能性值为 354.387）优越。因此，你可以推论出假设 8 是 8 个假设中得到最大支持的。由于它比其他假设有更多的解释变量，所以它提供了对网络中被观察到的结构趋势最好的解释。

表 2—5　　测试 8 个多理论多层次假设的 p^* 分析的摘要

假设	模型	参数编号	—2L（差性适配）
1	抉择	1	354.387
2	抉择＋相互性	2	254.251
3	抉择＋相互性＋循环性	3	241.973
4	抉择＋相互性＋传递性	3	228.836
5	抉择＋相互性＋循环性＋传递性	4	228.068
6	抉择＋块内的抉择＋相互性＋传递性	4	222.754
7	抉择＋块内的抉择＋相互性＋块内的共有性＋传递性	5	221.723
8	抉择＋块内的抉择＋相互性＋传递性＋块内的传递性	5	218.925

实质上，假设 8 暗示了网络中个体之间连接的结构受参加相互连接的欲望所影响，正如二元层所提出的交换和依赖理论所述。同时还暗示了其受加入可传递连接的欲望所影响，正如三元层的一致性理论所提出的那样。进一步，与同嗜理论一致，个体表现出增加他们与具有相似属性的其他个体之间的直接和可传递三元连接的结构趋势，在这个案例中相似属性即为政府或私人部门组织的成员身份。

这个实例试图诠释如何使用 p^* 分析技术来根据多分析层次（个体层、二元层、三元层）上的多理论（交换和依赖理论、一致性理论和同嗜理论），提供一个网络的结构趋势的精选检验集。最初的 5 个假设诠释了如何检验关于网络个体、二元、三元层次结构趋势的内生假设。另外三个假设诠释了如何把个体外生属性对网络结构趋势的影响包括到多理论多层次框架中。分析的结果提供了一个直截了当的检验，用来估计在展现假设结构趋势的所有可能的实现中，被观察到的网络实现出现的可能性。

第3章 作为复杂系统的传播和知识网络

系统的概念在社会科学
79 领域中有着悠久并且卓著的历史。事实上，Mattelart和Mattelart（1998）认为“将社会视为有机体，即由执行预定功能的器官组成的整体，这一思想启发了‘传播科学’最早的概念”。这一章我们将从系统观点的简明历史概述开始，这些系统观点已经被应用于社会学理论与研究之中，比方说，结构功能论、控制论以及一般系统论。接着，我们会将复杂系统理论的最新研究进展运用到组织网络中。在这些工作中，我们主要从基于主体模型与自组织系统的视角来审视传播与知识网络。

系统模型简史

Mattelart和Mattelart（1998）回溯了系统思想在社会科学领域中的早期成长。亚当·斯密（Adam Smith）的经典著作《国富论》中假定放任政策系统、劳动分工以及传播与运输渠道都是实现经济繁荣的重要因素。而实现经济和社会繁荣的关键是在安全的网络中实现信息、原料以及货币的自由流通。根据 Mattelart 和 Mattelart（1998）的资料，有一位法籍医生、经济学家 Francois Quesnay，他于 1758 年出 80
版过一本著作《经济表》（*tableau economique*），“这图表以几何锯齿图形（ZigZag 图）提供了肉眼可见的对经济‘流’的描述，图中这些相互交叉错结的线条表示人类与土地，以及构成社会的三个阶层之间的交换”。作者 Mattelart 注释说，Claude Henri de Saint Simon 在其 18 世纪时的著作中也将系统理论应用到了网络概念中，Saint Simon 的理论认为社会是“一个有机的系统，是一组或具有一定结构的网络……他认为传播路径系统的发展具有战略上的重要性”。源于这些背景，Herbert Spencer（1820—1903）在与生物系统的直接类比的基础上形成了第一个完整的社会学理论。

> 生理分工与有机体演化是同时进行的。从同类到异类，从简单到复杂，从集中到分化，工业社会就是“有机社会”的化身：一个日益协调的集成化的有机社会，且这种社会中的功能不断得到强化，各组成部分的相互依赖性日益增强。在这个系统的整体中，传播是有机系统分配与管理的基本组成部分。前者（由公路、水路和铁路组成）正如血管系统，确保营养物质的配送；而后者则具有与神经系统类似的功能，使管理支配中心与其外围间的复杂关系成为可能。这就是信息（报刊、申请、调查）以及所有被中心用来传播其影响的传播方式，例如邮政服务、电报和新闻机构，所扮演的角色。而急件则被比喻成从一个城市的居民到另一个城市的居民的某种神经放电（引自 Mattelart and Mattelart，1998，pp. 8 - 9）。

在 20 世纪，出现了几种不同的系统理论（Simon，1996）。其中对研究组织传播做出重要贡献的有三种：结构功能主义、控制论与一般系统论。在本节中，我们将简要回顾一下这些理论，把它们作为一种背景环境，从中发展出复杂适应自组织系统的一种传播网络模型。

功能主义

81 **功能主义**（也被称为结构功能主义）在 Talcott Parsons（1937）创建统一的社会系统理论的尝试中以及 Lasswell（1948）、Lazarsfeld（1941）和 Merton（1949）的功能主义理论中可能得到了最完美的表述。功能主义理论系统的逻辑包括五个部分（Monge，1977）。第一，系统的相关部分包括边界必须被识别出来，这样才能从环境中区分出系统。第二，环境的相关部分——那些影响系统运作的部分——必须被识别出来。第三，系统的特征、属性或者其他性质必须被识别出来，这些对系统的持续运作即让系统继续运转下去非常必要。第四，特征可能的不同取值，以及确保系统能够正常运作的取值范围都必须明确。如果特征的值不在可接受的范围内，那么系统就会停止运行。第五，各部分之间的关系必须进行描述，这样才能显示它们是如何在集体运作中使性状保持在允许范围内，以维护系统正常运作的。

功能分析的总体观点是识别系统是如何在不断变化的环境条件中维持自身的。Cannon（1932）将功能系统描绘为**自我平衡的**（开放的）系统，并且识别了许多存在于人体中的这样的系统，包括温度调节、呼吸以及内分泌系统。

许多学者已经识别出了社会与传播的功能。Lasswell（1948）声称传播在社会中执行三种功能：（1）对环境的监测，用以识别威胁和机会；（2）协调对威胁的反应；（3）实现社会与文化遗产的代代相传。Lazarsfeld（1941）和 Merton（1949）认为娱乐是传播的第四个重要功能。

功能系统多年来一直遭受着猛烈的批评，因为其强调状态稳定性而不是增长性与变化性。从某种意义上说，它们是结构保持系统，是被设计用以维持关系网络的，而且这种系统在不断变化的环境中仍保持完整。Maruyama（1982）称其为**形态稳定系统**，强调它们的固定结构。当然，在某些情况下确保我们创建的系统结构与运行的完整性是极其重要的，比如经济系统运行良好时、一架飞机飞越国家时或者

医生施行手术时等等。从另一个角度看，也存在系统结构需要调整以 82
使其更加完好的情况。Maruyama（1982）将能够调整它们自身结构的系统称为**形态生成系统**。更重要的是，一些系统的变化是不可避免的，因此我们的理论和模型必须可以解释形态生成这种性质。

控制论

Weiner（1948，1956）提出了系统理论的第二种形式：**控制论**。这类系统通过一些不同于功能系统的逻辑进行运作（Monge，1977）。第一，系统和环境必须是分离的，这意味着必须建立两者之间的界限。作为此过程的一部分，系统的一个属性必须被识别或选择出来作为控制目标。第二，系统被识别后，就必须为这个属性创建一个控制中心，这个控制中心包括可以被设置为不同取值的目标参数（有时也称为参照信号）。第三，控制中心必须施加影响以实现既定目标，比较典型的如控制中心发出的用于打开或者关闭一种设备如加热器或者空调的信号。第四，系统还必须具备监控器，它根据控制中心对该系统受控部分的影响来获取关于系统现状的信息并将这些信息返回给控制中心。温度计就能给温度控制中心提供这样的反馈。第五，控制中心将就参照信号（目标）与反馈信号（受控系统的现状）进行一次“比较器”测试。例如自动调温器，比较器测试将对目标温度与当前温度间的差别进行检查。第六，控制中心将决定接下来采取什么行动。如果当前温度符合目标要求，将不采取进一步行动；如果反馈显示温度太低，控制中心将发出信号打开暖气；而如果比较器测试显示温度已经高于目标参数，控制中心将发出信号打开空调。控制论系统最有趣的一点是它们是极其广泛而一般的设备，这些设备可以在开放系统中工作并且不用考虑它们尝试去控制的事物的来源。毫不夸张地说，自从 Weiner 首次清晰阐述他的逻辑以来，数以千计的不同种类的控制设备（如飞机上的自动驾驶仪）已经被制造出来，而 Weiner
自己和许多其他学者（比如 Deutsch 1963 年有关政府的经典著作） 83
一样，将控制论的概念应用到了社会分析（Weiner，1956）中。然而和功能主义一样，控制论是面向控制的，它着眼于保持现状，至少目前反映在控制中心的目标与取值上。

一般系统论

Ludwig von Bertalanffy（1968）创立了**一般系统论**。他的基本目标是将所有科学知识组织和编辑为一个统一的体系。Bertalanffy 使用了**透视主义**这一概念，而不是使用还原论将所有的知识化简到物理学层次。通过这一概念他指出了跨越不同领域的相同的科学法则。他发现有些概念似乎在几乎所有科学解释中出现。这样的话，知识结构可以，至少部分可以基于以下的概念来建立："**信息**——物质与能量的符号形式；**网络**——信息传播的渠道以及渠道特征给信息处理过程造成的限制；**内存**——存储、操作和检索信息；**边界进程**——基于相同或不同层次的传播系统之间的接口以及寻找、消除、过滤信息的接口；**控制**——反馈进程以及使用信息操作和影响其他系统、子系统或者传播系统中的组件"（Monge，1977，p. 29）。J. G. Miller 的著作《生命系统》（*Living Systems*）试图在生命科学领域里完成这个任务，它包括了关于生命系统各方面数以百计的跨层假设。当然，进行这样的汇总工作现在在某种程度上说，已经不受关注了。对于那些知名企业而言，它们中很少认为一个大型的综合计划是可实现的，而另一些则认为即使能实现，也是不必要的。

批　评

Contractor（1994）曾对系统理论的相关早期工作提出批评，以此作为倡导复杂系统理论的基础。尤其是他认为组织传播方面的理论
84 与研究不足以解释五个问题。第一，他认为很多系统理论是基于过程和动态性思想的，而许多实证研究实质上是横截面的，还不能把握住系统理论的动态本质。当然这并不是对系统理论本身的批评，而是针对为检验理论所做的研究工作。更进一步说，这些批评针对的是大部分在社会科学领域中已经发表的研究成果，并不是仅仅针对基于系统

的研究。第二，他认为组织传播中的系统构想过于基于线性偶然性，这样就不足以把握住互为因果的循环中固有的环结构，尤其是在形态生成系统中的那些循环。Monge（1982）也提出了类似的观点，他认为系统理论只适于由那些把握住了系统反馈与因果循环属性的分析技术来检验。这篇论文提及的一个类比抓住了争论的核心——系统研究之于系统理论正如传统研究之于传统理论。

Contractor（1994）指出的另外两个问题是**历史性与时间不可逆性**。这涉及的事实是，在一个非线性系统中，两个或更多变量之间的关系强度取决于系统的历史和时间的方向，也就是说，当前时刻是否接近过程的开头、中间或结尾。在线性系统中，不同参与者间的关系是不变的，与系统在历史中的位置无关。而在非线性系统中，关系随时间的跨越而改变。Monge、Contractor 和 Cozzens（1990）提出了一个能证明历史性的非线性系统模型。Contractor 指出的最后一个问题是不连续性。这些不连续性经常表现为系统的大幅度改变或系统运作远离平衡态。这种从环境中输入大量的能量，使用信息实现自我更新，并且输出大量无序物质到环境的系统被称为**耗散结构**。

通过系统理论的最新发展解决这些问题使研究解释复杂社会系统中的重大非线性动态变化成为可能。第一类变化是从一种有组织或有序的状态转化到混沌状态，这属于通常被称为混沌理论的理论范畴。第二种重要变化是从非有序的状态转化到自组织状态，这属于自组织系统理论的范畴。最后，存在一种从自组织状态向新的不连续自组织状态或混沌状态转化的运动，最典型的是在灾变理论的量规下进行的研究。

复杂性理论和复杂系统

自从关于组织的开放系统观点在 20 世纪 60 年代发展起来，复杂 85
性在组织科学中就占据了重要的位置。一些学者如 Emery 和 Trist（1965）、Thompson（1967）就组织中的个体怎样在相互间或与大环境交换资源提出了相关理论。这些相互依赖的复杂的“双重交互”被认为是组织的实质（Weick，1979），并且经常会与松散耦合的概念结合起来考虑（Weick and Bougon，1986）。除了 Simon（1996）在 1969 年关于人工科学的经典著作中涉及关于复杂性构造的内容外，实际上，90 年代之前的著作很少用到复杂性或复杂理论这样的概念。

过去 30 年中有许多关于复杂系统的文章出现，尽管这些文章大部分是没有考虑组织环境的（例如 Eve et al.，1997）。尽管 Markovsky 声称复杂性的知识现在还没整合成一个连贯的理论，仍然是一套松散的概念、方向、启发式算法与分析工具，Simon（1996）仍然认为我们已经取得了可观的进步。Merry（1995）观察到不同的学者似乎强调了结构的不同方面。Simon（1996）将**复杂性**定义为一个"由许多相互影响的部分组成"（pp. 182 - 184）的系统。Axelrod 和 Cohen（1999）加入了这样的限制：这些相互影响必须是强的而不是弱的，如此，当前的事件才可能足够强以致影响将来。Holland（1998）从基于主体的建模角度来探索复杂性，检验了从遵守相对简单规则的低层次主体间的相互作用中是如何涌现出复杂的行为模式的。Gell-Mann（1996）将复杂性定义为用来描述和预测输入数据流性质的**算法信息量**的长度。这种方法在一个选定的精确层次上寻找可以预测大数据集的复杂规则的最小数据子集。最后，Kauffman（1993）相信自组织是复杂演化系统不可或缺的部分，并且它能够提供重要的洞察力。

复杂系统的基本思想是一组相互关联的个体集合能够生成涌现结构的**规则制约的相互作用**（Holland，1995，1998）。复杂系统经常用计算机仿真来探索"局部交互主体对整体层次的影响"（Axelrod，1997）。在下面的小节中我们将介绍复杂系统的主要元素：主体网络、
86 它们的属性或性状、交互规则，以及从这些交互规则中涌现出的结构。

主体网络

复杂网络分析探索网络中人、小组、组织或其他我们通称为**主体**

或者个体的实体的网络行为。网络是非常重要的，因为它为独立的主体提供情境或环境。网络包括主体间的关系（Axelrod and Cohen，1999），通过这些关系主体可以从其他主体那里学习，并能向其他主体传送新信息。

属性或特征

主体拥有典型的属性或特征。具有相同特征的个体通常被认为是属于同一类型的。这里的特征可能是在第 2 章中描述过的任何一种元素，如性别、教育程度、职业、态度、技能、专业、经验及行为。在 Axelrod 和 Cohen（1999）关于复杂系统的讨论中，他们定义了三类重要的特征：位置、能力和记忆。位置代表主体存在和运行的地方。这可以被认为是他们相对于其他主体的空间坐标。能力指的是主体能从事的行为，可以是主体为完成某一确定任务所必须具备的技能或主体所进行的活动。记忆指的是有关过去行为的信息或知识，它可以包括以前完成的一项特定任务的经验或者主体对网络中关于“谁知道谁”或“谁知道什么”的记录。

交互规则

主体都遵从**交互规则**。规则规定或者描述主体在特定情况下如何行动。主体有意识地遵从已制定的规则。而这里所说的规则可能并不需要对主体产生有意识的影响。规则不必是确定的。相反，有时候它是随机的，只提出在特定情况下主体最可能的行为。规则可能描述作 87
为网络特征的产物，主体的特征或属性最有可能如何变化。另外，规则还可能描述作为网络特征的产物，主体间关系最有可能如何变化。更进一步地，规则本身也可能是“元规则”，描述在特殊环境中应遵循哪个特殊规则。举例来说，一个元规则可以明确说明交互规则取决于主体的属性，这样就允许网络中不同的主体在不同的时间遵循不同的规则。

需要特别说明的是，不同的作者在提到规则的时候使用了各种不同的相关概念。比如，Anderson（1999）使用“计划”概念，强调规则的认知方面（Rumelhart，1984）。Axelrod 和 Cohen（1999）使用“策略”概念，强调有意识的社会层次的博弈方法。主体遵守明确的规则或者有时候有意识地提高适应能力、生存能力方面的适应性的复杂系统被称为**复杂适应系统**。第 9 章将对产生这种适应性驱动规则的理论机制做详细的介绍。尽管存在这些不同，这些概念一般都是指主体可能的行为集合。

博弈规则的一个很好的例子就是“针锋相对”，它是从探索相互合作问题的叫做“囚徒困境”的博弈中产生的（Axelrod，1984；Rapoport and Chammah，1965）。其基本想法是两个个体都被置于必须独立决定是否要和另外一个人合作的环境中。他们得到的回报将根据他们所做的选择的组合来给出。博弈被设计成对个体来说最好的选择是不合作，但是，如果两个人都选择了不合作，其回报比两个人都选择合作要坏。因此得出不合作是最好的个体选择，而合作是最好的共同选择的结论。而一个人选择合作另一个选择不合作的混合结果处在两者都合作或都不合作中间。

人们常常被要求重复进行囚徒困境博弈，并将第一轮的结果提供给两个参与者以让一方知道另外一方的选择。在第二轮里，人们可以选择做出和前一轮同样的或者不同的选择。“针锋相对”规则指的是“第一轮选择合作的一方，在后面一轮中选择另一参与者前一轮的选择，而不管这个选择是什么”（Axelrod，1997，p. 16）。

88 很明显，针锋相对策略是基于互惠规则的。就像我们在第 2 章看到的那样，互惠性是各种网络联系的一个重要特征，并且在一些社会理论如交换理论（第 7 章）和集体行为理论（第 5 章）中也是一个重要的生成机制。因此，规则可以反映或表现社会理论中包含的生成机制。这很重要，因为它使得我们能够抓住模型中的理论本质，并且能够应用它们作为控制复杂适应性行为的规则。本书接下来将讨论一些有代表性的传播规则：

（1）我努力使我的传播代价最小化（第 5 章，自利理论）。

（2）我努力使我对其他人的传播的集体价值最大化（第 5 章，集体行为理论)。

(3) 我努力在与我传播的人中保持互动平衡(第6章，平衡理论)。

(4) 我更倾向于与拥有我所需要的资源或者需要我所拥有的资源的人传播(第7章，资源依赖理论)。

(5) 我更倾向于与过去曾经与我互动过的人传播，以实现互惠(第7章，交换理论)。

(6) 我更倾向于与那些与我相似的人传播，并且不太可能与那些与我不同的人传播(第8章，同嗜理论)。

(7) 我更倾向于与那些在物理上接近或通过电子方式易接近的人传播(第8章，接近理论)。

(8) 我更倾向于与人传播来提高我的适应性(第9章，协同演化理论)。

结构涌现

当主体遵守这些规则时，结构就会涌现。在基于主体的模型中，涌现结构反映了潜在的能够产生它们的理论机制。如果所有主体遵从同样的规则，一个独特的结构将涌现出来，这种结构反映了生成相应交互规则的理论机制。在现实世界中，更多的情况是：(1) 不同的主体遵从不同的规则；(2) 相同的主体在不同的时刻遵从不同的规则；(3) 不同的规则可以在不同的层次——个体层、二元层、三元层和全局层同时发生作用。因此，一个多理论多层次框架就非常有必要了， 89
以此来把握构建主体网络模型的复杂性。网络实现的概率分布应该能反映出理论生成机制的这种多样性。

总　结

复杂系统可以作为基于主体的模型来研究。主体这一被广泛应用于多种实体的术语拥有诸如能力、记忆与智力水平这样的属性与特征。主体遵从预定的规则，这些规则描述或规定他们在特定环境中的行动和反应。交互行动创造了主体间的连接网络。规则可以代表社会理论中提出的理论机制。在本书中，当我们将理论机制当做基于主体模型中的随机规则来使用时，规则会影响相关社会理论中暗含的涌现结构出现的几率。这个策略使我们能够构建多理论多层次模型，可以在多重的分析层次上反映不同的社会理论。

自组织复杂系统

并非所有的复杂系统都是**自组织系统**，而且自组织系统也并不一定总是自组织的。在本节中，我们将简短回顾自组织的本质思想，特别是当其被应用到复杂理论中时（Contractor and Seibold，1993）。自组织的理论是由 Ilya Prigogine 与他的同事们提出的，Glansdorff 和 Prigogine（1971）认为，显示出自发有序的涌现的系统必须至少具有以下四个特征：

（1）系统中至少有一个组件必须自催化，即自参考。

（2）系统中至少有两个组件互为因果。

（3）系统必须对环境开放以进行能量与物质交换。

（4）系统必须在一个远离平衡的条件下运作。

Fukuyama（1999）描述了一个被称为 Slugs 的自组织系统的有趣例子。Slugs 始于 1973 年的美国华盛顿，当时美国政府规定连接
90 弗吉尼亚郊区与华盛顿市区的 95 号州际公路为 3 人用车路线。这项规定实行后不久，每天早晨在弗吉尼亚靠近 95 号高速公路的入口处都自发地形成人、车队列。车载不足三人的司机将会向一个或两个陌生人提供座位以符合 3 人用车的要求。每天晚上在华盛顿也发生同样的事情。通过迎合用车规定，这些通勤者能够在他们的日常往返路途中节约 40 分钟。

有趣的是这种模式持续至今。就像其称呼一样，Slugs 形成了一系列需被服从的规则，比如禁止吸烟，尽量避免谈论有争议的话题等。Fukuyama 指出 Slugs 文化并非是由任何一个人有目的地创造出来的。“并没有官僚政府、历史传统或是超凡的领导制定关于哪里相

遇或者如何行动的规则；它仅仅产生于通勤者希望更快到达工作地的希望……Slugs 的实践在由政府指令创造的生态位中自然涌现，一些社会秩序通过那些在上班途中追求自身利益的人们自下而上地被创造出来了”（p. 144）。

Fukuyama（1999）同时也观察到“复杂行为需要自组织或自管理。这样的能力如果无法在潜在的文化中获得，那么将会在私人公司得到，因为它们的生产力依赖于此。我们可以在过去 20 年美国工厂中蔓延开来的新的组织形式中，尤其是在网络形式中看到这一点”（p. 255）。

本章上面的描述很好地阐述了自组织过程，并且强调了关于复杂系统的自组织本质的一个重要特征，但并非所有的复杂系统都是自组织的。许多这类系统都被称为是混沌的，这些系统常常被简单的非线性机制所驱动，有时容易受到相对小的扰动（或者是波动）的影响。通常州际高速公路上的交通状况都是处于混沌状态。Fukuyama 描述了能使这种复杂系统超越混沌状态的特定条件。当然，正是其相对独特性使得 Fukuyama 的例证如此引人注目。

作为复杂系统的知识网络

研究复杂系统的基于主体的方法，同样也适合用于研究主体组成的知识网络：其中某些主体是人或者由人组成的集体，比如小组、组织，而另外某些主体则是非人类的，比如计算机软件、硬件或移动通信设备等。人类传播网络的涌现不可避免地与这些大型知识网络相联系并嵌入其中。主体的数目与主体间关系的质与量的复杂性使基于主体的模型成为研究传播与知识网络的涌现的行之有效的框架。本章剩余部分将描述基于主体的模型如何被用于形成作为复杂系统的多主体知识网络的概念，以及如何理论化地描述使传播与知识网络更可能形成自组织的条件。我们从知识网络与认知知识网络的概念开始介绍。 91

知识有着各种定义方法，每种定义都反映出不同学科的目的。在计算机科学领域知识一般通过层次化的方式定义：当数据（比特、字节、像素、声音）与内容（比如，元数据，通常是隐含的）相结合的时候产生信息，而对信息的整合、分析与合成就产生了知识（Carley and Newell，1994）。在人工智能领域，知识层次是许多有代表性的组织层次之一（Newell，1981）。在此层次，知识被符号化地加以描述（Johnson-Laird，1983；Minsky，1975；Schank and Abelson，1977）。其他许多领域的研究者们都采纳了类似的描述（参见 Blumer，1969；Knorr-Cetina，1981）。在知识层次上，符号或者概念需要通过它们与其他概念的关系来释义（Carley，1986a，1986b；Gollob，1968；Heise，1969，1970；Minsky，1975）。这些形式说明知识只能在一个与其他知识概念共同形成的网络中得到理解。

站在研究组织的立场上，将基于众多主体而形成的知识网络概念化是很有用的。知识在此主体网络中的位置在一个闭联集中变化。这个闭联集的两种极端情况分别是：知识集中存储于一个主体，或知识分散于许多主体（Farace，Monge and Russell，1977）。进一步地，分散的知识有可能涉及知识流或传播，它将使所有个体的知识层次得到提升。同时也有可能涉及一个大型知识库的若干部分，这个知识库被网络中分散的主体支配。在分散知识这种形式下，人们获得相对独特的、无冗余的知识，它可以使一个集体完成复杂的任务（Gore，
92 1996）。分散知识在真实世界中的多个层次产生，例如工作组、大型项目团队与组织间战略联盟。

除了这些可观察到的知识网络特征，人们还有他们自己对知识网络的“认知”理解，即每个人都加入了他们自己对知识如何分布于网络中的其他部分的看法。例如，理想化地，可以通过一般类比描述这种情况。在一组网络化的计算机中，特定领域的知识储存在其中一个硬盘上（也就是一个主体），并且所有主体都拥有其他所有硬盘（也就是整个知识网络）上的信息**目录**（Wegner，1995）。在现实中，每个主体所拥有（也就是每个主体对“谁知道什么”的理解）的信息目录有可能是不完整的或者/并且不精确的。因此，在一个可观察的知识网络中，所有主体都有着自己的**认知知识网络**，它涉及他们对整体可观察知识网络的理解（Contractor，Zink and Chan，1998）。

知识网络的最后一个重要特征是它在主体与连接方面的流动性。人们根据将要完成的任务以及他们的兴趣、资源、承诺加入或离开知识网络，知识网络内的连接也根据任务、网络中的知识分布或主体认知知识网络的变化而改变（Hollingshead，Fulk and Monge，2002）。

在第2章中，我们引用了Badaracco提出的迁移型与嵌入型知识间的重要区别。迁移型知识如书本、设计、蓝图或计算机程序中所包含的知识，是以易于编码的形式存在的，因而它们易于从一个地点、人、小组或公司转移到另一个地点、人、小组或公司。这种类型的知识易于在组织内或者组织间散布。嵌入型知识，如手艺、独有的才能和技能、积累的技术诀窍以及组织专长及协同作用，转移起来更加困难，因而更难以发展成知识网络形式。

多主体知识网络：虚拟角色、网络机器人和知识库

第2章介绍的多理论多层次传播网络框架和本章前面介绍的复杂系统观点在描述知识关系方面是很有用的。聚焦于知识网络也使我们对这个框架的探索得到一个有趣的扩展。到目前为止，我们将网络实体或主体都看做人类，无论是个体还是诸如小组或组织这样的集体。现在我们来考虑一个包括非人类主体的网络。这些非人类主体可以是知识库，其范围从简单的文件柜到复杂的电子数据库。非人类主体也可以包括**虚拟角色**和**网络机器人**。虚拟角色是提供电子形式的人类主体的软件产品，它由人类主体设计，以半自动主体的形式与其他主体互动，其他主体可以是人类、知识库或者其他虚拟角色。**网络机器人**是基于网络的机器人，它们由程序控制去重复完成结构化的任务，比如在网上不断搜索网络机器人所有者感兴趣的话题，然后将这些知识“推”给它们的所有者。 93

在工作环境中，人类主体与非人类主体都致力于利用特定的技能与专长来完成特定的任务或活动。表3—1（改编自Carley，2002；Contractor，2002）提供了一个连接人类主体、非人类主体、任务与专长的框架。这个表的行与列由这四个分类排列而成，这样表中所有

单元对应全部可能的两个分类间联系。人类主体、非人类主体、任务与专长间的相互作用范围也可以被描述为一个**多重模型**网络。多重模型网络与我们目前为止讨论过的网络不同，它并不一定要有不变的成员集合，所有成员都可以彼此互动。有时它也被称为S型分段图(Wasserman and Faust，1994，p. 121)。

表3—1　人类主体、非人类主体、任务和技能相互关系的网络框架

	人类主体	非人类主体（网络机器人、虚拟角色等）	专长/技能	任务/活动
人类主体	传统的传播网络	发布、检索或访问	人类主体提供的专长/技能	人类主体完成的任务/活动
非人类主体（网络机器人、虚拟角色等）	Push技术的应用（例如Infogate）	P2P技术的应用（例如Gnutella）	非人类主体提供的专长/技能	非人类主体实现的任务/活动
专长/技能	对专长/技能的需要	对技能/专长的需要	专长/技能之间的限制	完成任务/活动需要的技能
任务/活动	分配给人类主体的任务	分配给非人类主体的任务	从任务/活动中产生的专长/技能	任务/活动之间的限制

表3—1第1行第1格描述了典型的人类主体间的传播网络。而它右侧的一格描述行上的人类主体与列上的知识库主体间的联系。这里的联系表示一个个体对知识库可能的数据或知识的访问、检索、发布等操作。继续在表3—1中向右推移一个格，行仍然表示人类主体，而列代表个体拥有的技能或专长。这里的联系表示人类主体在特定领域的专长。最后，表3—1第1行最右侧的一格代表的是人类主体与任务或活动之间的联系。这里的联系意味着一个特定的人类主体已经被分配到一个任务。第2行代表非人类主体如虚拟角色、网络机器人、知识库和人类主体、任务、技能之间的联系。

总而言之，多重模型网络提供了人类主体、非人类主体、技能与任务间相互作用的网络特征。从网络的角度来说，将先前简述的多理论多层次方法应用于研究这种大型网络的结构趋势而不是仅仅关注人类传播网络中的互动是非常有用的。 94

后面章节将更详细地讨论的两个理论机制的例子将阐述这一方法的效用。第一，多理论多层次方法提供了一种网络框架去考察和解释成员发布、检索、访问知识的结构趋势。通过这样做，它提供了一个检查和扩展集体行为理论的机会，集体行为理论曾被提议用于研究可被视为相连的、共有公共品的新的信息技术（Fulk et al.，1996；Monge et al.，1998）。

第二，多重模型网络可以同时评估成员之间基于交互记忆理论描述的三种知识网络形成传播关系的结构趋势（Hollingshead，Fulk and Monge，2002；Moreland，1999；Palazzolo，Serb，She，Su and Contractor，2002；Wegner，1995）。首先，传播网络为主体提供了学习其他人的知识的机会，这一过程被称为**目录更新**。其次，这些传播 95
连接被用于从其他知识渊博的主体处寻找与主体任务有关的信息。最后，传播也给被认为在某个领域中知识更加渊博并且是这类知识的保管者的成员一个将自己获得的信息“分派”给其他成员的机会。

在此处提出的、由表3—1归纳的以及之前的例子所描述的框架将我们对传播网络的传统认识扩展到了非人类主体。如今非人类主体在工作领域已经越来越普遍。尽管多数对新媒体的研究将其视为人类主体网络中的传播通道，根据本节阐述的框架，新媒体的角色将被进一步视为更大的知识网络的节点。更进一步来说，通过考虑将任务与专长作为网络的一部分，框架就能考察21世纪员工与任务以及完成这些任务所需的技能之间日益增长的动态关系。

作为复杂的自组织系统的知识网络

作为对上面提到的多层次、多模型框架的一种补充，复杂系统理论提供了丰富的描述知识网络自组织的词汇。上述讨论的自组织知识系统的首要条件强调系统的组件是自发产生的。我们用**自催化**这个概念去描述系统具有自创造与自更新能力的部分，这种能力独立于外部环境的影响（Luhmann，1990；Luhmann，1992；Maturana and Varela，1980）。虽然自参照闭包在 Maturana 和 Varela（1980）以及 Luhmann 对自创生的讨论中都得到了强调，但是这并不意味着无须与外部环境交换资源。这里的关键点在于这些部分是如何设定自我更新和自我生产环境的（Morgan，1997）。如此，在**自创生系统**中，我们需要通过动态的自我生成或更新的过程去解释显而易见的稳定性。这使得它与试图解释网络中的变化而不是稳定性的其他策略区分开来。为生成和共享知识在社会网络的基础上形成的知识网络中，该系统中有两种类型的组件显示了自催化的特征，即人与知识本身。就像前面所
96 讨论的，人类的认知在新知识的创造中扮演着重要的角色。通过复杂的认知过程，新知识在积累的新信息与已存在知识的整合过程中产生。社会网络是自生成的，在这一网络中人的感召力和名誉就像一块强力磁铁那样吸引更多的成员到网络中来。

互为因果关系是自组织系统的另一个重要特征。*X* 的当前层次可以部分地被 *Y* 的前一层次预测，而 *Y* 的当前层次可以部分地被 *X* 的前一层次预测。这种思想抓住了演化过程主要的动力机制。在知识网络情境中，这种类型的互为因果关系再次在知识（*X*）与人（*Y*）之间的关系中具体化。一方面，一旦人们决定与其他人共享知识，知识就不再受限于提供者，而是变成在网络中循环传递的信息，并且可以被用作产生新知识的原料。虽然我们不能准确预知将产生什么样的新知识，但是知识与信息的积累和分散对于新知识的产生是非常必要的。另一方面，由于人是新思想的实际发明者，将获得更多信息与更主动的人们的智慧聚集在一起将产生更多的新知识。

第三个条件指出维持自组织的状态需要向系统输入能量（Anderson，1999；Prigogine and Stengers，1984）。根据由 Ashby（1964；Coleman，1990；Morgan，1997）首先提出的**必要多样性定律**，如果一个系统要应对由外在环境引发的挑战，那么它内在的复杂性程度必须与外在环境的复杂性程度相匹配。在知识网络的情境中，可以认为

只有人们在网络内拥有的知识范围与外界环境的复杂性相匹配时，知识网络才是有价值的并且能吸引更多的愿意贡献知识的人。每当一个新人进入网络，网络就获得了自组织的新资源。新成员是重要的新资源，因为他们可能是网络之前所不拥有的知识、经验、技能与专长的携带者。网络中任何一个成员获得的新技术或者新知识都将带来新的能量。沿着这样的思路，我们可以认为网络产生更多新想法和吸引更多成员的概率是贡献者池大小的累积函数。这与 Monge 等（1998）针对组织间传播系统中信息共享研究提出的假设是一致的。

自组织行为的最后一个条件是系统必须在一种**远离平衡**的状态下 97
运作。在自组织系统中**临界值**是一个很重要的概念（McKelvey, 1999b）。确定特定的阈值对自组织活动来说是关键的，因为在这些临界点上复杂系统的成长轨迹会急剧变化。在适应性张力的第一个临界值以下，系统的活动可以用传统的科学来解释。在第二个临界值之上，系统将表现为混沌的状态。自组织的适应性活动更易于发生在有序与混沌边缘的过渡区中，这是一种远离平衡的状态，或者称为**复杂状态**。

到目前为止，我们已经阐明了知识网络可以从具有自组织能力的复杂系统的角度来研究。这种观点的根本目的不是去用复杂性理论的另一种类推来证明它适用于社会科学就像其适用于物理学与生物学一样。面对着不断增加的关于复杂系统的研究文献，Contractor (1999) 提出系统研究者必须超越定义、概念化和聚集类比的隐喻的诱惑。进一步地，学者应该思考如果用自组织理论去研究组织，我们将得到哪些新的理解。在多大程度上可以将复杂性理论作为一种一般的思想框架，应用于组织研究涉及的多学科当中？在第 9 章中我们将回到知识网络的话题，并将其作为协同演化理论下的复杂适应系统去研究。

总　结

系统理论在 20 世纪下半叶不断演化发展，从早期着重关注稳定、自我平衡现象继而发展到深层次关注复杂的动态适应系统。某些这样的系统是混沌的，非常难以分析。另外一些僵持于现状，基本不可能改变。还有一些更加有序，存在于混沌的边缘，具有更加迅速的适应外界变化的能力（Kauffman，1993，1995）。

这一章简短地回顾了系统理论的历史渊源，并介绍了关于复杂系
98 统的当代思想。组织传播网络现在可以被看做一个自组织复杂系统，该系统通常从相互作用的主体群体的行为中涌现而来，这些行为是彼此联系的，受规则支配的。根据第 2 章描述的网络模型，网络实现可以被视为是依赖于内部网络性质的，具体地说，就是网络成员属性的改变和与环境中共存的其他网络成员的动态互动。

第4章 网络的计算建模

99 计算机仿真一直以来在工程学、经济学、心理学和许多其他社会科学领域都被认为是一种有效的工具。仿真在工程学中的典型应用是预测具有动态特性的系统的性能。这些特性主要从理论中得到，然后在仿真中用差分或微分方程来解释。在这里，工程学仿真的目的是为了评估基于系统的多种元素间的动态关系的先验知识的系统的动态性能。

Forrester（1961，1973）是社会动力系统仿真模型最早和最具有影响力的倡导者之一。Forrester 提倡用这种方法作为模拟与评估产业和世界现象的动态特性的一种手段。Sterman（2000）提供了一个关于动力学仿真这种传统方法的最新研究的综述。同时也有相当数量的论文围绕着这种方法展开，它们都是基于这样一种假设，即研究者具有关于系统元素间动态关系的先验知识。事实上，很多模型的结果都饱受批评，因为它们都将关系特殊化了，并且它们设置的这些关系的最好情况是没经过检验的，而其最坏的情况是有缺陷的。针对这些争议，最近的研究焦点都集中于重新界定社会科学中仿真的作用。理论学家们（Carley and Prietula，1994；Contractor，1994；Hanneman，1988）建议，社会科学家应该用仿真的方法来辅
100 助创立理论，或者来辨别那些迄今未知的相互关系，而不是用来检验已知相互关系的长期系统动力学。本书这一节描述计算机仿真的传统应用，以及将这种方法应用于社会科学中的理论构建和检验的适应性改进。特别地，后面的部分将把这些一般方法应用到网络的计算建模中。

Carley 和 Prietula（1994）提出，计算组织理论（COT）这一新领域的出现发出了一种信号，即人们对构建仿真模型来促进和辅助理论的创立产生了越来越大的兴趣。多数社会科学理论是具有很强的启发性的，但也是非常精简的（Poole，1997），也就是说，它们提供对复杂相互关系的暗含解释，但不提供精确的、可证伪的形式化理论。当然，不是所有理论都被设计成易于表述为对这些关系的明确而具体的描述。要求有完全精确的相互关系说明的计算机仿真，则要求理论学家们相当精确、严密地阐述他们的模型。这常常意味着相同的理论由于其不同的理论表述可能会产生几种可选的模型。事实上，Hanneman（1998）提倡使用计算机仿真来洞察动态社会模型长期的启示，尽管那些模糊的理论可能有多种解释。需要重点强调的一点是，计算机仿真的结果不是对经验数据的一种代替，而是帮助识别隐含在理论中的涌现过程。例如，仿真为研究者提供了演绎由理论推导出的关于涌现过程差异的假设的机会。通常，在这些涌现过程中的差异是隐含的，而不是立刻可以观察出来或是凭直觉可以感觉到的。

传统理论方法依赖于通过综合性的文字表达和演绎性推理策略来从理论中产生假设（Blalock，1964，1969）。计算组织理论使理论学家们进入下一个理论构建层次，这要求理论家们能形式化和明确化从理论陈述中得到假设的演绎过程。

传统的理论方法和计算组织理论的研究过程之间的差别归纳在图4—1中，使用传统理论方法构建理论的研究者们通过分析由理论提

供的文字表达中包含的逻辑上的相互关系来演绎假设。一些研究者将文字表达转变为数学公式并通过结构方程模型来探究理论逻辑（Blalock，1989；Bollen，1989；Land，1969）。然后将对这些从文字形式 101 或是数学形式演绎得到的假设进行实证检验。对假设的实证否定使得理论更加精炼。

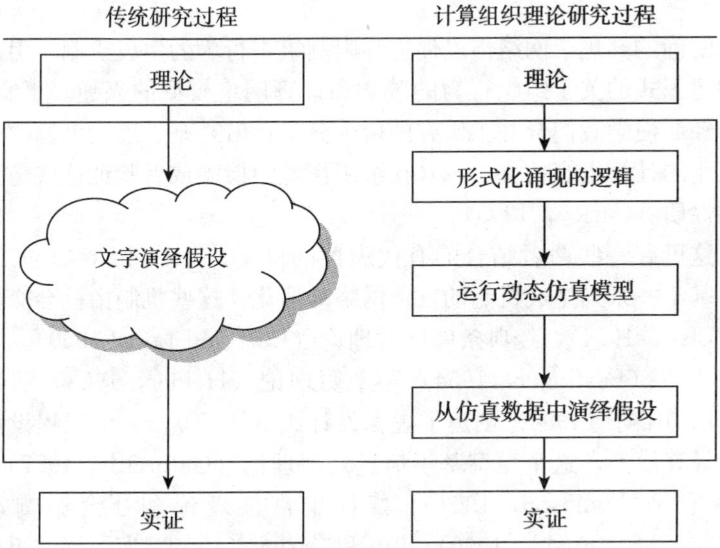

图 4—1　传统与计算组织理论研究过程

使用计算组织理论方法的研究者们首先识别出理论中的涌现现象或其他生成机制的逻辑，然后在计算模型中清楚地表示这些逻辑。假如在理论陈述中有许多是模糊的文字表述，那么识别逻辑的过程就显得非常重要了。尽管如此，不断提高正确性和精确性对理论的清晰度是一个重要和有用的步骤。由于这些逻辑通常是非线性的，所以仅通过大脑思维推断大量实体（如个人、小组、组织）未来的发展或对其进行多层次分析都是极其困难的。因此，计算机仿真模型被用于探究隐含于系统涌现现象逻辑中的非线性的、短暂的和长期的动力学。当然，与使用传统方法一样，仿真的结果一定要与实证数据相符合。一

个好的适应度意味着理论合理性，或者更准确地说，无法拒绝理论合
102 理性。一个差的适应度则意味着需要对理论进行精炼、修改，更进一步消除歧义，甚至否定这个理论。

组织网络的计算模型

明确的聚焦于网络借以促进和限制组织行为的生成机制，引发了对构建正式的关于组织行为的数学和计算网络模型的兴趣。事实上，这已经促使学者们合并了研究的两个分支：(1) 基于理论上起源于生成机制的计算组织仿真，(2) 在组织情境中检验或者验证这些仿真网络的性质（Carley，1995）。

这里有一些两者结合的有代表性的例子。Zeggelink（1993）模拟了基于一系列生成机制的友情网络的演化。这些机制由社会交换理论（Blau，1964）、经典条件反射理论（Lott and Lott，1960）、社会比较理论（Festinger，1954）和平衡理论（Heider，1958）演化而来。Levitt 等（1994）创建了虚拟设计组（VDT），一个工程设计组织的计算模型，这个模型基于信息处理理论（Galbraith，1977）、权变理论（Thompson，1967）、媒体丰富性理论和社会影响理论（Fulk and Steinfield，1990）。Lin 和 Carley（1995）为了测试组织的性能，提出了一个计算模型，这个模型利用了权变理论（Scott，1987；Thompson，1967）中说明的多种因素，包括任务环境、组织设计和应激源（如，危机和时间压力）等因素。Corman（1996）提出了一个元胞自动机模型——POWERPLAY——来说明基于结构化理论（Giddens，1984）原则的占优层级的涌现。Contractor 和 Grant（1996）设计了一个基于 Burt（1982）的结构行为理论和 Heider（1958）的平衡理论的计算模型来考察组织中共同解释的涌现。Hyatt 等（1997）利用 Fulk 等（1990）的社会信息处理理论和 Burt 的结构行为理论模拟了新的传播技术的采纳。

所有这些研究代表了一个学术流派，此流派试图明确而动态地模拟基于由一个或者多个社会理论提出的生成机制构建的主体网络的属

性和关系。进一步地，他们使用计算机仿真来帮助猜度他们模型的动态的、经常是非直观的和隐含的意义。下面将介绍应用于计算网络模型的一些概念。 103

计算网络模型中的概念

模拟网络中的核心问题包括：（1）对网络中节点（即，人类主体，例如个人、小组或者组织，或者非人类主体，诸如数据库、虚拟角色和网络机器人）的属性或者特性的详细说明；（2）节点间的关系；（3）属性和关系随时间的协同演化。Blanche 是一个计算环境，是为辅助网络仿真建模而设计的。与其他基于主体的计算环境一样，Blanche 与许多更著名的系统动力学建模仿真环境（Hanneman，1988；Sterman，2000）有一些显著的区别。

系统动力学仿真程序例如 Dynamo（Hanneman，1988）、STELLA/*iThink*（Richmond and Peterson，1993）、Vensim 和 Powersim 都特别适合用于研究变量或者概念（例如网络劳动、进度压力、疲劳和生产率）中通常的非线性相互关系。尽管如此，这些环境的基石通常是一些概念，这些概念是用来测量基于一个若干实体的聚合（Sterman，2000）的流、速率和水平的。

基于主体的建模环境，如 Blanche，是最近才被引入仿真领域的。就像 Sterman（2000，p. 896）所说的一样："在一个基于主体的模型中，群体中的个体成员（例如经济体中的公司或社会群组中的个人）具有明确的代表，而不是被视为一个聚合实体。尔后在主体属性和决策规则中重要的异质性就能被表现出来了。"这些环境的基石是**主体**。人们最近对基于主体的计算模型和多主体仿真环境的发展产生了很大的兴趣（Bond and Gasser，1988；Drogoul and Ferber，1994；Epstein and Axtell，1996；Langton，Burkhart，lee，Daniels and Lancaster，1998；Latane，2000；Page，1997；Prietula，Carley and Gasser，1998；要获取最新的综述，参见 Gilbert and Troitzch，1999）。尽管所有计算网络模型都能被看做基于主体的模型，但反过来就不一定成立了。一个基于主体的计算模型可以描述一个仅仅基于主体属性的主体集合的动态性。要构建一个基于主体的计算网络模型，主体间关系的动态性也必须考虑。正如我们后面将要介绍的，
104 Blanche 特别适合用于模拟主体的属性以及主体间关系的变化。

在 Blanche 中，这些主体被定义为计算“对象”。每个主体都有一系列属性，并且每个主体与其他主体之间都有一种或者多种关系。此外，每个主体（或称为“对象”）都与一系列规则相关联（或在面向对象的编程语言中称为“方法”）。这些规则详细说明了主体属性的值以及它们与其他主体间关系的值是怎样随时间变化的。因此，一个基于主体的计算环境如 Blanche，为详述模型以及对主体网络中属性和关系间一般的非线性关系进行可视化和统计分析提供了一个灵活的平台（Contractor，Whitbred，Fonti，Hyatt，Jones and O'Keefe，2000）。

除了“对象”（属性和关系；参见 Rock-Evans，1989）外，一系列包含涌现逻辑的生成机制，对于研究网络的演化也是必要的。一个离散型生成机制的集合，提供了灵活性和可表达性，这样属性和关系随时间的变化可以被模拟成依赖于其在同一时点的或者前一个时点的值的函数。例如我们可以认为一个主体的属性 A 在时点 t 的取值是下列变量的函数：属性 A 在前一时点 $t-1$ 的取值，主体与网络中其他主体关系（Rs）在当前时点 t 或此前时点如 $t-1$ 时刻的取值。在属性和关系取实数值的假设下，Blanche 使用差分方程来表示主体的属性和关系随时间的演化。这些区别将在下面更加充分地描述。

属　性

正如第 2 章所描述的那样，属性仅仅是节点性质的测量。节点可以有多个属性。而属性可能是二值的、定类的或连续型的。**二值的**属性表现为二分现象，例如主体是人类还是非人类、是男的还是女的。“状态”信息，诸如主体是否参与了某项活动，也能用二值的属性模拟。一个**定类的**属性的例子是，一个人类主体是销售人员，是市场人

员，还是研发人员。类似的，非人类主体的类别属性是它们是网络机器人，是虚拟角色，还是知识库。**连续型**属性的例子是一个主体的专长水平、态度或者工作量。一些主体的属性可能不随时间变化，例如性别，或者一个主体是人类还是非人类的，而其他的一些属性可能会有不同程度的变化。例如主体的专长水平可能变化得相对较慢，而主体工作量的变化可能是很迅速的。变化是以离散的时间间隔为指数的，称为**迭代**，这些离散时间可以是秒、天、周或者任何其他一致的时间单元。随着仿真的每个新的迭代的出现，时间增加，主体属性的值可能也会随之改变。就像我们后面将要说明的一样，主体属性的值在每次迭代中由非线性方程确定。 105

在任意时间点上，主体属性的值以四种方式依赖于主体或网络中其他主体的相同或不同属性。第一，主体属性常常受他们自己以前的状态所影响，也就是受惯性的影响。例如对主体当前的专长做预测的重要依据就是这个主体之前的专长。第二，主体属性能被该主体的其他属性所影响。例如主体的一个属性——工作量，可能依赖于该主体的另一个属性——效率。第三，主体属性可能被网络中其他主体的相同属性所影响。在前面的例子中，主体的工作量可能依赖于网络中其他主体的工作量。第四，主体属性可能被网络中其他主体的其他属性所影响。仍旧是这个例子，主体的工作量可能依赖于网络中其他主体的效率。这里的例子说明了对主体属性变化简单的可叠加的影响，特定社会理论可能引入更多的复杂的乘积方式的影响或者其他的非线性影响。

主体属性同样也可能被网络中他与其他主体之间的一种或多种关系所影响。例如主体的工作量可能会变得更高，如果他从网络中其他多个主体那里接收传播连接，即主体在传播网络中有很高的入度。

关　系

关系指两个节点之间可变强度的联系。关系可能代表了传播、影响、工作流、活化，或者网络中两个节点间的其他任何研究者感兴趣

106 的关系。在第3章中讨论的知识网络中，关系也可能表示一个主体A，认为另一个主体B，了解一个特别的主题。强度能用多种方法来解释。例如在一个传播网络中，一个从节点A到节点B的关系能描述传播的量，如节点A从节点B那里接收到的消息的数量。关系强度或者是二分的（0或者1，意味着存在或不存在），或者是连续的。特别地，一个较高的强度值意味着一个较强的关系。关系的值可能根据源主体、目标主体这两个主体和网络中其他主体的属性以及主体间的关系变化。对某一特定的关系，在仿真模型中可能出现的最大数量是 n^2-n，这里 n 代表的是仿真网络中节点的个数。

主体的属性和关系的变化

和以前讨论的一样，主体的一些属性（比如性别）和关系（比如报告关系）不能随时间变化。然而，计算模型的主要目标是使用理论机制去生成一系列关于主体的属性和关系随时间相互影响的规则。一般情况下，这些规则可以用每个主体的属性和关系的非线性方程来具体化。即在任意时间点 t 上，主体 i 的属性值 $X_{i,t}$，可能受它自己在前一个时间点 $t-1$ 的值 $X_{i,t-1}$ 影响，同样也受同一时刻的或者前一时刻的相同主体 i 的其他属性值（如 $Y_{i,t}$，$Z_{i,t-1}$ 等），其他主体 j 的相同的或者其他的属性值（如 $X_{j,t}$，$Y_{j,t}$，$Z_{j,t}$，等），主体 i 和其他主体 j 之间的关系（如 $C_{ij,t-1}$），还有其他主体 j 和 k 之间的关系（如 $R_{jk,t-1}$）等所有这些因素的影响。最后一个因素可能是二元的、三元的、子图的或者是全局的层次。

简明地说，某个属性的非线性差分方程可以表示为：

$$X_{i,t}=f(X_{i,t-1}, Y_{i,t-1}, Z_{j,t-1}, \cdots, C_{ij,t-1}, \cdots, R_{jk,t-1})$$

这个方程表示处于时间点 t 的主体 i 的属性 X 受以下属性值影响：其本身相同的属性在时间点 $t-1$ 的值，其本身的其他属性 Y 在时间点 $t-1$ 的值，其他主体 j 的属性 Z 在时间点 $t-1$ 的值，其本身与所有其他主体的关系 C 在时间点 $t-1$ 的值，还有其他主体 j 和 k 之间的关系 R 在时间点 $t-1$ 的值。而函数，可能是加法、乘法、对

数、指数或者其他方式对这些变量的组合，是以解释动态性的理论机 107
制为基础的。在某些情况下，非线性差分方程也可以是一系列 if-then 逻辑语句。

对于存在的每个属性和关系，与上述形式相似的非线性差分方程必须被确定。因此，如果计算模型识别了每个主体的三个属性和主体间的两个关系，那么总共将有五个非线性差分方程，这些方程将用于确定每个属性和关系是怎样随时间变化的。

初始条件

一旦我们识别了属性、关系和代表这些关系和属性是如何随时间变化的非线性差分方程，一个计算网络模型就完全确定了。但是，为了使用这些仿真模型，还有一条必须加以说明，就是指定网络的**初始条件**或者状态，即必须指定主体的属性和关系的**初始值**。计算模型使用时间 $t=0$ 时的初始值来预测主体的属性和关系在下一个迭代或者下一个时间点的值。事实上，计算模型的潜在好处之一就是可用来确定初始条件是如何影响网络短暂的和长期的动态性。很多非线性系统对初始条件很敏感；仅依靠人脑直觉感知基于理论推出的计算模型在不同初始条件下的动态性，是根本不可能的。例如，考虑这样一个网络，初始时主体对一个特定的主题 X 都具有很高的兴趣，但是相互间的传播不多。即他们的属性（X）都有高的初始值，并且主体间的相互传播关系 C 具有低的初始值。考虑另一个网络，初始时主体并不在特定的主题上共享很高兴趣，但是他们之间的传播很广泛。在这种情况下，主体的属性 X 有低的初始值，而相互传播关系 C 有高的初始值。有关共享兴趣和传播的相互影响的一套相同的理论机制（因此也就是说相同的差分方程组）在这两个网络中很可能会导致非常不同的动态性。为了理解这些不同，我们必须将主体网络中的属性和关系不同的初始值代入同一个计算模型。在这一章后半部分的“设计一
个虚拟实验”这一小节里，我们将更详细地讨论有关初始条件的 108
操作。

总而言之，这个计算模型框架中的网络由以下几点组成：(1) 一系列主体或节点，每个都由一定的属性集合表征；(2) 一系列主体间的关系；(3) 描述每个属性和关系如何随时间变化的非线性差分方程；(4) 关于 $t=0$ 时刻每个属性和关系的值的初始条件。

Blanche 概述

一旦计算网络模型被定义出来，很多方法都能实现它。使用一种通用的计算机语言编出一个特殊的模型，这可能在短期内是有效的，但是对于提升重复可用性或者可扩展性来说就不那么有效了。因此，仿真软件诸如 STELLA (Richmond，2001)，能被用来实现这些基于主体的计算网络模型。但是因为这个仿真环境是被设计用来模拟变量系统而不是主体网络的，所以它们可能是不实用的，特别是对于那些不同大小的网络和对于大量随机产生的数据集的批处理来说，更是不实用的。因为上述计算网络模型有通用的框架，一个诱人的解决办法是创建一个特殊的、可重用的结构来支持框架并给最终用户提供容易使用的工具来定义模型，如属性、关系和描述它们之间相互关系的方程。Blanche 就是这样一个系统，它被设计出来使研究者能把它作为工具来建立和评价组织网络的定量仿真。它用微软的 VC++语言来实现，在 Windows 操作系统中运行。Blanche 包含一个面向对象的框架，在这个框架里，网络被定义为节点对象的集合，每个对象都拥有内部属性和与其他节点的关系。属性和关系也都是对象。随着这本书的出版，Blanche 可在如下网址下载：http://www.spcomm.uiuc.edu/Projects/TECLAB/BLANCHE/。使用计算机仿真来研究网络的演化可能要求研究者具有相当程度的编程知识。但是，Blanche 致力于提供一个简单的用户界面来支持数学模型的规范说明、网络仿真的执行以及网络演化的动态分析。

109 正如我们前面所强调的那样，计算网络模型的目的就是辨识出从一个或者多个分析层次上的一个或者多个理论得到的生成机制隐含的涌现特征。重要的是，这些计算实验的结果自身不能确认或者证明网络是如何在组织中涌现这样的知识。因此，原则上应用理论指导的计算建模与下述两项科学要素具有不可分割的关系：(1) 一项用于收集所考察现象的实证数据的研究；(2) 能够确定和检验在所有可能构造的集合中得到被观察的网络实现的可能性的适当的统计技术。计算建模和后面这两个要素之间的联系下面将进行讨论。

确定模型和随机模型的比较

计算模型可能是确定的或者是随机的。即，一个计算模型可能包括一系列生成机制，这些生成机制具体地并决定性地确定了决定节点的属性及它们之间关系的共同变化的逻辑。基本的假设是，计算模型中描述的生成机制能够对网络的涌现提供一个全面的解释，而不需要考虑另外的理论机制。重复这样的模型总是会准确地得到相同的涌现结果。显然，这样绝对的假设，在理想情况下是吸引人的，但是至少在以下两点上是不现实的。第一，多数社会理论的文字描述中的逻辑表明了某种变化增加或者减少的可能性，而不是它们的不可避免性。第二，社会理论典型地提供一种解释，这个解释有助于而不是唯一地解释网络中属性或者关系的变化。因此，对于社会系统的计算建模来说，确定性机制可能有很大的局限性。对这个问题的一个相对简单但常常过分简单化的回应是：引进一个随机误差项作为该模型的可加组件。

因此，非确定性或者随机计算建模是一项虽然更加复杂但却更现实的工作。在计算模型里增加一个随机组件的最基本方式是引入一个能够影响生成机制输出的随机组件。一个确定性的计算模型明确地确定所得的值和结果（属性或关系），而随机的计算模型将确定一个**期** 110
望值，这里，计算值服从一个基本的概率分布，且这个值将出现在指定的分布范围之内。例如，如果使用正态分布，在分布中心附近的值出现的可能性将更大，那些分布在两边的离中心越远的值将越不可能出现。仿真将更倾向于计算出一个接近于期望值的值而不是一个远离期望值的值。

总的来说，随机计算模型探求的是决定主体属性或两个主体间关系的值的概率而不是具体的值。关键的理论决定在于选择适当的用于指定计算值的基本概率分布。有几个可能分布可以实现这个目的，但是其中有两个是使用得最频繁的，这依赖于数据的性质。如果变量是二值的，那么选择的分布也是二项式的。二值变量的例子包括节点的属性，如决定采纳还是不采纳一项新技术，或它们的关系，如它们是否相互传播。如果被模拟的现象是连续型变量，一个较好的选择是使用高斯随机分布。连续型变量的例子包括节点的属性，如个体的专长，或者他们之间的关系，如花费在相互传播上的时间量。

与人们所料想的一样，重复执行随机计算模型将不会产生相同的涌现结果。换句话说，结果将是变化的，能被概括性地看成是一种分布：某些涌现结果比另外一些更可能出现。一般地，建模者会使用一个集中趋势的测量，如分布的平均值、中位数或者众数作为模型最可能获得的期望值。同样，建模者也使用有关离散趋势的测量，如作为预测可信度测量的分布的方差。当然，具有在中心点附近更稠密的分布和更小的方差的有效仿真，能够更准确地预测涌现现象。在接下来的部分我们将讨论如何改变模型的某种特征，例如参数的值或者数据
111 的初始值，来实施**虚拟实验**。分析这些虚拟实验的结果对实证研究的设计以及演绎推导出用于田野研究实证验证的假设，是非常有用的。

确定模型和随机模型的例子

考虑这样一个计算模型，其中两个主体间当前的传播关系的值受他们以前的传播关系、他们进行互惠传播的欲望和他们与“朋友的朋友”之间的传播密度所影响。这暗示着在 t 时刻从主体 i 到主体 j 的传播关系 $C_{ij,t}$，同时受到以下因素影响：(1) 在 $t-1$ 时刻的传播关系 $C_{ij,t-1}$；(2) 在 $t-1$ 时刻从主体 j 到主体 i 的传播关系 $C_{ji,t-1}$；(3) 在 $t-1$ 时刻已经存在的从主体 i 到网络中任何主体 k 的传播关系 $C_{ik,t-1}$，同时主体 k 拥有到主体 j 的相似关系 $C_{kj,t-1}$。

确定模型的这个过程可以被表示为：

$$C_{ij,t}=p_1C_{ij,t-1}+p_2C_{ji,t-1}+p_3\sum(C_{ik,t-1})(C_{kj,t-1}) \tag{1}$$

在方程（1）中，计算模型是完全确定性的，这里有三个组成部分，其权重分别为 p_1、p_2 和 p_3。p_1、p_2 和 p_3 是参数，由建模者在理论基础上指定。$\sum(C_{ik,t-1})$ $(C_{kj,t-1})$ 代表从源主体 i 到每个其他主体 k 的传播关系乘以每个主体 k 到目标主体 j 的传播关系所得的总和。

这个模型的一个有点过于简单化的随机形式，包括一个随机误差项，可以被表示为：

$$C_{ij,t}=p_1C_{ij,t-1}+p_2C_{ji,t-1}+p_3\sum(C_{ik,t-1})(C_{kj,t-1}) \\ +\text{Random}(均值，方差=\sigma) \tag{2}$$

在方程（2）中，这个计算模型本质上是确定性的，但是因为存在误差项，它还包含了一些随机波动。均值和方差都是由建模者指定的参数。一般来说，随机误差项的均值为 0，但并非总是如此。方差参数的值将决定随机误差项的可能范围。

这个模型的一个更复杂的随机版本可以被表示为：

$$C_{ij,t}=\text{Normal}[均值=p_1C_{ij,t-1}+p_2C_{ji,t-1} \\ +p_3\sum(C_{ik,t-1})(C_{kj,t-1})，方差=\sigma] \tag{3}$$ 112

在方程（3）中，计算模型包括一个随机组成部分，使得关系的期望值成为概率分布的均值。传播关系的“真实”值将因此服从概率分布。真实值可能会比期望值大一点或小一点。然而，如果重复运行同一个计算模型，比如运行 1 000 次，得到的值的均值将会逐渐地接近“期望”值。不像方程（2），建模者不需要为均值指定一个值，而只需要为变量参数指定一个值。这表明随机组成部分导致的在均值附近的变化是可以被确定地计算的。

如果一些解释机制包括非连续性变量，那么上面两个包括随机组成部分的方程将进一步被复杂化。特别是，如果一些关系或者属性变量是二值的或者是定类的，那么引入一个服从正态分布的随机误差项也是不合适的。

计算网络建模中的特殊问题

虽然上述方法适用于针对不同类型的大量社会现象进行计算建模，但是在为网络现象建模时另外的或者附加的限制必须考虑到。这些限制源于网络中的关系并不是相互独立的这一认识。就像我们在第2章中所讨论的一样，任意两个主体，主体A和主体B之间的关系存在的可能性与主体A和某个其他主体C、主体B和某个其他主体D，或者是主体C和主体D之间的关系存在的可能性并不是概念上独立的。这是不同于非网络数据的，在后者中假设两个个体的属性（如年龄）值相互独立一般是合理的。前面描述的高斯分布和二项分布假设观察是独立的，并且一般不适合用来确定网络关系连接中的不独立结构。因此，在确定统计分布时特别考虑由理论导出的网络关系的不独立性，是很重要的。在第2章中描述的 p^* 方法提供了一个框架来
113 确定这种实证数据中的不独立性。就像我们将要描述的一样，它也能被用做网络的计算机仿真的基础。

让我们从一个前提假设开始，我们试图以此模拟主体网络中的连接的概率。就像我们在第2章中所讨论的那样，一个含有 g 个节点的集合最多可以有 $g(g-1)$ 个直接连接。又因为每个连接可以是存在的也可以是不存在的，因此这就可能有 $2^{g(g-1)}$ 个网络构型或实现。所以，对网络中成员间连接存在概率的建模，可以通过对网络中所有 $g(g-1)$ 个连接形成的特定构型出现的概率建模来实现。如果这些连接是相互独立的，则网络中某特殊构型的概率是网络中每个连接的概率的乘积。

假设从A到B的连接概率为 p_{AB}，网络中所有其他连接的概率是互相独立的——不管是从A到C的连接概率 p_{AC}，还是从A到D的连接概率 p_{AD}，还是从C到D的连接概率 p_{CD} 等等。那么一个包括A、B、C和D间连接的网络的特殊构型的概率将由网络中单个连接的概率的乘积给定。但是，当从A到B的连接概率与网络中其他连

接的概率不独立时，就会出现一种更复杂的情况。那么，从A到B的连接概率可能是**条件依赖**于网络中的其他连接的。

Wasserman和Faust（1994）在其早期的工作中，为对网络中连接的概率建模开发了一种方法，即一个包含一些解释变量的函数。这些解释变量通常是网络的特征并被当做网络“统计量”计算，诸如网络的密度、中心势、相互性、传递性。每个解释变量都能潜在地影响一个特殊的网络实现（或者称为构型）的概率。影响的大小可以由伴随每个解释变量的参数估计出来。

一个随机网络X的某个**特殊网络**实现x的概率被定义为$Pr(X=x)$。注意到x是一个特殊的构型而X表示一系列网络的集合或分布。概率指的是特殊构型x在所有可能的构型中或X中被发现的可能性。

特殊连接存在的概率由表达式$Pr(X_{ij}=1)$定义。这是指从主体i到主体j的关系的随机变量X_{ij}为1时的概率。这个概率可能是以其他连接存在的概率为条件的。如果是这样，条件概率就被写为$Pr(X_{ij}=1)|X_{ij}^C$，其中X_{ij}^C表示网络的**余**（complement），即网络中除 114
了从i到j的连接外的所有连接。

概率在0和1之间变动。但是，解释变量常常是连续的，并在$-\infty$到$+\infty$的范围内变化。因此，我们需要使用一个转换，使我们能够将一个大范围的解释变量的变化映射到一个响应变量的变化上，这样x的概率就被限制在0到1这个范围内。用对数方法进行转换在这里是适合的。

总之，$Pr(X=x)$是网络和网络中个体的一些特征（例如网络密度、相互性、传递性）的函数。特征被定义为$z_1(x)$、$z_2(x)$、$z_3(x)$等等。这些特征对一个连接存在的概率产生的影响大小是由参数决定的。这些参数被定义为θ_1、θ_2、θ_3等。因为概率是在0到1的范围内，而解释变量是从$-\infty$到$+\infty$，因此我们对概率的对数建模形式如下：

$\log_e Pr(X=x)$被解释为$\theta_1 z_1(x)+\theta_2 z_2(x)+\theta_3 z_3(x)$，依此类推。

取对数函数的反函数，$Pr(X=x)$ 就被解释为指数函数：

$$e^{\theta_1 z_1(x)+\theta_2 z_2(x)+\theta_3 z_3(x)+\cdots+\theta_r z_r(x)}$$

就现在我们已经讨论的，概率 $Pr(X=x)$ 在网络层次指的是连接的构型，而概率 $Pr(X_{ij}=1)$ 在二元层指的是网络中连接的存在性。为了简化计算，Wasserman 和他的同事只关注连接存在和不存在的奇异比值。这个比值形式如下：

$$Pr(X_{ij}=1)/Pr(X_{ij}=0)$$

如果从 i 到 j 的连接概率是以网络中的其他连接为条件的，那么这个比值的形式如下：

$$Pr(X_{ij}=1)\,|\,X_{ij}^{C}/Pr(X_{ij}=0)\,|\,X_{ij}^{C}$$

Wasserman 和他的同事已经导出一个模型来表示连接存在与不存在的条件的对数奇异比值为 $e^{\theta' d_{ij}(z)}$。应用对数转换，连接存在性的奇异比值的对数形式如下：

$$\theta' d_{ij}(z)，其中\ d_{ij}(z)=[z(x_{ij}^{+})-z(x_{ij}^{-})]$$

115 x_{ij}^{+} 是要求从主体 i 到主体 j 的连接必须存在的被观察网络，而 x_{ij}^{-} 是要求从主体 i 到主体 j 的连接不存在的被观察网络。如前所示，$z(X_{ij})$ 是影响连接存在概率（或被扩展后使用的奇异比值）的网络统计值集合。这些网络统计值包括网络的密度、传递性、中心势等等。因此，$z(x_{ij}^{+})$ 表示那些基于某个与实际网络十分相似但是要求必须含有从主体 i 到主体 j 的连接的网络计算出的统计值。相似的，$z(x_{ij}^{-})$ 表示那些基于某个与实际网络十分相似但是要求必须不含有从主体 i 到主体 j 的连接的网络计算出的统计值。

在下面的例子中，我们将展示我们是如何使用 Blanche 来模拟从 i 到 j 的连接概率，以及在整体层次上如何模拟特殊网络构型出现的概率的。这些概率都通过一个包含几个以预先指定的参数为权重的网络特征的函数计算得到。我们将看到这种方法与本章前面讨论过的确定性和随机性方法是不同的。

p^*网络计算建模方法的例子

与期望值相关的概率分布是基于关系中假设的结构依赖选择的。例如，众所周知的基于一致性理论（详细的描述请见第6章）的假设是“朋友倾向于成为朋友的朋友”。这提出了一个传递性的三元结构依赖，如果A有个到B的连接，B有个到C的连接，那么A到C有连接的可能性将超出我们基于以下条件的预测：（1）A和C间之前的关系；（2）他们属性的相似性；（3）他们相互交换资源的欲望。因此，如果在一个网络中有N个主体，提供A和C之间传播关系的“真实”值的概率分布必须考虑所有包含A和C的$N-2$个三元组。我们将这种方法称为**p^*随机计算建模方法**。

概念化和可视化连接间理论假设的依赖关系的一种有效的方法是使用**依赖图**（Frank and Strauss，1986）。一幅依赖图看起来非常类似于一幅社会网络图。但是，不同于社会网络图中用节点表示主体、 116
用关系表示关系连接，依赖图中的节点表示主体之间的关系连接，而关系表示理论确定的网络连接间的结构依赖。例如，在一个有4个人的社会网络中，节点数是4；连接数从0即每个人都没有关系连接开始，直到6（如果连接是无向的），或者12（如果连接是有向的）。而这一社会网络的依赖图有12个节点，代表社会网络中4个人之间可能出现的12个关系连接。在这12个节点间连接数的可能范围从0（即关系连接中没有结构依赖）到66（如果每个关系连接在理论上都依赖于其他关系连接的话）。

在大多数情况下，理论推导出的结构依赖的数量，即依赖图中连接的数量，将不会达到范围的两个极端。正如前面所讨论的那样，在依赖图中没有连接说明在社会网络中每个关系连接都和其他关系连接相互独立。从个体A到个体B的连接存在与否是不受从个体B到个体A或者从个体A到任何其他个体C的连接存在与否，或者在任意其他两个个体D和E之间的连接存在与否的影响的。这种特殊的情况，即所有关系连接在理论上都和所有其他关系连接是相互独立的情况，被称为贝努利图分布。需要注意的是，从个体 A 到个体 B 的连接可能是两种状态中的一种：0 或者 1，即存在或者不存在。假设个体的属性是没有差别的，那么从个体 A 到个体 B 的连接概率可以简单地由所有个体的关系连接的总数除以所有个体所有可能的关系总数获得。既然从个体 A 到个体 B 的连接概率和网络中的其他连接在结构上是独立的，那么一个包含个体间连接的特定网络构型的实现概率就可以由每个连接的独立概率的乘积获得。这类似于这样的例子：如果一枚硬币被向上抛两次，第一次抛的时候得到正面的概率是 0.5，并且第二次抛的时候得到正面的概率仍是 0.5，那么得到连续两次正面构型的概率就是 0.25（两个独立概率 0.5 的乘积）。类似的，得到连续两次背面构型的概率，或者先是一个正面后是一个背面，或者先是一个背面后是一个正面的构型的概率都是 0.25。因为这些已经是
117 所有可能的构型了，所以这四种构型的概率的总和为 1 也就没有什么可奇怪的了。也就是说，如果我们抛两次硬币，必定会是这四种构型的其中一种。

在网络这种情况下，我们的兴趣在于对不同网络构型的概率进行计算建模。在之前描述的情况中，我们对基于所有连接结构独立假设下发现某种关系连接构型的概率感兴趣。为了在一个计算模型中描述这个理论机制，在这种所有关系连接结构独立的情况下，我们要描述满足结构独立标准的网络构型出现的可能性。在这种情况下，网络 X 的一个特殊实现 x 出现的概率可表示为：

$$Pr(X=x)=(1/c)^{e\{kL\}}$$

其中 L 是网络中存在的所有连接的总和，k 是一个权重系数，c 是一个标准化常数以确保所有可能构型的概率总和为 1。

在这一部分介绍的方法是非常重要的，因为关于关系连接的结构独立的假设几乎是很不现实的。但是，当应用这个方法来对关系间的结构依赖建模时，理论上更有效的应用就出现了。对上述独立模型的最简单的扩展是放宽对主体间的独立性假设。这个扩展可以描述为从主体 A 到主体 B 的关系存在与否是条件依赖于从 B 到 A 的关系的存

在与否的。上述独立性假设在其他范围仍然成立，即一个二元组之间的连接与其他任意二元组间的连接相互独立。因此，这些模型有时被称为**二元独立模型**（Wasserman and Faust，1994）。

在这种情况下，每个二元组的状态必是下面三种不同状态中的一种：(1) 两个主体之间没有连接，称为**空状态**；(2) 从一个主体到另一个主体有连接，但没有反向连接，称为**非对称状态**；(3) 主体之间有相互连接，即**相互状态**。不像之前描述的抛硬币的情况，每次抛的硬币只有两种状态可选，这里，二元组有三种状态可选。就像之前的分析，连续地抛硬币将产生“正面和反面的构型”，这些构型是相互独立的，这里的网络构型仍被假设为相互独立的。这样，一个二元组 118
处于空、非对称或相互状态中的哪一种被视为独立于其他二元组的状态。这样，用来为主体 i 和 j 之间的传播关系取值的概率分布就要在二元层次上考虑相互性的结构依赖，并且也要在三元层次上考虑传递性结构依赖。我们可以类似地进行扩展，尽管这里没有讨论，但是在网络的全局层次上可以继续发展。

尽管这部分概述了使用 p^* 方法对网络进行计算建模的前景，但是仍然需要做很多统计工作才能充分发掘这种方法的潜力。在那些优点都被挖掘出来之前，使用更传统的、尽管多少有点缺陷的方法进行确定和随机建模的研究能够得到有价值的洞见。事实上，本章结尾处提供的例子正是基于一种相对于计算建模而言更传统的方法的。

对计算模型进行实证验证的策略

一旦一个理论定义的计算网络模型确定了，我们就必须探索能够使这个模型符合在实证环境中观察到的现象的策略。从概念上来讲，对一个计算模型进行实证验证最直接的策略就是比较仿真生成的结果和实际收集的纵向网络数据。比如，Contractor、Whitbred、Fonti、Hyatt、O'Keefe 和 Jones（2002）开发了一个计算模型，来解释基于多理论（包括自利理论、传染理论、平衡理论、接近理论以及同嗜理论）多层次（个体、二元、三元和全局层次）的传播网络的演化。他们同时也收集了一个公共事务部门传播网络在 26 个月中 13 个时点上的数据。他们使用计算模型来模拟网络演化，并使用在第 1 个时点上收集的实际数据作为计算模型的初值。然后他们在后续的 12 个时点上比较计算机生成的网络和被观察到的网络。大体上，他们发现被观察传播网络和计算机模型生成的网络具有显著的相关性。但和大多数自回归过程一样，后面的时点（比如时点 10、11 和 12）比前面的时点（比如时点 2、3 和 4）的相关性要弱一些。进一步说，他们能够确定计算模型中的某些特定理论机制（比如接近理论和平衡理论）比其他理论（比如自利理论）更能影响对网络演化的预测。考虑到大部分社会科学数据收集工作是资源密集型的，这里所描述的实证验证计算模型生成的数据的策略，是令人信服的，也是非常具有挑战性的。

119 因此，研究者们探索了几种替代策略，以使用资源消耗比较少的方式对比计算网络数据和实证数据。一般来说，这些策略是从计算模型生成的数据中识别出模式，并通过与实证数据相似的模式来“验证”。这样做的话，这些策略就需要投入更多精力从“虚拟实验”中生成大量的计算机数据。因为计算成本能够显著降低，这种方法比收集等量的实证数据消耗的资源要少得多。通过分析这些从虚拟实验生成的数据并识别出模式，这样就能使用数量相对合理的实证数据来验证。

使用大量人工虚拟主体作为样本来进行虚拟实验。这些虚拟主体有选择地形成了一个虚拟网络。虚拟实验向研究者们提供了创造大量这样的人工或虚拟网络的机会，这些人工或虚拟网络拥有与研究者们所研究的理论问题相关的特性。这里使用虚拟这个词，是为了强调这些并不是实际上存在的可识别的真实小组，而是在计算机里创造出来的虚拟小组。对虚拟的这种用法不应与虚拟团队（Lipnack and Stamps，1997）和虚拟组织（DeSanctis and Monge，1999）中使用的虚拟含义相混淆，虚拟团队和虚拟组织是指团队和组织的地理分布。这个区别要牢牢记在脑中，因为很有可能我们会用虚拟实验来研究地理上分布的虚拟团队和虚拟组织的多样特性及动态性。

虚拟实验被用来考察一组理论命题的瞬时和长期的涌现特征。理论命题用来解释基于模型中某些或所有其余变量的一个变量（属性或关系）的变化情况。这些理论命题在计算模型中表现为一个生成机制或规则系统。生成机制的每个元素都被赋予了一个权重系数，称为参数。它代表一个特定变量对另一个变量变化的影响程度。虚拟实验被用来共同探索和考察在社会系统中被考察变量层次的变化情况。

虚拟实验可以用于确定初始条件如何影响虚拟主体和网络的涌现 120
特征。系统的初始条件可以随机改变，也可以从实证领域或实验数据得到。比如，我们可能想要更好地理解初始条件的不同将如何影响理论假定的动态性。这些初始条件可能是被指定的主体的属性或是他们之间的关系（参见 Hyatt，Contractor and Jones，1997；Palazzolo et al.，2000）。

考虑一个基于集体行为理论（Coleman，1986；Marwell and Oliver，1993；Monge et al.，1998）的致力于描述网络演化的计算模型。一般来说，这样一个模型致力于基于主体兴趣和资源及存在于他们间的关系预测集体行为的可能性。很明显，集体行为的可能性部分依赖于小组的初始条件。比如，拥有高兴趣度的主体的小组比拥有较低平均兴趣度的主体的小组更容易实现集体行为。同样，在一个具有紧密的初始连接网络的小组中动员的潜力与初始连接不那么充分的小组相比，会有所不同。总的来说，一个有高兴趣度并连接紧密的群体与兴趣度低且连接不足的群体将显现出不同的特征。

很明显，即使有一个阐释得相当透彻的理论，预测一段时间内不同情境下影响集体行为的可能性的复杂的相互作用也是一件极困难的事。没有计算模型的帮助，要演绎比较不同兴趣度和传播层次的小组中的集体行为的可能性假设，几乎是不可能的。在这种情况下进行虚拟实验将有助于引导基于不同初始条件的假设的演绎。

上面显示了虚拟实验如何用于确定不同初始条件对涌现特征的影响。虚拟实验至少还有两种其他用途。首先，它们同样可以用来确定**参数变化**，即变量间的相互影响，是如何改变涌现特征的。这里，这些用来建立虚拟实验的参数是基于之前该领域的知识和实证研究的。

其次，它们可以用来研究现行社会系统中瞬时和长期的**干预**的影响
121 (比如一项新技术的引入)。最后，虚拟实验还是一种探索系统从混沌状态跃迁到自组织状态或者从稳定均衡状态或远离均衡的自组织状态转变到混沌状态的条件的极好方法。

执行虚拟实验

在前面关于集体行为的那个例子中，创造出大量由人工主体组成的人工网络是可能的。这些网络中的每个主体都具有一些属性，比如年龄、专业、隶属关系以及实现某种集体行为的个人兴趣等，这些主体可能通过传播和工作流等关系连接到其他主体。我们可以构造不同的人工主体网络，在不同的网络里，可以赋予主体实现一项特定集体目标的或高或低的兴趣度，同样也可以赋予主体与其他主体或高或低的传播连接度。

为了执行虚拟实验，网络中每个主体都要遵从由理论规定并在计算模型中实现的特定规则或生成机制。这些主体的属性和他们之间关系的变化为研究者提供了数据，使得他们能够识别基于人工主体网络不同初始条件的集体行为的可能性差异。在虚拟实验结束时，研究者应该能够考察到不同的人工主体网络集体行为能否发生，何时发生，在哪个层次发生，以及能够维持多长时间。进一步地，通过对不同人工网络的总结和分析，研究者应该能够识别出有关人工网络的特征诸如传播关系的连通性，以及主体的特征如兴趣度的高低如何影响集体行为可能性的趋势和模式。

重要的是，研究者所做的任何推论，都应当完全从计算模型的规则或生成机制中得到。这些规则反映了特定理论的原则。若在模型中被遵守的规则在某种程度上不能反映特定理论，那么研究者的推论将受到质疑。

在很多情况下，理论的文字描述可能导致对生成机制的多种解释。因此，有必要将这些可能的生成机制加以一一实现。虚拟实验
122 的一个焦点是，考察基本动态性对模型的微小改变或差异的鲁棒

性。对一个模型的多种解释，可能并没有产生具有本质差异的涌现模式。在这些案例中，解释的差异性可以认为是微不足道的。然而，在其他情况下，对一个理论的不同解释可能导致截然不同的涌现模式。在这些案例中，涌现模式的差异将帮助我们精炼、扩展并理清理论。

对虚拟实验结果的解释

上一节我们看到，田野研究有助于虚拟实验的定义和执行。田野研究的结果可以被用来确定在计算模型中作为参数或者权重的统计效应的大小。进一步地，田野研究可以提供初始数据，这些初始数据可以被应用到计算模型中来考虑多种可能的输出结果。

反过来，虚拟实验可以为田野研究的设计提供信息。它们能够确定在什么情况下被研究的理论最有可能预测出差异。这些能够帮助我们合理地使用资源，即在适当的时间点及时收集适当的数据。比如，计算模型可以帮助研究者识别理论上会导致本质不同的输出结果的初始条件的关键差异。这个发现可以帮助研究者很好地设计实证研究，即将资源集中于寻找最能显著突出初始条件中那些差异的样本。这样，计算模型的理论预测将会帮助研究者避免在其他非关键变量变化的样本上投入过多的精力。通过使用计算模型来寻找一个更具选择性的数据收集策略所获得的经济性，对于有兴趣收集资源消耗大的纵向数据的研究者效果更显著。

在 Blanche 中描述并实现计算模型的例子

这一章我们提供一个包含十步的例子来阐述计算网络建模是如何促进我们对多理论多层次基础上的网络涌现的认识的。在这个例子里，我们将描述并实现一个简单的、理论驱动的计算模型来考察网络 123
中个体间的传播关系与态度的关系。

第一步：下载并安装 Blanche

在描述计算模型之前，你需要下载 Blanche 软件到你的电脑上。Blanche 在 Windows 平台上运行。Blanche 的下载网址是 http://www.spcomm.uiuc.edu/Projects/TECLAB/BLANCHE/。下面所讨论的例子将基于 Blanche 的最新版。这个网站包含了软件更新的细节以及使用目前及后续版本的 Blanche 的教学指南。

若要下载这个软件，点击“下载”链接。将文件下载到临时文件夹后，双击文件名开始安装程序。程序会默认安装在程序文件夹（Program Files）里的一个名为“Blanche”的文件夹中。我们强烈建议使用这个默认文件夹来存储程序、模型和数据。要运行 Blanche，只需到开始菜单（Start menu）下的程序栏中点击 Blanche。Blanche 整合了三个主要功能：**模型创建**或设计、**数据生成**和**模型分析**。首先，Blanche 允许使用者创建基于一个或多个本书中描述的特定理论机制的计算模型。其次，当实证数据在这个模型中不可用或不适用时，Blanche 可以基于特定概率分布生成初始数据集。最后，Blanche 的模型分析功能执行模型创建过程中规定的仿真。除了 Blanche 程序，下载文件中还包括了一个名为 Tutorial.mdl 的示例模型。这个示例模型就是下面我们要实现的计算模型。

第二步：确定计算模型的理论机制

在描述和考察这个示例模型之前，让我们简要考虑一下一对试图解释网络中个体传播和态度的关系的理论。**传染理论**（在第 6 章将有
124 详细介绍）提出个体会受网络中与他传播的其他个体的态度的影响。**同嗜理论**（在第 8 章有详细介绍）提出个体试图和与他有相似态度的其他个体传播。这两个理论都提供了生成机制。传染理论提供了基于传播的个人态度改变的生成机制，而同嗜理论提供了基于态度的个人传播网络改变的生成机制。

第三步：描述计算模型

示例模型描述了这些理论生成机制。我们将以使用建模工具 Blanche 来审阅和修改示例模型作为开始。在打开 Blanche 之后，点击**文件→打开**，选择文件 Tutorial. mdl。确保在选择文件 Tutorial. mdl 之前，已经选择了 Program Files \ Blanche \ Tutorial 文件夹。

我们首先要识别将在计算模型中使用的属性和关系变量。这个示例模型包含了两个属性变量和两个关系变量。网络中的每个个体都有两个属性 AttX 和 AttY，分别代表了主体对主题 X 和 Y 的态度。一旦打开了文件 Tutorial. mdl，就会出现一个小窗口，这个窗口包含了这两个属性以及它们的初始数据。点击**查看→属性**（Ctrl＋A）来查看这两个属性变量。关系变量 PComm 显示了个体和网络中其他每个个体的传播概率。第二个关系变量 Comm 描述了成对个体之间实际上是否存在传播关系。要查看这两个关系变量，点击**查看→关系**（Ctrl＋R）。双击关系变量 PComm 查看有关这个变量的详细信息；你也可以选中它进行修改，然后点击**修改**（Modify）按钮。你应该能看到下列内容：

● **变量名**（Variable Name）的域。这里的变量名是 PComm。

● **变量层次**（Level）的域。变量 PComm 是第 0 层。这意味着在每次迭代中它首先被计算。更高层次（第 1 层、第 2 层等等）的变量在第 0 层之后顺序计算。

● 广播按钮，用以指定这个变量是**属性**变量、**关系**变量、**认知属性**变量还是**认知关系**（cognitive relation）变量。对于每个个体来说，属性变量都具有唯一值。关系是为每对个体指定的变量。认知属性变量是每个个体对网络中其他个体的一些属性的感知。认知关系是每个个体对其他每对个体之间的一些关系的感知。 125

● 一个名为**方程**（Equation）的部分，包括一个指定方程（比如 PComm＝…）的窗口，这个方程是这个变量的生成机制及如何随时间改变的数学表达。在方程窗口之上有两个小窗口：左边的窗口列出了方程中包括的所有其他变量的名字；右边的窗口列出了可以用来指定生成机制的数学和逻辑函数。

● **数据文件**（Data File），包括一个用来指定初始数据集的窗口，该数据集包含个体和网络中其他个体的初始传播概率。

● **浏览**（Browse）按钮，用来选择一个事先生成或收集的初始数据集。

● **生成**（Generate）按钮，用来生成一个新的初始数据集。

● **保存**（Save）按钮，在窗口的右上角，它用于保存任何对模型的修改并且关闭**变量编辑**（Edit Variable）窗口，返回 Blanche 主窗口。

● **取消**（Cancel）按钮，不保存你所做的任何修改，并返回主窗口。

● **描述**（Description）文本框，可以在里面写下关于所创建变量及方程的说明。存储在这里的任何信息都只是为了说明，对模型没有任何影响。给模型做注释和写文档，对把握和传递建模者的意图，有非常大的帮助。

● 此外，还有一些高级功能（比如，传递数据）。传递变量表示一个将要被“传递”到另一个计算模型的变量。这个特点使 Blanche 可以和其他计算模型“对接”或相连接。对接是一种借用其他计算模型功能的创新策略，这样就不需要在 Blanche 中重复创建这些功能了。关于高级功能的更多信息，可以在软件自带的文档中找到。

下一步，让我们通过点击这两个属性和关系并回顾对这个方程和
126 有关四个变量——AttX、AttY、Comm 和 PComm 的描述来熟悉一下指定的计算机模型。

个体关于主题 X 的态度 AttX 的变化描述如下：

=IF SIGMA (Comm _ ij _ t)
!=0 THEN CNRAND (SIGMA (Comm _ ij _ t* AttX _ j)/
(SIGMA (Comm _ ij _ t)), 0.05, 0, 1)ELSE AttX

从概念上来讲，这个方程表明，当前个体关于 X 的态度 AttX，

是基于与之传播的其他个体关于X的态度的总和，并且当前个体和其他每个个体的传播通过传播数量确定权重。若当前个体不和其他任何个体进行传播，则它保持不变。SIGMA（Comm _ ij _ t）是当前个体 i 和其他所有个体 j 的传播总和。这个!=符号用来表示函数“不等于”。CNRAND函数指定了当前个体的实际态度服从一个随机正态分布，用上面计算的值作为均值，标准差为0.05。也就是说，个体关于X的实际态度一般属于一个范围，即上面算出的均值加上或减去两倍的标准差之间。进一步地，个体的态度值被限制在0和1之间。即若计算的值大于1，它将会被置为1。同样，若计算的值小于0，它将会被置为0。若当前个体不和其他任何个体传播，那么它关于X的态度就会保持不变。

个体关于主题Y的态度——AttY的改变，和AttX的形式一样。唯一的区别是，在方程中用AttY替代了AttX。

最后，个体 i 和个体 j 的传播概率PComm的变化描述如下：

=0.9 * PComm_ij+0.1 * [1-ABS(AttX_i-AttX_j)] *
[1-ABS(AttY_i-AttY_j)]

这个方程说明PComm基于：(1) 前一时点的传播概率；(2) 他们关于X和Y的态度的相似度。他们的属性越相似，他们传播的可能性越大。若两个个体关于X和Y的态度完全相同，那么他们的传播概率将会和前一时点相同。若他们关于X和Y的态度有些分歧，那么他们的传播概率将会在前一时点的90%到100%之间。若他们关于X和Y的态度完全相反，那么他们的传播概率将会是前一时点的90%。 127

个体 i 到个体 j 的传播关系的存在性Comm的变化描述如下：

=If URAND(0,1)<=PComm_ij_t THEN 1 ELSE 0

这个方程说明，从个体 i 到个体 j 的传播关系的存在性是基于当前时间 t 从个体 i 到个体 j 的传播概率PComm的。若传播概率是0.70，这意味着从个体 i 到个体 j 的连接10次中将会出现7次或者在70%的时间里出现。为了确定特定情况下一个传播关系是否存在，我们从0到1选取一个随机数。我们需要确保0到1的任何数字都能等概率地被随机选出。因而，我们使用了一个均匀随机分布函数URAND来选取数字。若这个随机数小于等于（在上面的方程里表示为<=）传播概率PComm，那么从个体i到个体j就存在一个传播关系Comm，表示为值1（0则表示个体i和j之间没有关系）。若传播概率高，从均匀分布选出的随机数小于PComm的可能性就大。因而，当PComm取了一个相对较高的值时，从个体i到个体j有传播关系的可能性就会较大。比如，两个个体之间的传播概率为0.15，而从0到1的均匀随机分布选出的数字是0.30，因为这个随机数大于0.15，那么这两个个体之间将不会有传播；反之，如果从0到1的均匀随机分布选出的数字是0.10，因为这个值小于0.15，那么这两个参与者之间将会有一个传播关系。既然数字是从均匀随机分布选出的，那么从0到1的任何数字都将会被随机且等概率地（或均匀地）选出。所以，一般地，低传播概率意味着发生传播的情况很少，多数情况下传播是不会发生的。另一方面，高传播概率意味着发生传播的情况很多，只有在少数情况下传播不会发生。模拟传播连接可能
128 性的概率性方法与绝对确定地指定传播关系是否存在的确定性模拟方法截然不同，因此就可以解释在真实个体中存在的一些随机波动。

第四步：选择研究问题以可计算地演绎假设

计算模型构建好后，就可以可计算地演绎两个变量之间联系的假设，并将指定的多重理论纳入考虑的范围——在这个例子中是传染理论和同嗜理论。对计算模型结果的分析，提供了一种方法来演绎基于研究问题的假设。在这个例子里，让我们来研究基于传染理论和同嗜理论机制的由六个个体组成的网络中的初始态度和传播是如何协同演化的。下面是四个可能的研究问题。

问题1：基于传染理论和同嗜理论的生成机制，个体网络中的初始态度如何影响它们的后续态度？

问题2：基于传染理论和同嗜理论的生成机制，个体网络中的初始态度如何影响它们的后续传播关系？

问题3：基于传染理论和同嗜理论的生成机制，个体网络中的初始传播关系如何影响它们的后续态度？

问题4：基于传染理论和同嗜理论的生成机制，个体网络中的初始传播关系如何影响它们的后续传播关系？

第五步：设计一个虚拟实验

为了回答这些研究问题，我们需要“设计”一个虚拟实验。与其他实验或调查的研究设计一样，首先要确保对我们要研究的概念有足够变异量的数据。在这个例子里，让我们来设计三个情境。也就是说，我们想要研究，当网络中个体在以下面三种情境为初始条件时，关于态度和传播网络协同演化的问题，上述两个理论将得出什么结论。

情境1： 129

关于主题X的态度（0到1区间）：正态分布，均值0.5，标准差0.1。

关于主题Y的态度（0到1区间）：正态分布，均值0.5，标准差0.1。

两个个体之间的传播概率：正态分布，均值0.5，标准差0.1。

在这个情境中，网络主体对两个主题X和Y具有中等的兴趣度（0.5，0到1区间），他们之间的传播可能性也是中等的（0.5，0到1区间）。

情境2：

关于主题X的态度（0到1区间）：正态分布，均值0.5，标准差0.1。

关于主题Y的态度（0到1区间）：正态分布，均值0.5，标准差0.1。

两个个体之间的传播概率：从0到1的均匀分布。

在这个情境中，网络主体对两个主题 X 和 Y 具有中等的兴趣度（0.5，0 到 1 区间），他们之间的传播可能性是随机的（从 0 到 1 均匀分布）。

情境 3：

关于主题 X 的态度（0 到 1 区间）：从 0 到 1 的均匀分布。

关于主题 Y 的态度（0 到 1 区间）：从 0 到 1 的均匀分布。

两个个体之间的传播概率：从 0 到 1 的均匀分布。

在这个情境中，网络主体对两个主题 X 和 Y 的兴趣水平是随机的（从 0 到 1 均匀分布），并且主体之间的传播可能性也是随机的（从 0 到 1 均匀分布）。

第六步：为计算模型生成初始数据

在为模型生成数据之前，需要确定虚拟实验中要包含的个体（节点）的数目。示例模型个体的缺省值设为六。当然，个体人数不能为零。如果要改变模型中的个体数，只需在 Blanche 主窗口点击**仿真→**
130 **模型参数**。在这里就可以指定网络中的节点数，输入你选择的任何数字。个体数一旦确定，就可以通过使用**变量编辑**窗口的**生成**按钮为这些情境中的每个变量生成初始数据了。举个例子，对情境 1，你要生成这样的个体：他们关于主题 X 的态度的均值为 0.5，标准差为 0.1。

在属性窗口（若没有显示，则点击**查看→属性**），双击 AttX 变量，或在你选中 AttX 变量后单击**修改**（Modify）按钮。在 AttX 的**变量编辑**窗口，点击窗口右下方的**生成**按钮。这样就启动了数据生成向导，它将基于你下面要设定的参数，创建出包含前面定义的数量的个体的数据集。

现在到填充这个表的时候了。首先，选择要生成的数据集的数目。在这个例子里，我们想要研究的是态度和传播在单成员集里是如何协同演化的，所以选择 1（在实际实验中，你可能为了分析的目的要运行多次模拟，因而想要增加这个数目，这个问题我们将在以后进一步探讨)。

接下来,确定数据集的分布类型。在这个例子里,分布类型应当是一个正态分布,且限制在0到1的范围之内。所以选择**受限正态分布**。

现在,指定受限正态分布的参数。均值选0.5,标准差选0.1,最小值选0,最大值选1。设定完毕,点击**下一步**(Next)按钮。

在下一个屏幕中将显示对刚生成的数据的概要统计。特别地,它会计算出生成数据的最小值、最大值、均值以及标准差。均值和标准差的值通常与指定的参数(在这个例子里,均值是0.5,标准差是0.1)很接近,但不是完全相同。若两个值并不是特别接近,点击**重新生成**(Regenerate)按钮,Blanche将会根据先前指定的相同参数生成新的数据分布。

当你对生成数据的概要统计感到满意的时候,点击**保存**按钮。用变量名保存这个变量的数据,并用情境号作为后缀。这个文件将会保存为扩展名为.dat的ASCII码文本文件。在这个例子里,数据应当被保存为AttX1.dat。如果你要查看这个数据集的实际值,只需用写字板(或一个类似的文本阅读器)打开这个文件。如果你把数据集和模型保存在同一个文件夹中,这将是最容易的。保存完数据后,点击**完成**(Finish)按钮。这样做的话系统将会自动把文件名添加到数据文件域中。如果你选择把数据集保存到一个单独的文件夹中,那么需要指定绝对路径和文件名,以便模型知道去哪里寻找数据。 131

对变量AttY和变量PComm重复上面的数据生成步骤。需要说明的是,AttY是一个属性变量,而PComm是一个关系变量。需要到**关系变量**(Relational Variables)的主窗口里(从主窗口点**查看→关系**),双击每个关系变量,为它们生成初始数据。把生成的数据分别保存在名为AttY1.dat和PComm1.dat的文件里。无需为Comm输入初始数据,因为它是从变量PComm计算出来的。

重复上面的过程,给情景2和情境3生成数据。根据在情境介绍部分解释的参数,将产生的AttX的数据分别保存在名为AttX2.dat和AttX3.dat的文件中;将AttY保存到文件AttY2.dat和AttY3.dat

中，将 PComm 保存到文件 PComm2. dat 和 PComm3. dat 中。

第七步：为特定情境选择初始数据

在数据生成后，返回**属性**（**查看→属性**）和**关系**（**查看→关系**）窗口，指定刚生成的初始数据集的位置是很重要的。举个例子，为情境 1 指定初始数据。

在属性窗口，双击 AttX，或在选中 AttX 属性后点击**修改**按钮。在 AttX 的**变量编辑**窗口，点击数据文件窗口右侧的**浏览**按钮。从对话框中选择 AttX1. dat 文件。或者，在数据文件域写上扩展名为 . dat 的数据文件的名字。

点击**保存**按钮来保存修改，回到主窗口。对变量 AttY1 和 PComm1 重复这个步骤。

做了这些改变后，保存模型是很重要的。在 Blanche 程序的主窗口，点击**文件→保存模型为**，键入文件名 Tutorial1。

重复上述步骤，为情境 2 和情境 3 指定初始数据并将模型分别保存为 Tutorial2 和 Tutorial3。

第八步：运行计算模型

现在你已经准备好使用 Blanche 的模型分析功能来运行这个基于计算模型的仿真，这个模型是由 Blanche 的数据生成功能所产生的初
132 始数据设定的。首先，关闭任何可以在 Blanche 屏幕中打开的模型。然后，点击**文件→打开模型**，从对话框中选择第一个模型 Tutorial1。要运行这个模型，只需点击绿色的运行按钮，这样模型就会运行 99 次（缺省设置）。

如果你想查看模型的动态属性在较长时间段是如何显现的，可以使用**仿真→模型参数**命令调整迭代数目来满足你的需要。**模型参数**窗口的多重运行键用来控制基于同一模型但使用不同的初始数据集的一系列仿真。这是一个高级功能，这里我们不使用；文档中有关于如何使用这些功能的详细描述。现在，因为我们只想运行基于指定情境的

单数据集的模型，所以忽略这个键，点击 OK 按钮，回到主窗口。点击运行按钮后，会出现一个名为**仿真过程**（Simulation Progress）的弹出窗口。运行这样的一个小模型，只需要几秒钟；因此你在很短的时间内就能看到这个弹出窗口（如果你设定让这个模型运行超过 99 次，那么将会花费更长的时间）。当这个名为**仿真过程**的弹出窗口消失后，仿真也就完成了。

第九步：查看结果

数据

属性窗口包含六个个体最后（第 99 次）一轮的属性数据，在这个例子里是 AttX 和 AttY 的结果。迭代次数列在窗口右下角。工具栏上左右两边的蓝色双箭头按钮可以用来滚动改变迭代的轮数，一次一步。要“跳”到更早的轮，可以点击**仿真→跳到**，键入轮数。**属性**窗口将显示右下方所示轮数中每个个体的值。（如果你选择“跳”的话，你可以“跳”到指定的轮数，数据将会反映你所键入的轮数的值。）

要查看关系数据，点击**查看→关系数据**，然后选择你想要查看的关系。（你也许会想要改变窗口大小，来同时显示所有成员。）同样，迭代次数列在窗口右下角。工具栏上左右两边的蓝色双箭头按钮可以滚动来改变迭代轮数，并且在这里同样可以使用跳转方法。 133

依数据作图

要查看属性或关系数据的时间序列图，可点击**查看→图表**。图表对话框让你可以选择特定变量作图。对于任何变量，都可以作**数值图**（Values）和**统计图**（Statistics）。数值图对应每个成员变量属性或关系的实际值。统计图对应属性值（比如属性的均值或标准差）或关系（比如网络密度或中心势）的聚集。点击每个变量前面的符号＋可以提供特殊选项。在选中特定的变量后，点击**添加**（Add）按钮，在图中将它添加进去。

举个例子，要添加个体关于 X 态度的均值，选择**AttX→统计→均值**。点击**添加**按钮，将它传递到对话框右边的窗口。对 AttY（→**统计→均值**）和 Comm（→**统计→密度**）重复这个过程。在选择了这三个变量之后，点击 **OK** 按钮。

你应该能在一个新窗口中看到一幅二维图，*Y* 轴为你选择的变量值，*X* 轴是迭代次数或时间上的变化。在多数情况下，*X* 轴和 *Y* 轴的刻度会适合你要查看的数据。当然，如果你想聚焦在一个特定的时间段或数值集，可以通过编辑窗口底部名为**缩放区域**（Zoom Area）的区域进行调整：

- 将 *X* 轴视图设定在 *a* 到 *b* 之间（*a* 代表用于作图的第一轮的序号，*b* 代表用于作图的最后一轮的序号）。
- 将 *Y* 轴视图设定在 0 到 1 之间来反映变量 AttX、AttY 和 Comm 的范围。同样，如果你想在一个特定的范围“放大”，可以改变这些值。
- 点击**应用**（Apply）按钮。

现在你应该能看到经过 99 次迭代后个体对 *X* 和 *Y* 的平均态度图，应该也能看到经过 99 次迭代后的个体传播网络密度图。为了以后的回顾和比较，可以点击**复制**（Copy）图标。如果你把鼠标停在这个图标上，就会出现**复制到剪贴板**（Copy to Clipboard）这个命令。选择**位图格式**（As a Bitmap）选项。点击图上的**关闭**（Close）按钮。

134 如果要保存这幅图供以后查看，可以把图粘贴到任何文字处理或作图程序中。

接下来，在 Blanche 主屏幕中点击**文件→关闭**菜单项，关闭这个模型以运行另一个模型。

使用文件 Tutorial2. mdl 和 Tutorial3. mdl，对剩下的两个情境重复这部分所写的过程。每一次都先**复制到剪贴板**，再将变量 AttX、AttY 和 PComm 的图粘贴到字处理文件中。

在完成这些之后，在 Blanche 主窗口点击**文件→退出**菜单项来关闭这个模型，完全退出 Blanche 程序。

图4—2到图4—4显示了这个计算模型的一次执行结果。图4—2展示了第五步中描述的情境Ⅰ的一个“人工”网络的结果。这个网络的个体初始时对 *X* 和 *Y* 有相似的中等的积极态度以及彼此之间相似的中等的传播程度。时间序列图表明，随着时间的推移，群体里的传播量减少了。并且，他们对 *X* 和 *Y* 的积极态度同样趋于下降。 *135*

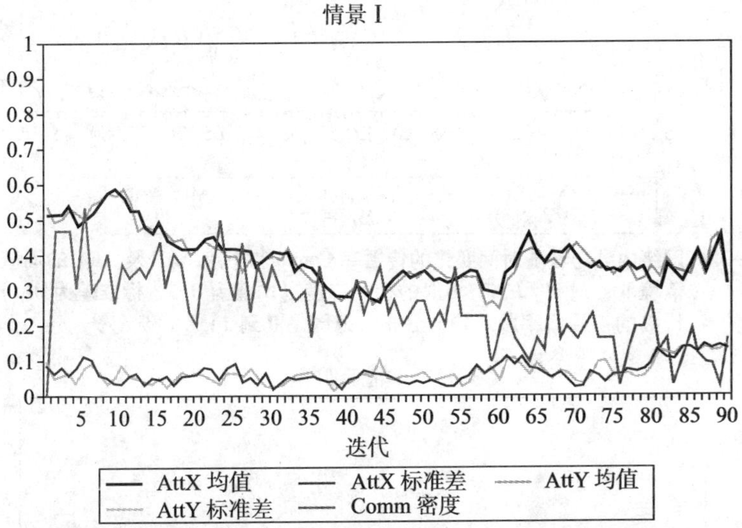

图4—2　网络中参与者随时间变化的传播率 Comm 和态度 AttX 及 AttY 的均值。情境Ⅰ：对 *X* 和 *Y* 有相似的初始态度（均值为0.5，标准差为0.1），传播有中等的初始概率（PComm：均值为0.5，标准差为0.1）

图4—3展现了情境Ⅱ的一个“人工”网络的结果。在这个网络中，个体初始时对 *X* 和 *Y* 有相似的中等的积极态度。但在这个情境里，他们彼此间的传播概率是均匀分布在0到1之间的。时间序列图表明，尽管他们彼此间的传播量下降了，但是个体对 *X* 和 *Y* 的态度却变得更加积极。这幅图也包含了个体态度的标准差。低而连续的标准差值表明在个体对 *X* 和 *Y* 的平均态度变得更积极的同时，他们的态度仍然是相似的。

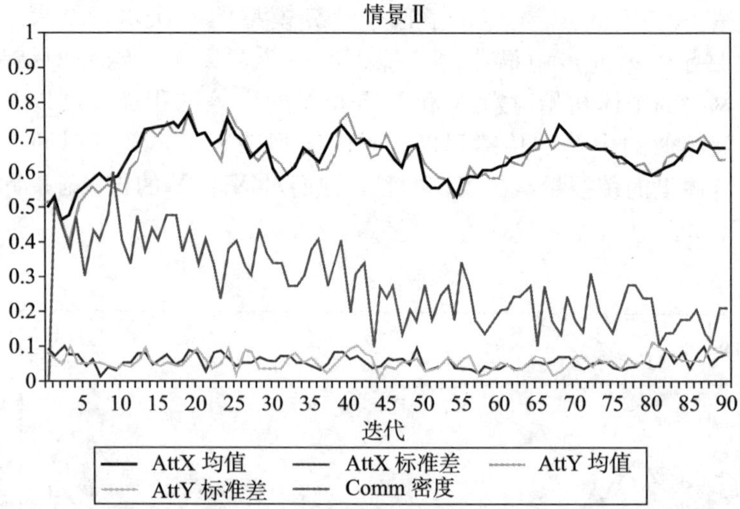

图 4—3　网络中参与者随时间变化的传播率 Comm 和态度 AttX 及 AttY 的均值。情境Ⅱ：对 *X* 和 *Y* 有相似的初始态度（均值为 0.5，标准差为 0.1），传播的初始概率服从均匀分布（范围是 0 到 1）

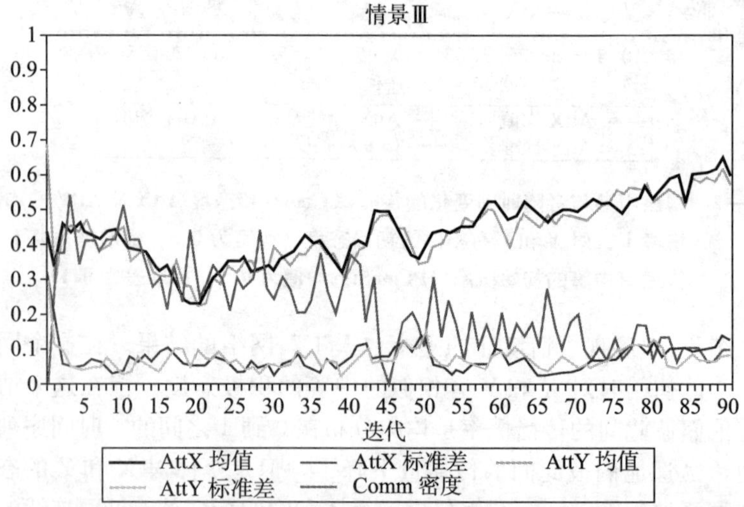

图 4—4　网络中参与者随时间变化的传播率 Comm 和态度 AttX 及 AttY 的均值。情境Ⅲ：*X* 和 *Y* 的初始态度服从均匀分布（范围是 0 到 1），传播的初始概率服从均匀分布（范围是 0 到 1）

图 4—4 描述了情境Ⅲ中的个体网络的演化。网络中个体初始时对 X 和 Y 的态度都均匀分布在 0 到 1 之间。此外，他们彼此间的传播概率也是均匀分布在 0 到 1 之间的。同样，当个体的态度趋于积极 136
方向的同时，传播量显示出下降的趋势。

很明显，对这些结果的解释也许是“反直觉”的。因为这个例子里使用的计算机模型是随机的，所以将来的运行中可能不会再次得到与这些结果完全相同的结果（但整体趋势是相似的）。进一步来说，在这些图中，趋势的定性观测也许不是在统计上具有显著意义的。更重要的是，这些图只代表了这个模型的单个示例，这就等同于在实证研究中考察单个“参与者”的反应。因此，通过考察这三个情境的单个示例来演绎传播和态度间关系的假设是不合适的。接下来，在最后一步，将描述如何准备对仿真结果进行统计分析，从而能以可计算的方式演绎出假设。

第十步：可计算地演绎假设

为了系统地回答在这个例子中列出的问题，我们需要用上百个数 137
据集来为每个情境运行这些模型，这些数据集将模拟上百个“虚拟”个体群。这个过程可以自动进行：

- 使用 Blanche 的数据生成器来生成上百个初始数据集。
- 通过在**模型参数**窗口使用多重运行键指定集合数目，运行所有这些集合。
- 点击**文件→保存数据**来保存这些数据，并指定一个保存数据的文件夹名。
- 使用工具来对保存的数据进行统计分析，比如 SPSS、UCINET 或 PSPAR。

统计分析的结果将为我们所研究的问题提供答案。因为这些问题是基于仿真数据的，它们可以被认为是通过计算建模过程从理论演绎出来的假设。这样演绎而来的假设需要进行实证验证。除了研究问题，我们也可以从理论以文字演绎出的假设开始。计算建模可以让我们“逻辑地”验证这些假设。这些统计分析的结果将允许我们评估计算建模是否能够逻辑地验证文字演绎出的假设（参见 Palazzolo et al.，2002）。

总　结

本章介绍了一个计算网络建模的框架。在这里，我们认为对人们来说，辨明基于多重关系的多层次网络的演化是相当困难的。但是，从一个或多个多层次理论得到的生成机制可以被用来开发计算网络模型。计算模型可以是确定的或随机的。对于简单模型，可以假设连接的可能性独立于网络中的其他连接。但是 p^* 方法为开发含有连接间依赖情况（在二元、三元或总体层次上）的计算模型提供了新的机会。运行基于计算模型的仿真向研究者提供了一个机会去考察由基本生成机制推出的网络演化。验证这些计算模型的结果的一种资源密集
138 型方法是评估模拟网络数据与实证纵向网络数据相比效果如何。另一种替代方法是，通过运行大量人工群体的仿真，可以实现虚拟实验，在这些人工群体里主体态度的层次以及他们之间的关系甚至是网络的大小都具有不同的值。这些实验向研究者提供了如下机会：(1) 系统地观察初始条件的改变如何影响网络的演化；(2) 考察计算模型中的参数值的改变是否影响演化；(3) 识别网络大小是否影响网络演化；(4) 评估一种干预，比如网络成员的改变或引进一项技术，对网络的演化是否有短期或长期的影响。从这些分析演绎出的假设最后可以通过实证数据来验证。

在这一章里，我们强调从理论上推出的计算模型得到的结果和实证数据的关联度的重要性。实证数据可以为特定参数值的选择提供信息，尤其当理论表述得不是很精确时。进一步来说，计算模型的结果可以帮助识别在网络演化中起重要的“杠杆”作用的关键变量。这将会有助于指导资源分配，即明智地选择在这些关键变量上具有最大差异性的实证样本。

第二部分

传播网络研究的社会理论

第5章 自利理论和集体行为理论

141 许多社会理论基于与人类网络的涌现和协同演化直接相关的生成机制。然而具有讽刺意味的是，正如 Monge 和 Contractor（2001）所证实的那样，许多已公布的网络研究都未能明确承认或指明这种对其研究有促进作用的社会理论及其生成机制。在本书余下的大部分篇幅中，我们将研究许多社会理论，从而识别它们的生成机制。可以将这些机制与其他机制同时使用，以生成传播网络和其他网络实现的多理论多层次框架（见第 2 章）。例如，社会资本理论认为，试图提高结构自治的人，会去利用结构洞。另一方面，社会交换理论则表明个人和组织通过物质或者信息资源的交换来建立连接。当然，人们很可能同时采取这两种方式，因此需要多理论框架体系。这样一来，我们就要建立多个理论假设。这将意味着对于所观察网络的统计 p^* 分析将揭示出其结构自治性、相互性及互惠性这些重要特征。此外，我们希望网络的其他可能特征，如传递性、循环性等其他理论的生成机制，在这个特定网络的实现中并不具有统计显著性。

在这一章中我们将考察自利理论和共同利益理论以探询它们的理论生成机制，后者有时又被称做集体行为理论。自利理论包括社会资本理论，特别是 Burt 的结构洞理论以及交易成本经济学。而我们所考察的共同利益理论则是公共品理论。 142

自利理论

长期以来社会学家们都热衷于把自利看做经济活动和其他形式社会活动的动因（Coleman，1986）。**自利理论**假定人们做出自认为是理性的选择以获取个人利益。最初是亚当·斯密将这一理论机制的强形式阐述为"理性"。它认为人们总是试图最大化自己的收益，或者等价地表述为最小化自己的损失。早期的理性选择理论家（如 Homans，1950）认为当人们面临问题，特别是面临对稀缺资源的分配时，总是会考察各种可能的解决方案。在仔细权衡各种选择之后，实际上也就是对个人的成本—收益进行分析之后，做出他们自认为是最优的选择。因此，他们会试图最优化自己的决策过程并最大化可能得到的收益。

Simon（1976）阐述了关于这一理论机制的一种弱形式，他称之为"有限理性"。**有限理性**认为人们几乎没有足够的时间、精力或资源来对各种备选方案进行评估。有限理性原则上认为人们寻求"满意"（或满足）而非"最大化"，这就意味着人们会选择他们所发现的第一个令人满意或尚能接受的方案，而非去考察所有方案并选出其中最优的。本章论述了自利理论是如何解释组织内部和组织之间网络联系的涌现的。在此考察了两种被用来探讨传播网络问题的自利理论——社会资本理论和交易成本经济学。

社会资本理论

Burt（1992，1997，1998，2001）的结构洞理论对社会资本在网络中的配置（Coleman，1998，1990；Lin，2001）做出了最佳论述。
143 此理论认为，人们积累社会资源或社会资本，有机会时进行投资，并希望能从中获得收益。这些投资的动机来自于自利，自利被定义为人们期望从他们投资的社会资本中获得回报，简言之，就是他们想从投资中获得收益。正如 Bourdieu 和 Wacquant（1992）所说：“社会资本，就是个人或团体由于拥有由相互熟悉或认知的制度化的关系组成的持续网络而增加的现实或虚拟资源的总和。”

社会资本与人力资本不同，后者指的是个人的属性及特性，如智力、吸引力和声望。人力资本理论通常认为那些有着较多人力资本优势的人会将这些优势应用于各种场合，他们因此获得的利益比那些拥有较少人力资本或有不被社会认可的属性的人更多（参见 Becker，1976；Blau and Duncan，1967）。所以，人力资本意指人的特性（或属性），而社会资本则是从传播网络的各种关系中获得的。在对多理论多层次 p^* 框架和 Blanche 模型的介绍中我们已经得知，网络分析主要集中在核心网络的特性上。按照本章前面所介绍的理论解释，这个核心特性就是社会资本。然而，同时我们也注意到个人的属性，即人力资本，对网络的实现同样重要。因此，多理论多层次 p^* 框架有可能将人力资本和社会资本解释结合起来成为统一的框架。

结构洞就是一个网络中人们无连接的地方。因此，洞为人们对他们的社会资本进行投资提供了机会。人们通过与两个或更多的无连接的人建立直接的联系，从而使这些原来没有联系的人建立起间接联系，以此方式对这些洞进行投资、填补或开发。投资者通过填补结构洞能够在他人的关系中充当“经纪人”。自然，这种做法使得投资者能够控制或至少能够影响他人之间的信息和知识的流动。

Georg Simmel（1955）首次以“想得渔翁之利的第三者”（tertius gaudens）的概念将经纪人（对他人之间的洞进行开发的人）这一社会角色引入到社会学中。这一概念的字面意思即“受益的第三方”。Burt 将此概念追溯到一句意大利早期谚语“两人相争，第三者得利”
144 和一句荷兰谚语“两人相争，第三者笑”中。当然，三人状态只是两人之间的第三者获益的最简单的情境。Simmel 和 Burt 将这一概念扩展到下述情境中，即多对相互没有连接的人通过中介而联系起来。“分治法”就是对这一普遍原则的著名运用。

“第三者”可能存在于两种不同的情形，相应具有不同的信息策略。当两个个体竞争同一事物时会发生第一种情形。在这种情况下，第三者通过与双方传播，让他们为想要的目标进行竞标，将有一个人赢得竞标，而另外一个人失败，第三者会从赢家那里得到比只有一个人竞标时更高的价钱。

第二种情形就是人们想要的不是同一事物，而是相矛盾的目标对象。在这种情况下，第三者以调停者的身份进行传播，试图通过控制双方之间的信息流动来解决矛盾或达成妥协。

投资社会资本为人们开发结构洞提供了机会。如果他们能够成功，将会获得竞争优势。然而，在此之前他们必须先知道谁与谁对话，也就是存在传播连接，以及谁与谁不对话，也就是传播洞或传播连接缺失。为了能够对社会洞进行投资，人们必须认知和了解他们的传播网络和“无传播网络”。后面我们将回顾一下对认知社会网络的研究，这一研究提供了对于传播网络个体以及整体的认知描述。我们可以将传播缺失网络（也被称为结构洞网络）定义为人们之间一系列互不传播的连接。图 5—1 展示了这两种网络：第一种是传播网络，第二种是结构洞网络。每一网络中都把在另一网络中有线的地方改成了洞。因此，它们之间是互补的。

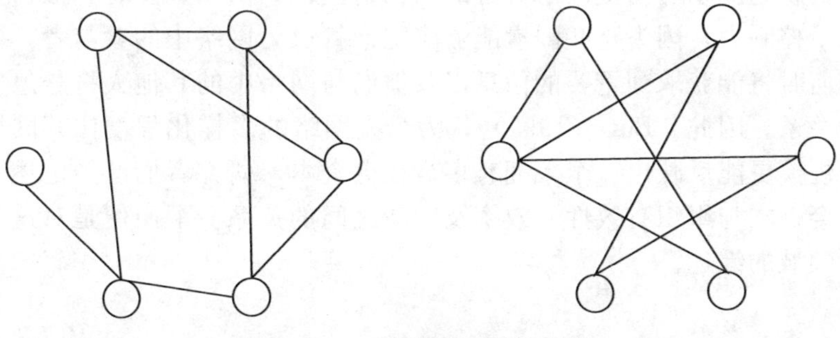

图 5—1　两个传播网络的比较

注：一个网络中的结构洞与另一个网络中的连接相对应。

那些将传播洞连接起来的人可以获得多种收益。Burt（1992，1998）识别了三种形式的信息收益：访问、及时和推荐。访问有两种获取收益形式：获得其他人所得不到的信息，以及对不需要的信息进行过滤以避免超负荷（参见 Dutton，1999）。及时意味着与网络中合适的人建立联系，以便较早地接收到重要的信息，从而获得竞争优势。推荐是指这样一个事实，知道结构企业家的人可能会为了共同利益而将其找出。同样，企业家能够战略地联系选中的人并将他们带入重要的项目中，而从中介活动中获益。

145 认识到结构洞为社会企业家们提供了投资机会这一点固然重要，然而，社会投资与经济投资一样是有风险的（Kahneman，Slovic and Tversky，1982；Kahneman and Tversky，1979）。无法保证有投资就必然有收益或回报。如果事情没有按计划的那样发展，人们会损失掉部分甚至全部投资。例如，那些通过“第三者”建立起联系的人也许会发现“第三者”对他们的利用从而绕过“中间人”彼此建立直接联系。在这种情况下，企业家们就无法获得收益，甚至损失掉部分或全部投资，从而蒙受损失。当然，企业家们几乎从不孤注一掷。他们多半会有多种投资备选方案。迄今为止，还没有一项研究提供一个“资产负债表”，来显示多重结构洞机会条件下的多样化投资所能带来的收益和损失。

通过填补结构洞与别人建立起联系的人，由于可以控制他人之间信息的流动从而提高了自身的结构自主性。访问、及时和推荐提供了控制力，因为这些因素能够决定谁将成为网络中的参与者，他们何时将能获取到重要的信息以及他们与网络中的其他人将是怎样的关系。因此，Burt（1992）认为个人网络的多样化程度比其网络的规模更能反映出一个人拥有多少社会资本。研究者们已经论述了社会资本与组织有效性、效率及创新之间的关系。下面便是对这几个领域的综述。

社会资本和有效性

146 研究者们（Burt，1992；Benassi and Gargiulo，1993）认为网络

连接产生并限制着组织成员的灵活性、自主性与有效性。Papa（1990）提出了与Burt相同的观点，认为那些拥有跨部门、跨科层等级的多样化网络关系的组织成员显著地更可能提高生产力，进而加快变化发生的速度。相似的，Burt（1992）也提出管理有效性与管理者网络中结构洞的数量正相关。但是，他又指出他的这一发现不适用于女性管理者和新招聘的员工，他们行为的有效性取决于他们与其他人的强连接。Ibarra和Andrew（1993）的研究表明，那些在建议、友谊网络中处于中心位置的个体在工作中更有自主性。Benassi和Gargiulo（1994）发现，一个跨国计算机制造商的意大利子公司中的管理者所具有的灵活性对于他们能否成功地协调各种重要的相互依赖关系具有显著的影响。符合下列条件的管理者被认为具有高度的灵活性：（1）他们的传播网络被低层次与网络中其他人的相互依赖和咨询关系所限制。（2）他们的传播网络中人与人之间存在着结构洞，形成这些限制。近来，Burt（1997）指出对于那些有少数同伴的管理者来说，社会资本显得更加珍贵，因为"他们这些人没有竞争对手提供的可参考导向框架，也没有从事同类工作的人们所提供的规范"。Burt（1991）提出了"结构自主性"的可计算测量，来评估网络中对个人有影响的限制的水平及分布。这些方法已经在第2章有所论述。

Walker、Kogut和Shan（1997）在跨组织的层次上检验了Burt的结构洞理论。他们的研究表明在生物技术产业中发展和培养社会资本是"网络形成和产业增长"的重要因素。在建立持久性关系的过程中，公司会选择发展社会资本而不是开发结构洞。然而，他们认为"结构洞理论也许更适用于市场交易网络而非合作关系网络"。在市场交易的情况下，公司不会被结构限制所影响而逐渐采取合作策略，可能更倾向于开发结构洞。

在相关的研究中，Baker（1987）发现债务水平较低的组织通过与多家投资银行（而非一家或几家）建立传播关系提高了它们在管理交易中的自主性。Kosnik（1987）发现公司拥有的与本公司有交易往来的外部董事越多，在从事"绿色邮件"（私自回购公司股票）时越缺乏自主性。此外，拥有较多外部董事的公司中的CEO们在协商 *147*

为公司的高层执行主管实行“金色降落伞”政策时却拥有较大的自主性（Cochran，Wood，and Jones，1985；Singh and Harianto，1989；Wade，O'Reilly，and Chandratat，1990）。

社会资本和效率

Granovetter（1973，1974，1982）提出了与结构洞概念相关的**弱连接优势**理论。当时一般认为，大部分关键信息是人们从那些经常与之有联系的人那里获取的。这种传播连接被视为“强连接”，并且通常构成了人们主要的联系小组。

Granovetter 对人们找工作的方式进行了研究，原以为人们会利用他们的强连接来获取有关工作的信息，但是他的实证研究却表明事实并非如此。找工作时人们往往是利用弱连接（即与偶尔有联系的人之间的连接）而非强连接。Granovetter 分析认为，强连接会导致信息和态度相似，因为初级群体中每个人都与其他所有人之间有传播关系，因此他们分享的信息也是类似的。人们找工作所需要的信息是强连接所不能提供的独特信息。这迫使他们走出初级群体去向那些传播交往比较少却更可能拥有关于工作的珍贵信息的人寻求帮助。从结构洞的角度看，这说明与一个人有弱连接的人们之间彼此有连接的可能性较小，也就是说，他们之间存在着结构洞。因此，从弱连接获得冗余信息的可能性很小，更有可能得到独特的信息，从而使得弱连接“信息丰富”。

148 **嵌入**的概念是很多学者在与经济和传播有关的环境下探究出来的。Schumpeter（1950）第一次使用这个概念来描述现代市场的结构（参阅 Uzzi，1997）。Polanyi（1957）和之后的 Granovetter（1985）在“经济活动和社会结构”的一般语境中提出这个概念，他认为这一概念应该包括个人和组织。他注意到很多理论家把社会机构当成独立的、和其他社会机构没有联系的实体，他把这种观点称做经济活动的“欠社会化”（或非嵌入）观点。他认为这种观点代表了社会理论的一个极端，许多社会理论都可以放在这一极端。这些理论的另一极端属于“过度社会化”的（或者过度嵌入的）概念，这些概念强调这样的事实，许多人和组织的经济活动，理论上被他们所处的社会结构广泛地或者完全地限制（Piore，1975）。这种观点没有赋予个人或者组织很大的自主性。

Granovetter认为大多数组织理论都是欠社会化的，后来Biggart和Hamilton（1992）把这种观点称做组织理论中“西方的偏见”。这种偏见导致理论家们把组织看成是在合同的法律规范下保持一定距离运作的独立实体。相比之下，他们认为，许多亚洲组织在由社会和商务关系构成的重要的、长期的个人网络环境中运作，而这种网络很少通过合同形式来规范。此外，他们还认为，即使西方理论家们没有意识到，多数西方组织实际上也是以这样的方式运作。Granovetter（1985）认为经济理论需要修正以考虑嵌入，并避免过度嵌入和非嵌入这两个极端。

Burt（1992）认为嵌入于一个结构洞中使人们能够更有效地获取信息。利用1985年和1987年综合社会调查的数据，Carroll和Teo（1996）发现管理者的核心讨论网络中成员的相互联系要少于非管理者网络中成员的联系。所以，非管理成员的讨论网络在获取信息时比较低效。正如我们上面所讨论的，Granovetter（1982）的研究验证了他的理论，个人通过弱连接来找工作比通过强连接或者正式连接列表更加容易。但是，Lin、Ensel和Vaughn（1981）的研究显示，弱连接只有在将个体和能够提供不冗余信息的多样化的其他人联系起来时才有效。

社会资本和创新

通过连接获得的信息的多样性，也被用来解释组织中创新的出 *149*
现。Rogers（1971）认为存在两种类型的人：**本土人和全球公民**，分别代表对于世界的两种不同定位。本土人的根本定位是与他们直接相关的环境，例如，家、邻居和社区。全球公民的根本定位是更大的世界、国家和大城市。Rogers（1971）认为创新更有可能通过全球公民引入到一个组织里，全球公民是拥有多样化网络的人，包括有些组织外部的网络。在一项对库存和控制系统制造业的研究中，Newell和

Clark（1990）提出英国公司比相应的美国公司缺乏创新性，部分是因为它们在组织间传播网络中的中心度相对较低。最近，Burt 和 Wholey（1993）发现处于组织间网络相对中心位置的医院，更有可能较早采纳创新（管理的矩阵形式）。Brass（1995b）认为被嵌入有结构洞的网络中可以提高雇员创造性地解决组织问题的能力。

社会资本的扩展

自从 20 世纪 80 年代社会资本的概念被提出之后，大量理论和实证性证据证实了其合理性。许多被个人用以增加其社会资本的非正式方法依赖于他们对现有传播网络的了解。如果劳动力从物理环境转到“虚拟环境”中去工作，个体似乎能够增加其弱连接的规模和范围。然而我们还不是很清楚在像 Email 这样的电子传播形式（这种传播形式能向我们提供明确的分布明细和信息记录）中，个人是否能更容易地获知现存的社会结构，尤其是结构洞。因此当学者考察 21 世纪的劳动力时，他们迫切需要研究在虚拟组织中那些个人用以识别结构洞，进而积累社会资本的独特战略。

交易成本经济理论

150 我们要考察的第二个自利理论是主要由 Williamson（1975，1985）建立的交易成本经济学。按传统的经济理论，市场是经典的组织形式：在市场中，买卖双方能充分交流彼此的意图，由供给和需求决定商品价格。这是一个最完美的自利理论形式（Becker，1976）。相反，新古典经济学认为科层的或垂直整合的形式是替代市场的更有效率的形式（Coase，1937），虽然它也同样是基于自利的。然而，过去十年内关于组织结构的理论和观点发生了重要的变化。一种新的组织形式，网络组织，作为市场和垂直整合组织的替代形式涌现出来（Powell，1990）。本节将考察市场和科层这两种传统的组织形式；接下来的几节我们将探讨网络这种新形式的最新发展。

古典经济学是基于这样的观念：人们能够获得他们所需要的信息以做出理性的选择，从而在最佳的价位进行交换、购买或出售。从这个意义上说，市场就是一个以便利经济交换为目的的特殊类型的人类组织。从网络的视角来看，古典经济学关于市场的观点有一个有趣的特点：假设组织中的每个人都与其他所有人相连，因此他们就能知道其他人对某个交易愿意支付或者接受的价格。因此从理论上讲，市场是个完全连通的网络（Bavelas 在 1948 年将全连通网络称为 COM-CON）。当然，在小型的传统乡村市场中，与所有相关的团体建立连接曾经是可能的，但是在当今世界，要实现完全的甚至是广泛的连接基本上是不可能的，除非在特殊情况下。

Williamson（1975，1985）提出交易成本经济学以解释经济活动的组织。相对于古典经济学完全聚焦于生产成本，Coase（1937）和 Williamson（1975，1985）聚焦于涉及商品和服务交换的所有交易成本。所有组织为了生产商品、提供服务都需要信息、原材料或组件。组织为决定一个成本最低的方案而进行的信息搜索通常是非常昂贵的。一个避免为信息搜索重复支付成本的方案是在公司内部生产所需的组件。因此 Williamson 认为组织总是面临一种选择：从其他公司 151
买进原料，还是兼并其他公司以便以低于开放市场的价格获得供应商的商品。这通常被称为“购买还是生产”决定（企业还可以选择发展自身内部能力，自己生产，但这种方式通常被认为是一种更昂贵的选择，因为这需要一个公司从起点处发展所有必要的能力）。

Williamson 认为第一种选择是由市场机制控制的，每个组织在各个供应商之中选择最佳价位。**交易成本**就是从可供选择的企业中寻找有关价格和质量的信息以及谈判合同的花费。第二种选择（垂直整合）是由**科层力量**控制的，即与被兼并供应商公司的内部生产管理相关的管理成本，包括传播成本。Williamson 认为经济组织总是在市场和科层这两种选择中权衡以实现交易成本最小化。当市场的交易成本比基于科层所有权的生产管理成本高时，垂直整合是一种有效率的选择（Zajac and Olsen，1993，p. 133）。

很显然的是，Williamson 的理论机制是有效率的自利主义。组织在各种组织形式中进行自利的抉择，试图最小化在市场中寻找卖主或在兼并供应商过程中传播、搜索信息和决策的成本。值得注意的是，这种机制是以单个企业的决策框架为中心的。同样源于这种机制的两种选择形式，在传播网络性质上是有很大区别的。例如，采取市场形式要求企业发展和保留广泛的外部网络以便从供应商、合同洽谈和监测执行情况中获取信息并评估这些信息。而如果采用科层形式，就要求企业发展广泛的内部网络以管理这个由被兼并公司构成的垂直整合以及被兼并公司各部门的生产。

Helper（1993）也提出了与“购买还是生产”决定密切相关的观点，他称之为“退出—呼吁”选择。那些选择购买产品组件，而非自己生产的企业，有时会在供应商的产品中发现问题。当问题发生时，有两种选择。它要么“退出”与供应商的关系，终止他们之间的联系，要么采取“呼吁”策略，试图解决问题。

这两个选择都和传播网络有关。在退出策略中，公司必须采用非
152 常灵活的外部网络，还要有终止与不良的供应商合作，并同其他供应商建立新的网络连接的能力。当然，仅当市场中存在一个可接受的包含了许多可供选择的供应商的集合时，这种策略才能起作用。这种观点也可以被认为是网络消亡的明确解释，而不仅仅是针对它们的产生或者持续。在呼吁策略中，Helper（1993）提出公司必须建立“一个能够支持解决问题所必需的重要信息流的传播系统”。

Helper 认为三个层次的联系和信息流是可能的。第一，仅能获得市场信息。第二，公司可以就一些事物交换信息，例如，工厂设备信息、生产过程和财务信息。但是，在最高层次上，“客户和供应商之间的信息流是以‘反馈’为特征的；有利于改进的建议可以由任一方提出”。很明显，当公司从退出战略变成呼吁战略时，必须把它们的传播网络和信息流模式从最低层提升到最高层。Helper 对美国和日本的汽车产业的研究显示，日本人传统上常使用呼吁战略，而美国的汽车制造商却常使用退出战略。然而，这种情况在近几十年来一直在改变，美国的汽车制造商在不断向呼吁战略转变，并发展与其供应商之间更高层次的传播网络和信息流。

Cupta 和 Govindarajan（1991）把 Williamson 的理论扩展到跨国公司，他们认为可以把跨国公司的治理看做是一个交易成本交换的网

络。总部通过调节三种关键的交易流来治理子公司：资本流、产品流和知识流。子公司位于不同的国家这个事实造成了不同的战略情境和传播困难，而这些决定了交易流的大小和方向。

对于交易成本经济学存在一些批判。正如前面所描述的，Granovetter（1985）表达了这样的担忧：大多数对人类和组织经济行为的分析要么集中在欠社会化这个极端，要么集中在过度社会化这个极端。相反，Granovetter 赞成嵌入式的观点：个人和组织的经济行为都发生在现存的传播结构中和现有的社会关系中。他说："'嵌入式观点'反而强调具体的个人关系及其结构（或者是'网络'）的作用"(p. 490)。

Uzzi（1997）对纽约的 23 家服装服饰公司进行的民族志研究支 153
持了这一观点。Uzzi 进行了广泛的调查，通过对许多人的访谈来识别他们的嵌入式连接特征，并将之和"保持距离"连接的特征进行了比较。他发现嵌入式联系包括：（1）高度信任；（2）丰富且更加细致的信息传递；（3）比保持距离的连接方式下更高水平的问题解决机制。有趣的是，他还发现他的调查对象同时拥有嵌入式和保持距离式这两种连接，表明网络的类型比用简单的二分法所表示的更复杂。Uzzi 的研究表明："嵌入式是一种交换系统，相对于市场而言它拥有独特的机会，并且以网络形式组织的公司比保持特定距离的市场关系的公司有更高的生存机会。"这支持了 Granovetter 的主张(p. 674)。

上面综述的理论和研究表明，网络嵌入式是解释传播网络涌现的一个重要的理论机制。嵌入式的概念表明网络关系是具有相互性和互惠性的。这种理论思想可以通过本书中提出的多理论多层次模型加以探索。为了做到这一点，研究者需要假设相互性和互惠性的生成机制将可以解释具有统计显著性比例的观察到的网络实现。与多理论多层次框架一致，其他理论机制需要限定以解释大部分网络实现。

当然，嵌入式存在着弊病。就像关于个人或组织行为的理论可能是过度社会化或欠社会化的一样，组织也可能是过度嵌入的或者是欠嵌入的。正如 Grabher（1993）所说的那样：“太少的嵌入可能会使他们的社会实践和制度构成的支持组织网络容易受到破坏。而过多的嵌入，可能会使得这个支持组织僵化，因此也可能使网络成为内聚联盟而抑制更根本的创新”（pp. 25 - 26）。同样，1997 年 Uzzi 发现了在纽约服装经济中的嵌入式矛盾，总结了使嵌入式形成的三个条件：“(1) 不可预见的网络核心参与者退出；(2) 制度力量使市场理性化；(3) 过度嵌入式特征化的网络”（p. 57）。

Granovetter（1985）和 Powell（1990）提出的另一个批判性的观点是，市场和科层的二分法并没有涵盖所有重要的组织形式。1993 年 Lazerson 提出：“垂直整合的问题激发了对另一种组织形式的研究
154 兴趣，而这种组织形式既不是市场的也不是科层的”（p. 203）。Williamson（1985，1991）在对联盟的讨论中将这种可能的形式称为混杂形式。他提出当与市场交换有关的交易成本太高却又没有高到足以进行垂直整合时，这种存在于市场和科层两种形式之间的形式就会出现。但是，包括 Powell（1990）在内的很多学者认为至少有另外一种形式，即网络组织，它在形式上既不是科层的也不是市场的。这个论点基于交换的理论机制，将在第 7 章中进行讨论。

Zajac 和 Olsen（1993）从两个方面批判了 Williamson 的观点。第一，他们指出 Williamson 的分析没有完全解释在交易成本分析中所遇到的传播和其他过程。他们提出了另外一种分析——三阶段过程，该过程可以使企业决定是否加入关系网络。这个三阶段过程包括：初始化阶段，处理阶段，再配置阶段。在第一个阶段，每个潜在的合作者决定他自己的目标，审查可能选择的交换对象，并开始探索性地进行联系以检验建立关系的可行性。在这里，Zajac 和 Olsen（1993）认为第一阶段的交换“常常采用的主要形式是涉及公司共同的和个体利益的初步交流和谈判，以及/或者可行性研究以及一般信息交换”（p. 139）。在第二个阶段，公司致力于串行的和并行的信息处理，“多组织层次和多功能领域的人们之间出现的公司间传播……”在第三个阶段，再配置阶段，包括对关系的评价，紧接着是返回前两个阶段之一，搜寻关系变化或者重新确定现状。事实上，这个阶段确

定了信息和传播网络的连接，组织内关系就是建立在这些连接的基础上的。

Fulk和他的同事（1998）在对合作研究和开发协议（CRADA）发展的研究中给出了一个三阶段的例子。CRADA是一种合法的机制，通过它美国政府机构能和私人公司合作，把在政府合同中产生的创新转化成为商业上可行的产品。Fulk等研究的CRADA包括两家政府机构和四家私人公司，这些机构是开发建筑设计软件的。在初始化阶段（这一阶段要持续几个月），政府机构和私人公司都要定期地会晤来探讨CRADA在这个领域内是否可行，以及如果可行，不同
合伙人通过CRADA是否能实现互利。在第一个阶段末期，潜在的 155
合伙人要决定是否发展CRADA来生产产品。在第二个阶段，Zajac和Olsen所称的处理阶段，潜在的合伙人建立一系列工作组来对CRADA的条款进行谈判，在这个时期，合伙人之间建立起广泛联系，形成基本的公司间传播网络，此传播网络对关系的组织来说是必要的。在这个持续将近8个月的阶段的末期，合伙人在大量的赞同声中签署一项CRADA协议。在再配置阶段，合伙人开始重新安排他们的工作关系，使这种关系适应他们的个人利益；事实上一个公司买下了另一个合伙公司的全部产权，由此在相关的产品中取得竞争优势。不用说，这种行为将导致对CRADA的可行性进行重新评估，并会促成对关系条款的重新谈判。

Zajac和Olsen（1993）指出Williamson观点中的第二个问题是：他的交易成本最小化观点只考虑到单个组织。他们认为这是个错误，因为一个关系有两个方面，这两个方面都应该被全面地考虑进去。因此，他们认为从单个公司角度考虑的交易成本最小化应该被强调两个或者多个公司利益的**共同价值最大化原理**所取代。更为明确地，他们提出"组织间战略的价值评估要求当前公司考虑从该公司的交换对象中寻求价值。通过从交换对象的角度考虑问题，假定其他公司也独立地决定着价值和持久性，能使当前公司更好地评估组织间战略的价值和持久性"（p. 137）。

注意到Zajac和Olsen的批判把以创建组织传播网络为目的的利

己理论机制转变成了共同的自利而非个人的自利，这是很有启发性的。此外，它试图最大化集体价值而不是最小化个人成本。这个理论机制可以解释传播网络的涌现，以及相互的自利，这将在本章的后半部分得到更全面的介绍。

自利的理论机制

自利机制试图基于当前个体与其他个体的关系和其他个体的属性
156 配置，解释当前个体的属性。此外，它试图基于网络中的个体之间的关系以及他们的属性配置，解释当前个体如何做出创建、保持或解除与其他个体之间关系的决定。这些个体可能是个人或者是组织。我们假定当前个体为 i，其他的个体为 j，同时，每个个体 i 有属性 $A1_i$ 和 $A2_i$ 等。基于前文中综述的研究，这些属性可能包括一个个体寻求信息的效率、有效性、生产率、创造性、创新性和灵活性。最后，从个体 i 到个体 j 的关系是 $R1_{ij}$ 和 $R2_{ij}$ 等。个体之间的关系包括传播关系、信息流、合作关系、信任关系、市场交易和交易成本。

社会资本理论表明个体的属性可能受到社会资本的影响，他们能从他们所处的网络中汇集到这些社会资本。在最基本的形式中，个体的属性，如他们获得信息的能力，将受他们在网络中的连通度影响。即：

$$A1_i = \text{f}[\sum(R1_{ij})] \tag{1}$$

个体 i 的属性值 $A1$，被个体 i 与其他所有个体 j 的关系 $R1_{ij}$ 的总和所影响（因此用符号 $\sum$）。等式的右边反映的是一个基于网络的理论机制（每个个体的度），这个机制是在个体的（或者说节点的）层次分析中计算出来的。

但是，正如前面所讨论的，更完善的处理认为：社会资本不会仅仅基于当前个体连接的其他个体的数量而增加。基于前面的讨论，至少要考虑到三种扩展。

第一，与当前个体有联系的其他个体的属性的范围大小（或称多样性），能影响当前个体的社会资本。即：

$$A1_i = f[\sum(R1_{ij}) \times \mathrm{Var}(A2_j)]，如果 R_{ij}/0 \qquad (2)$$

其中，个体 i 的属性值 $A1$，被个体 i 和其他所有个体 j 的关系 $R1$ 的总和与个体 j 的某种属性 $A2$（比如人口统计特征）的方差的乘积所影响。这个等式的右边反映的是一种基于网络的机制，即度，它可以在个体或者节点的分析层次上计算出来，它与个体的一种属性结合共同起作用。

第二，个体在网络中的嵌入会影响其社会资本。正如前文所描述的，嵌入的指标之一是个体陷入和其他个体相互或者互惠连接的程 157
度。即：

$$A1_i = f[\sum\{R1_{ij} \times R1_{ji}\}] \qquad (3)$$

其中个体 i 的属性值 $A1$，被个体 i 与其他所有个体 j 的关系 $R1$，以及反过来个体 j 和当前个体 i 的关系 $R1$ 的乘积的总和所影响。这个等式的右边反映的是基于网络的相互性机制，它可以在二元分析层次上计算出来。在公式（3）中，函数关系不一定是线性的正相关关系，更确切地说，在前文中关于嵌入的矛盾观点暗示这可能是一个非线性的倒 U 型曲线，嵌入可能对增加个体的属性产生正面的影响，而当该属性值达到一定水平之后将产生负面影响。

第三，结构洞理论认为某人可以通过填充结构洞来增加其社会资本，从而增加他们成为网络中受益的第三方或经纪人的潜力。即：

$$A1_i = f[\sum\sum\{R1_{ij} \times R1_{ik} \times R1_{jk}\}] \qquad (4)$$

其中个体 i 的属性值 $A1$，被三个变量乘积的总和所影响，这三个变量分别是：个体 i 和其他所有个体 j 的关系 $R1$，个体 i 和其他所有个体 k 的关系 $R1$，个体 i 和其他所有个体 k 的关系 $R1$。两个求和符号（$\sum\sum$）的意思是：首先针对所有与个体 i 和个体 j 有连接的个体 k 求和，然后针对所有与个体 i 有连接的个体 j 求和。这个等式右边反映的是基于网络的机制——由三元分析层次计算出来的传递性。在公式（4）中的函数关系是负相关的关系。右边的值越小，表示个体成为受益的第三方的可能性越大。

除了解释个体属性的理论机制，社会资本理论也提供了解释个体之间相互关系的机制。正如前文所讨论的，自利理论提出个体会有策略、有选择地建立连接，以最大化：（1）他们填充结构洞的能力；（2）他们的结构自主性；（3）他们的非冗余联系（他们的有效网络规模）。在第2章定义了这三个概念的具体公式，而在这些情况下其理论机制可表示为如下形式：

$$R1_{ij}=\mathrm{f}[\sum_k\{R1_{ik}=1 \text{ 和 } R1_{kj}=0\}] \tag{5}$$

158 其中个体 i 到个体 j 的关系 $R1$，同时被个体 i 与其他所有个体 k 之间存在的连接和所有这些个体 k 与个体 j 之间不存在的连接所影响。

下面我们开始讨论前文提到的第二种自利理论的理论机制。在其最基本的形式中，交易成本经济理论解释了组织为什么决定从市场上获得产品或者服务，即“购买”它；或者通过自己内部的科层组织制造产品或服务，即“生产”它。从自利的观点来看，是否创建一个与外部卖主的网络关系的决定基于比较成本。除了产品或者服务的成本，创建一个市场关系的成本还包括交易成本，交易成本包括寻找关于可替代卖主信息的成本和通过“呼吁”（即讨论、谈判和退出关系）来与他们协作的成本。在组织内部生产产品或者服务的成本，除了原材料和劳动力成本外，还包括通过科层所有权进行生产的管理成本。因此，从网络的角度来看，以交易成本经济观点阐述自利的理论机制可以表述如下：

$$R1_{ij}=\mathrm{f}\{[(\sum R2_{ij})+R3_{ij}+A1_j]-(A2_i+A3_i)\} \tag{6}$$

其中 $R1_{ij}$ 是从一个要采购的组织 i 到一个潜在的卖主组织 j 的市场关系，$R2_{ij}$ 是传播和搜寻关于每个潜在卖主 j 的价格信息的成本，$R3_{ij}$ 是进入（或退出）与卖主 j 的关系的成本，$A1_j$ 是卖主 j 索要的产品成本。这些成本综合地描述了一个市场交易的潜在成本。$A2_i$ 是通过科层所有权进行生产的管理成本，$A3_i$ 是原材料和劳动力的成本。它们一起描述了通过科层所有权进行生产的潜在成本。根据交易成本经济学中描述的网络机制，如果购买的总成本比生产产品或服务的总成本更低，则组织与另一个组织之间建立市场关系的可能性就更大。

总　结

本章前半部分探讨了两个理论，阐述了自利动机如何影响人类行为。社会资本理论强调了在传播网络和其他社会结构中的结构洞为人 159
们提供了投资其人力资源的机会，即通过和与自己没有连接的人建立连接。作为建立这种关系的回报，他们期望从投资中获得利润。这表明，对于人们之间信息流的控制是传播网络运作的一个重要因素，也是组织企业家们频繁地、积极地利用的一种远见卓识。结构自主性是一种理论生成机制，它与社会资本特别是结构洞理论一致，这一机制导致了包含结构洞的网络实现的出现。

交易成本经济学探讨了信息、传播和在组织化生产中涉及的其他合作协调成本。当公司做出关于怎样组织的决定时，它们寻求该项成本的最小化。它们经常发现寻找最好的市场卖主比进行科层式组织管理花费更大。然而，科层式管理方面的花费也常常很高。解释市场的理论生成机制是交换和互惠。科层也是一种生成机制，可用于在多理论多层次的 p^* 分析中来解释垂直的组织结构。

另一个可选的组织形式——网络组织，能削减市场中的信息搜寻成本和科层式的管理成本。网络组织寻求最大化与它们有连接的组织间交易的共同价值。网络组织本身嵌入于更大型的组织关系网络，这将使其经济行为既不是过度社会化的也不是欠社会化的。我们将在第7章的网络交换理论中详细讨论网络组织。

共同利益和集体行为理论

集体行为是一个在社会科学范围内（包括组织传播）被广泛运用的词汇（Coleman，1973，1990）。它主要关注“共同利益和从协作行动中受益的可能性”（Marwell and Oliver，1993，p. 2）而不是个人的自身利益。存在大量关于集体行为的不同观点，出于如下三个理由，我们主要关注公共品理论。第一，公共品理论是至今发展得最完善的集体行为理论。第二，一些传播方面的学者最近开始用该理论来检验与传播相关的公共品（Fulk，Flanagin，Kalman，Monge，and Ryan，1996；Monge，Fulk，Kalman，Flanagin，Parnassa，and
160 Rumsey，1998）。最后，近期的许多研究工作着重于关注传播网络对于创造和维持公共品所起的作用。在本章的后半部分，我们将回顾集体行为中公共品理论的逻辑，并研究其对于传播网络的意义。

公共品理论

Samuelson（1954）首先用公共品理论阐明了集体所有制经济，例如，公共桥梁、公园和图书馆，即在特定的社会中每个人都有权利使用的实体。它是与传统范畴（传统范围属于私人所有制，一般称为私人物品）相区别的经济学的新分支，主要关注集体制。Samuelson尝试解释在一个集体中的人们如何被引导而对创造和维持公共领域的公共品做出贡献。公共品有时也指“共有品”，对每个人来说是“公共所有的”。这个概念可以追溯到早期英国在一个公共区域建立城镇的行为。城镇中的家用住房是私人所有的，但是中间的空地是属于集体的，因此被称为镇公有的。今天，世界上的大量物品被认为是公有的，因为它们为世界范围内的公民所有而不是哪个特定的国家所有。这些物品包括大气层、海洋、太空、南极和北极地区（Bock，1998）。

公共品的定义有两个特征：**非排他性**和**供给的不可分性**（Hardin，1982；Olson，1965；Samuelson，1954）。非排他性的意思简单来说就是，集体中每个人都有相同的权利来使用公共品，没有哪个人或者哪一类人会被禁止使用公共品。即使有人没有为公共品的创造和维护做出贡献，也不能禁止他使用公共品。因此，每个人都能使用公共图书馆，即使他没有足够的钱纳税或者以其他方式支付图书馆创建或运营所需的成本。

供给的不可分性是指一个人对公共品的使用不会耗尽或减少公共品为他人所用的可用性水平。这种特征表明，公共品不同于传统意义上的消费品，也不是通过不断的更新使得公共品能够以同等的高质量水平从早期使用者传到后期使用者手中。实际上，大多数公共品呈现的是拥挤或者过度使用的情况，这就会减少后期使用者所用公共品的质量水平。书籍的丢失、桥梁的拥挤和公园的垃圾，这都使公共品的质量越来越差。因此，公共品倾向于具有相对的供给不可分性（Chamberlain，1974；Head，1972）。公共“伤害”也同样存在。烟雾是一种典型的公共伤害的例子，几乎每个人都通过开汽车、烧树叶或者工厂排放的方式产生过烟雾，结果，所有制造烟雾的人和生活在有烟雾污染地区的人都呼吸着污染过的空气。有讽刺意味的是，“搭便车者”也要被迫呼吸公共污染烟雾，即使他们并没有制造烟雾。 161

需要明确指出的是，公共品不局限于公共机构；它们也经常出现在私人组织的情境中。例如，在半导体生产厂商之间形成的 Sematech 联盟，旨在提高美国工业基础设施的竞争力。所有国内的私人半导体公司都能从中获益，即使它们没有贡献力量，因为该联盟集体研究的结果对于每个公司都是可用的（Browning，Beyer and Shetler，1995）。

公共品理论关键在于如何使人们愿意为创造和/或维持公共品做出贡献，使得集体中的每个人都能使用它们。在这一章的前半部分中，我们看到，自利理论认为人们将仅仅对他们能够从中获利的事情做出贡献。公共品的第一个特征——非排他性，使得每个人都能同样获得使用公共品的权利，即使他们对于公共品的创造或者维护没有贡献力量。自利理论认为人们将努力用尽可能低的价格来获取所需物品。这就意味着，人们最好的选择就是不对创造和维护公共品贡献任何力量，却免费使用它们。人们使用公共品，却不为之做出贡献，这种情形被称为“搭便车”问题。Olson（1965）指出，大多数社会都建立了规范来鼓励人们为公共事业做贡献，可见性是决定人们是否搭便车的关键因素。他指出如果人们的行为足够公开，能够被其他相关的人看见，搭便车的可能性就会更小。

Marwell 和 Oliver（1993）描述了决定集体中的个人是否愿意为公共品做贡献的四个因素。它们分别是公共品的特征、个人的特性、集体的特性和行为过程本身。我们将在以下四部分中简要回顾这四点。

公共品的特征

公共品理论一直被用来研究不同的公共品，例如，道路、公园和图书馆。最近，Fulk、Flanagin、Kalman、Monge 和 Ryan（1996）以及 Monge、Fulk、Kalman、Flanagin、Parnassa 和 Rumsey（1998）将这种观点应用到互动传播公共品。他们识别出的两种公共品是由传播和信息系统提供的连通性和集体性。**连通性**作为一种公共品是指与集体中其他成员联系的能力。如果每个人都能和其他所有人取得联系，这个传播系统就是全连通的。如果人们只能联系到集体中的某些人，传播系统就是部分连通的。连通性包括两个方面：**物理连通**是提供直接联系的物理基础设施。如果在公司里的每个雇员有一台计算机和一个 E-mail 账户，任何人都能发送 E-mail 给任何其他人，这个组织就具有物理全连通性。当然，事实是人们能连通并不意味着他们真的会进行联系。因此，**社会连通**是指基于物理连通而真正实现的对物理连通的使用。

162

当人们共同存储和共享信息来提供数据和知识等公共资源的时候，**集体性**就出现了。通常，这种信息资源的公共池由人们创造，并存储于知识库当中，如共享数据库和电子公告板。当然，传播公共品还有其他特性。其中的两个特性是**可分性**和**集中性**。一个图书馆由几乎相等的可分增量——书所组成。即使再小的图书馆也有其价值，虽然它的价值可能没有大图书馆那么大。另一方面，桥和建筑物都是“一块块堆起来的”，然而在它们完成之前，不具有价值。最后，信息公共品在集中性方面差别很大。有些是广泛分布的，有些是紧紧地聚集在一起的。

个体的特性

个体的四个特性对于公共品的创造起着关键作用，它们是兴趣、资源、利益和成本。**兴趣**指的是人们在创造产品时所看到的潜在利益。例如，他们想借书而不必购买，或者他们想通过桥快点过河而非乘坐缓慢的摆渡过河。**资源**指的是人们拥有的多种资源，这些资源可以为创造公共品做出贡献。其中经常涉及的就是钱，但是时间、能量、专长和相似的其他能力也经常被定义为资源。例如，人们通常拥有图书并将其贡献给图书馆，或者有的人甚至拥有土地并将其贡献出 163
来建造公园。有的人可能贡献他们的时间来充当讲解员，使公园尽可能为人知晓；或者去整理那些归还到图书馆的图书。

当一种公共品被创造出来后，集体中的人们会从公共品中获得**利益**。当然，这些利益不是平均分布的，就如同人们对公共品价值的看法是不同的一样。例如，一些人可能每天都去图书馆，但一些人从来不去。人们为公共品做出的贡献，导致了贡献成本的产生。最后，一个或者多个有领导能力的人，会赢得与集体中其他人的公共品竞争。Marwell 和 Oliver（1993）称这样的人为组织者，而 Aldrich（1999）将他们描述为企业家。

集体的特性

集体的特性把关注焦点从个体的兴趣和资源扩展到了集体。在集体层次上，随着集体成员的不同，兴趣和资源有可能在零到最大值间发生极大变化。当然，如果没有人对创造公共品有任何兴趣或者有可提供的资源的话，它就不可能被创造出来。另一方面，如果集体有很大的兴趣和广泛的资源，创造公共品就相对容易。在日常生活中，这两种极端情况并不会经常发生。Olson（1965）认为，兴趣和资源的异质性是很重要的集体特性，因为这增加了下述情形发生的可能性，即群体中至少会有一些人有足够的兴趣和资源来创造公共品。在极端情况下，一个捐助者就可以提供创造公共品所需的所有资源，比如将个人土地捐献出来建造一个公园，或者捐款建造大学的教学楼。

行为过程

行为过程关注公共品的创造过程。明显地，一个受尊敬的领导者或者企业家的存在会造成很大的不同。但是 Oliver（1993）和 Markus（1990）也指出**临界质量**在生产公共品时是一个决定性因素。临界质量指出：在大多数集体行为过程中，人们决定在不同的时间做出贡献。特别地，一小部分拥有极大兴趣和或多或少的资源的人会做
164 出最初的贡献。当兴趣在集体成员中蔓延开来时，兴趣会不断增加，然后会有更多的人做出贡献。临界质量是这个过程中的一个点，在这一点足够的兴趣已经产生，大多数人对公共品生产做出贡献。这个时候，公共品的生产过程变得具有内驱力，而公共品一般能够实现。

最初的公共品理论认为个体是相互独立的，并且做出相似的决策。Oliver（1993），Markus（1990），以及 Marwell 和 Oliver（1993）批评了这种观点，并强调了人们嵌于其中的网络关系的重要性。他们主张，传播网络会提供一些机制来影响公共品的创造。第一，网络包含派系，这些派系一般是围绕与公共品相关的一些兴趣或资源而组合起来的。在派系内部比在派系之间更容易找到拥有相同兴趣的人。所以，如果一个人仅拥有很少的资源，而决定组织一个集体来生产公共品，他可以从联系那些有紧密连接的人开始。因为这些人很有可能拥有资源，他们知道他们很有可能可以获得充足的初始资源使事情继续下去。此外，派系能通过其他方式推动组织。因为信息在具有强连接的小组中流动很快，组织者可以利用这一特点，通过弱连接与其他派系中的领导者相联系，这样就可以赢得其他派系的协助来促进公共品的发展。通过计算机仿真，Marwell 和 Oliver（1993）证明了网络派系有利于公共品的实现。

Marwell 和 Oliver（1993）观察到组织者通常不具有到达网络中每个人的资源。在这里到达被定义为组织者能联系到的人的数量。因此，他们必须对他们联系的人有所选择，**选择**是指与那些网络中“最可能贡献或者可能贡献最多的成员”（p. 130）进行传播的能力。很显然，选择需要这样的信息——每个人对于创建公共品的兴趣有多

大，每个人拥有的资源水平以及他们的贡献意愿。这也说明了，组织者需要知道如何在最大化贡献者收益的同时最小化他们的成本。

对组织者来说最佳的策略就是“高到达和高选择”，即网络中的每个人都能被联系到，特别是那些拥有最高兴趣和资源的个体。很不幸，这种策略的成本往往过高。当然，“低到达和低选择”是最糟的策略，基于这种策略，极少人能被联系到，并且他们不可能为公共品
做出足够的贡献。“高到达和低选择”以及“低到达和高选择”是两 165
种可供组织者选用的策略。高到达、低选择意味着通过非个人的、大众媒体的方法来把消息送到网络成员中。低到达、高选择意味着一种个人化的传播网络方法。有趣的是，计算机仿真表明，两种策略在动员资源时都是有效的。Marwell 和 Oliver（1993）的工作也展现了人们在传播网络中相互联系的程度会增加他们支持公共品的意愿。Marwell、Oliver 和 Pranhl（1998）展现了网络的中心势和资源异质性会影响对公共品的总体贡献。

公共品悲剧和传播困境

Hardin（1968）将**公共品悲剧**描述为个人利益与集体利益的冲突，个人利益和集体利益正是本章所描述的两种理论取向。英国（和新英格兰殖民地）村庄的公共资源为镇上的所有地主集体共有，可被用于多种用途（包括放牧）。像所有的自然资源一样，公共资源有一定的承载能力，在本例中，为了保护公共资源，就必须设置放牧的限度。公共资源在超过其承载能力时会退化，而达到某个极端时，公共资源甚至会被破坏。Hardin 观察到，即使牧场承载力已经达到了极限，镇上的农民仍然要增加额外的动物，因为他们坚持要从增加的牛身上得到更多的个人收益，而负面影响对他们来说似乎是微乎其微的。但是，如果所有农民都这样做，后果将是公共资源的毁灭（Schelling，1978）。Hardin 看到，这个对集体来说很糟糕的后果是个体自利动机的副产品，是一个悲剧，因为没有人希望它发生，但所有人共同促成了这个后果。

这种组织成员的个人利益与小组或组织的集体利益相冲突的情况，被认为是**社会困境**（Dawes，1980；Kalman，Monge，Fulk，and Heino，2002；Messick and Brewer，1983；Rutte and Wilke，1992；Van Lange，Liebrand，Messick，and Wilke，1992）。社会困
166 境导致了一系列社会问题，包括公共品和公共资源的共享中出现的供应不足（如公共影视、道路、桥梁、国防）和过度消耗（如过度捕捞、过多的人口、环境污染）。公共品悲剧是社会困境中过度消耗的一个典型案例。

Bonacich 和 Schneider 引用**传播困境**来详细说明阻碍传播的社会困境(Kalman，Monge，Fulk and Heino，2002)。在组织环境中，组织利益要求人们共享信息，而个人的利益却促使他们拒绝这样做，此时，就产生了传播困境。工作环境、传播系统以及需要人们共享信息的活动的特性，对于传播困境会出现在哪里和怎样去冲击整个组织的利益都有影响(Fulk，Flanagin，Kalman，Monge and Ryan，1996；Monge，et al.，1998)，但是个体激励的总结构最终总会阻碍自由的信息共享。

Bonacich 和 Schneider（1992）描述了一个令人震惊的案例，1986 年美国“挑战者”号坠毁，所有宇航员遇难，而这一灾难性事件正是由传播困境引发的。在机械故障和爆炸的背后，是 NASA 的高级管理者没能在事故发生的数月之前共享相关安全信息的失误。这要追溯到整个 NASA 组织的冲突责任，以及各个独立部门的局部利益。因此，该组织结构（包含正式和非正式网络）无法在正确的时间把必要的信息提供给正确的人，因此未能阻止这场悲剧的发生。

Kalman、Monge 和 Fulk（2001）指出要解决传播困境，有两个关键的方法（Kerr，1992）。一方面，管理层可以命令人们共享信息，例如，公司试图在知识管理系统中实现数据库共享，共享如“经验教训”等信息，所有人都应当贡献他们的经验教训。组织可以奖赏那些提供信息的人，并且（或者）惩罚那些不贡献信息的人。奖赏和惩罚仅仅取决于个人的配合（指贡献信息的行为），奖赏和惩罚成为选择性激励。他们保证对那些贡献者的奖励，这种奖励与集体是否成功地

使用了该共享信息无关。有效的选择性激励计划在这种情况下产生了协作队伍转换（Kerr，1992）。因此，参与者不再感觉到社会困境，因为集体对他们行为的需求和他们的个体利益相一致。这样，选择性激励给集体而非个人施以压力，以保证被奖励的行为与组织需求尽可能匹配。 167

利用选择性激励来创造信息产品的一个问题是充分具体化所需表现的困难（Kalman et al.，2001）。组织会需要人们参与建立一套具体的信息源或者沿用已决定好的程序以保证信息的正确性和及时性。自动化信息系统可能会对人们在贡献信息时应用的假设进行集中控制（Simon and Marion，1996）。然而，信息产品的内容在传输前是不确定的。并且，当人们必须当场判断并生成这些内容时，这种不确定性更加明显。对程序来说尤为困难的是，有时信息产品的目的是为了创新，为了挑战假设，为了校正已经做过的工作。对于这种非常规的信息共享，使用者需要凭借他们的判断力来获取、占有和共享符合下述条件的信息，即这些信息有利于组织、团体和个人的利益（Daft and Weick，1984）。

另外一个用来解决社会困境的方法是创造公共利益转换（Kerr，1992）。当参与者将自身的价值增长直接建立在集体利益基础之上时，这种转换就产生了。一旦集体利益的价值在与个人利益相比较时得到充分认识，个人利益和集体利益的冲突就消失了。在Sherif的经典著作（1958）中可以找到一个关于这方面转变的例子。他提出树立共同的敌人，可以团结原本互相冲突的个体，组成一个有共同目标的集体。

公共品转换这一方法的优点是可以使贡献者运用他们的最佳判断来使集体利益最大化。这种公共品转换必须支持对共享数据库的参与和自我管理。这种转换避免了选择性激励的困难，因为它把评价和调节个体表现的责任，从管理层转移到每个信息生产者。支持公共品转换的机制是个体参与者的集体认同。

实证研究将集体行为作为解释机制，并分成两个范畴：参与水平反映的群体动员和对创新的采纳。采用集体行为机制的研究，集中研

究网络对于动员和创新采纳的作用。下面我们将对这两个领域分别进
168 行讨论。

集体行为和动员

在回顾对1871年巴黎公社起义的研究时，Gould（1991）强调研究多重的、局部重叠的网络在解释起义者的团结和忠诚时的重要性。他发现邻居身份辨认和拘捕模式的重要性显示了，先前存在的邻居之间的社会连接以及由国民警卫队形成的组织连接在维持起义队伍的忠诚方面共同发挥作用。这些错综复杂的邻里关系直到居民区与警卫队单元被起义队伍招募联系起来才得以显现。将Gould的发现应用于组织环境中，可以表明，如果非正式网络的结构与先前存在的正式连接完全同构，或“完全切断了先前的连接”，则集体行为几乎不可能成功。从多理论多层次的观点来看，这表明多重性可以作为集体行为网络的生成机制。

Knoke（1990，p. 5）从35家“集体行为组织”、职业联合会、娱乐俱乐部中挑选了8 746位受访者，研究成员参与行为及其忠诚度的决定因素。通过研究发现，成员对于集体行为组织的参与，是受把他们带入热点政策讨论的传播网络的影响，与他们对特定政策议题的兴趣度无关。在组织间层次上，Laumann、Knoke和Kim（1985）发现位于行业传播网络中心的健康组织更多地参与动员那些影响该领域的国家政策问题。然而，这种现象没有在能源行业组织中出现。Laumann等（1985）指出，传播网络的中心度，在预测不完全制度化的行业集体行为时，显得更为重要。所以，中心度可能在多理论多层次模型中成为一种生成机制，这种生成机制在不完全制度化的行业中影响网络实现，但在制度化行业中不起作用。如果这两种形式的行业都被纳入到这项研究中，那么制度化水平可以作为公司的一个属性
169 被囊括于研究中。这样，制度化水平就成为多理论多层次模型中的一个生成机制。

集体行为和创新采纳

集体行为理论也被用于研究新的交互传播技术的采纳（Markus，1990；Rafaeli and LaRose，1993）。Valente（1995，1996）考察了“阈值”对于采纳行为的影响。**阈值**在这里被定义为一个人决定采纳创新之前，他的网络中必须出现的其他采纳者的数量。个人的阈值水平决定一个小组作为一个整体能否形成必要的临界质量，以进行快速和广泛的集体行为。Rice、Grant、Schmitz 和 Torobin（1990）通过一个分散的联邦代理电子邮件系统的使用情况，研究了临界质量的作用。他们发现个体是否采纳该系统的决定，受到那些被认为与其有高度工作依赖关系的其他成员的决定影响。进一步说，个体是否采纳创新，受到潜在的传播网络的价值所影响，这个潜在的传播网络是由那些能够通过新邮件系统联系到的其他人所组成。Gurbaxani（1990）利用一种建立在临界质量理论基础上的采纳模型对高校采纳 BITNET 计算机网络进行了具有很高准确度的预测。在组织间层次，对于政府和非营利性组织的研究考察了网络连接对克服集体行为障碍的影响（Mizruchi and Galaskiewicz，1994；Rogers and Whetten，1982；Turk，1977）。

集体行为理论的扩展

从集体行为的角度研究网络涌现是相对近期的事。这一角度在研究动员和创新采纳上是有说服力的。然而，不像本书中讨论过的其他机制，从这一角度提出的理论并没有很好地被实证研究补充。一些研究者提出了数学模型，一些人还进行了仿真。然而，他们的成果很少经过实证检验。

除了需要更多实证研究之外，还有一些概念问题有待解决。第 *170*
一，信息技术的概念化，例如自主数据库，作为公共品（Fulk et al.，1996）说明，集体行为理论能够为组织网络的涌现提供更为成熟的解释，集体行为理论可扩展用于对组织内技术采纳的研究。自主数据库作为一个信息贮存室，将信息的提供者和信息的使用者连接起来，由此产生了可供人们分享知识的相互联系的公共网络。

第二，除了应用集体行为观点研究对基于技术的公共品的采纳之外，Lessig（2001）认为集体行为也有可能促进或限制公共品的未来发展。Lessig（2001）将短暂而热闹的互联网历史作为例子。早先，互联网“公共品”在3个层次产生——内容层、编码层和物理层，这孕育了在这三个层次更进一步的创造和创新的发展。然而，近些年，Lessig提出，一些创造和创新直接面向三个层次的基础设施发展，而没有面向公共品。他的案例强调，当公共品本身是一个网络时，使集体行为短期利益最大化的网络设计，可能有意或无意地阻碍了网络上集体行为长期的持续性。

第三，网络的应用概念化了搭便车以及它在集体行为中的作用。组织的集体行为以潜在的社会控制为前提。Homans（1974）的凝聚—服从假说，预测群体成员能够通过交换对组织责任的认同来加强彼此之间的社会控制。Flache和Macy（1996）认为在某种情况下，集体成员宁愿选择互相交换对其他人的认同，而不是服从。利用计算机仿真群体网络，他们观察到在这样的情况下，集团可能达到更高水平的凝聚性，这种更高水平的凝聚性并不伴随着高水平的服从或者更高水平的表现。与Homans的“凝聚—服从假说”相反，Flache和Macy（1996）推断“同伴的压力可以成为一种阻碍服从的有效手段，尤其当群体中服从的成本与认同的价值高度相关时”（p. 29）。Oliver
171 （1980）描述了“次级搭便车问题”，即社会控制要以服从群体义务为代价来维持人际关系。

共同利益和集体行为的理论机制

与本章前半部分对自利理论的讨论一样，共同利益理论和集体行为理论也建立在经济学演算基础之上。然而，与自利理论不同的是，此处演算以最大化集体而非个体的利益为目标。正如前面章节中所讨论的，集体行为理论试图解释在怎样的情况下参与者将被充分动员起来为集体公共品做贡献。

我们定义 $R1_{ij}$ 为参与者 i 对公共品 j 所做的贡献。在这个网络中，参与者是一个或者多个人类主体（即个人或者是个人的集合体），以及一个或者多个非人类主体（即公共品，如数据库）。属性 $A1_i$ 用来定义一个节点是人类主体（假定赋值为 1），或者非人类主体（假定赋值为 0）。如果参与者 i 是一个人类主体，并且 j 是一个非人类主体，那么我们定义 $R2_{ij}$ 为公共品 j 对参与者 i 来说具有的价值。如果这种公共品是一个数据库，那么正如在前面章节中所讨论的那样，$R2_{ij}$ 的价值将取决于这个数据库对参与者 i 的有用性和独特性。当然，公共品的价值 $R2_{ij}$ 本身是这种公共品总供给的函数。如果这种公共品是一个数据库，那么这种公共品的总供给意味着数据库的完备性、准确性和通用性。因此，公共品的供给被描述成 $\sum R1_{kj}$ 的函数，即所有人类主体 k 对公共品 j 的贡献的总和。最后，为了对公共品 j 做出贡献，参与者 i 会付出一定的成本 $R3_{ij}$。可假定参与者 i 为公共品 j 所付出的成本 $R3_{ij}$ 将会被参与者 i 从该公共品中所获得的潜在收益所抵消。对 Marwell 和 Oliver（1993）的生产函数进行调整，如果参与者 i 是人类主体，而参与者 j 是非人类主体，则集体行为理论的理论机制可以描述如下：

$$R1_{ij} = R2_{ij}\left[\sum\nolimits_k R1_{kj}\right] - R3_{ij} \tag{7}$$

也就是说，参与者 i 对公共品所做的贡献大小，是基于公共品对
不同参与者 i 具有的不同价值（该价值是公共品 j 对参与者 i 的供给
的函数）减去参与者对公共品贡献的成本。这个网络机制描述了人类 172
主体与非人类主体的关系，基于人类主体与非人类主体之间关系的全
局测量。

从前面的部分看来，公式（7）显然是基于集体行为理论提出的经典理论机制。但是，像前文讨论过的那样，这个经典机制是以一个有缺陷的假设为前提的，即，传播不会在人类主体之间发生。让我们将 $R4_{ij}$ 定义为人类主体间的一个传播关系，即，如果参与者 i 或者参与者 j 是非人类主体，则 $R4_{ij}$ 的值为 0。基于我们以前对属性 $A1$ 的

定义（表示一个主体是人类或者非人类），仅当 $(A1_i)(A1_j)=1$ 时，$R4_{ij}$ 是有效的。就像我们前面讨论的那样，对这个有缺陷的假设的第一个回应就是，将理论机制修正为：

$$R1_{ij}=[R2_{ij}(\sum_k R1_{kj})-R3_{ij}]*[NC(R4)] \tag{8}$$

其中 NC($R4$) 涉及一个传播网络的全局性质——$R4$，比如网络中心势。即，参与者 i 对公共品所做的贡献大小受到人类主体间传播网络的中心势所影响。在其他条件相同的情况下，若一个参与者在传播网络中的网络中心势越高，则他越有可能对公共品做出贡献。

总　结

这一章的后半部分通过对构成集体的传播网络的关注，研究了两种集体行为理论的逻辑。公共品理论说明，网络连通性会影响谁将对公共品的创造和维持做出贡献，包括连通性和集体性构成的传播公共品。那些拥有丰富资源、对创造公共品非常感兴趣、与其他有相似兴趣和资源的成员有广泛联系的人，是动员集体公共品传播活动的理想目标。自利和共同利益理论之间重要的联系起源于传播困境。当为公共品做出贡献和自利之间有矛盾时，这种情况就会发生，就像人们为自主数据库贡献信息时可能会发生的情况一样。传播困境的解决办法是将公共品进行转换，即使个人利益和集体利益相一致。

第6章 传染理论、语义和认知理论

173 这一章回顾了解释传播网络涌现的一些理论和研究，这些研究基于个体对他人及个体之间关系的认知。**传染**理论试图将网络解释为个体“感染”态度和行为的渠道。**语义**理论试图以这样一个网络为基础来解释问题，这个网络描述的是个体间理解的相似性。**认知社会结构**理论研究的是个体关于“谁知道谁”和“谁知道谁知道谁”的认知，而**认知知识结构**理论研究的是个体关于“谁知道什么”和“谁知道谁知道什么”的认知。最后，**认知一致性**理论解释了如何在个人认知一致性和网络认知平衡的基础上理解网络。以下将就这些领域以及它们的扩展进行讨论。

传染理论

传染理论基于如下假设，传播网络所提供的接触机会形成一种机制，使得个人、团体和组织会与他人的信息、态度和行为相接触（Burt，1980，1987；Contractor and

174 Eisenberg，1990)。这些接触增加了网络成员形成与其他成员相似的信念、假设和态度的可能性（Carley，1991；Carley and Kaufer，1993)。传染模型试图通过网络中与目标成员相邻的其他成员的信息、态度和行为来解释目标人物的知识、态度和行为。Rogers 和 Kincaid 把这种模型称为传播收敛模型。

基于传染模型的理论，至少部分包含了如下理论：社会信息处理理论（Fulk，Steinfield，Schmitz，and Power，1987；Salancik and Pfeffer，1978)、社会影响理论（Fulk，Schmitz，and Steinfield，1990；以及 Marsden and Friedkin，1993)、行为结构理论（Burt，1982)、象征互动观（Trevino，Lengel，and Daft，1987)、制度理论模拟过程（DiMaggio and Powell，1983；Meyer and Rowan，1977)，以及社会认知学习理论（Bandura，1986)。Fulk（1993）提出，建构主义理论的"核心观点是：受到超过组织中一般信息处理任务需求的力量驱使，社会和象征过程生成共享的认知和行为模式"（p. 924)。她也指出，这些理论所提供的机制并没有因其相冲突的前提而有太大差异，因为这些理论所关注的是社会建构过程的不同方面。下面我们会看到，这些理论应用的分析层次也不同。比如，社会信息处理理论的一般解释是个体间的传染，而基于制度理论模拟的过程的一般解释是组织间（或机构间）层次的行为。

传染的理论机制

传染机制被用来解释网络成员的态度和行为。Erickson（1988）对各种关于"态度的关系基础"的理论进行了全面综述。她描述了如何用各种网络的二元测量，如频数、多重性、强度和对称性来度量网络中其他人对个体的影响程度。除了对网络传染的二元层次进行描述，她也描述了凝聚和结构对等模型，这一模型可作为对传染过程的另一种解释，或者有时候是补充。凝聚传染指的是网络成员的态度和
175 行为会受到与他们直接相连的其他人的影响。结构对等传染指的是网络中拥有相似关系结构模式的人会相互影响。

在最简单的形式中，传染机制通过网络其他成员的属性以及他们与目标人物的关系来解释目标人物的属性——这些成员的属性通过关系“感染”目标人物的属性。正如前面所讨论的，网络成员可以是个人、团体、组织、行业、协会、国家等。我们假设目标人物为 i，其他人为 j。参与者属性可以是他们的态度、行为或其他。每个参与者 i 拥有属性 $A1_i$、$A2_i$ 等。个体之间的关系可以是建议关系、报告关系、更一般的传播关系或传播的一些其他测量，比如某类组织的共同成员，这些组织包括俱乐部、同业公会、董事会或联盟。最后，从参与者 i 到参与者 j 的关系是 $R1_{ij}$、$R2_{ij}$ 等。

传染机制指出，目标人物属性 $A1_i$ 的值，会受到网络其他成员的属性 $A1_j$ 的值的传染影响。而且，这种影响程度如何，取决于目标人物 i 和其他成员 j 的关系 $R1_{ij}$ 的强度。换句话说，传染机制假定，目标人物 i 的属性 $A1_i$ 的值，是一个反映其他成员 j 的属性以及 i 与 j 之间关系 $R1_{ij}$ 的联合影响的函数。传染机制的初始形式表述如下：

$$A1_i = \mathrm{f}[\sum(R1_{ij})(A1_j)] \quad (1)$$

其中，以 j、i 之间的关系 $R1_{ij}$ 作为权值，其他参与者 j 的属性值 $A1_j$ 的加权和对参与者 i 的属性值有传染影响。

可以从几个方面扩展这一传染机制的简单描述。第一，参与者 i 的属性 $A1_i$ 的值，可能会被其他成员 j 的其他属性，如 $A2_j$、$A3_j$ 等，传染影响。比如，参与者的工作满意度 $A1_i$，既可能会受其他成员 j 的满意度 $A1_j$ 的影响，也可能会受他们专业水平 $A2_j$ 的影响。在这种情况下，传染机制可以被表述为：

$$A1_i = \mathrm{f}[\sum(R1_{ij})(A1_j) + \sum(R1_{ij})(A2_j)] \quad (2)$$

第二，参与者 i 的属性 $A1_i$ 的值，可能会受到多重关系（比如一个建议关系 $R1_{ij}$ 和一个报告关系 $R2_{ij}$）的传染影响。这时传染机制可 176
以被表述为：

$$A1_i = \mathrm{f}[\sum(R1_{ij})(A1_j) + \sum(R2_{ij})(A2_j)] \quad (3)$$

第三，目标人物 i 的属性 $A1_i$ 的值，可能会被关系的性质（比如在第 2 章讨论过的互惠性）传染影响。例如，参与者 i 的属性受其他参与者 j 传染影响的程度，可能取决于是否存在 $R1_{ji}$ 和 $R1_{ij}$ 这样一对互惠的关系。也就是说，它取决于关系 $R1_{ij}$ 和 $R1_{ji}$ 的值。实际上，若参与者 i 和其他参与者 j 拥有双向关系，相比于单向关系，i 会受到 j 的更大影响。这个传染机制可以被表述如下：

$$A1_i = f[\sum(R1_{ij})(R1_{ji})(A1_j)] \tag{4}$$

互惠是一种关系的性质，主体 i 的属性也能够被多重关系的性质，比如多重性，传染影响。例如，当且仅当参与者 i 与另一个参与者 j 拥有工作关系 $R1_{ij}$ 和社会关系 $R2_{ij}$ 这两个传播关系时，i 才会被 j 传染影响。对于这种情况，传染机制表述如下：

$$A1_i = f[\sum(R1_{ij})(R2_{ij})(A1_j)] \tag{5}$$

上面的例子是通过凝聚性来解释传染的，传染同样可以通过每个参与者 i 和其他参与者 j 之间的结构对等发生。正如在第 2 章所定义的，结构对等是一个用来衡量目标人物 i 和其他成员 j 在一个或多个关系中拥有相似模式程度的测量。不同于凝聚，结构对等传染认为，一个参与者 i 会被另一个参与者 j 传染影响，是因为参与者 i 和参与者 j 与网络中所有其他参与者拥有相似的关系。同样，它是一个基于这两个主体与网络中其他所有主体关系的二元测量。结构对等传染机制可以被表述如下：

$$A1_i = f[\sum(SE_{ij})(A1_j)] \tag{6}$$

其中，SE_{ij} 是参与者 i 和 j 之间在一个或多个关系上的结构对等性。

177 到目前为止所讨论的传染机制，并没有考虑个人对传染影响的抵制或惯性作用。以一个人是否采纳一种新技术的决策为例。比起那些对自己的判断力拥有更多自信的人，技术新手会感受到更大程度的不确定性，可能更容易被其他人传染影响。这种考虑个体抵制性差异的传染机制可以被表述如下：

$$A1_i = f[V_i \sum(R1_{ij})(A1_j)] \tag{7}$$

其中，V_i 是参与者 i 对传染的抵制性。

除了对传染的各种各样的抵制之外，在一些情况下，传染的影响效果可能在达到某一阈值水平时才能实现。也就是说，可能其他成员 j 的社会影响要达到某一阈值水平之后，目标人物 i 才会决定采纳一项创新。进一步说，不同人的阈值水平也会不同，在决定是否采纳新技术时，一些人可能比其他人拥有更低的阈值。结合了阈值的传染机制是：

$$A1_i = f[T_i - \sum(R1_{ij})(A1_j)] \tag{8}$$

其中，T_i 是参与者 i 属性改变的阈值，R 和 A 是此前提到的关系和属性。

传染机制的实证研究

在组织内和组织间这两个层次上都有学者进行了大量基于传染机制的实证研究。在组织内层次上，研究认为传染机制可以解释：(1) 一般工作场所态度；(2) 对技术的态度；(3) 组织行为如人员变更和旷工。研究者们也使用传染来解释组织间行为。下文将对这些研究进行综述。本章还基于传染机制，提出了关于组织研究扩展的建议。

一般工作场所态度

一些研究已经探讨了传染能够在多大程度上解释个人对工作场所的态度。Friedkin（1984）的早期研究表明，教育政策的制定者们更容易和同一个社交圈内或结构对等的人达成共识。Walker（1985）发现，在一个电脑公司里，那些结构对等的成员更有可能对于产品开发的“手段—结果”关系形成相似认识。同样，Rentsch（1990）发现，在一个会计师事务所里，那些彼此间经常交流的人，更有可能对组织内事件提出相似的见解。 178

Goodell、Brown 和 Poole（1989）用一种结构化的观点（Poole and McPhee，1983）来研究传播网络连接与组织氛围的共同感知之间的关系。他们用10周的时间，对一个组织模拟进行了四轮观测，发现只是在组织形成初期（第2周和第4周），组织成员的传播网络与组织氛围的共同感知紧密相关。在另一个比较传染的凝聚与结构对等机制的研究中，Hartman和Johnson（1989，1990）发现，那些紧密连接在一起的成员更有可能对组织具有相似的忠诚度。而结构对等者更有可能对工作场所的角色不确定性拥有相似的理解。Pollock、Whitbred和Contractor（2000）比较了三个模型的相对效力，来解释一个人在工作场所中的满意度：工作特征模型（Hackman and Oldham，1976）、个体性格模型（Staw and Ross，1985）和社会信息处理模型（Salancik and Pfeffer，1978）。Pollock等（2000）根据一个军事基地公共建设工程部的数据，发现只有社会信息处理模型能够显著预知雇员的满意度，即雇员满意度取决于他们在社会网络中的朋友和传播对象的满意度，而非工作特征或个人性格。

对技术的态度

一些研究者考察了传染能在多大程度上解释组织成员对技术的态度。
179 基于社会信息处理理论（Salancik and Pfeffer，1978）和社会认知理论（Bandura，1986），Fulk和她的同事们（Fulk，Schmitz，and Ryu，1995；Schmitz and Fulk，1991）发现，组织成员对一个电子邮件系统的理解和使用情况受他们的上司和五个关系最亲密的同事的态度和使用情况显著影响。Fulk（1993）进一步发现，在凝聚度高的团队里，社会影响会愈加显著。个体对一个电子邮件系统的态度和使用情况受他们所处的传播网络中的其他成员的态度和使用情况显著影响。甚至在她控制了工作组的态度和使用情况对每个组员的影响之后，这种影响虽被削弱了，但依然存在。

Rice和Aydin（1991）的研究表明，那些平时彼此交流，或者有相同的上下级关系的医院员工，对刚引进的信息技术更可能持有相似的态度。Rice、Grant、Schmitz和Torobin（1990）发现，个人对于一个分权的联邦机构中电子邮件的使用情况，可以通过他们传播网络中的其他人对这项技术的使用情况来预测。进一步来说，团队中个体彼此间传播联系越紧密，他们越有可能共享相似的电子邮件使用模式。

通过分析来自一个联邦政府机构的纵向数据，Burkhardt（1994）发现，个体对一个新近实施的分布式数据处理电脑网络的态度和使用情况，受他们传播网络中其他人的态度和使用情况显著影响。她发现，个体对新技术的自我效能认知受与他们有直接传播关系的人显著影响，这就是凝聚传染的理论机制。而个体对技术的一般态度和使用情况更容易受和他们拥有相似传播模式的人的态度和行为影响，这就是结构对等传染。Burkhardt 同时发现，对那些自主监控力较强的人，传染效果会更明显。

为了拓展对传染效果的纵向研究，Contractor、Seibold 和 Heller（1996）开展了一项研究，他们在这项研究中比较面对面和电脑辅助方式的两组被试中社会影响过程的演化。他们发现，刚开始时，在面对面交流的团队中，组员对彼此所处结构认知的影响比较大（如会议中颁布的交流规范），而使用团队决策支持系统（GDSS）的组员对彼此的社会影响相对较低。然而，面对面交流和电脑辅助交流这两个 180
团队之间的差异只是暂时的。在第三次会面时，各组成员均受到了彼此对所处结构的感知的很大影响。当研究者们纷纷关注基于传染的态度相似性时，Bovasso（1995）报告了一个从被他称为**抗传染**（anti-contagion）的过程中得出的结论。在对一家跨国高科技大公司的管理者的研究中，Bovasso（1995，pp. 1430 - 1431）发现，“认为自己有很强领导能力的个体会被自认领导力不强的同伴们所影响”，反之亦然。

行为传染

一些网络研究用传染机制来解释组织成员的行为，包括主动辞职、旷工、找工作、社会化和缺乏职业道德的行为。Krackhardt 和 Porter（1986）发现，相对于留下来继续工作的人，主动辞职的人之间结构对等的可能性更大。然而，他们发现，旷工的雇员更有可能通过友谊关系彼此凝聚连接在一起。他们认为，辞职的决定与个体在组织中的角色关系更紧密，而个体更容易被角色相近的其他成员所影响。另一方面，旷工的决定反映了通过凝聚的友谊关系来传达的组织规范。在最近的研究中，Feeley 和 Barnett（1996）研究了一个超级市场雇员的变更，发现社会影响和结构对等网络都可以预测雇员离开组织的可能性。Kilduff（1992）研究了商学院毕业生的求职行为，发现他们在决定是否到某一个组织参与面试时，受到他们的友谊网络中其他人意见的影响。对于那些据称拥有高度自主监控力的学生，传染效果更明显。Zey-Ferrell 和 Ferrell（1982）的报告称，雇员自述的缺乏职业道德的行为，更多地来自他们对同事行为的感知，而非来自他们自己或高级管理层的意愿。对组织社会化的研究（Jablin and Krone，1987；Sherman，Smith，and Mansfield，1986）也发现，新来者在他们新的传播网络中的位置，可作为他们被组织同化程度的预测指标。

组织间传染

181 传染机制也可以用来解释组织间层次上的行为。组织可以通过多种方式和其他组织相联系。Useem（1983）描述了组织如何将董事连锁作为他们审视环境的工具。这些联系非常重要，因为它们提供了传播以及交换观念、实践和价值的机会。围绕董事会议的正式活动和非正式活动以及建立起的熟人链，人们能够发现其他组织是怎么做事的。在这些研究以及一些相似的跨组织研究中，研究者们认为现存的联系所提供的传播机会比具体的消息内容更重要。

和 Useem（1983）的观点一致，最近很多文献都涉及组织如何利用联系来传递组织实践和结构形式的机制的研究。Davis（1991）发现，在《财富》500 强企业中，如果董事会中有来自采取过相似策略的企业的董事成员，则他们更有可能采用“毒药丸”策略来防止企业被接管。Haunschild（1993）的研究表明，连锁成员并购的企业数量和类型，严重影响着公司试图接管的企业的数量和类型。同样，她在 1994 年的研究中强调了**并购加价**（p. 406），即在宣布接管之前，一家公司为购并另一家公司所支付的超过市场价格的价钱，与他们的伙伴公司所支付的非常相似。Palmer、Jennings 和 Zhou（1993）的其他研究表明，当公司与那些已采用多事业部制（简称 M-Form）的公司有连接时，它更有可能采纳这种模式。类似的，Burns 和 Wholey（1993）发现，可以通过本地其他高威望且高透明度的医院所采用的策略有效地预测一家医院是否会采用一个矩阵管理计划。Goes 和 Park（1997）发现，在一个多医院系统中，和其他医院结构上联系紧密的医院更有可能采取革新，而 Westphal、Gulati 和 Shortell（1997）发现，传染同样可以解释组织使用全面质量管理（TQM）的实践行为。他们观察到，TQM 的早期使用者更有可能通过医药联盟网络中的其他早期使用者来理解 TQM 的功能。因此，早期使用者更有可能定制程序，以适应组织的需要。相反，后期使用者 *182*
更有可能去搜寻联盟网络中的其他使用者，来决定使用 TQM 的合理性。因而，后期采用者更有可能采用未经特别定制的 TQM 程序。Stearns 和 Mizruchi（1993）发现，一家公司所使用的融资类型，如短期债务和长期债务，受公司财务制度的类型所影响，而财务制度又与董事会董事、商业银行家和保险公司代表相关联。然而，一个组织的董事会董事的嵌入，对选择它的 CEO 的影响简直违反常理。Khurana（1997）发现，那些董事会成员被嵌入连锁董事会系统的《财富》500 强公司，不太可能会选择一个外人出任 CEO，因为“高度嵌入可能会制约行动，而非便利行动”（p. 17）。

连锁董事会只是用来连接组织的诸多机制之一。组织可能会连接到银行家、律师、会计师、供应商以及咨询商，所有这些都是组织间信息流动的管道。基于他们在制度理论模拟过程的观点（DiMaggio and Powell，1983），Galaskiewicz 和 Burt（1991）以及 Galaskiewicz 和 Wasserman（1989）发现，在一个跨组织的企业网络中，与凝聚相连的成员相比，结构对等的负责捐献的官员更有可能给同一个非营利性团体提供慈善捐助。Mizruchi（1989，1992）发现，在跨组织网络中结构对等的组织更可能拥有相似的政治贡献模式。Baum 和 Oliver（1991）发现，不断增长的与合法组织的连接显著地减少了新组织失败的可能性。经过十年的研究，Goes 和 Park（1997）发现，通过行业和贸易联合而连接到制度环境中的医院更有可能采用革新来达到合理化目的。在1983年的两次调整风波之后，医院行业进入了一个动荡阶段，这种效果就更加明显了。有趣的是，这些发现都与从交换和资源依赖理论得出的预测很相似，尽管它们明显是由不同的理论机制生成的。

传染理论的扩展

传染理论是目前研究网络涌现最常用的理论机制。基于传染的理论机制把网络的概念理解为一个方便信息流通的错综复杂的通道。也许正是因为关于网络研究的文献太多，基于网络传染理论的研究存在着很多争议。有些批评家提倡进一步细化那些促进传染的网络机制。有些人批评研究者们没有考虑在网络中流通的消息内容。特别是，消息内容也许在事实上预防了传染。这些观点指出了当今传染研究的主要局限，并且给将来的研究提供了一些有趣的方向。下面我们会对这些观点进行详细介绍。

183 尽管网络研究者经常应用到传染理论，但他们没能清楚、具体地阐述其机制和网络模型，而个体、团体、组织之间的活动和行为通过这些机制和模型相互影响（Contractor and Eisenberg，1990；Marsden and Friedkin，1994；Rice，1993a）。最近有四项试图阐述机制的研究使得传播网络的传染过程在理论上得以更加具体和全面地被阐述。

第一，Krackhardt和Brass（1994）指出，社会信息处理理论所描述的传染过程随时间推移会达到一个平衡，即网络个体的最终态度和行为将趋于相同。他们指出，这个结论破坏了社会信息处理理论的一个首要前提，即接触不同的社会信息会导致人们态度的差异。Krackhardt和Brass（1994）提出，传染理论假设的**相互作用原理**，需要将一个传染机制——**反射排他性原理**作为补充。相互作用原理表明，个体的相互作用越频繁，其态度相似性程度越高。相反，反射排他性原理表明，“参与者j对参与者i的影响度……和参与者j与其他所有人的影响时间成反比”（Krackhardt and Brass，1994，p. 219）。

第二，Krassa（1988）提出，在社会影响模型中应当考虑成员的阈值水平。阈值的最简单形式是，在参与者服从影响之前，必要的给他施加影响的最少的其他人数量（Granovetter，1978）。个体阈值应当是一个个体意见强度和对社会隔离风险的厌恶的函数。Krassa（1988）使用计算机仿真传染模型，来演示参与者的阈值分布对他们意见的影响。

第三，Rice（1993a）提出，一个社会影响的网络传染模型也应当考虑情况的不确定性。参见 Moscovici（1976）的研究，Rice 184
（1993a）提出，当面对不确定或全新的情况时，人们更容易受到社会传染的影响。基于这种观点，Contractor、Seibold 和 Heller（1996）假定，使用新的协作技术（这是一种新情况）的团队相对于使用传统的面对面会议的团队，其成员更有可能影响彼此对媒介的理解。然而，事实上他们发现，在面对面交流的团队里社会影响的作用更大，也许是因为在这个案例中，新情况正好与他们之间产生社会影响的媒介相关。

第四，在尝试扩展当今围绕是通过凝聚还是通过结构对等传染的相关效果的争论中，Pattison（1994）提出，除了基于凝聚和结构对等传染的机制外，对自同构或规则对等也应当进行进一步的研究。结构对等被严格定义为，两个个体对于所有其他相同个体拥有相同的网络连接，而规则对等被定义为，两个人拥有相似的关系模式，但不一定是和相同的另一个人（White and Reitz，1989）。Pattison（1994）提出，规则对等的人更有可能拥有相似的社会认知，因为“认知过程可能直接包含了个体对他（她）自身社会处境的理解”（p. 93）。在对一个本科班学生的纵向研究中，Michaelson 和 Contractor（1992）发现，规则对等的学生比那些结构对等的学生更可能被他们的同学观察到彼此间的相似性。

总的来说，传染理论的网络机制必须做如下改进：（1）包含反射排他性原理，从而避免态度和行为的必然同质化；（2）包含不同的随参与者而改变的阈值水平；（3）调整在不确定情况下社会影响的重要性；（4）除了凝聚和结构对等之外，还要考虑自同构或规则对等作为传染的影响机制。

在这一节的开头已经提到，网络学者使用传染理论研究参与者如何被其他参与者的态度和行为“感染”。因而，传染模型，讽刺地说，非常像现在传播学中备受怀疑的**注射器模型**（hypodermic needle model)，接受消息被夸张为把消息态度和价值“注射”到接受者身上。确实，在有些情况下，一个观点或一系列观点具有如此强大的影响力，以至于人们将其全然接受。然而，有时候人们也会抵制消息所鼓吹的立场，不论它们是如何合理或吸引人。但是这些情况一般来说非常罕见。在传染模型中所缺少的，是人类传播的网络中典型的消息
185 流衰减和流动。人类的消息交互包含了在人们商议决策时的不同观点、价值，以及态度流在彼此之间的往复。最典型的结果是，每个人在传染过程开始时所持的不同立场都得到了修正，这种修正同时对污染者和被污染者产生影响。

在历史上，有些理论家争论说，解决消息传染最好的办法就是防止人们与传染消息接触。从网络的观点来看，就是将全部或部分网络从与网络感染部分的接触中隔离出来。当然，正如集权政府在最近几十年所学到的那样，通信技术的飞速发展使这变成了一个很难实现的策略。又有些理论家提出，最有效的策略是用强大的反消息来反传染人们。这种方法建议让互联网充满包含反观点的消息。这种方法也许适用于某些情况，但肯定不适用于所有情况。

McGuire（1966）提出了一个有趣的理论，该理论主要关注参与者会如何抵制消息传染。通过将传染与生物学进行类比，他提出了**接种理论**（inoculation theory)。医学接种通过给人们注射少量感染体（经常是降低了毒性的感染体）来预防传染，使人体的自然免疫和防御系统增强自身的抵抗力。如果成功了，人体将会产生足够的抵抗力，所以，即使遇到非常强大的感染体，它也能够不被传染。

McGuire 提出了一个类似医学接种的过程，这个过程主要是关于人们对传染消息的反应。如果他们在一条消息中接收到争论的弱化形式或劝说策略，又或许是一些温和的反对观点，他们会开始思考为何

这些观点会存在缺陷。给予他们充分的时间，他们将会建立起自己对这些传染观点的内部防御。因而，当他们后来再遇到包含此类观点的消息时，他们将会抵制这些想要改变他们的态度和行为的企图。简单来说，他们被接种了，而传染过程失败了。

消息策略的理论和研究对网络传染理论有一些启示。第一，网络的一部分可能会接受到传染消息，但其他部分可能不会。这就说明了
消息的流动会使有些人收到恶意扭曲的消息，而有些人不会，这就在 186
网络中形成了子网、派系或团体。第二，在网络中与其他人有连接，并不意味着传染就一定会发生，还有其他一些因素，包括随着接种消息的流动而建立起来的抵抗力，都会部分地决定谁将会被传染过程影响，而谁不会。第三，网络中有些人可能会接收到接种消息，而有些人不会。这意味着除了将参与者划分为接收到传染消息和没有接收到传染消息的人之外，还有另外一种划分网络的方法，即将网络划分为那些被接种的和没有被接种的人。

语义和认知理论

前文讨论的传染机制，关注的是传播网络中通过凝聚或结构对等相连的个体们对彼此态度和行为的影响程度。这些研究基于个体间的实际交互来解释其态度和行为。研究者们运用四个概念来深入探讨个体的认知结构，这四个概念分别是：语义网络、知识结构、认知社会结构以及认知一致性。下面将对这些领域进行更详细的讨论。

语义网络

Monge 和 Eisenberg（1987）将语义网络的概念引入组织传播，当时有人呼吁研究者们对传播网络中的信息内容采用一种更加系统的研究方法，Monge 和 Eisenberg（1987）的做法正是对这一呼吁的响应。应当指出的是，Monge 和 Eisenberg（1987）对“语义网络”这

个词组的使用，其灵感来源于已在认知科学、社会心理学以及人工智能领域使用了超过 20 年的同一词汇，但是又与之不同。在那些领域中，语义网络特指由文本和其他人工记录材料生成的网络，字词和观念是节点，而这些字词或观念之间存在着关系。这些网络经常由自动化软件程序生成，这些程序以应用某种人工智能或神经网络技术为特点。对“语义网络”这个词更传统的定义可参见 Carley 和她的同事所做的文本分析（Carley，1986，1997；Kaufer and Carley，1993），Danowski（1982）对电子公告板消息的字词网络分析，以及 Woelfel 和他的同事所完成的 Galileo 系统及 CATPAC 分析（Woelfel and Fink，1980；Woelfel and Stoyanoff，1993）。近年的相关研究还包括
187 由 Corman、Kuhn、McPhee 和 Dooley（2002）提出的组织消息中心共振分析，他们将此用于分析 2001 年 9 月 11 日在美国发生的恐怖袭击事件的相关媒体报道中涉及的关键概念和有关参与人员。

Monge 和 Eisenberg（1987）对传统的语义网络概念所做的主要改变在于，他们关注人们对消息内容的共同理解，尤其当这些信息涉及组织文化的重要方面（比如企业的目标、标语、传说和故事）的构成时（Dunn and Ginsberg，1986；Fiol，1989）。Monge 和 Eisenberg（1987）指出，通过让人们提供他们对一个或多个重要传播消息、事件或人工记录的理解，可以创造一个语义网络。传统的语义网络主要关注文本材料，而在此提出的语义网络与之不同，它更关注人们对这些文本的理解。当然，同样可以将这些理解视为文本，并且可以使用上面提到的传统语义网络的分析方法来对其进行分析。另一方面，Monge 和 Eisenberg（1987）提出应针对人们的反馈进行内容分析，以对他们的理解进行分类。可以在那些有相似理解的人之间建立连接。由此形成的网络图清晰地显示了人员的分组情况：哪些人对文本拥有共同的理解，哪些人对文本的理解比较特殊，这样的人会成为孤立点，哪些人作为不同群体间的联络人和边界桥梁而存在。

语义网络的理论机制

最初研究者们研究语义网络的一个动机是：想明确传播和共通理

解之间的关系。语义网络观点挑战这样一种已被接受的看法，即传播能够或者应该导致共通的解释和理解。因此，语义网络研究的重点在于，了解个体间的其他关系如何影响这种反映人们之间共通理解的语义关系。传染模型专注于研究网络传染通过什么途径来影响网络中参与者的属性，而语义网络模型考虑的是这些共享属性的模式，尤其关注那些标志着人们对语义的理解的属性。

首先，我们应当定义语义关系 S_{ij}。下面来考察个体 i 对组织使命的解释。这些解释应当被分为几类，比如，$M1$ 代表质量，$M2$ 代表利润，等等。这些类别将作为每个个体的属性。若参与者 i 对使命的解释包含质量，那么参与者 i 的属性 $M1_i$ 就会被赋值为 1。若参与者 i 对使命的解释不包含利润，那么 $M2_i$ 就应当被赋值为 0。当然，这些属性的赋值也可以不仅是 0 或 1 这么简单，这取决于参与者 i 对这些属性在企业使命中重要程度的认识。语义关系 S_{ij} 被定义为两个人对一个或多个使命属性的解释的差异程度。即 188

$$S_{ij}=(M1_i-M1_j)+(M2_i-M2_j)+\cdots \quad (9)$$

当然，这种对共通解释差异度的度量，可以转化为对其相似度的度量。当对 S_{ij} 进行了如上定义之后，就可以对语义网络的一些属性进行研究了。在一个语义网络中，高密度连接的网络是指那些网络成员彼此间通过一些共通的解释紧密相连的网络。一个语义网络派系代表的是拥有共通解释的网络成员的最大集合，派系内成员彼此共享共通解释，而外部成员则无法加入。进一步来说，一个在语义网络中具有高中心度的参与者，与其他很多个体拥有共通解释。一个在语义网络中拥有高中介中心度的人，与其他参与者至少共享一些解释，而这些其他参与者之间并不直接共享这些解释。例如，可以有一个这样的人，他在多个“解释”群体之间达成多重解释。

从语义网络角度出发的网络生成机制，提出可以从个体、二元、全局分析层次上，解释网络中的语义关系。参与者 i 和 j 之间的语义关联，可以用参与者 i 或参与者 j 的节点属性来解释。正如我们将要看到的，研究表明，这些属性可能包含了组织内的任期或等级层次。

也可以通过二元层次上参与者的共有属性来解释语义连接。例如，如果两个人属于同一等级层次或相同性别，则他们更有可能拥有共通的解释。同样是在二元层次上，两个个体之间的其他关系（比如传播或报告关系）可能会影响语义连接。在此，基于其他关系的结构对等测度是该理论的一个扩展。在下面的实证研究回顾中我们将会看到，可以用两个主体结构对等或拥有相似传播模式来解释他们的共通解释之
189 间的相似性（Contractor，Eisenberg and Monge，1997）。最后，在网络层次上，一个语义连接是否存在也许受到语义网络的一个全局测度的影响。例如，“强文化”解释理论（Deal and Kennedy，1982）提出，整个语义网络的密度也许会影响一个语义连接存在的可能性。可以将这些在个体、二元及全局层次上的不同理论机制表述如下：

$$S_{ij}=\mathrm{f}[A_i,A_j,(A_i-A_j),R_{ij},SE(R)_{ij},\sum 2S_{ij}/(N)(N-1)] \quad (10)$$

其中，

A_i 和 A_j 是参与者 i 和 j 的属性；

A_i-A_j 代表了 i 和 j 之间的共同属性；

R_{ij} 是参与者 i 和 j 之间的另一种关系（比如传播）；

$SE(R)_{ij}$ 是 i 和 j 之间传播关系的结构对等性；

$\sum 2S_{ij}/(N)(N-1)$ 是 N 个人之间语义网络密度的测度。$\sum S_{ij}$ 是这 N 个人之间观察到的连接。而 $(N)(N-1)/2$ 是 N 个人之间所有可能的连接。因而，这个公式反映的是观察到的与可能存在的连接之间的比值。

语义网络的实证研究

关于语义网络的实证研究，Lievrouw、Rogers、Lowe 和 Nadel（1987）使用了四种方法来识别生物医学科学家之间的无形研究学会：(1) 共引分析；(2) 同词出现率；(3) 解释性主题分析；(4) 网络分析。他们总结出，对于网络内容的关注，有助于弄清无形学会的结构。若仅基于传播网络模式进行分析，那么所有科学家都属于同一个无形学

会。然而，对于内容的进一步研究，帮助他们识别了一些无形学会，“每一个无形学会都代表一个独特的可识别的研究路线”（p. 246）。需要注意的是，Lievrouw 和他的同事们实施的语义网络是基于这种方式类似于传统的语义网络分析技术。使用类似的方法，Kaufer 和 Carley（1993）结合历史分析、实证研究和计算机仿真发现了社会网络、知识网络以及语义网络之间的联系。

在对一家高科技公司、一所图书馆以及一家医院进行研究时， 190
Contractor、Eisenberg 和 Monge（1997）研究了语义网络能够代表的雇员对组织使命的共通解释程度。除了实际达成的共识，雇员们还被要求报告他们察觉到的共识，即他们认为组织中的其他成员对组织使命的解释与自己的一致程度。他们发现，高层职员更可能认为他们已经达成共识，即使事实上有时并没有达成共识。然而，组织中任期更长的职员更有可能真正达成共识，即使有时他们并没有意识到其他人对组织使命的解释与自己是相同的。与广为接受的传播将形成信息共享的观点相反，在传播网络中紧密连接的职员关于组织使命的解释与他的同事达成共识的可能性并不更大，尽管他们自认为达成了这种共识。而结构对等的职员更有可能达成共识，尽管他们可能并没意识到这种共识。

Krackhardt 和 Kilduff（1990）应用语义网络的概念来研究个体关于网络中其他人的归因。他们要求在一个组织中的个体在七个维度上构造对组织中其他成员行为的文化归因。他们发现，相互间是朋友的人比那些不是朋友的人更可能对组织中其他成员形成相似的归因。Rice 和 Danowski（1993）应用语义网络的概念来研究个体对于一个语音邮件系统的占用行为的归因。他们发现，用这个系统来进行“语音处理”（例如，发送和构造个体间消息流）的人，在技术的使用特征上截然不同于那些使用语音邮件技术来替代传统电话应答机的人。

有两个研究使用语义网络来研究国家文化之间的差异。Jang 和 Barnett（1994）分析了在对股东公布的组织年报上刊印的 17 个日本和 18 个美国组织首席运营官的信函。他们发现，在这些消息中出现的词汇对日本和美国的公司形成了两个截然不同的聚类。进一步说，在日本的年报中反复出现关于组织运营相关概念的词汇，而美国的文件聚焦于组织结构的概念。在对来自5个欧洲国家的12个管理者进行研究时，Stohl（1993）研究了与管理者们对核心沟通过程、员工
191 参与的解释相关的文化差异。她发现，基于对概念共享理解的语义网络，更多地反映了国内的联系，而非国家之间的联系。进一步说，对员工参与的解释的相似性与Hofstede（1984）的国家间文化差异的三个维度相关。正如Stohl（1993，pp. 102 - 103）所说的，它们是：（1）**权力距离指数**——权力较少的人对人与人之间存在权力不平等这一事实的接受程度；（2）**不确定性规避指数**——人们依赖于严格的行为规范来避免不确定性的程度；（3）**个人主义**——人们将个体需求而非集体需求放在最重要的位置上的程度。

语义网络的扩展

也可以用传染的理论机制来解释传播和语义网络的协同演化。Contractor和Grant（1996）进行了计算机仿真来反映传播和语义网络中的社会传染效果，他们在这一仿真中设置了不同的初始条件，包括不同的初始网络密度和网络异质性。他们发现，在群体中语义收敛所需要的时间，与传播和语义网络的密度正相关，与传播网络组成的异质性负相关，且与个体拒绝社会影响的惯性负相关。很明显，语义网络的初始异质性，是初始差异性的指标，并非语义网络收敛所需时间的重要预测指标。

与Contractor和Grant类似，Carley（1990，1991）提供了一个群体稳定性的**建构理论**，仿真一个群体的平行文化和社会演化。社会结构被定义为相互作用的概率分布，而文化被定义为差异化事实的分布。Carley（1991）的模型描述了对每个群体成员三个事件的循环："（1）行动——和同伴交换信息；（2）适应——获得传播信息，更新相互作用概率；（3）动力——基于新的相互作用概率选择新的交互同伴"（p. 336）。电脑模拟结果显示，这些群体的演化并非单调地趋向一致，反而经常在或大或小的内聚性间循环振荡。她的模拟结果还显示，拥有"更简单的"文化（例如，群体成员要学习的东西较少）的

群体更快地趋于稳定。进一步来说，那些同嗜性较低的群体（例如，事件并非均匀分布）不太可能稳定，因为他们会形成持久的亚文化。一个基于建构理论模拟的推论是，两个个体的相互作用概率并不是对称的（Carley and Krackhardt，1996）。进一步来说，他们使用实证的社会认知网络数据，验证了建构模型中不对称关系的计算机仿真预测。 192

作为知识结构的网络组织

Kogut、Shan和Walker（1993）提出了一个将语义网络作为语义结构的补充观点，他们认为，有必要将跨组织网络作为知识结构来看待。组织搜寻其他组织，是因为它们想要建立某种形式的关系。然而要建立关系，它们首先至少应找到一些同样有兴趣和它们建立关系的组织，然后从中选择。这就意味着，它们必须获得其他组织的信息，然后对信息进行比较。在搜寻同伴的过程中，刚开始时，组织经常会在与自己接近的范围内进行搜寻，或者参考已经和它们建立联系的那些组织的推荐。随着时间的推移，这个搜寻过程就建立起了一个关于组织的技术、能力、可信度以及其他才能的知识库。

组织一旦选定了同伴，就会花较少时间来寻找其他同伴了。正如Kogut、Shan和Walker（1993）所说的，“因为信息取决于先前的关系，且影响后续关系的建立，网络结构随着时间的推移倾向于复制自身。早期的合作历史倾向于锁定后续的合作”（p. 70）。他们还发现，“网络复制体现了学习随时间衰减的趋势。网络结构是对可以学到多少新知识的一个限制约束……但从网络演化的观点来看，存在一种重新学习旧知识的趋势”（p. 71）。

Powell、Koput和Smith-Doerr（1996）提出，学习网络对于具有以下特点的产业尤其重要：技术发展很快，知识复杂，专业技能在许多组织间分布。他们用超过四年的时间从225家企业收集数据后发现，有足够的证据表明在生物技术产业，组织间的传播与合作在不断增长，包括联结和网络密度的不断增加。在对两个新生物技术公司进 193

行研究时，Liebeskind、Oliver、Zucker 和 Brewer（1996，p.428）论述了这两个公司如何使用社会网络来“获得它们最关键的输入——科学知识”。他们发现，“通过研究合作而进行的个体层次的知识交换，几乎都不涉及组织，包括拥有市场协议的新生物技术公司”（p.439）。基于市场的契约化协议的缺乏，增加了它们创造和解除网络，以及战略性地调整发展研究兴趣的灵活性。

Bovasso（1992）使用对组织结构的四个网络测度——密度、范围、显著性以及优势——来研究地处三个大陆的三个高科技、知识密集型公司被母公司合并组成一个单一网络组织时，会发生哪些改变。在这个新形成的网络组织里，Bovasso（1992）发现了支持结构收敛涌现的证据，以及地理分布和等级层次对成员观念和资源的支配影响较小。具体来说，在这三家公司的中高级管理层之间，地理和等级上的差异显著性、优势和密度在减少。

认知社会结构

一些研究者（Corman and Scott，1994；Krackhardt，1987）试图区分人们实际观察到的传播网络与他们对社会结构的认知。在 20 世纪 80 年代早期，通过一系列考验被调查者准确报告自己的传播网络模式的能力的研究（Bernard，Killworth，and Cronenfeld，1984；Bernard，Killworth，and Sailer，1980，1982；Freeman，Romney，and Freeman，1987），这一方面的研究很快深入下去。他们的结果显示，如果被检验的基本理论是基于这样的前提——实际的传播网络决定了个体的态度和行为，那么，收集自我报告的传播网络测度是存在问题的。然而，正如 Richards（1985）所说，只有当理论构造是基于实际传播行为时，自我报告的和通过观察得到的网络数据之间存在的差异才会出现问题（也可参见 Marsden，1990）。实际上，Richards
194 （1985）提出，很多社会和心理学理论都是基于个体的感知——W. I. Thomas 通过观察得出一个论断，即“感知在他们的推理过程中是存在的，即使他们没有把感知与被观察到的行为一一对应”

(Krackhardt，1987，p.128；Pattison，1994)。对于利用这些理论的社会学和心理学研究者而言，观察到的和自我报告的测量之间的差异，将会导致在使用观察到的传播数据时的测量误差。

Krackhardt (1987) 提出了**认知社会结构**这个概念来描述个体对社会网络的感知。认知社会结构假定了网络中个体对他们之间可预知的、重复发生的相互作用的社会共享的、结构化的、“当然事实”的认知状态，尽管这些认知和实际传播是有差距的。Krackhardt (1987) 汇集了个体的认知社会结构，来形成**交感认知社会结构** (consensual cognitive social structure)。在这一结构中，如果网络中的其他人能够感知到这个连接，无论这两者之中是否有人承认这个连接，这两个个体之间在交感认知社会结构中都会存在一个连接。这样，交感认知社会结构中的一个连接反映了一个古老的谚语：重要的并不是你知道谁，而是其他人认为你知道谁。

基于认知社会结构的生成机制

传统网络结构用 R_{ij} 标志从 i 到 j 的一个关系。这个关系一般是基于 i 自我报告的和 j 的关系。然而，**认知社会关系** R_{ijk} 是参与者 k 对任一参与者 i 与另一参与者 j 之间关系的感知。在认知社会结构中，当大多数人 k 认同参与者 i 和 j 之间存在或不存在一个关系时，就会出现**认同度**。这里所指的大多数人，一般规定为至少占网络人数的一半，但这种规定不是必要的。在认知社会结构中，当 k 对参与者 i 到参与者 j 关系的认知与 i 报告的和 j 的关系相似时，就会出现**精确度**。

认知社会结构理论提出一些机制，来解释一个人为何能够推断网络中其他任意两个人之间存在关系。认知结构理论也提出一些作为推论的机制，来解释认知社会结构中的认同度和精确度。这些认知社会结构理论提出的机制，基于参与者的属性以及他们和网络中其他人之间的关系。

个体的**属性**，比如他们在组织中的等级层次或任期，可能会影响他们对网络中谁知道谁的感知。例如，在组织中处于高层的人可能会

195 处于一个有利于观察组织网络的位置。另外，在组织中任期更长的参与者可能会有更多的机会来评估其他参与者之间的关系模式。

此外，从多个层次的测度来看，参与者和网络中其他人的**关系**，也会影响他们的认知社会结构。从**节点**层来看，参与者的中心度将会影响他们对网络的认知。进一步来说，拥有较高中心度的参与者更可能对社会结构有一个精确的感知。因为他们和网络中的其他人拥有更好的直接或间接的连接，因而，他们对整个社会网络有一个“鸟瞰”的视角。那些在网络外围或孤立的人的认知社会结构将不太精确，也各不相同。

在**二元**层次上，k 分别与 i 和 j 之间的二元关系，会影响 k 对 i 和 j 之间关系的感知。例如，若参与者 k 分别与 i 和 j 之间存在传播关系，那么 k 可能得知 i 和 j 之间存在着传播关系。因此，彼此间有连接的参与者将会趋向于对整个社会网络拥有相似的（认同的）看法。因而，人际间传播会导致对整个社会结构的感知趋同。进一步来讲，我们也可以说，那些结构对等的人也可能会拥有相似的认知社会结构，因为他们与网络中所有其他人拥有的传播模式相似。有趣的是，这两种在二元层次上的解释都可以被认为是这一章前面讨论过的传染机制的特例。在这种情况下，组成二元关系的两个人将会受到彼此对认知社会结构感知的传染影响。

同样，在二元层次上，参与者 k 对参与者 i 与参与者 j 之间关系的感知，也可能会被 k 与 i 和 j 的其他关系所影响，比如与 i 和 j 的接近性。因而，被其他关系（比如接近性）所连接的人，同样可能拥有相似的认知社会结构。两个人之间的接近给他们提供了相似的位置来观察整个网络。

在**全局**层次上，彼此紧密连接的人更可能对他们网络中的其他参与者之间的关系拥有相似的精确感知。我们将在下面的实证研究中看到，很多这类机制都已经得到研究，尽管它们多是彼此独立进行的。然而，本书中所提倡的多理论多层次方法能够方便研究者对这些机制一起进行研究。举例来说，可以进行如下表述：

$$R1_{ijk}=f[A_k,NC(R1)_k,R1_{ki},R1_{kj},R2_{ki},R2_{kj},\sum 2R1_{ij}/(N)(N-1)] \quad (11)$$ 196

其中，

A_k 是个体 k 的属性；

$NC(R1)_k$ 是 k 的网络中心度；

$R1_{ki}$ 和 $R2_{ki}$ 是个体 k 和 i 的关系 $R1$ 和 $R2$；

$R1_{kj}$ 和 $R2_{kj}$ 是 k 和个体 j 的关系 $R1$ 和 $R2$；

$\sum 2R1_{ij}/(N)(N-1)$ 是网络密度。

有关认知社会结构的实证研究

一些实证研究显示了认知社会结构概念的解释力。Krackhardt（1987）发现，如果一家高科技公司的管理者在交感认知社会结构中是高中心度（中介度）的，则他们更有可能正确地重建参与者报告的“实际”建议网络。Krackhardt（1990）同时发现，组织成员感知到的影响和他们在建议关系方面评估这个交感认知社会结构的能力显著相关。Krackhardt（1992）的历时研究记录了一个单位如何由于不能准确评估组织的社会结构，导致他们在组织雇员上的失败。在进一步的研究中，Kilduff 和 Krackhardt（1994）强调，相对于参与者自己报告的实际传播网络，个体在组织里的声誉与其在交感认知结构中的中心度关系更加紧密。最后，Heald、Contractor、Koehly 和 Wasserman（1998）发现，具有相同性别、在同一个部门且有上下级关系的个体更有可能共享相似的认知社会结构。那些由熟人和传播网络连接起来的个体也更可能共享相似的认知社会结构。

认知社会结构的扩展

对认知社会结构的概念和实证的研究，已经从讨论实际的和感知的传播之间在方法和度量上的差异，转到对于实际的和感知的传播之间彼此促进和限制方式的实质性探索。Corman 和 Scott（1994）对 197
Giddens（1984）的构造理论进行展开，提出了三个特性来解释观察到的传播和认知社会结构之间的回归关系：网络、催化以及规定。“网络表示感知到的传播关系在可观察的传播行为中产生和再生的二元性。催化代表了聚焦在结构领域及相互作用领域的联合活动的二元性……规定指根据结构上的组成规则促进交互作用的活动”（Corman，1997，p.69）。他们将这种观点看做感知传播关系的**潜在网络**。

由于信息和传播技术所支持的虚拟组织的出现，对认知社会结构的研究呈现出新的趋势。在传统的组织里，作为物理实体的个体有机会来观察面对面的相互交流，从而形成对组织社会结构的感知和社会认知（Brewer，1995）。虚拟组织里电子传播媒体的渗透，使得社会结构越来越难以为个体所辨识。因而，组织成员难以精确辨认“谁知道谁”和“谁知道谁知道谁”。富有讽刺意味的是，触发这个问题的信息技术也可以用来克服这些障碍。因为通过电子媒体处理的信息，比如网页，可以以数字形式存储，新一代名为**协同过滤器**（collaborative filters）或**社区器**（communityware）的软件已经出现了（Contractor，1997；Contractor，Zink，and Chan，1998；Kautz，Selman，and Shah，1997；Nardi et al.，2002；Nishida，Takeda，Iwazume，Maeda，and Takaai，1998）。这些社区研究技术可以用来将组织的虚拟社会和知识结构可视化。一个基于网页的工具，IKNOW（Inquiring Knowledge Network On the Web，网上咨询知识网络，由尚佩恩-厄巴纳地区的伊利诺伊大学的 Contractor、O'Keefe 和 Jones 于 1997 年开发），可以基于个体兴趣、关系及他们的电子存储信息，比如网页的结构和内容，生成对这些社会和知识网络的可视化表达。它可以通过帮助个体搜寻组织数据库，自动回答有关组织知识网络的问题，即“谁知道什么”以及关于组织认知知识网络的问题，即“谁知道谁知道什么”。使用这种工具可能会影响组织的认知
198 社会结构，因为它们会潜在地削弱组织中一些个体的中心度，这些个体可能本来被看做是组织社会和知识网络中的重要资源。

Contractor 和 Bishop（2000）展示了，这些社区器技术还可以被用来在跨组织的背景下扩大认知知识网络。他们描述了一个在伊利诺伊州的东部中心尚佩恩-厄巴纳地区支持低收入社区的组织网络。这

个网络的节点是本地州属的非营利性机构，比如本地卫生和后勤服务部、计划生育服务中心、城市社团、联合黑人大学基金、林肯法律援助中心以及妇女援助协会。每个组织通过彼此的优先协作，向目标人群（儿童、老年人、单身妇女等等）提供它们领域范围内的服务（经济资助、教育、法律援助等等），以及他们最需要的资源。Prairie-KNOW 软件扩展了他们彼此的优先认知知识网络，因而方便了这个崭新的有创造力的多组织网络联盟来更好地为目标团体服务。

接下来要讨论的交互记忆理论提供了一个理论基础，将对认知社会结构的解释——“谁知道谁”和“谁知道谁知道谁”——扩展到认知知识网络领域——“谁知道什么”和“谁知道谁知道什么”。

认知知识网络和交互记忆理论

知识网络是从一个较大的知识领域得到的知识元素的分布式存储，它是通过组织内和组织间的知识链联结起来的。正如在第3章所讨论的，包含知识的节点可以是人类或非人类主体，比如人、数据库、虚拟形象、网络机器人、电脑文件或其他形式的知识存储。

知识网络中的有趣现象包括，将知识从网络中的一个节点传送到另一个节点的可能媒体、发生的信息流以及每个分布存储的知识存量水平。正如在第3章曾简单叙述的，**认知知识网络**是人们对他们所处的知识网络的感知。这些感知在一定的准确程度上反映了网络中的人和其他知识存储点拥有的知识元素，以及整个网络中知识存储之间的 199
关系（Cross and Baird，2000；Cross，Nohria，and Parker，2002；Cross，Parker，Prusak，and Borgatti，2001；Heald，Contractor，Koehly，and Wasserman，1998；Pattison，1994）。

基于认知知识网络的生成机制

在一个知识网络中相互依赖的人们拥有各自的技能与专长，他们如何发展认知知识网络来帮助他们识别网络中其他人的技能和专长？**交互记忆理论**解释了以上问题（Hollingshead，2000；Moreland，

1999；Moreland and Argote，in Press；Wegner，1987，1995）。交互记忆系统方便了网络中参与者之间的知识流动，这减少了每个参与者拥有其他领域技能或专长的需要，因为他们可以在知识网络中获得这些技能或专长。正如在其他地方讨论过的，网络可以由不同层次的人类或非人类实体组成，比如组织内或组织间的个体或群体。

考虑一个网络，其中每个个体都被要求完成一系列任务。完成这些任务可能会需要多个领域的专业技能，而这些技能也许并不是当前个体所能拥有的，因而要求他们和网络中的其他人相互依赖。每个人还进一步地接触也许并不属于他们自己专业领域的新信息。Palazzolo、Serb、She、Su 和 Contractor（2001）提出了一个有关交互记忆理论的理论机制的网络公式（参见方程 12、13 和 14）。他们首先指出识别了网络中人们开发交互记忆系统的四个相关过程：专业技能识别、获取协调、目录更新以及信息分配。他们还进一步验证了每个过程的具体生成机制。

专业技能识别是辨识网络中其他人所拥有不同领域（比如 X 和 Y）专业技能的过程。这样，它代表了一个个体对"谁知道什么"这一问题的回答。这个专业技能识别的过程也许基于其他人"应该"知道什么的刻板成见。例如，被刻板成见影响的人们也许会认为一个亚洲人一定会精通电脑编程。当参与者不了解或与其他人没有交流时，更可能通过刻板成见进行专业技能识别。在其他情况下，个体也会通过他们的实际专长来进行专业技能识别。他们也许会通过与网络中其
200 他人直接或间接地相互作用来了解这一点。在网络术语中，专业技能识别可以被定义为一个关系，ERX_{ij}，代表 i 对 j 在一个特定主题（比如说 X）上的专业技能水平的感知。j 的实际专业技能，是一个个体属性，EX_j。同样，另一个关系，ERY_{ij}，代表了 i 对 j 在主题 Y 上的实际专业技能水平（EY_j）的感知。

获取协调是这样的过程，人们面对一个任务，而他们并不具备所有必需的技能，这时他们就从在专业技能识别过程中已识别的专家中协调获取信息。获取协调和专业技能识别是不同的，因为一个参与者可能会识别（或认可）不止一个拥有专业技能的其他参与者，而参与

者最终向谁求助也许又会被他们之间先前存在的传播关系所影响。在网络用语中，RCX_{ij}代表了i从j那里获取X领域信息的努力。当i接受了任务X_i，这个任务要求主题X上的专业技能，而i并不擅长，但他认为j是这方面的专家，这时关系RCX_{ij}就会被激活。

目录更新是人们更新他们关于“谁知道什么”的目录的过程。例如，经过获取协调过程后，i也许从j处获取了信息，于是提升（或降低了）他或她对参与者j在某个领域专业技能的认识。同样，参与者i也可能通过和参与者j或其他参与者k的传播，了解到参与者j在某个领域的专业技能。目录更新过程的最终结果，是对他们和j的专业技能认知关系（比如说，ERX_{ij}，或ERY_{ij}）值的一个更新。

最后，**信息分配**是指这样一个过程：个体接收到自己专业领域外的信息，然后判定网络中谁的专业领域会与该信息相关。例如，i可能会接收到一个关于主题X的信息$\mathrm{In}fX_i$，这个信息是在他（她）的专业领域之外的。然而，i也许知道j是主题X方面的专家，因而也许会认为该信息与j相关。所以，i可能会选择把那个信息分配给j。关系AX_{ij}表征的是i将主题X上的信息分配给j的努力。

这些过程描述了一个交互记忆系统的发展过程，它们各自的生成机制可以被表述如下：

$$ERX_{ij}=\mathrm{f}[A_j, EX_j, C_{ij}, \sum(C_{ik})(ERX_{kj})] \quad (12)$$

$$RCX_{ij}=\mathrm{f}[Task\ X_i, (ERX_{ij}-EX_i), C_{ij}] \quad (13)$$

$$CAX_{ij}=\mathrm{f}[ERX_{ij}, C_{ij}, InfX_i] \quad (14)$$

其中，　201

ERX_{ij}是个体i对个体j在主题X上的专业技能的认知；

A_j是j的某一属性；

EX_j是j在主题X上的实际专业技能；

C_{ij}是从i到j的传播；

$\sum(C_{ik})(ERX_{kj})$是参与者i和其他参与者k的传播，以这些其他人对j在X上的专业技能的认知为权重的加权和；

RCX_{ij}是参与者i在主题X上从参与者j处协调获取信息的

努力；

$Task\ X_i$ 是要求参与者 i 具有在主题 X 上的专业技能的一个任务；

（$ERX_{ij}-EX_i$）是参与者 i 在主题 X 上的专业技能和参与者 i 对参与者 j 在主题 X 上的专业技能认知上的差异；

CAX_{ij} 是参与者 i 将主题 X 上的信息分配给参与者 j 的尝试；

$InfX_i$ 是 i 接收到的关于主题 X 的信息。

正如我们将在下面的实证研究讨论中看到的，交互记忆理论提倡，一个发展良好的交互记忆系统有两个必要条件：第一，网络中的知识应当是充分**差异化**的，即不同的人在不同的领域发展专业技能，由此减少个体在所有领域发展专业技能的负担。第二，人们应当能够**准确地**认知网络中不同参与者的专业技能。当参与者面对任务或者被提供了自己专业领域外的信息时，应当能够有效地向网络中适当的其他人寻求帮助或分配信息。

这部分讨论的交互记忆的生成机制只包含了二元层次的属性和关系。然而，理论指出，这些生成机制可以促成一个发展良好的拥有涌现特性的交互记忆系统，比如在全局层次上的知识差异。

有关认知知识结构的实证研究

交互记忆是关于信息编码、存储及检索工作的专门整体分工，这些信息来自在工作关系过程中发展的不同的独立知识领域（Hollingshead，1998a，b，2000；Moreland，1999；Wegner，1987，1995）。工作组和组织成员在某些特定知识领域成为专家，对其他领域却不那
202 么了解；而所有成员都期望每个成员能够获取特定领域的信息。交互记忆研究的一个重大发现是，在知识网络中的学习可能会被个体对其他人的相关专业技能的感知，即他们对知识网络的认知所影响。个体趋向于关注与他们自己的领域相关的专业技能的学习信息，并且期望其他人也这样做（Hollingshead，1998b；Hollingshead，2000；Wegner，Erber，and Raymond，1991）。同时，他们必须发展他们自己的关于“他们认为谁知道什么”的观点，以便向那些拥有他们所

需要的知识的人求助。这个认知工作的分工，减少了每个个体所负担的信息量，而为所有成员提供了访问一个跨知识领域的大信息池的途径。当一个人需要另一个专业领域的信息时，他们可以简单地向别人求助，而不是花费时间和精力来亲自学习它。

基于相关专业技术、技能或经验、正式指派（比如，被一个高职位的成员指派）或与其他成员的谈判协议，成员们形成不同知识领域的专长。成员们通过正式的和非正式的途径发展他们的认知知识网络，即他们认为其他人实际上知道什么或应该知道什么。传播经常成为个体获知他人的专业技能的基础，传播对于协调谁将要学习什么也是非常重要的（Hollingshead，1998a，1998b；Moreland，Argote and Krishnan，1996）。成员们可以通过非正式途径（如与其他成员进行经验共享和谈话）来了解谁是其他知识领域中的相关专家（Hollingshead，1998c；Wegner，1987）。成员们也可以通过其他人（比如主管）的指示，或通过文档、手册或其他系统参考材料的方式更明确地了解其他成员知道或应该知道什么（Hollingshead，2000；Moreland，1999）。随着时间的推移，成员们形成了对不同领域信息进行编码、存储和获取的职责。因而，交互记忆系统随着时间的推移变得更加有效，这意味着系统里个体间的知识变得更加差异化，且冗余度降低。很多研究都通过实证证明了，交互记忆系统会对群体决策制定和群体表现产生正面影响（例如，Cicourel，1990；Hollingshead，1998a，1998b，1998c；Hollingshead，2000；Liang，Moreland，and Argote，1995；Littlepage，Robison，and Reddington，1997；Moreland，Argote，and Krishnan，1996；Stasser，Stewart，and Wittenbaum，1995；Wegner et al.，1991）。

最近交互记忆的研究引用了计算机的隐喻，探索电脑网络中信息处理与人类群体所使用的交互记忆系统的相似程度。正如 Wegner 203
（1995）所说，“电脑模型向我们显示了我们在链接电脑存储时必须考虑的问题——使其更有条理（目录更新），将信息引导到正确的地方（信息分配），以及有一个获取策略（获取协调）。并且正如我们所看到的，有证据表明，只要人处于群体中，就会有类似这样的任务，人们也必须承担这样的任务。人类群体对这些问题的解决表明，人的群体记忆结构得到了发展，而且这种群体记忆结构具有远超过任何个体所能达到的记忆能力”（p. 336）。

交互记忆理论的扩展

Contractor、Carley、Levitt、Monge、Wasserman、Bar、Fulk、Hollingshead和Kunz（1998）提出，网络观点提供了一个有效的方法，可将Wegner（1995）的交互记忆系统模型扩展为计算机网络。传播网络影响了成员中知识差异化的程度，以及他们认知知识网络的精确性。他们的论点基于对组织中人们如何使用企业内部网作为媒体来学习知识网络的观察。企业内部网为组织交互知识系统提供了许多可用功能。它们可以成为人们所拥有的独特知识的知识库。它们提供了一种方法，使得人们可以获知系统中其他人的知识和专业技能。企业内部网可以提供每个人专业技能和工作职责的列表，同时提供搜索引擎，来辅助对于信息的获取或可能的持有者的辨认。它们可以描述人们在获取他们工作所需知识时应该遵循的惯例和程序。人们也可以通过评估其他人对企业内部网信息贡献的主题和质量，来推断其他人知道什么。

总的来说，交互记忆理论强调了知识领域在人类和技术知识存储构成的整个知识网络中的分布。人们让渡他们自己的信息专长，依赖网络中的其他人来发展和维持补充性知识，由此减轻了所有人身上的信息负担。网络参与要求人们共享信息，使得信息可以在网络的点与点之间自由流动。

认知一致性

204 与上文讨论过的语义网络、认知社会和知识结构一样，一致性理论也关注成员认知。然而，本例中的解释机制强调在个体认知中对一致性的渴望。当一致性理论被应用于组织传播网络时，该理论试图解释，人们的网络和态度显示出的对于达成一致的追求程度。成员态度被看做是网络平衡（而非其他机制，比如传染）的函数。Heider (1958) 的平衡理论假定，若两个个体是朋友，那么他们对同一对象的评价应当相似。这个模型被 Harary、Norman 和 Cartwright (1965) 扩展并进行数学化阐述，而之后 Davis 和 Leinhardt（1972）以及 Holland 和 Leinhardt（1975）提出，对象可能是传播网络中的第三者。如果这两个个体对第三者没有形成一致的评价，那么他们就会有一种不舒服的感觉，于是这两个个体要么努力改变他们对第三方的评价，要么改变彼此间的友谊关系，以减少这种认知的不一致性。他们将这种观点扩展到网络中所有的三元组。研究者已经考察了一致性作用对于态度和行为的影响。

一致性理论的生成机制

认知一致性理论生成机制的前提条件，是一个在三元层次上，相对简单、有说服力、但尚未得到充分应用的概念——传递性。正如在第 2 章所定义的，传递性度量了 i 对 j 有一个直接关系，同时 i 经由一些中间人 k 对 j 拥有间接关系的程度。因此，若参与者 i 对参与者 j 有一个连接，i 对 k 有一个连接，且 k 对 j 有一个连接，这个有三个参与者（i，j，k）的三元组就是传递性的。若这些连接是无向的，那么当三人彼此都有连接时，这个三元组就是传递的。任何参与者 i 都可以嵌入到包括其他参与者 j 和 k 的传递三元组中。事实上，在一个规模为 N 的网络中，每个参与者 i 都可以通过 $N-2$ 个传递三元组和其他每个参与者 j 相连接。认知一致性的生成机制假定，成员所属的传递三元组的数量会对其属性产生影响。因而，正如我们将在下面所看到的，按照认知一致性理论，一个个体的工作满意度被个体内嵌于大量传递三元关系的程度所影响。若这个关系是一个友情关系，认 205
知一致性理论认为，当个体的朋友们彼此也是朋友时，个体会感到满意。认知一致性的生成机制可以表述如下：

$$A_i = \mathrm{f}[\sum\sum(R_{ij})(R_{jk})(R_{ik})] \tag{15}$$

其中，

A_i 是参与者 i 的一个属性；

R_{ij}，R_{jk} 和 R_{ik} 分别表示从参与者 i 到参与者 j，从参与者 j 到参与者 k，从参与者 i 到参与者 k 的关系是否存在。

若这些关系中的任一关系不存在，那么这三项的乘积是 0。第二个 $\sum$ 符号表示对每一对参与者 i 和 j，必须计算他们通过所有其他参与者 k 的传递性的总和。第一个 $\sum$ 符号表示对每个参与者 i 必须计算他和所有其他参与者 j 的传递性总和。

必须指出的是，这个机制和这一章前面讨论过的传染网络机制在分析上和实质上是截然不同的。分析上，它们都尝试解释参与者个体层次的现象。然而，传染网络机制主要在二元层次提供了解释，而认知一致性分析的重点在三元层次上。实质上，在一个传染网络机制中，个体属性受其他个体的属性直接影响，这种影响以目标人物和其他人的关系程度作为权重。相反，对于一个认知一致性网络机制而言，一个参与者的属性并不受其他人的属性所影响，目标人物的属性只受到他和其他参与者的三人关系结构影响。很明显，通过这些例子，传染和认知一致性网络机制对于网络会如何影响个体的满意度提供了不同的解释。

认知一致性对态度的影响

一致性理论在阐明一个早期争论时发挥了重要作用，这个争论有关对传播网络的参与程度与工作态度（比如工作满意度和组织责任感）之间的关系。早期研究（例如，Brass，1981；Eisenberg，Monge，and Miller，1984；Roberts and O'Reilly，1979）报告了与
206 下述陈述相矛盾的发现，即个体在传播网络中的连接良好性、联合性或中心性程度越大，他们对组织的满意度和责任感就越大。一致性理论显示，不是个体网络的中心性或连接数，而是网络内部感知的平衡影响着个体的满意度和责任感。Krackhardt 和 Kilduff（1990）发现，可以通过个体与其朋友们对网络中其他成员的文化属性的意见一致程度来预测个体的工作满意度高低。Kilduff 和 Krackhardt（1993）发现，那些在朋友网络中处于中心地位的个体比不处于中心位置的个体

满意度要低；然而，那些将他们的朋友网络维持在一个平衡状态（他们称之为“计划一致”）的人可能有更高的满意度和责任感。在一项对三个组织的研究中（在前面有关“语义网络”的部分描述过），Contractor、Eisenberg和Monge（1996）也发现，雇员对组织使命理解的共享程度，与他们的满意度和组织责任感没有直接关系。然而，那些对他人的理解更认同的人，更有可能表示满意和承担责任。Barnett和Jang（1994）的一项研究（并非明确引用一致性理论）发现，在一个政治组织的传播网络中处于中心地位且连接良好的成员，更有可能发现他们与组织中的其他成员拥有一致的组织概念。研究者们已经使用传递性的网络概念来使网络中的平衡作用具可操作性。

认知一致性对行为的影响

研究者们已经将一致性理论和组织成员行为联系起来。Krackhardt和Porter（1985）发现，那些自愿离开组织的成员的朋友，不再获知他们以前同事的苦恼，因而能够恢复他们先前感知到的平衡；因此，在这些朋友离开组织之后，他们报告的满意度更高。Brass、Butterfield和Skaggs（1995）指出，三者间对平衡的需要同样可能会影响缺乏职业道德的行为产生的可能性。“当两个参与者之间的连接不强的时候，与这两者都有强连接的第三方的加入，会对缺乏职业道德的行为产生主要制约作用”（p. 7）。他们进一步提出，当三个人之间都有强连接时，不道德行为发生的可能性非常小（例如，一个Simmel三人组，Krackhardt，1992）。

认知一致性理论的扩展

研究者们在近期才开始使用一致性理论来解释组织现象。在概念 207
和分析上，它要求网络研究者将最小分析单元从二元组转变到三元组。在使用二元组作为分析的基本单元时，许多网络研究得到的结果不一致。正如上面的例子所显示，一致性理论有可能解决这一问题。

与在前面部分讨论过的其他认知理论一样，一致性理论同样被用来处理现有的关于实际和感知传播之间差异的争论。Freeman

（1992）提出，一致性理论系统地解释了实际的和自我汇报的传播数据之间的差异。他指出，个体在观察到的传播网络中对于感知平衡的需要，帮助解释了他们在重现自己的传播模式时所犯的一些错误。使用 De Soto（1960）采集的实验数据，Freeman 发现，在网络主体重现时所犯的错误中，一大部分要归咎于他们在观察到的网络中“纠正”非传递性（一个网络不平衡的指标）的倾向。

第7章 交换和依赖理论

209 已经有大量研究试图基于交换和依赖机制解释网络的涌现。社会交换理论最初是由 Homans（1950，1974）和 Blau（1964）提出的，试图通过对物质或信息资源交换的计算来解释人类行为。在其最初的定义中，社会交换理论试图根据二元关系中每一个成员对资源的供给和需求来解释一个二元关系存在的可能性。Emerson（1962，1972a，1972b）对这个原始定义进行了扩充，超出了二元关系，他提出为了研究交换和权力依赖之间关系的潜在发展，研究这个二元关系所处的更大的网络是十分重要的。从那时起，一些学者逐渐将这种观点发展成为现在普遍所称的网络交换理论（Bienenstock and Bonacich，1992，1997；Cook，1977，1982；Cook and Whitmeyer，1992；Cook and Yamagishi，1992；Markovsky，Willer，and Patton，1988；Skvoretz and Willer，1993；Willer and Skvortez，1997；Yamagishi，Gillmore，and Cook，1988）。

网络交换理论认为，个体的议价能力是他们易于被网络中的传播和其他交换关系排除在外的程度的函数。这个论点认为，个体根据他们与网络中其他成员交换投资所带来的相关成本和收益的分析，建立
210 网络连接。这与自利理论是不同的，在自利理论中，成员不考虑他的交换价值而仅仅追求个体投资的收益最大化。同样，个体通过频繁、不确定和持续的投资来保持连接以维持相互作用。网络中的位置能够为一些人在参与交换时，提供一些他人不具备的优势。Aldrich (1982) 指出这个论点是一些研究社会交换以及资源依赖的理论的核心。对于组织内的研究，网络研究者们已经提出了一个社会交换机制用于研究权力、领导阶层、信任和道德行为。对于组织间的研究，研究者们已经检验了资源依赖理论，考察了企业精英的构成以及董事会的互相制衡机制，并且试图解释组织间连接的创建、维持和解除。在下面的部分中，我们将讨论组织内部和组织间运作中假定的社会交换和资源依赖的理论机制。在接下来的部分中，我们考察了与这两个理论相关的网络研究。本章结尾从社会交换的角度对组织网络的研究进行了扩展。

社会交换和资源依赖的理论框架

社会交换理论的最初形式是试图解释人们如何根据他们所拥有和需要的资源和属性，以及网络中其他成员所拥有和需要的资源和属性，来创建、维持和解除网络连接。因此，两个个体 i 和 j 之间的传播关系 C_{ij}，可以被表述为：

$$C_{ij} = \mathrm{f}[(R1_i - R1_j)(R2_j - R2_i)] \tag{1}$$

其中，

$R1_i$ 和 $R1_j$ 代表在项目 1 上，个体 i 拥有且个体 j 需要的资源，

$R2_j$ 和 $R2_i$ 代表在项目 2 上，个体 j 拥有且个体 i 需要的资源。

因此，如果两个个体间有潜在的资源交换，就会促使他们之间产生传播关系。根据社会交换理论，资源需求的这种差异，对实现一个

网络连接来说是必要但非充分条件。举例来说，可能存在很多个体 j，他们都能够为参与者 i 提供所需的资源。在这样的情况下，参与者 i 试图与某个特定参与者 j 建立连接，以便最小化对其他参与者 j 的依赖性。这种计算意味着，人们将会选择建立那些能够减少他们的依赖性或者增加他们在网络中的权力或中心度的连接。换句话说，具有高的中介中心度的成员与其他成员相比处在创造新的交换连接的更有利位置。这可以被表述为： 211

$$C_{ij}=f[(R1_i-R1_j)(R2_j-R2_i)(\text{中介中心性}_i)] \quad (2)$$

因为网络中每个个体都试图使用相同的策略，所以并不是所有建立交换关系的尝试都是互惠的。只有两个人 i 和 j 共同意识到建立关系的益处，社会交换才会发生。因此一个互相接受的社会交换关系 SE_{ij}，可以被表述为：

$$SE_{ij}=(C_{ij})(C_{ji}) \quad (3)$$

其中，C_{ij} 已在方程（2）中描述，而 C_{ji} 可以被表述为：

$$C_{ji}=f[(R1_j-R1_i)(R2_i-R2_j)(\text{中介中心度}_j)] \quad (4)$$

结果，方程（2）到方程（4）将导致一种均衡状态的出现，参与者将根据他们在网络中的相对中心度与其他人发展稳定的交换关系。

最后，交换关系的创建也可以是网络中其他关系的一个函数。正如我们随后将描述的，两个人之间的高度信任关系可以影响其社会交换关系的发展。一个附加关系，比如说信任关系 T_{ij}，对社会交换关系的影响，可以表述为：

$$SE_{ij}=(C_{ij})(C_{ji})(T_{ij})(T_{ji}) \quad (5)$$

其中，T_{ij} 和 T_{ji} 是参与者 i 和参与者 j 相互之间所拥有的信任。正如我们在下面将要讨论的，在一些情况中，信任关系可能被第三方 k 影响，也就是说，两个网络成员 i 和 j 之间的信任可能源自于他们与所有“第三方”成员 k 的信任连接。

上面的讨论仅仅阐述了以两种类型的资源（$R1$ 和 $R2$）以及两种

类型的关系（传播关系 C_{ij} 和信任关系 T_{ij}）为基础的社会交换的生成机制。事实上，网络成员间拥有的、可被交换的资源是多种多样的，例如金钱、原材料、制成品、信息等。同样，成员之间可以在网络中
212 形成各种各样的关系。可以是工具性连接、社会性连接、董事会互相制衡，或者可能是最重要的优先交换关系。方程（1）到方程（5）所阐述的机制，可以恰当地扩展用于解释更多的资源和关系。上面提出的机制在下面讨论的实证研究中将得到更好的阐述。

使用交换机制的实证研究

权　力

社会交换理论已经被用来考察由于在组织中所处的结构位置而产生的权力。在交换理论中，权力被定义为对网络中其他成员的依赖性的一个函数。在传播网络中位置是与权力紧密联系的，它代表着获得有价值的物质和信息资源的能力。特别是人、小组和组织拥有从不同来源获得某种有价值资源的权力，以及控制网络中其他人认为非常有价值的资源的权力（Emerson，1962）。在一系列实验和模拟研究中，Cook 和她的同事们（Cook and Emerson，1978；Cook，Emerson，Gillmore and Yamagishi，1983）找到了支持权力—依赖性关系的证据。Carroll 和 Teo（1996）发现为了增加自身的资源，组织管理者比非管理者更有动力去建立更大的核心讨论网络，并且更有动力通过俱乐部和社团中的成员关系来创建更多的与组织外部的传播连接。在 Alter（1990）对组织间社会服务的研究中，她发现一个集中式支配型核心代理的存在，可以减少服务组织之间的冲突和竞争，并可以提高他们之间的合作水平。但是，Hoffman、Stearns 和 Shrader（1990）发现在四个多重组织间网络中，组织的中心度依赖于网络的本质。

一些研究已经将网络中心度等同于不同的权力来源。Brass（1984）提出了两种中心度的测量方法，反映了权力的不同维度。接

近性，即人们、团体和组织凭借最小量的居间者能够到达一个网络中所有其他节点的程度，相当于权力的“资源获取”维（Sabidussi，1966）。中介度，一个网络成员落在其他不直接连接的节点之间的程度，相当于权力的“资源控制”维（Freeman，1977，1979）。Brass（1984，1985a）表示，中心度的两个测量都与权力的声誉测量相关。更进一步地，Brass（1984，1985a）发现，在权力的网络指标中具有较高值的雇员更可能被提升到管理职位上，而且 Burkhardt 和 Brass（1990）发现更早采纳一项新技术的职员会提升其权力。Ibarra（1993a）发现，在预期权力方面，非正式网络的中心度至少与正式科层网络的中心度同等重要；Krackhardt（1990）对建议和友谊网络提出了相似的结果。有趣的是，Brass 和 Burkhardt（1992）的研究揭示，部门层的中心度测量，比在次级单位或者组织层，与权力的一些指标联系更紧密。 213

领导才能

预测权力的网络公式的成功，促使一些学者建议把它的使用扩展到领导才能理论上，例如 Graen（1976）的**领导—成员—交换理论**（Krackhardt and Brass，1994）和领导才能的**属性理论**（McElroy and Shrader，1986）。Fernandez（1991）发现在对领导才能的感知方面，非正式传播网络的效应在三种类型的组织中是不同的。他发现，在一个参与式组织，例如一个电话咨询中心，非正式传播能够更强地预测对领导才能的感知；在一个专业化组织，例如大型投资银行的公共财政部门，这种预测能力变得很弱；而在一个科层式组织，比如在一个冶金公司中，这种预测能力根本就不存在。

信任和道德行为

研究者也使用社会交换理论来研究信任在组织内部和组织间网络中的发展和利用。正如 Burt 和 Knez（1996）所指出的，“信任存在于你还不知道别人将如何报答时产生的交换之中”。在一个针对大型高科技公司管理者的研究中，他们发现传播网络中的两个个体之间，都存在着信任的可能性。特别是，如果两个个体之间是紧密连接的，并
214 且组织中的其他成员间接地把这两个成员连接到对方，那么这两个个体之间的信任度是很高的。反之，如果两个个体之间不是紧密连接的，并且组织中的其他成员间接地把他们连接到对方，则他们彼此之间就更加不信任。这项研究表明，间接传播连接加强了人们之间的信任或不信任关系。Labianca、Brass 和 Gray (1998) 也提出了一个类似的扩大效应理论。他们指出，因为被间接传播连接传送的二手信息“也许比第一手信息更加极端和夸大（或者正面的或者负面的）”(p. 64)，扩大效应就发生了，这也正如谣传（谣言）研究所发现的（例如，DeFleur and Cronin，1991；Schachter and Burdick，1955）。

在一项涉及通过友谊网络测量信任的研究中，Krackhardt 和 Stern (1988) 发现在分部间友谊连接（对比分部内）占有更高比例时，更有利于组织处理危机。在这种情况下，在分部存在高度不确定性和潜在冲突的时期，高度信任是增加分部间协调的一个先决条件。Larson (1992) 关于创业公司的研究表明，信任、共同的互惠标准、紧密的人际关系、声誉决定了交换的对象和方式。

研究者也使用交换机制来研究组织中的道德行为。Brass、Butterfield 和 Skaggs (1995) 建议，因为人们的连通性与其可观察性高度相关，网络也可以为二元关系中的不道德行为提供解释。Brass 等 (1995) 认为“两个成员之间关系的强度与实施不道德行为的机会正相关，但是与实施不道德行为的动机负相关。频度和信任增加了机会，但是亲密和心意相通则减少了动机”(p. 6)。

资源依赖理论和组织间网络中的权力

Benson (1975) 在他的经典著作中，把组织间网络定义为一种**政治经济**。他借此表明，组织间传播和交换网络是组织获得和分配稀缺资源的机制，因此可以创建和保持一个权力关系系统。组织依赖于它
215 们在网络中的位置，这种位置会影响它们控制稀缺资源流的能力。

Pfeffer 和 Salancik (1978) 采用 Benson 关于政治经济和社会交换机制 (Emerson, 1962, 1972a, 1972b) 的成果来阐述资源依赖理论。该理论认为组织会构造它们的资源连接，使它们从组织的环境中获得缓冲机会 (Pfeffer and Salancik, 1978)。特别地，它们发现两种能达到这个目标的机制。首先，通过**网络扩展**，组织可以通过创建更多的网络连接来增加可选择的交换对象的数量。其次，通过**网络巩固**，他们可以通过与其他资源提供者形成联盟，从而减少其他人可选择的交换对象的数量。这个平衡机制为个体之间交换关系的稳定性和潜在的权力再分配提供了一种解释。Burt (1991) 提出了一个平衡的测量来评估网络成员通过拥有的资源来重新配置他们的交换网络，重新划分权力的可能性。

资源依赖理论的一个主要原则是，组织倾向于避免那些限制它们的决策和其他自主行为的组织间连接。Oliver (1991; 也可参见 Oliver, 1990) 通过 5 种从最高的自主性到最低的自主性的关系类型，检验了这个假设：私人会面、资源转移、董事会互联、联合项目和书面契约。令人惊讶的是，她发现没有证据表明，会丧失更多自主性的连接建立的可能性更小。

大量实证研究利用资源依赖理论框架来研究组织间网络的模式。这些研究考察了多种类型的资源关系，包括金钱、原料、信息和消息。然而，这些关系重点关注关系的形式而不是它们的内容；因此，资源依赖研究大部分是从位置的角度进行的。在这一领域的一些早期研究中，Laumann 和 Pappi (1976) 以及 Galaskiewicz (1979) 报告说，在他们的网络中处于中心位置的组织有更大的声誉影响。在一项基础深厚的用于评估美国劳动力的研究中，Wallace、Griffin 和 Rubin (1989) 发现在行业间交易网络中，中心行业的劳动力比外围行业的劳动力更有可能拿到更高的工资。Gerlach (1992) 有关日本企业网络包括联合集团 (keiretsu) 分组的研究，发现了有利的证据，证 216
明了在这些网络中金融机构的中心度和它们因而具备的控制资本分配过程的能力 (同样可参见 Lincoln, Gerlach, and Takahashi, 1992)。然而，在一项对医疗卫生系统的研究中，Oliver 和 Montgomery

(1996，p. 771) 观察到，"在系统中拥有最大影响力的组织（由于它所具有的基金分配能力）可能不是在协调日常联系方面发挥最重要作用的组织"。

两项研究表明了资源交换对效果的影响。Miner、Amburgey 和 Stearns (1990) 研究了 1771 年到 1963 年芬兰的 1 011 家报纸出版商，发现拥有更多组织间资源连接，特别是与政治团体有关联的出版商，具有更高的成功率。Goes 和 Park (1997) 发现"医院之间更大量的［资源］交换增加了创新在它们之间扩散的可能性"(p. 771)。

Provan 和 Milward (1995) 报告了为扩展资源依赖理论而设计的研究，该研究重点关注整个组织间网络的有效性，而不是单个组织的前因和后果（同样可参见 Provan，1983)。进一步地，他们指出单个组织的表现比作为一个整体的组织间网络的表现相对更不重要。通过研究四个城市的心理保健救助系统，他们发现，有一个中心决策代理点的网络比那些决策在代理点间广泛分散的网络更加有效。他们的数据同样表明了，网络结构和网络效果之间的关系受是否存在一个相对较宽松的环境和整个网络稳定程度的影响。

公司精英和连锁董事

公司精英以及基于在多家董事会任职的个人之间的连接所形成的网络，吸引了大量组织间关系领域的研究者的注意。正如 Knoke (1993) 所指出的，"一个有权力的精英处于三种社会结构的交叉点：一个阶级意识下上层社会的财富拥有者，大公司的连锁董事，以及基金会、研究院和非政党性组织的一个政策计划网络"(p. 26)。Useem (1983) 的经典研究表明友谊、所有权、成员关系和主管身份这些关系叠加的网络产生了一个个体的核心集合，或称为**内圈**，它们操纵着
217 大量权力。Knoke (1993) 解释说，"因为该网络的成员同时拥有多重主管身份，他们的行为代表了这个阶层的利益，超越了对单个公司具有局限性的利害关系的考虑"(p. 26)。与此观点一致，Romo 和 Anheier (1996) 找到了一个核心的精英小组的论据，并解释了 Nigeria

和Senegal的私人开发组织协会的涌现和制度化。研究也同样表明在连锁董事会中处于中心地位的个体也更可能在文化组织、慈善机构和政策制定组织中扮演领导角色（Domhoff，1983；Mizruchi and Galaskiewicz，1994；Ogliastri and Davila，1987；Ratcliff，Gallagher，and Ratcliff，1979；Useem，1980）。

一直以来，连锁董事会研究的焦点为企业控制。然而，Mintz和Schwartz（1985）认为"对主管招聘构成的整个网络的动机和结果，最引人注目的解释是认为它是一个一般传播系统"（p. 141）。实际上，正如Mizruchi（1996）所主张的，"互联的重点已经从控制机制转向了传播机制"（p. 284）。

公司间连接的创建、维持、解除和重组

现有研究已经找到了一个资源依赖的框架，用于解释组织间网络连接的创建。Mizruchi和Stearns（1988）发现了解释新的金融机构成员加入一个组织的董事会的两个一般因素。在良好的经济条件下，当资本需求和供给逐渐增加，组织通过它们的董事会发起与金融机构的连接，来共同支配这些机构的金融和信息资源。然而，在不太有利的经济条件下，比如经济周期紧缩阶段、低偿付能力和低盈利时期，此时金融机构将渗透到公司的董事会中来保护它们的投资。这项发现得到了Boyd（1990）的研究的认可，该研究表明表现出色的公司通过减少它们的主管数量，同时增加与其他公司的连接密度，来应对资源匮乏和竞争中的不确定性。Mizruchi（1996）提出存在一些也会影响到连锁董事会的创建的其他因素。包括为公司创造合法性，给主管人员 218
提供职业晋升的机会，以及培育企业高层的社会凝聚力。

Palmer、Friedland和Singh（1986）使用资源依赖理论来假设两个组织之间断裂的互锁连接（由于死亡、退休等等）将被重建的情况。他们发现，如果一个离开的成员组织与目标组织有正式的协作，例如长期契约或者联合投资，有直接业务连接，或者总部物理位置接近，互锁连接很可能会被重建。

Larson（1992）表示，企业倾向于重复地参与彼此之间的联盟；因此，依赖倾向于产生进一步的依赖。Gulati（1995）的研究表明，先前联盟建立的直接或间接连接所提供的信息为新联盟的建立奠定了基础。然而，他的研究同样表明，随着时间的推移，某个特定的连接产生的利益逐渐下降，组织会开始寻找新的联盟。当然，正如 Baum 和 Oliver（1992）所指出的，组织对联盟的承载能力有限，因为大部分组织只能成功地接受有限的连接，许多公司害怕太多的连接可能会带来过多的依赖。

Seabright、Levinthal 和 Fichman（1992）指出，在理论上，组织间资源匹配度的减小将带来组织间关系瓦解的压力，而人事和结构连接的增强，将消除这种压力，并维持连接关系。他们的这些结果支持了假设，但同时也表明了人事和结构连接削弱了公司在匹配度减小的情况下解除连接的可能性。这项发现强调了创建传播和社会连接在维持组织间关系方面的重要性，即使当严格的交换或者资源依赖观点预言这些关系将会解除的时候，甚至在维持它们可能是不利的时候。然而，总的来说，Mizruchi（1996）对企业互联方面研究文献的综述使他得出如下结论："尽管发现互不相同，总的来看它们支持了互联与公司间资源依赖相关的观点"（p. 274）。

连锁董事会方面的研究假设每一个组织都是在最上层由企业精英连在一起的一个独立的实体。随着连锁董事会研究的进展，一个新的
219 研究领域在过去的十年间已经发展起来。它聚焦于一个涌现出来的组织形式，即网络组织。这个观点仅仅放松了独立实体和主管连接这两个假设。在下面的部分我们将对这个新领域进行探索。

网络组织

网络组织包括一些组织和将它们联系起来的连接，它们通常围绕一个目标组织组合起来。网络的组织形式多种多样，包括联合合伙制、战略联盟、企业联合、R&D 协会以及大量其他形式。

产生大部分网络组织的理论机制是交换和依赖关系。网络组织是

在多个组织间的交换和依赖关系形成的复杂网络的基础上建立起来的，而不是围绕市场或者科层原则来组建的。从某种意义来说，网络组织变成了一个超组织，它的基本功能是把许多组织连接在一起并且协调它们的活动。与连锁董事会不同，其网络连接通常遍及整个组织，而不是仅仅在顶层，而且独立的组织常常放弃它们的部分或者全部个体自主性，来变成新的网络组织的一部分。

Miles 和 Snow (1992) 发现，网络组织在四个重要的方面与其前身（职能型、多事业部型和矩阵型形式）不同。第一，它们并不是在一个单独的科层组织中包含生产的所有环节，而是企图在几个公司间创建一组关系和传播网络，其中每个公司都为产品或者服务的价值做贡献。第二，网络是基于市场机制和非正式传播关系的共同作用。正如他们所说的，"网络组成的多样性，使它们意识到了彼此之间的相互依赖，并且愿意共享信息、彼此合作、定制它们的产品或者服务——所有这些都是为了维持它们在网络中的地位"(p. 55)。第三，网络中的成员通常被认为在改善最终产品或者服务方面扮演主动的角色，而不是仅仅履行合同中的义务。第四，许多行业开始沿着日本联合集团（keiretsu）的路线形成网络组织，将生产商、供应商和金融机构联系在一起，形成相当稳定的关系模式。

Poole (1999) 认为，新的组织形式，包括网络组织，具有以下六 220
个主要特点：

(1) 使用信息技术整合不同的组织职能。

(2) 灵活的、模块化的组织结构，使得新的项目、需求或者问题出现时可以容易地重新配置。

(3) 使用信息技术协调地理上分散的单位和成员。

(4) 基于团队的工作组织，强调自主性和自我管理。

(5) 在单位和职员间的水平坐标上，科层和依赖的曲线相对平缓。

(6) 使用组织间和组织内的市场调节事务，比如为某个项目分配和雇佣人员，以及组织间网络的形成。

当今世界，几乎所有组织都在某种程度上嵌入于某个涌现的组织间传播网络之中。举例来说，大部分经济机构以**价值链**（Porter，1980）或者“价值群集”（Norman and Ramirez，1993）的形式被连接在一起，每一个机构从一个“上游组织”接收半成品，进行再加工，然后把它递交给一个“下游组织”进行再加工。与此类似，教育机构通过从学前教育到研究生教育形成的一条链，与其他教育机构相联系。而且，宗教组织也频繁地加入有相似意向的宗教组织的联合中。当然，所有这些都必须处理与联邦政府、州政府和当地政府的税务部门的相关事宜。

在某种意义上，网络组织创造了被称为**无边界组织**的事物（Cross，Yan，and Louis，2000；Nohria and Berkley，1994）。它从一个组织开始，到哪里结束却是未知的。组织之间通常通过先进而复杂的传播技术开始共享知识、目标、资源、职员和资金（Monge and Fulk，1998）。为了达到这一目标，他们必须创建协作的工作计划，因为那是传播**内嵌知识**的唯一方法。

Ghoshal 和 Bartlett（1990）指出跨国公司通常被看成是组织内部网络，在许多方面与传统的国内公司没什么差别。每一个附属公司、分公司或者国外伙伴都被认为直接连接到国内企业办公室，因此把跨
221 国公司联结成一个集中的星型结构的整体。然而，他们指出，这种关于跨国公司的观点没能够将每一个分公司所属的网络都考虑进来。这些国内的、区域的和竞争的全球网络需要重新将跨国公司概念化为网络组织。

网络组织的局限性

许多专家已经指出网络组织具有很多局限性。Miles 和 Snow（1992）观察到，网络组织包含了它的前身，即职能型、多事业部型和矩阵型形式遗留的弱点。根据这些先前形式在网络组织中存在的程度，新的形式相应保留了其局限性。Krackhardt（1994）指出了对传播网络和其他网络的四种潜在的限制。第一种限制他称为“*N* 方定律”，它简单地指出一个网络组织中潜在的连接数目随着人数的增加

呈几何级数增长。实际上，它增长的速度非常快，以至于每个人可能连接到的人数迅速地超过了自己的传播能力。第二种限制是“接近定律”，与经验发现一致，“两个人传播的可能性与他们之间的距离成反比”(p. 213)。尽管大量传播技术被设计用来克服这种现象，Krackhardt 指出这个趋势仍然存在，而且人们很难克服它。他识别出的第三种限制是“寡头政治铁律”，指的是这样一种趋势，即群组和社会系统，甚至一些热衷于民主的团体，最终臣服在少数人的控制下。最后，Krackhardt (1994) 指出了过度嵌入的潜在问题。他发现“因为习惯和偏好的缘故，人们可能寻找他们旧时的亲信，即已经建立起信任的人或他们常常依赖的人，来处理新的问题，即使他们也许并不是最有能力解决这些问题的人”(p. 220)。

Poole (1999) 也指出了一些人类问题，这些问题源于紧密联结的技术与流动的管理哲学之间的矛盾，这种管理哲学是构建网络组织的基础。Poole (1999) 指出，这些问题中最重要的是维持一种使命、责任、忠诚和信任的感觉，以及消除不断升级的工作压力和疲倦的感觉。

交换和依赖理论的扩展

尽管不同的研究中存在着一些差别，大量证据有力地证明了许多组织间和组织内部的传播网络是基于交换机制来创建和维持的。进一步来说，当人们和组织发现他们的交换不再有回报，或者当新的或更有竞争力的个体在交换中提供更高的利润时，连接就解除了。 222

尽管交换和依赖理论在人际关系的研究中已经有了一定的根基，但比起组织内部网络，它们在资源依赖理论环境下的组织间网络的研究中有了更广泛的应用。组织内部研究的大部分内容上面已经提到，但都是在交换观点的前提下，并没有明确地引用这个理论。进一步来说，在诸如领导、信任和道德行为等领域中，目前关于社会交换理论的研究多是实证研究，而非程式化的。*X*-网络是由 Markovsky (1995) 开发的一种计算机仿真工具，它能够帮助研究员根据不同的交换规则和各式各样的资源来探讨网络的涌现。研究员也同样提出将理性选择理论（Markovsky，1997）和同一理论（Burke，1997）与网络交换理论结合，并提出一个将网络交换理论与期望状态理论（Berger，Cohen，and Zelditch，1966）的研究相结合的称为 *E*-状态结构主义（Skvoretz and Fararo，1996）的一般理论方法。期望状态理论指出，一个人的“针对社会对象的行为，依赖于对象的相关方向的基本条件和不可察觉的状态，简称 *E*-状态”（Skvoretz and Fararo，1996，p. 1370）。个体所面向的社会对象是处于个体之间连接形成的网络内的对象。*E*-状态模型明确指出，“这个网络的状态，例如参与者之间连接的数量和性质，是如何在个体间交互并随时间变化的”（Skvoretz and Fararo，1996，p. 1370）。

第8章 同嗜性、接近性和社会支持理论

223 本章讨论三种理论机制体系族——同嗜性理论、接近性理论（物理性和电子性接近）以及社会支持理论，这三种理论机制已经被社会学家认定为我们建立、保持、解散和重建传播网络的重要动机。由于许多这类研究是在非组织环境下进行的，所以本章重点关注那些我们认为与传播网络及其他组织网络关系最密切的理论和研究。

同嗜性

一些研究者已经试图将同嗜性——对其他相似者的选择——作为基础来解释传播网络。Brass（1995a, p. 51）指出“相似性被认为能够使传播更容易，增加行为的可预测性，并促进传播网络中的信任和互惠”。目前已经出现以年龄相似性、性别相似性、教育程度相似性、威望相似性、社会阶层相似性、员工任职期限相似性和职业相似性为基础的同

嗜性研究（Carley，1991；Coleman，1957；Ibarra，1993b，1995；Laumann，1966；Marsden，1988；McPherson and Smith-Lovin，1987）。

224 一些推理思路为同嗜性假设提供了支持。这些推理大体分为两类：相似相吸假设（Byrne，1971）和自分类理论（Turner，1987）。Heider（1958）在文章中举例证明相似相吸假设，他假定同嗜性能够减少由于认知或情感上的不一致而可能引起的心理上的不舒适感。类似的，Sherif（1958）提出个体更倾向于选择其他相似的个体，因为这样他们可以缩小相互关系中存在潜在冲突的范围。自分类理论（Turner and Oakes，1986）提出，个体通过一个自分类过程定义他们的社会身份，在这个过程中他们使用诸如年龄、种族、性别等类别为自己和他人分类。Schachter（1959）提出，相似性为个体提供了将自己的社会身份合法化的基础。个体划分自己类别的方式，能够影响到他们与被视为属于相同类别的其他人的联合程度。

同嗜性的理论机制

很容易看出，同嗜性是影响一个传播关系出现的可能性的理论机制，是以参与者之间在特定属性上的相似性为基础的。假设 C_{ij} 是两个个体 i 和 j 之间的传播关系，而 $A1_i$ 和 $A2_i$ 则代表个体 i 的两个属性，比如性别和其在组织内的任职期限。同嗜性机制假定，如果个体 i 和 j 拥有相同性别或相似的组织内任期，那么这将对个体 i 和 j 间传播的可能性有正面影响。这两种属性上的同嗜性机制可以表示为：

$$C_{ij}=\mathrm{f}[(A1_i)-(A1_j)] \quad (1)$$

$$C_{ij}=\mathrm{f}[(A2_i)-(A2_j)] \quad (2)$$

以上两个等式中的函数是负函数（或反函数），因为这两个个体间属性值的不同代表性别的差异，并且将降低传播的可能性。

这种方法的一个扩展是整体地考虑多重属性间同嗜的可能性。例如，人们可以假定只有当两个个体具有相同性别并且拥有相近的任期时，传播可能性才会显著提高。在这种情况下，同嗜性机制可以表示为：

$$C_{ij}=\mathrm{f}[\{(A1_i)-(A1_j)\}\{(A2_i)-(A2_j)\}] \quad (3)$$ 225

此函数也是负函数或反函数关系。在这种情况下，只有当两个个体的两个特定属性均具有相同或相似值时，传播的可能性才能增加。

应用同嗜性机制的实证研究

组织人口统计研究中大部分是以同嗜性机制为前提的。此外，许多研究也特别关注性别同嗜性。以下就是对这两个领域研究的综述。

一般人口统计同嗜性

在当代组织中，劳动力多样性在异质工作团队的创建过程中日益增加，这使得个体对同嗜性的需求复杂化。一些研究考察了个体对同嗜结构组织网络的偏好程度。Zenger 和 Lawrence（1989）发现在高科技公司里，研究人员间的技术传播与他们的年龄和任期的分布状态有关。O'Reilly 和他的同事（Tsui，Egan，and O'Reilly，1992；Tsui and O'Reilly，1989；Wagner，Pfeffer，and O'Reilly，1984）的研究发现：雇员之间年龄上的差异阻碍了传播和社会化整合，并导致雇员间更低的约束和更高的流动率。

在同嗜性原则的基础上，Liedka（1991）研究了被招募加入诸如青年团、农场组织和运动俱乐部等志愿组织的成员在年龄和教育程度上的分布。利用 1985 年和 1986 年社会普查收集的数据，他在集合层面上发现的结果表明，志愿组织的成员更倾向于劝说其他具有相似年龄和教育程度的人加入组织。他还发现相同年龄组的人联系得更紧密，他们更有可能出现在同一个志愿组织中。在组织之间这一联系层面上，Galaskiewicz（1979）和 Schermerhorn（1977）发现拥有相似宗教信仰、年龄、种族和职业归属的个体间更有可能出现跨越组织的联系。

性别同嗜性

众多的研究已经调查过性别同嗜性对组织网络的影响。Lincoln 226

和 Miller（1979）发现，组织雇员性别和种族的相似性是预测他们在友谊网络中的连接的重要依据。Brass（1985b）的研究指出，一个组织内的传播网络主要是依性别集群的。

一些研究已经调查了性别同嗜性对友谊的影响。比如，Leenders（1996）发现，与接近性相比，性别对于保持友谊连接来说是更具影响力的因素。在对纽约两个州立政府机构内 36 个女性高级经理和 45 个男性高级经理的调查中，Moore（1992，p. 53）发现"一半的智囊团和类似比例的友谊网络圈中只有男人"。Ibarra（1992）对一个广告公司的研究表明，尽管女性报告了与男性的任务相关传播和建议影响连接，但她们更愿意选择其社会支持和友谊网络中的其他女性。男性，从另一种角度来说，更愿意与其他男性建立互助的或非互助的关系。她指出社会交换（见第 7 章）的限制，以及由此导致的与组织内处于统治地位的男性权力建立连接的需求，通常迫使女性放弃对她们有帮助的同嗜性倾向。

文化的一些方面会对前述结果造成影响。例如，与其他发现相反，Crombie 和 Birley（1992）的研究表明，爱尔兰女性企业家之间的联系网络在规模、多样性、密度和成效方面都与男性企业家的网络没有区别。也许产生这一结果的原因在于此项研究的对象都是企业家，而且这些女性都趋于具有以下特质：（1）比较年轻；（2）拥有较小规模的建立时间较短的生意；（3）较少涉入传统的外部活动，例如加入市民组织。女性可能会向女性征求建议，也可能向男性征求建议，而男性多数时候只征求其他男性的建议。以相似方式，Ethington、Johnson、Marshall、Meyer 和 Chang（1996）研究了两个具有不同性别比率的组织。他们发现在一个男性和女性比率相同，并且在权力层级上性别分布状况相同的企业中，男性和女性参与彼此网络的几率以及重要性是相同的。但是，在一个女性与男性比例为 75∶25 的组织中，网络更加分离并且女性地位更显著。

同嗜性理论的扩展

227 传播学者对于同嗜性原则这一能够解释网络涌现的理论机制保持

着持久的兴趣。作为当前对劳动力多样性关注的回应，他们在对性别和种族的研究过程中已经运用了这一机制。同嗜性原则还被认为是与研究者对社会比较过程的兴趣相关的网络机制，社会比较过程是个体对诸如工作场所的公正感做出评价的过程，例如，关于他们对工作场所内的平等的理解。根据公正理论（Adams，1965），个体的动机是他们投入（例如努力）对产出（例如回报）的比率与相关他人的该比率的相称程度的直接函数。**社会比较理论**（Festinger，1954）提出这些相关他人是在重要方面相似或在同嗜的基础上被挑选出来的。同样，**社会身份理论**（Turner and Oakes，1989）提出这些相关其他人员是那些看起来与被关注对象共享相同“社会身份”的人。Krackhardt 和 Brass（1994）提出，相关他人的选择是由个体所内嵌的网络所限制和激活的。个体可以选择与他有紧密传播连接的其他相关者（即凝聚机制）或与他看起来承担相似角色的人（即结构对等机制）。

一些学者已经提出利用个性特征的相似性来解释对传播网络的参与（Brass，1995a；Tosi，1992）。McPhee 和 Corman（1995）在一篇引用了 Feld（1981）的活动关注理论的文章中，采用了相似的观点，提出互动更容易出现在共享相似关注点的个体之间，相似关注点包括参与相同的活动。一个对教堂成员的研究对他们所做假设的支持作用很有限，说明对此需要做进一步研究。

物理接近性理论

一些研究人员已经试图在物理接近性基础上解释传播网络（Corman，1990；Johnson，1992）。接近性指通过增加个体见面和互动的概率促进传播的可能性（Festinger，Schachter，and Back，1950；Korzenny and Bauer，1981；Monge，Rothman，Eisenberg，Miller，and Kirstie，1985）。如果这些交互活动得以发生，个体将有更多机会发现彼此间拥有共同兴趣和信仰的程度（Homans，1950）。 228

物理接近性的理论机制

物理接近性影响传播网络所依据的理论机制是相对简单的。假设有一个焦点个体 i 和一个其他个体 j。从个体 i 到个体 j 的传播关系用 C_{ij} 表示。i 和 j 之间的物理距离用 D_{ij} 表示。因此基本机制假定可表示为：

$$C_{ij}=\mathrm{f}[1/(D_{ij})] \tag{4}$$

显然这是一个反函数。也就是说，随着距离 D_{ij} 增加，传播的可能性降低。进一步来说，如下面的实证研究中所讨论的，接近性对传播的作用不是线性函数，即当两个个体间的距离增加至原来的两倍，传播可能性会降低一半还多。因此这个函数更精确地说，应该表示为：

$$C_{ij}=\mathrm{f}[1/(D_{ij})]^{x} \tag{5}$$

其中，指数 x 是大于 1 的值。如果 $x=2$，此时机制可表述成：当两个个体间的距离 D_{ij} 加倍，传播可能性 C_{ij} 下降到原来的四分之一。

物理接近性的实证研究

早期对组织环境的研究表明，在物理距离超过最初的 75～100 英尺之后，发生在两人之间面对面传播的频率便迅速降低（Allen，1970；Conrath，1973）。Zahn（1991）最近的研究也证明了办公室、指挥链以及身份地位间物理距离的增加导致传播的可能性降低。同样，Van den Bulte 和 Moenaert（1998）发现，当不同的 R&D 团队被安置于同一地点后，团队间的传播会增强。所以，那些不具备接近性的个体就被剥夺了探索这些共同兴趣的机会，也就更不容易建立传播连接。因此，物理或电子接近性是建立网络连接的必要而非充分条
229 件。位于那不勒斯的 Olivetti 工厂所属的 817 名雇员，在 1983—1984 年地震后发生工作地点调动的案例，给予了物理接近性对网络连接施加影响以有力的证明。Bland 等（1997）报告说，那些被永久地重新

安置而不是被临时疏散的雇员，因为其社会网络的分裂而承受最大限度的痛苦。Rice（1993a）表明物理接近性因为空间上处于同一地点的个体暴露于相同的周围环境刺激，所以也有利于传染（见第6章）。Rice和Aydin（1991）发现了一定证据来证明物理接近性在影响雇员对新信息系统的态度上所发挥的作用。在组织间层次上，Palmer等（1986）发现：如果分离成员所代表的组织总部与焦点组织总部具有物理接近性，那么他们之间的互锁连接更容易被重建。

电子接近性理论

在过去的十年中，人们对于计算机网络和社会网络间交集的兴趣与日俱增。很多人认为网络分析对于调查这一交集是尤其适用的框架（Contractor and Eisenberg，1990；Haythornthwaite，1996；Rice，1994b；Wellman，2001）。在数字革命以及随之发生的电信和计算技术间差异模糊化的影响下，这些技术网络实质上跨越了所有新兴的通信技术领域，包括无线移动装置、即时通信程序、短信息服务、寻呼机和可视电话。在超理论层次，研究和争论主要集中在这些新媒体在多大程度上代替、扩展或重塑了先前存在的传播网络。新媒体提供了多种可用特性（Contractor and Bishop，2000；Gaver，1996；Norman，1999；Wellman，2000）：更便宜更宽的带宽；便携性；嵌入的、无处不在的计算处理；远程呈现；以及主体或网络个性化（例如即时通信程序的“好友列表”）。这对新媒体的潜力提出了问题：（1）代替我们过去使用的传统媒体支撑我们的交流网络；（2）扩展（或补充）我们使用传统媒体的传播网络；（3）重塑我们的传播网络——我们与之传播的人的数目、多样性、接近性和频率。这些研究问题的提出是为了满足普遍的公众愿望，希望能借此发现因特网是否使得整个社会，特别是工作场所，或多或少地变得可移动、全球化、网络化、集中化或民主化。除了个体研究者外，部分是为了满足公众的好奇心理，国家地理协会（Wellman，Quan Haase，Witte，and 230
Hampton，2001）和皮尤网络（Pew Internet）以及美国生活项目

(American Life Project)(Horrigan and Rainie，2002)已经组织了众多国内外学者来研究这些问题。

电子接近性的理论机制

前一部分提到的理论机制详细说明了电子接近性对传播网络的影响被概念化为三个层次：替代、扩展和重塑。它们可以进一步概念化为：根据(i)参与者之间的传播关系 CX_{ij}、CY_{ij}、CZ_{ij}，基于它们使用的特定传播媒体，设 X（电子邮件）、Y（视频会议）、Z（即时消息）；(ii)参与者 i 的属性，AX_i、AY_i、AZ_i代表他们使用特定的传播技术 X、Y、Z。例如，如果参与者 i 大量地应用传播媒体 X，在1到7的取值范围中，AX_i的值就为7，而如果参与者 i 只是一般性地使用媒体 Y，那么 AY_i取值3。

因此，作为基准要求，参与者 i 和 j 之间通过媒体 X 的传播，要求每个参与者都采用技术 X，可得：

$$CX_{ij}=\mathrm{f}[(AX_i)(AX_j)] \tag{6}$$

替换机制假设，如果参与者 i 和 j 都能使用另一种传播媒体 Y，那么参与者 i 和 j 之间使用 X 的传播将减少。比如，如果两个参与者都已经使用视频会议（Y），这将代替并因此减少他们通过电子邮件（X）的交流。这种机制可以表示为：

$$CX_{ij}=\mathrm{f}[(AX_i)(AX_j)/(AY_i)(AY_j)] \tag{7}$$

扩展机制假设，参与者 i 和 j 之间使用媒体 X 的传播将增加他们使用媒体 Y 的传播。比如，参与者可以使用电子邮件（X）来确定视频会议（Y）的时间。这种机制可以表示为：

$$CY_{ij}=\mathrm{f}[(AX_i)(AX_j)+(AY_i)(AY_j)] \tag{8}$$

最后，**重塑机制**假设，i 和 j 间使用媒体 Z 的传播将重塑他们与
231 其他使用媒体 Z 和 X 的参与者之间的关系。例如，如果参与者 i 决定采用即时消息（Z），采用这种媒体有利于与其他使用即时消息的

参与者 j 的传播。考虑到与采用这一媒体相关的时间和资源上的额外投入，参与者 i 对传播媒体 X 的使用将减少，从而缩小并重塑他们与其他参与者的现有传播网络。这一重塑机制可以表示为：

$$CZ_{ij} = \mathrm{f}[(AZ_i)(AZ_j)] \tag{9}$$

$$CX_{ij} = \mathrm{f}[(AX_i)(AX_j) - \sum CZ_{ik}] \tag{10}$$

其中，CZ_{ij} 表示参与者 i 和 j 间通过媒体 Z 的传播关系，其受到参与者 i 和 j 对媒体 Z 的使用的影响，而 CX_{ij} 代表参与者 i 和 j 间通过媒体 X 的传播关系，受到参与者 i 和 j 对媒体 X 的使用的正面影响，但是受到参与者 i 与其他所有参与者 k 通过媒体 Z 的传播的总和的负面影响。

电子接近性的实证研究

新传播技术对建立和修正社会网络的影响得到了充分的证实（Barnett and Salisbury，in press；Haythornthwaite and Wellman，2001；Kraut，Patterson，Lundmark，Kiesler，Mukopadhyay，and Scherlis，1998；Rice，1994b；Wellman，Quan Haase，Witte，and Hampton，2001；Wellman，Salaff，Dimitrova，Garton，Gulia，and Haythornthwaite，1996；至于全面的近期评论，参见 DiMaggio，Hargittai，Neuman，and Robinson，2001；O'Mahony，and Barley，1999）。这些研究中的一部分使用社会网络方法，也有一部分致力于研究组织传播（与其他个人传播不同）关系。

对于实证研究的一般性结论是新媒体正在同时代替、扩展和重塑我们的传播网络。个体研究中发现的特定实例，更有可能被其他环境因素所解释，而不是仅仅被技术的引进所解释。在一些案例中，新媒体增加了我们的可移动性，而在其他案例中新媒体却减少了我们旅行的需求。在一些案例中，它增加了我们的离线联系，而在其他案例中，它却减少了离线联系。它帮助扩大了我们的全球化区域，但同时也加强了本地传播，以及虽然地理分布分散、但文化上相近的“散居在外者”的传播。它可以增强一些组织的中心性，也可以破坏其他一

232 些组织的中心性。它可以减少一些环境中的社会孤立，但也可能在另一种环境中促成另一种主张，即我们越来越“独自打保龄”（Putnam，2000）。

这些矛盾的发现进一步推进了两个极端间持续而基本的智力张力，这两个极端分别是“技术需求”和“组织需求”（Markus and Robey，1988）。由技术需求引出的研究寻求发现由技术变革而导致的组织变革。由组织需求引出的学术研究寻求解释在组织限制的基础上技术应用的改变。以上回顾的关于新媒体的研究主要来自技术需求角度。纵观历史，新传播技术的引进已经鼓动了技术需求论（或者是其更极端的形式，技术决定论）的支持者来考察这些技术对组织进程的影响。

Fischer（1992）对20世纪最成功的传播技术之一——电话——的研究方法，提供了具有洞察力且历史性的评论。电话的发明促使许多人研究其是否会导致工作场所的集中化或是分散化。正如Pool、Decker、Dizard、Israel、Rubin和Weinstein（1977）所广泛证明的，电话的引进既有利于集中性的增加（市中心高楼大厦办公的发展），也有利于分散性的增加（郊区办公的发展）。Tehranian（1990）将这一现象命名为**双重影响假设**：技术同时施加两种相对立的影响。一种影响处于主导地位的可能性较少由技术本身决定，而更多依赖于其他社会和组织方面的偶然性因素。

最近，20世纪80年代，在积极地吸取有关电话引进的研究中的经验教训的基础上，组织中电子邮件的引进，引发了类似电子邮件对组织集中化影响的研究问题。经过十年的积极调查，结果验证了在电话案例中发现的双重影响（Rice，1994）。因特网的出现引发了同样形式的大量研究，并且学者们得到了类似的不确定的结果。例如，与新的网络化组织形式会弱化集中性的普遍想法相反，Ahuja和Carley（1999）发现，这些组织形式在传播网络中通常表现出较高的集中性和阶层制度。不得不承认的是，在最近的调查中，O'Mahony和Barley（1999，pp. 143－145）指出，对“信息技术是促进集中化还是分
233 散化”这个问题的实证研究是不确定的，并且似乎依赖于管理的偶然

性。不那么直观却同样很明显的是，新技术对保持传统传播结构的作用。在对美国出版业三个部门（图书交易、杂志和报纸交易、新闻用纸供应商）的研究中，Spinardi、Graham 和 Williams（1996）发现，电子数据交换（EDI）的引进巩固并进一步内嵌于现存组织间关系，因此阻碍了商业流程的再造。

物理和电子接近性理论的扩展

工作场所的信息技术激增使跨越地理障碍成为可能，这恢复了人们对物理和电子接近性的相关影响以及它们与传播模式的相互作用所抱有的兴趣（Kraut，Egido，and Galegher，1990；Steinfield and Fulk，1990）。Fulk 和 Boyd（1991）强调网络分析在“检测地理距离对媒体选择的条件化影响”（p. 433）方面的潜力。Corman（1996）提出，**元胞自动机模型**尤其适合于研究物理接近性对传播网络的影响。元胞自动机模型研究：当网络中的个体应用源于理论的规则，来创建、维持或解散他们与“本地”，即接近的网络邻居之间的联系时，接近性对整个传播网络整体的和动态的影响（Contractor，1999）。

在每一个技术创新循环中，从技术需求角度出发的研究反复出现，反映了一个持久的（虽然可能是幼稚的）需求，即寻找新媒体对组织简单的、一价的而且单向的影响。然而，伴随着基于技术需求的大量研究，部分作为对这些研究的回应，一种包含了涌现观点的理论和研究体系正在逐步壮大（Markus and Robey，1988）。涌现观点打破了一种平衡，在承认技术贡献在触发或促进一些组织流程中所扮演的角色的同时，也明确考虑到组织需求会减弱技术贡献的影响。基于涌现观点的理论，试图通过考察两种流派间的相互联系，来理解那些涌现出具有复杂性、适应性、递归性、自组织性的模式，一方面使用新的媒体，另一方面将结构和标准组织起来（Arrow，McGrath， 234
and Berdahl，2000；DeSanctis and Fulk，2000；DeSanctis，and Poole，1994；Hollingshead and Contractor，2002；Jackson，Poole，and Kuhn，2002；Orlikowski，1992；Yates，1989）。尽管这些理论观

点中许多认识到并肯定了社会网络的作用，它们没能明确提供作为解释框架的一部分的网络机制。

更为一般的，我们认为计算机网络和组织传播网络间的交集，由多重理论模型有效地组织起来，本节前文中提到的应用技术需求理论的研究与本书其他章节阐述的理论机制结合起来考虑，构成了这一模型方法。从对媒体选择的研究中可以找出这一方法卓有成效的实践案例。早期关于媒体选择的研究（Daft and Lengel，1986；Short，Williams，and Christie，1976）得出理论，个体使用特定传播渠道的选择，是由所要处理信息的**丰裕程度**（richness）与特定媒介所能提供的丰富程度的匹配而决定。像谈判这类要求高丰裕度（在众多因素中，此处规定为，反馈、多暗示、语言多样性）的传播任务，个体将使用“富媒体”，例如面对面方式或视频会议。另一方面，对于丰裕程度低的传播任务，例如查明航班时刻表，个体倾向于使用一种“瘦媒体”，比如书写的文档。这种解释试图说明媒体的使用只基于媒体提供的可用特性。

但是，因为缺乏有力的实证支持，Fulk、Schmitz 和 Steinfield（1990）提出一种技术使用的社会影响模型。他们认为，对某种传播技术的选择，至少部分受个体社会网络中其他人的传播技术选择所影响。Contractor 和 Eisenberg（1990）进一步发展了这种观点，即假设对于那些考虑采用新传播技术的人来说，事先考虑他们采用新技术之后的连锁后果是重要的。在个体采用技术试图建立新连接时，这些传播网络可能被破坏或加强。如第 6 章所讨论的，这解释了在传染机制基础上传播技术连接的创建。

同样，Markus（1990）提出，至少在个体社会网络中，多数其
235 他用户的集体性抉择影响着个体对一种传播技术的使用与否。例如，如果某个个体的多数“伙伴”都使用即时通信应用程序，那么他使用即时通信应用程序的可能性将大大增加。如第 5 章所讨论的，这一解释依赖于集体行为逻辑（或互利）。这个例子说明了利用多重理论解释技术支持的传播连接创建的价值。媒体提供的可用特性是选择媒体的必要而非充分条件。其他理论机制，例如传染理论和集体行为理

论，为了解释传播网络的建立、保持、解散和重建，必须与技术的可用特性结合在一起考虑。

这一方法的另外一个例子是协调理论的一个扩展（Crowston，1997；Malone and Crowston，1992；Malone and Rockart，1991）。**协调理论**明确关注通过技术提供的可能特性降低协调成本的方式。协调成本是交易成本经济学理论中的一个关键机制，它解释了基于自利的网络连接的涌现。因此，一个多重理论模型需考虑基于交易成本经济学逻辑的技术支持传播网络连接的涌现，而与传播媒体相关的协调成本可以从协调理论原理中得知。

社会支持理论

对于社会支持网络的兴趣可以追溯到 Durkheim（1897—1977）关于团结和社会整体性对精神健康影响的创始性工作。社会支持解释关注传播网络如何帮助组织成员对抗压力。Wellman（1992）等已经在他们的社会支持网络研究中采用这种框架。他们的研究主要基于以下假设：在压力对精神健康的影响作用中，社会网络扮演着缓冲角色（Berkman and Syme，1979；Hall and Wellman，1985）。

社会网络通过两个已有的普适机制缓冲压力带来的影响。第一，在密集社会支持网络中的个体以资源和社会交际形式获得更多的社会支持。Lin 和 Ensel（1989）的调查证明支持网络中的强连接能够提供社会资源，帮助缓解社会和心理压力。第二，Kadushin（1983）提出稀疏社会环也能提供社会支持。**社会环**（Simmel，1955）是成 236
员关系基于共同特征或兴趣而建立的网络。社会环中的成员关系能够“通过（1）引导成员更好地理解他们的问题传达免疫性，（2）成为提供帮助的资源，或者（3）动员资源”来提供社会支持（Kadushin，1983，p. 191）。

社会支持的理论机制

关于社会支持的理论和实证研究文献提出，个体 i 可以获得社会

支持 SS_i，其中一些影响是相关的，还有一些影响依赖于个体 i 的属性和网络中其他个体 j。在最简单的形式中，个体 i 如果通过传播链接 C_{ij} 与其他所有个体 j 密集连接，那么 i 获得的社会支持得到增强。即：

$$SS_i = \mathrm{f}[\sum C_{ij}] \tag{11}$$

但是，一个更复杂的解释是，只有当传播网络中其他成员分享共同的兴趣，设其为 A，并因此对他们面临的问题具有共同理解时，社会支持才会增强。比方说，护理，可以看做是对当前面临问题的共同兴趣和理解的一个例子。在这种情况下，机制可以被表示为：

$$SS_i = \mathrm{f}[\sum (C_{ij})(A_i)(A_j)] \tag{12}$$

这里，个体 i 获得的社会支持量等于他与所有其他成员 j 传播的加权和，权重等于他们在属性 A 上分享共性的程度。

前面提到的第二个机制，还可以包括个体 j 能够提供给个体 i 的作为他们社会支持一部分的物力资源（MR）和信息资源（IR）。公式（12）中展示的机制可以扩展为：

$$SS_i = \mathrm{f}[\sum (C_{ij})(A_i)(A_j) + \sum (C_{ij})(MR_j) + \sum (C_{ij})(IR_j)] \tag{13}$$

最后，前面提到的第三种机制提出，个体 i 获得的社会支持，可能受其他个体 j 在他们的社会网络中动员额外资源的能力所影响。有
237 多重方法可以度量参与者 j 动员资源的能力。例如，与其他人连接较多（即中心度高）的个体 j，将比与其他人连接较少的个体在动员资源上处于更有利的位置。公式（13）中展示的机制可扩展为：

$$SS_i = \mathrm{f}[\sum (C_{ij})(A_i)(A_j) + \sum (C_{ij})(MR_j)(\sum C_{jk}) + \sum (C_{ij})(IR_j)(\sum C_{jk})] \tag{14}$$

其中，$\sum C_{jk}$ 代表个体 j 在其他所有网络成员 k 当中的中心度。

使用社会支持机制的实证研究

现在已有大量关于网络在各种非组织环境下（例如家庭、社区和

邻里间）对提供社会支持所起作用的研究（评论请见 O'Reilly，1988；Walker，Wasserman，and Wellman，1994）。在一个关于北部加州居民的经典历时性研究中，Berkman 和 Syme（1979）发现，那些“缺少社会和社区联系的受访对象，在调查后期比那些有广泛联系的人更有可能去世”（p. 186）。Berkman（1985）发现，缺乏社会支持联系的个体具有更高的死亡率，这种社会支持联系是基于婚姻、朋友、亲戚、教堂成员和团体等关系形成的。

研究人员（Barrera and Ainlay，1983；Cutrona and Russell，1990；Wellman and Wortley，1989，1990）已经识别出四个维度的社会支持，包括情感支持、物力支持（物品、金钱和服务）、信息和伙伴关系。许多实证证据表明，个体无法依靠单一网络连接（除了他们的父母或孩子）来提供所有四维社会支持。Wellman 和 Wortley（1989，1990）的一项关于加拿大南部安大略湖区某社区的研究，发现个体特定的网络链接能提供情感支持或者物力支持，但不能同时提供两种支持。此外，还有研究发现女性比男性更可能提供情感支持（Campbell and Lee，1990）。

值得注意的是，尽管一些学者已经强调对组织环境中的社会支持进行网络研究的必要性，但只有为数不多的研究已经考察了这一领域（Bass and Stein，1997）。例如，Langford、Bowsher、Maloney 和 Lillis（1997）提出了对护理环境（像医院、护理室）中社会支持网络的调查。Albrecht 和 Ropp（1982）对医院六个科室的比较发现，
在外科的传播网络中，传播的音量和音调能够提高他们对抗慢性压力 238
的能力。作为组织中社会支持网络的少量研究成果之一，Cummings（1997）发现，那些从其网络中获得更多社会支持的个体，更有可能引发根本性（例如打破框架的）创新。

Hurlbert（1991）使用来自 1985 年社会普查（首次包括网络数据的国家取样）的自我中心网络数据，作为抽样样本，来调查亲属和同事网络对于压力的影响，例如通过个体工作满意度来检验这种影响。她提出个体网络可以提供资源来降低工作环境所产生的压力水平，或提供支持从而能够帮助个体应对工作压力。她发现在同事社会

环境中的成员关系与工作满意度正相关，甚至在控制其他社会和人口统计变量影响之后也是如此。如果同事受过高等教育，对工作满意度的影响更大，这表明他们能够提供额外的有帮助的资源。但是，Hurlbert（1991）也发现，对于蓝领工作者或低安全保障者，“以血缘关系为中心的网络会加剧而不是改善负面工作环境”（p. 426）。与后一发现一致，Ray（1991）、Ray 和 Miller（1991）发现，在为朋友和同事提供社会支持的网络中表现活跃的个体，更容易表现出高水平的情感透支。网络对于个体的负面影响也在对于相对发挥良好作用的年长男性和女性的历时性研究中有所体现。Seeman、Bruce 和 McAvay（1996）发现，拥有较广泛的、有帮助的支持网络的人，更容易表现出缺乏与日常生活抗争的能力。他们推测，这些结果也许反映了“对其他人过多依赖的后果，一段时间后，这种行为模式可能侵蚀了接受支持者对他们自己独立做事能力的信心”（pp. 197－198）。

在组织间层次，Eisenberg 和 Swanson（1996）提出，康涅狄格州的健康起跑项目，通过为孕妇介绍医院和代理机构起到了重要的社会支持作用。Zinger、Blanco、Zanibbi 和 Mount（1996）报告说，加拿大的小商业，对比政府项目更加依赖非正式支持网络。Paterniti、Chellini、Sacchetti 和 Tognelli（1996）描述了一个意大利精神分裂症病患康复中心如何成功地与其他组织建立网络连接，以反映出“患者原来所处的社会网络环境”（p. 86）。

社会支持理论的扩展

239 在过去的几年中，关于社会支持网络的研究数量显著增长。这些变化中的一些也许是由组织前景的变化推动的，例如外包、远程办公、下岗工人的再培训（Davies，1996）和新创小企业（Zinger et al.，1996）的增加。所有这些活动，通常都能将个体工人从传统组织制度上的支持结构中孤立出来。因此，当前改善我们对社会支持机制在网络涌现中作用的理解，有着更显著的重要性。

第9章 演化和协同演化理论

241 牛顿学说革命之后，18 世纪的科学以发展有组织的复杂性科学为特点，19 世纪的科学——以统计力学为代表——以关注无组织的复杂性为特点，而 20 世纪和 21 世纪的科学则以面临有组织的复杂性为特点……生命系统——生物、群落、协同演化生态系统——是有组织的复杂性的极为重要的例子（Kauffman，*The Origins of Order*）。

第 3 章从复杂性理论角度讨论了传播网络的涌现。特别是我们将复杂性描述为这样的主体网络——每个主体拥有一组属性，遵循能够产生涌现结构的交互规则。复杂性产生于存在大量具有广泛联系的主体这一事实。我们认为一些复杂系统，但绝不是全部复杂系统，是自组织的，也就是说它们能够创建和维持内部结构以适应周围的物质流和能量流。部分读者，特别是比较熟悉复

杂适应系统文献的读者，也许已经注意到第3章对于复杂性的讨论并
242 不包括适应、演化或协同演化过程。这是因为至少可以将上述过程视为某些复杂自组织系统的理论机制，尽管不一定适用于全部。因而，我们选择适应和协同演化观点作为理论机制，并用与第5～8章中分析其他理论机制相同的方式展开分析。本章我们研究适应和协同演化过程作为建立涌现传播网络多理论多层次模型的基础，而涌现传播网络是自组织种群和社群的基础。

演化理论和种群生态学

近代将演化理论作为研究人类社会进程的基础，这种兴趣可以追溯到 Amos Hawley（1950，1968，1986）的著作。多数应用这一观点研究组织结构的兴趣应归功于 Donald Campbell（1965，1974）。在 Campbell 的大半学术生涯中，他致力于探索演化理论在一系列广泛的社会文化过程中的应用，也包括在组织中的应用（Baum and McKelvey，1999）。Campbell 因其在实验、准实验设计（Campbell and Stanley，1966；Cook and Campbell，1980）以及多重方法三角测量法（Campbell and Fiske，1959）方面的工作而闻名于社会科学界。而且，McKelvey 和 Baum（1999）指出，通过 Aldrich（1972）早期关于组织边界的研究、Weick（1979）关于**组织演化模型**的阐述、Hannan 和 Freeman（1977，1983）对于**种群生态学理论**（和惯性理论）的发展、McKelvey（1982）关于**组织分类学**的研究以及 Nelson 和 Winter（1982）的**经济演化理论**，Campbell 在组织科学方面的巨大影响得以体现。

Baum（1996）广泛的研究综述充分说明，在过去20年中许多组织研究已经被引导到对前面一段列出的各种演化理论形式的检验上。我们把来自 Baum（1996）文章中的表1复制到这里，并重点介绍其中的一些主要发现（见表9—1）。

Baum 将这篇文章组织为三个主要方面：人口统计学过程、生态

过程和环境过程。关于**人口统计学过程**的典型研究关注年龄和规模的劣势（优势），表现为建立时间较长的组织，以及规模越大的组织越具有竞争优势（Freeman and Hannan，1983）。**生态过程**的研究集中在生态位宽度动力学、种群动力学、密度依赖和社群相互依赖等方 246
面。**生态位宽度**研究考察组织能获得的环境资源的数量，以及它们根据所处的或宽或窄的生态位而采取的适应策略。Carroll（1985）和其他人的研究表明，拥有宽生态位的公司典型地采用了**通才策略**，而那些拥有窄生态位的公司采用**专家策略**。**密度依赖**关注一个种群中组织的数量以及环境容纳组织数量的能力。Delacroix 和 Carroll（1983）以及 Hannan 和 Carroll（1992）的研究表明，当种群侵入新的资源生态位时，通常他们将兴旺起来，直到新的种群到来，而降低了可获得的资源水平，使得所有种群的生存变得更加困难。**社群相互依赖**"考察跨种群密度影响"（Baum，1996），包括共生和竞争（Barnett，1990；Brittain，1994）。

Baum（1996）总结的第三类是**环境过程**。其中包括制度过程，例如政治剧变（Carroll and Huo，1986）、政府管制（Barnett and Carroll，1993）和制度连接（Baum and Oliver，1991）。环境过程也包括技术过程，指的是新技术对创建新公司的影响、对改变老公司中结构的影响以及对存活率的影响（Anderson，1988；Tushman and Anderson，1986）。在我们接下来进一步详细回顾这些研究之前，强调 DiMaggio（1994）的一个发现是很重要的，他发现对特定种群内成员间网络或者连接不同种群的网络的研究关注相对来说比较少。正如他所说，这为重新概念化演化理论以及进行整体网络的实证研究，提供了全新而重要的机会。

本章我们研究演化和协同演化理论在传播网络及其他网络中的应用。下一部分我们首先研究演化理论所假设的变革和稳定性的基本机制。接下来的部分我们回到本书前面讨论过的组织形式问题，不过这一次是将组织形式应用到组织种群概念中。这自然引出对种群生态学观点的批评，对社群、社群生态学的讨论，以及围绕协同演化问题的

表 9—1　组织创建和失败的主要生态学方法 (Baum, 1996)

	主要变量	主要预测	主要参考文献
人口统计学过程			
年龄依赖	组织年龄	新事物的不利影响：当掌握了角色和规程，并且建立了与外部要素的连接时，组织失败率随年龄增长而降低	Freeman et al.，1983
		成长期的不利影响：组织失败率开始随年龄增长而上升，当初始缓冲资源禀赋用尽后达到峰值，然后随年龄增长而降低	Bruderl and Schussler，1990；Fichman and Levinthal，1991
		退化的不利影响：当组织与环境的最初适应度被侵蚀时，组织失败率随年龄的增长而上升	Baum，1989a；Ingram，1993；Ranger-Moore，1991；Barron et al.，1994
规模依赖	组织规模	规模小的不利影响：因为规模能够缓冲组织生存面临的威胁，组织失败率随组织规模的增长而降低	Freeman et al.，1983
生态过程			
生态位宽度动力学	专家策略	专家利用狭窄范围资源，并适于细粒度且集中的环境	Freeman and Hannan，1983，1987；Carroll，1985
	通才策略	通才容许广泛变动的环境条件，并适于粗粒度的、高度多样性的环境	
种群动力学	创建前期	创建前期的最初增长发出机会的信号，激发新的创建，但进一步的增长造成资源竞争，抑制新的创建。发出组织差异化信号的创建前期的增长能够降低失败率	Carroll and Delacroix，1982；Delacroix and Carroll，1983；Delacroix et al.，1989

续前表

	主要变量	主要预测	主要参考文献
	失败前期	死亡前期的最初增长释放资源，激发新的创建，但进一步增长将发出不利环境的信号，抑制新的创建。死亡前期释放的资源降低失败率	
密度依赖	种群密度（例如，种群中的组织数目）	密度的最初增长将增加种群的制度合法性，促进创建并降低失败率，但进一步增长将产生竞争，抑制创建并使失败率增长	Hannan and Freeman，1987；1988；1989；Hannan and Carroll，1992
社群相互依赖	种群密度	检验跨种群密度的影响。相互竞争的（共同的）种群抑制（激发）彼此的创建率并增加（降低）失败率	Hannan and Freeman，1987；1988；Barnett，1990；Brittain，1994
环境过程			
制度过程	政治混乱	政治混乱通过改变社会联盟、破坏组织和资源间已建立的关系、释放供新组织使用的资源，从而影响创建和失败的模式	Carroll and Delacroix，1982；Delacroix and Carroll，1983；Carroll and Huo，1986
	政府调节	政府通过诸如加强法制、刺激需求、提供补助金和规范竞争等政策影响创建和失败模式	Tucker et al.，1990a；Baum and Oliver，1992；Barnett and Carroll，1993
	制度连接	与合法社群、公共机构的连接赋予组织合法性和资源，从而降低失败率	Singh et al.，1986b；Baum and Oliver，1991
技术过程	技术周期	技术周期通过改变各种资源的相对重要性，为建立新竞争地位创造机会，使现存组织的竞争力过时，从而影响创建和失败模式	Tushman and Anderson，1986；Anderson，1988；Suárez and Utterback，1992

讨论。之后我们研究一个基于网络的演化理论——Kauffman 的 *NK* 模型，其中 *N* 代表种群中节点数目，*K* 代表节点间上位连接的数目，这种网络也就是基因网络。再次讨论第 3 章提出的复杂性问题后，我们探讨将 Kauffman 的工作扩展到协同演化问题，即他的 *NK*(*C*) 模型，其中 *N* 和 *K* 的含义同上，而 *C* 代表不同种群成员间的连接。同
247 Astley（1985）、Baum 和 Singh（1994）以及其他人一样，我们发现演化和协同演化过程在组织种群形成的社群中逐渐发展，组织种群占据了包含资源的环境生态位。不同种群成员通过竞争和共生关系网络形成更加紧密或更加松散的联系，竞争和共生关系网络还促使他们通过自己的努力获取资源以及社群的集体利益。最终，一个或更多协同演化过程消亡，旧社群瓦解，这为整个过程重新开始创造条件。

变异、选择和保持

演化系统建立在变异、选择和保持等三个基础过程上。我们将首先回顾演化理论的这三个基本组成部分，之后我们将研究它们是如何在更大范围内发生作用的。

典型地，组织是在基本组件或积木块的基础上“创建”的。Nelson 和 Winter（1982）提出，这些基本组件是指规程和一套已建立的活动，有时称为**实践社区**（Brown and Duguid，1991）。McKelvey（1982）称这些积木块为**能力**，代表组织的技能和能力。Aldrich（1999）观察到实践中的基本规程和能力通常被封装为更大的规程和能力。Rao 和 Singh（1999）提出这些组件应被划分为核心竞争力和辅助能力，并识别出四种核心的组织竞争力——“目标、职权关系、技术和市场”（p. 66）。这四种核心竞争力按次序排列，目标是最核心且最难改变的，市场是最非核心且最容易改变的。他们把这四种竞争力以外的所有其他能力标记为辅助能力，所以像广告这样的能力就被视为辅助的而不是核心的竞争力。

演化变革的根源是**变异**。与变异相对的是**稳定**。两者都很重要。外力，通常是随机的，导致变革；代表**惯性**的现存实践，抵制变革

(Hannan & Freeman，1977，1984)。演化探索这两种压力间的持续张力：拥有一套规程、活动和性状的组织是如何转变成拥有一套不同的规程、活动和性状的组织的……或组织转变是如何失败的。新闻组织建立了撰写新闻报道的规程。医院和医师建立了诊断和治疗疾病的能力或能力集。钢铁工厂建立了将矿石或废料转化为钢管的规程。如果规程和活动是指组织用来制造及交付产品和服务的各种知识、物理技能和其他能力（Nelson and Winter，1982），那么变异包含了组织能够开发的或能够获得的其他可能的能力集。这些变异典型地是由现存的或过去的规程、能力的全新组合或重新排列组成的。例如，新的治疗规范是由于允许使用新的药物治疗病患产生的。通常新的实践是在过去的实践基础上，吸纳了新药物所要求的调整而产生的变异。 248

在组织科学中，通常需要分辨两种变异："盲目的"和"有目的的"(Aldrich，1999，pp. 23-25)。这两种变异在组织过程中都很重要。盲目变异类似于随机的生物突变，很大程度上是随机发生的。没有计划，人们无意中发现做事情的替代方法。意外的发生被证明是幸运的。规程被打乱而人们在处理异常时发现改进过程的方法；新人加入组织并为现存规程引进新的替代方法（March，1994）；组织和组织环境发生必须做出应对的事件，包括技术创新、政府管制、环境生态位退化以及新进入者加入竞争领域等。为了回应这些事件，他们将有机会拓展知识和能力，即从他们面对的挑战中学习（Miner，1994）。

有目的的变异是人们试图解决问题时采取的行动。企业家们投入了大量精力来发展能够生产创新性产品和服务的新组织（Aldrich，1999）。现有组织中的研究和开发部门积极寻求创新和旧风格基础上的新变异，从而改进现存实践。他们也试图发明全新的产品和服务。在**试错**中学习是多数有目的的变异的核心。"尝试是对已建立的做事方法的变异"(Romanelli，1999，p. 80)，由此为人们提供可能的解决方法，去解决规程和能力中存在的问题。人们使用试验、直觉、标杆基准、模仿其他组织的实践、咨询顾问以及通过创新性探索来寻找解决问题的可选方法。March（1991）称这种组织学习为**探索**（explo-

249 ration)，即组织积极寻求获得新知的新方法。他将这种探索与**开发**（exploitation）相对比，开发是指组织试图发挥已知的及已建立的实践的最大功效。因此，多数组织在盲目变异和有意识变异两者的基础上运行（Nelson and Winter，1982）。

选择是第二种基本的演化过程。选择过程是在一些变异中选择出某些变异，当然，同时也是放弃没被选择的变异的过程。选择典型地根据一组试图使收益最大化、使危害最小化的标准来进行。“选择标准是通过市场力量、竞争压力、内部结构逻辑、与制度规范的一致性以及其他压力的共同作用而形成”（Aldrich，1999，p. 26）。这并不是说有害的变异永远不会被选择，因为人们或组织不可能预先知道所选择的变异实际上是否将提高组织的适应度（Romanelli，1999）。某些选择过程，例如组织结构和战略的选择，是在组织管理者的控制之下，允许人们在可选方案中做出有意识的选择。其他一些选择过程，像新技术的出现或政府推出新的管制方案，在组织环境中发生且超出了组织的控制范围。尽管如此，组织一般仍然尽力做出它们认为对它们有利的选择，并对它们无法控制的组织变异做出回应。导致对变异的选择的过程包括**组织间模仿**（Miner and Raghavan，1999）、**模仿性学习**（Mezias and Lant，1994），以及**替代性学习**（Delacroix and Rao，1994；DiMaggio and Powell，1983）。通过这些过程，组织复制或借鉴（Campbell，1969）其他组织的那些它们认为成功的实践，从而在它们自己的实践社区中引入新的变异。Miner 和 Raghavan（1999）观察到“组织间的重复模仿起到一个选择引擎的作用，能够改变组织种群中规程的本质并促进其融合”（p. 35）。

保持是演化系统的第三部分。**保持机制**（Aldrich，1999，p. 30）是这样一种过程——一个被选中的变异成为组织不可缺少的一部分、一个被接受的规程、一种新能力或一种新性状。于是，新变异成为组织做事的标准方法的一部分，成为实践社区的一部分。新变异代替了旧程序或作为新能力被添加到活动集中。这些创新多数是很细微的增量变革，主要为提高内部表现和改善内部职能而设计。其他创新可能
250 更具根本性（Tushman and Romanelli，1985），试图改变组织运行的

基本形式。这些新的根本变异有助于创造重要的新的组织能力，并且当它们被保持时将有助于创建新的组织形式并稳定、保持这些形式。但是，如 Miner（1994）所指出的，组织在选择和保持组织变异时需要走一条微妙的路线。抵制选择和保持新变异的选择—保持机制趋于保持现状，因此，也许会妨碍组织通过充分的演化生存下来。例如，Miner 描述了一些组织如何为视频会议选择基于磁盘的视频系统而不是基于磁带的视频系统。市场压力最终选择了磁带系统作为“主流设计”，但很多组织因为它们在磁盘系统中的沉没成本而不愿从磁盘转换为磁带，因而降低了它们的生存可能性。另一方面，创新本身也是一种障碍，“妨碍系统收获前一次创新的价值”。实际上，“保持过程中的关键概念是一致性”。因而，组织必须将新保持的变异标准化或惯例化，从而有效地运行。

环境生态位和资源

所有组织运行都需要资源（Levinthal，1994）。这些资源包括人员及其才能（包括知识、技能和能力）、金融资源，以及用来制造产品的原材料。这些资源中的大多数存在于**生态位**中或组织生存的部分环境中。生态位可以用各种方法定义，但所有定义都与它们所包含的资源以及这些资源支持组织社群的能力有关。一些生态位是由地理位置决定的，这意味着它们在某些地方存在而在其他地方不存在，例如煤炭、石油和钻石矿。其他的属于知识资源，例如历史上新的生物科技公司都坐落于靠近大量高校的地方，在这些地方进行着大量原创性基础研究，并且可以雇佣到具有很高专业技能的雇员。一些生态位包含充足的资源——众多具有很高专业技能的人员、充足的原材料、有利的税收激励，而另外一些生态位只包含稀少的资源——很少的技术人员、缺乏原材料、高税率，通常被称为借方。在这两种情况下，生态位都是由有限的资源集组成的，被 Hannan 和 Freeman 描述为生态 251
位的承载能力（Hawley，1950）。

当生态位资源充足时，组织很少进行竞争，因为竞争消耗高成本而且若资源容易获得，那么竞争是不必要的（Astley，1985）。但是，资源充足的生态位会吸引社群中同一种群以及其他种群的成员，于是增加了此生态位的种群密度（Hannan and Freeman，1984；如下一部分将要讨论的，种群由它们的形式和功能来识别，也被称为物种；参见 Hawley，1986）。随着生态位中种群密度的增加，以及其他成员的消耗，资源开始减少。当资源变得更加难以获得，种群中的成员（以及在社群环境中的其他物种）开始更激烈地竞争。Hannan 和 Freeman（1977）曾详细描述过密度依赖论来解释这一现象。这些观点以及众多研究表明，生态位密度和组织成功之间的关系可描述为倒 U 形曲线（例如，Delacroix，Swaminathan and Solt，1989）。种群中的组织移入新的、低密度的生态位时开始兴旺，但随着其他组织进入生态位，密度开始向生态位的承载能力极限方向增加。随着密度逼近承载能力，组织开始摇摇欲坠，最终导致整个组织种群成员数目的下降。

这里必须指出种群生态学中密度的概念主要指处于一个指定生态位中的一个种群的成员数目，或多个种群的成员数目。如 Hannan 和 Freeman（1977，1984）所说的，它不是指生态位中成员间的连接层次，也不是某指定种群内或所有种群中成员间的连接层次。但是，Hawley（1986）指出，“即使是在简单的组织层次上”，种群“被组织成为物种关系网络，即一个生态系统。因此，很显然，系统潜在的动力学与生态位结构相结合使它成为选择性主体”（p. 56）。如本章前面所提到的，DiMaggio（1994）也强调通过将种群内组织成员间的关系网络和社群生态位相结合，使种群生态学的研究水平在理论和实证两个方面都得到显著提高。

密度依赖论为组织种群的规模提供了重要解释，Brittain 和 Freeman（1980）认为存在许多和密度无关的其他环境因素，影响着组织
252 的成长与衰落。这些因素包括财务、技术变革以及政府关系等（Brittain，1994）。当然，其他组织种群也处于这些生态位中并为了一些相同或相似的资源而竞争。因此，在分析任一生态位及其承载能力时需考虑与这一生态位相关的所有物种。

组织形式和种群

很少有社会科学家习惯于从种群角度思考问题。他们中多数将其学术重点放在分析的个体单位上，如个人、一个小组，以及一个组织。但一般来说，生物学家，还有那些采用了生态学或社群生态学框架的社会学家很少对分析单一个体感兴趣，他们倾向于研究整个种群并在**种群或社群层次**进行研究（Aldrich，1999）。

演化论者一般通过种群的组织形式来定义种群（McKelvey，1982）。在第1章中我们将组织形式定义为在一大批组织之间具有共同特征的传播网络及其他结构（pp. 1–20；Romanelli，1991，pp. 81–82）。Carroll 和 Hannan（2000）提出**身份**也是构成形式的一个重要方面。组织可以在如下意义上共享相同的身份：边界内部的人们公认存在特定的性质，并且组织外部人员认可那些特性和过程（McKendrick and Carroll，2001）。其他拥有这些独特特性配置的组织被认为是相同种群的一部分。Carroll 和 Hannan（2000）给出了微型酿酒厂和自制酒馆的例子，它们专门制作烈性啤酒和淡色啤酒，并且在大型啤酒制造公司范围之外的特定生态位内相互竞争。这些微型酿酒厂在过去十年中的流行度得到了很大提升，它们认为自己是受啤酒鉴赏家青睐的专家，大型制造商通常也这样看待它们。在组织学文献中发现，最近许多组织种群得到广泛研究，包括半导体行业（Podolny，Stuart and Hannan，1996）、葡萄酒业（Delacroix，Swaminathan and Solt，1989）、报业、微型酿酒厂、儿童电视节目组织（Bryant，2002）、信用社（Barron，West and Hannan，1994）、银行（Barnett，Greve and Park，1994）以及非政府艾滋病防控组织（Shumate，2002）等等。 253

由于对组织形式和种群所抱有的兴趣，人们提出一系列有关组织如何产生、如何获得**适应度**并生存下来（Hannan and Freeman，1977）、导致组织消失的条件以及组织最终被继任者再造或替代等问题（Aldrich，1999）。例如，Barnett 和 Carroll（1987）通过分析两种不同的组织形式——互惠主义型和重商主义型，研究了 19 世纪初美国电话产业的转变。当然，在电话被发明并显示出具有商业产品或服务的潜力之前，没有任何形式的电话公司存在。当这些电话公司开始发展后，它们采取了两种不同的路线。互惠主义型公司被组织成小的、基于乡村的消费合作社，组织松散，没有集中的领导者，并试图“提供非营利性质的电话服务”。重商主义型公司则是组织规模较大、基于城市的，主要是以早期贝尔系统形式为代表的集中组织的营利性组织。

与人们今天所想的相反，在 20 世纪初互惠主义型公司的数量远远超过重商主义型，几乎是 10∶1 的比例（至少在 Barnett 研究的地区是这样的）。尽管这些公司为了在它们各自的系统间传输电话而合作，它们也为了争夺消费者而竞争。实际上，1900 年到 1917 年间争夺消费者的激烈竞争使得重商主义型公司能够买下所有互惠主义型公司并将它们集成为重商主义模式。不到 20 年间互惠主义型合作形式作为一种组织种群消失了。Barnett 和 Carroll（1987）提供了许多关于互惠主义形式消失的解释，包括组织规模（互惠主义型趋向于小规模）、地理（乡村对城市），以及技术（这两种模式趋于使用不同的传输技术）。

通过分析整个电话公司种群，Barnett 和 Carroll（1984；Barnett，1994）的研究能够表明演化过程是如何从种群的所有变异中选择出一个变异的。变异存在于重商主义和互惠主义这两种形式的本质中。重商主义型通过各种密度相关因素和密度无关因素而被选择胜出。城市和乡村生态位的交接领域中合作和竞争过程同时发生。最终，一个领域内的竞争导致一种形式（适应度比较低的互惠主义型）的退出，并使得另一种形式（重商主义型）被保存下来。这些演化过
254 程导致电话公司种群的根本转变。当然，多数分析关注的是早期美国电话产业中所发生的最终导致 AT&T 公司获得垄断地位的演化过程。然而具有讽刺意味的是，如果对于这个种群的研究持续至今日，可以发现与这种垄断恰恰相反的情况。不单是 AT&T 公司分裂为许多不同的、相互竞争的公司，而且该种群的新进入者中也涌现了新一

轮的竞争。

组织变革

演化论提出了关于变革的基本问题。一场关于组织变革的有趣的辩论在两种竞争观点间已经烽烟再起。Hannan 和 Freeman（1978），代表种群生态学观点，观察到多数组织具有很大的惯性，因此难以适应周围环境的改变。这种惯性来自“内部结构设定和环境限制”（p. 931）。于是，他们看到组织形式的多样性并提出问题：“为什么有这么多种组织存在?”引用 Hawley（1968）的理论，Hannan 和 Freeman（1977）假设一种同构准则引导组织去适应它们所处环境的特征。简言之，环境多样性引发组织及种群多样性。（同构准则与 Emery 和 Trist 1965 年关于组织环境的著作在因果推理结构上有很多共同之处，此文章阐述了不同类型组织环境要求有不同的组织类型，组织为了生存必须满足这些要求。）

另一方面，DiMaggio 和 Powell（1983）代表新制度主义观点，他们根据相同的论据却提出了相反的观点：“为什么组织的形式和行为具有如此惊人的同嗜性?”DiMaggio 和 Powell 也以同构准则作为变革的来源，但他们指出新制度化过程在种群中起作用，因此其他组织成为变革的来源而不是环境。DiMaggio 和 Powell 指出了三种有力的制度变革来源：“(1) 来自政治影响以及合法性问题的强制同构；(2) 对不确定性的标准化回应导致的模仿同构；(3) 与专业化相关的 255
规范同构。”正如我们第 6 章所讨论的，关于模仿和其他模仿过程的广泛研究已经在进行，这些模仿过程可以有效地表达演化理论的这一方面。例如，Baum 和 Oliver（1991）的研究表明，新组织通过增加自身与所处种群中那些合法组织的传播连接，并模仿那些组织的行为来降低自己失败的可能性。

种群生态学观点评论

聚焦于组织种群内的演化过程对于组织和网络研究来说确实是非

常重要的贡献（McKelvey，1999a，b）。尽管具有这些贡献，主要关注单一种群的种群生态学方法仍存在许多问题。第一，必须牢记演化论本来就是多层次混合分层结构的（Baum and Singh，1994；Rosenkopf and Nerkar，1999）。在自然领域，这一理论适用于整个生命体范围，由基因层次开始并能够应用到整个星球层次，作为生物种群社群构成的一个生态系统（Kauffman，1995）。演化论被应用到组织和网络中，涵盖了多层次混合分层结构，范围涉及从个体企业家（Aldrich and Kenworthy，1999）或组织管理者（Burgelman and Mittman，1994）到生态系统网络层次——生态系统网络层次将多重组织种群（Brittain，1994）组成的相互关联的社群（Baum and Singh，1994）联系在一起。于是，一个正确的演化概念必须包含组成生态系统网络的所有种群和生态位，而不仅仅是单一种群（Hawley，1986）。当然，也许同时研究所有层次是不切实际的。大量研究考察组织中的企业家与管理相关的活动（参见，例如，Campbell，1994；Miner，1994）。另外一些研究组织过程，例如种群的模仿改变（Mezias and Lant，1994）。还有一些研究社群内种群间的相互影响（Barnett，1994；Ruef，2000；Van de Ven and Grazman，1999）。最后，尽管有难度，仍然有一些研究试图探索多层次假设。例如，Rosenkopf 和 Nerkar（1999）研究了在光盘技术等级层次之内或跨越等级层次的部件、产品和组织系统的协同演化。并且 Baum（1999）利用 Kauffman 的 $NK(C)$ 模型（将在下一部分描述）探究
256 组织较低层次的部分——比如工作组——与作为一个整体的组织之间的协同演化竞争。他们的研究结果显示，组织的低层次部分“典型地向较高层次演化”，因此导致了较灵活的局部与较稳定的整体之间的冲突。正如 Campbell（1994）在他的关于个体与面对面选择机制的研究中所说的：“我的基本假设是潜在的冲突之一，冲突发生在：(1) 公司自身的利益和组织内各层次的每个个体的利益之间；(2) 一个个体的利益与组织内各层次的同事的利益之间；(3) 组织内的组织层次之间；(4) 组织内面对面的小组之间”（p. 33）。这些多样化的例子充分说明，未来的研究人员必须详细说明他们研究的是整个生态系统的

哪一部分的变异、选择、保持，即是个体组织、组织中的种群还是组织中多层次种群所组成的生态社群中呈现的变异、选择、保持，并且使他们的探究尽可能地包括在内。

第二，Astley（1985）批评了种群生态学的变革概念。他提出，种群生态学的观点是种系渐变的。这种观点提到了“一脉相承的家族或血统关系中种群成员的逐步选择”（p. 225）。这种原理确实会产生变革，然而变革只是从种群自身内部产生，并且只是从那些能够被选择、维持和传递到其他种群成员的变异中产生，从而在整体上改进种群。当组织中实际的或潜在的变异开始下降时，演化过程也会变慢，因此导致了惰性的增加并降低了生存的可能性。

另一种渐变是间断性均衡。这种观点将变革想象为打断的长期相对稳定性的大量快速的、突然的变化。正如Astley（1985）所说的，演化是“充满插曲的行进，而不是渐进的节奏”（p. 230）。Tushman和Romanelli（1985）把这种过程视为使变革的压力与惰性的压力相竞争而产生的一系列内部和外部的矛盾。通常，新的技术与发明为大量组织变革提供促进因素，或为创建新的种群组织提供基础。比如，Van de Ven和Grazman（1999）研究了4个主要的卫生保健组织140年的系谱，并且在这些组织的历史中发现了导致组织重定向或创建了新的组织世系的3～5个重要事件。

第三，Astley（1985）对种群生态理论无法说明新组织形式和新组织种群的涌现提出了批评。“新的种群分支与他们的祖先共存，直到后者突然消亡，而不是通过一个稳定的转型过程取代他们的祖先”（p. 230）。Rosenkopf和Tushman（1994）指出多种主要技术因素和激进创新导致现存的组织很难处理由新技术产生的新需求。更加年轻、更加敏捷的组织是典型的最有能力处理新技术的组织。因此，那些从旧组织派生出来的组织或那些由新兴创业者创办的组织是最有可能创建新的组织模式的（Aldrich，1999）。 257

社群生态学和协同演化

社群生态学或协同演化研究不同组织的多种种群以及它们所处的

不同生态位。如前所述，一个组织为了在自己选择的环境下生存，必须与自己的种群中的其他组织竞争资源。举例来说，Barnett（1990）研究了1879—1934年宾夕法尼亚州电话公司种群成员间的竞争情况，直到最后AT&T公司主导了整个市场。Staber（1989）研究了工人与顾客合作的涌现现象，表明工人们如何为了争取顾客的忠诚度而相互竞争。内部的竞争并不是种群要面对的唯一挑战，它们必须应付它们所处的生态位中共存的其他种群的成员。比如，Haveman（1992）研究规则变动情况下的银行同储蓄与贷款组织为争夺客户与资金而开展的竞争。Carroll和Swaminathan（1992）考察了一定程度上与大型制造商竞争的微型酿酒厂和自制酒馆的涌现。通常组织必须相互竞争，但在某些条件下，来自不同种群的组织也可以合作，寻求互利，这个事实是Kauffman（1995，p. 215）提出的，比起早期理论这一事实现在更被普遍认可。Aldrich（1999，引自Hawley，1950）提出两种相互依赖的驱动社群动力学：共栖与共生。“**共栖**指相似个体间的竞争与合作；而**共生**指不同个体间的相互依存”（p. 298），因此，种群内部以及种群
258 间的关系很大程度上支配着社群。第一种关系是相同生态位中的相似种群间的竞争或合作程度，第二种关系是相同或不同生态位中的不同种群间的相互支持程度。

社群的定义

随着对社群生态学的关注，由此产生的一个重要问题是如何去定义一个社群（Aldrich，1999；DiMaggio，1994）。Hawley（1950）最初关于社群生态学的社会学研究是关注一定空间和时间边界内社群中的关系。随着社群生态学理论已被改用于组织学学术研究，社群的定义已采取了许多函数方法（Ruef，2000），但这并不意味着组织学的学者们对如何定义、操作或分析社群完全达成一致。Astley（1985）的社群组织模型着眼于种群间基于技术的相互关系。Barnett与他的同事们（Barnett，1994；Barnett and Carroll，1987；Barnett，Mischke，and Ocasio，2000）在种群间共存与共生的关系基础

上定义社群。Hannan 和 Carroll（1995）把这个定义的范围拓宽，声称社群指“一个更宽泛的组织种群集合，它们的交互作用具有系统性特征，并通常由功能的差异引起”（p. 30）。Rosenkopf 和 Tushman（1994）补充了环境的重要性，在他们的研究中环境特指技术环境。Aldrich（1999）与 Ruef（2000）补充指出了一个社群中的种群应该围绕一个“核心”来组织，即它是否是技术性的、标准化的、功能性的或合乎规范的。Ruef（2000）主要根据医疗领域的四项主要功能，着手组织医疗种群构成的社群。Aldrich（1999）在描述社群特征时为了确保其演化倾向，提出了一个简洁的定义：“一个组织社群即一组协同演化组织种群，它们通过对通用技术、规范秩序或合法监管制度的取向，形成共存和共生关系”（p. 301）。

如同我们在第 7 章关于资源交换与依赖理论的讨论那样，资源对于组织生存至关重要。然而，与那些关注协作交流以及相互依赖的理论机制的逻辑不同，演化理论明确强调相互依赖环境中的组织种群间由于稀缺资源而产生的竞争与合作。“适者生存”通常意味着淘汰不适者，相互适应者生存则意味着处于最优状态。 259

如前所述，Astley（1985）认为社群如同“交互种群的功能性集成系统”（p. 232）一样运作。他认为当社群以上述方式运作时，种群达到一定程度的封闭，其中“种群主要是通过彼此交流资源而不是直接与环境交流来开始运行”（p. 234）。很明显，这是增加不同种群成员间的内部网络相互依赖性的一个过程，这些种群成员互相提供彼此需要的资源，于是较少依赖于外部环境。许多演化论者认为种群努力减少对所处环境的依赖，但这是好事吗？

Barnett（1994）曾警示“如果社群结构的协作性差……整个社群的适应度都会下降”（p. 351）。同等重要的是，Astley（1985）认为网络能够限制应用。一个社群只能达到一定的规模，“达到一定规模之后，社群内部关系复杂度的增长将降低社群作为功能单位的有效性”。并且，也许最重要的是，Astley 主张：“伴随着系统封闭集合的内部网络复杂度的增长培养了社群的稳定性，但是也使它们面临最终崩溃的结局”（p. 236）。当社群崩溃，它们的剩余资源将仍然保留在生态位中，随着下一轮社群开始发展，这些资源被新的涌现种群循环利用（Aldrich，1999）。

社群生态学的观点本质上是一个组织变革的多层次协同演化模型。它包含了种群生态学观点，补充了社群层次上的演化机制，并填补了种群层次与环境之间的概念缺口（Aldrich，1999；Astley，1985；Barnett，1994；Ruef，2000）。Barnett 和 Carroll（1987）指出，这样的多层次特性可以这样看待："组织的相互依赖关系可以在多个层次上存在：在两个独立的组织之间、在组织种群之间以及在组织社群之间"（p. 100）。

在我们分析的种群层次上，竞争与相互关系的相关设定在种群的整个生命周期是变化的。种群内早期企业家与进入者要求获得开放的环境空间以及可用资源（Astley，1985，pp. 233 - 234）。因为这个空间
260 或生态位内的资源供应量大于初生组织的需求量，不需要竞争（Astley，1985）。但是，当更多的组织进入种群，对资源的需求超过了供给，争夺资源的竞争出现了。当这些组织开始竞争时，同时也开始形成一些相互关系，这些相互关系需要并创建社群。由相似性产生的相互依赖、互惠和竞争以及由差异性产生的相互依赖和共生基础上的共栖机制，是社群所需要的功能（Hawley，1950，1986）。由于这些种群里的组织的相互依赖性增强，需要社群的领域或是被即将进入社群的外部种群占领，或是被种群派生的分支占领（Hawley，1950，1986）。

互惠、竞争以及共生关系形成了社群涌现的基础。社群反过来是开放空间的调节器，并在合作种群和外部环境间起到缓冲作用，特别是涉及资源的时候（下面将介绍更多细节）。当环境中的变化限制或释放了种群资源时，社群在环境引起的变革的基础上帮助再分配资源。这样，通常由于环境变化导致重要资源的突然枯竭而将要灭绝的种群，将转而依赖于社群内部保留的资源。本质上，社群整体要比各个部分之和大得多，种群组成这样的社群所带来的益处也许远远大于其成本。

因此，对组织来说，作为社群的一部分要比仅仅作为种群的一部分更"容易"生存。社群通过允许适当量的自我满足来缓解环境的约

束（Barnett，1994；Hawley，1950，1986）。一个社群所包含的内容对于被环境严格或大量限制的种群来说尤为重要。在这种情况下，社群可以作为这些限制的缓冲，它能增加种群及它的成员的已获资源数量。

总 结

演化论的核心从根本上来说是一个关于变革的理论，尽管这个过程常常在惯性环境下发生。由于演化机制主要旨在选择促进种类生存的变革，因此它也可以被称为是一种“为了改进而发展”的理论（Romanelli，1999，p. 80；Kauffman，1995）。尽管竞争与合作也是 261
演化模型的核心过程，但演化模型通常被总结为以下三个基本组成部分：变异、选择与保持（McKelvey，1997）。在现实世界中，变异的发生既是随机的也是有目的的，但即使是有目的的变异也是盲目的，因为不可能预测变异后进一步的结果。这些变异中有些使组织受益，它们使组织成为更强有力的竞争者，而另外一些变异对组织有害，它们使这些不幸的组织竞争适应度减弱，难以生存。在所有层次上，演化过程青睐具有优势特性的组织。因此，组织一般会尝试选择能够提高它们的环境适应度的特性，从而提高它们的生存几率。保持的发生一般通过使变革成为内部组织过程的一个完整部分，或者通过派生分支以及其他再生方法例如创业等繁殖。因此，种群筛选出新的组织竞争力及特性，并且创建了新的组织形式。有时组织也会选择有害的变异，但是当它们的有害性被察觉时，组织就会放弃或不保持这些变异。不幸的是，有时有害性被发觉得太晚，以致无法挽救组织或种群。所有这些过程都发生在存在于种群的环境生态位、较大社群以及生态系统中的广泛资源竞争中（Aldrich，1979，1999；McKelvey，1982，1997，1999a，b）。在这些较大的社群中，无论作为种群成员还是整个种群，互助与共生都是形成相互关系网络的重要过程。这些内部社群网络结构开始代替外部依赖，导致内部复杂度越来越高。虽然随着社群内部结构连接的增加，社群在环境与它们自身之间缓冲从而能延长生命，但同时它们也播下了让位的种子，因为复杂性极限的存在会限制功能集成（Astley，1985）。

因此，在协同演化理论中我们看到了引发存在于组织内部、组织种群成员之间以及组成生态社群的组织种群之间的传播网络及其他网络的创造、保持、分解与最终再生的多层次理论机制。本章接下来将详细介绍一个具体的基于网络的复杂模型，自组织协同演化模型——Stuart Kauffman（1993）的 *NK* 与 *NK*(*C*) 模型。

演化理论和 Kauffman 关于粗糙适应度景观的 *NK* 模型

262 Kauffman（1993）提出了一种演化与协同演化理论，他称为 *NK* 与 *NK*(*C*) 模型。尽管这一理论最初是用来解释地球上生命的起源的，但这个理论提供了关于复杂系统如何自组织以及如何与它们的环境协同演化的全面理论。此理论起源于生物学，目前它已经应用于许多其他领域。Kauffman（1995，p. 10）用这套理论来探索人工制品与技术协同演化的状况。在组织科学中还有其他一些应用，包括 Baum（1999）关于局部—整体竞争的研究；Carroll 和 Burton（1999）关于复杂传播网络的研究；McKelvey（1999a）关于价值链竞争优势策略的研究；以及 Levinthal 和 Warglien（1999）关于组织设计中适应度景观的研究。这个理论与本书的主题关系尤其密切，因为它本质上就是一种网络理论，研究作为演化和协同演化过程的驱动力的连通程度。这一部分我们描述 Kauffman 关于演化适应度景观的 *NK* 模型。这为探讨协同演化 *NK*(*C*) 模型提供了必要的背景知识，*NK*(*C*) 模型在后面进行研究。

在生物学领域，传统上认为演化是在基因层次上运作的。因为基因控制组织器官的特性，每一个种群或物种都具有自己独特的特性集，比如骨骼是生长在体内还是体外，是生长毛发还是羽毛，是生长爪子还是鳍等。因此，每个物种都会保留它自己独特的基因集或基因池。本章我们交替使用基因与特性的概念，尽管在生物学中认为特性是由基因来决定的。组织种群尽管是由人而不是由基因所创建的，但仍被视为具有特性。组织种群具有相似的组织结构、特定能力、加工原材料或提供服务的规程等等。同样，每个种群的个体成员都有独特的物种基因配置，被称为**基因型**（Kauffman，1993，p.40）。**基因型空间或特性空间**是所有可能的基因型的集合，并且代表物种中所有个体能够具有的各种特征或特性。举例来说，McKelvey（1999a）列出了一些组织特性，所有笔记本电脑制造商在一定程度上都必须具备的能力，他称之为“价值链能力”（p.296）。其中包括高效芯片利用技术、磁盘技术、电池技术、鼠标技术、散热以及其他一些技术。笔记本制造商种群中每个组织必须具备这些特性或能力，尽管每个组织拥有不同能力的程度不同。因此笔记本电脑制造商种群的基因型空间所包含的基因型与其他基因型非常相似，并且基因型被限制为彼此仅有一个或最多几个不同特性。空间中的其他基因型彼此差异很大。基因型空间的概念就是如此构成的，每个基因型可以看做是与其他相似基因型最相近的基因型，但却是与不同基因型的差别最大化的基因型。Kauffman用“D”表示空间的维度，含义是“一个基因型通过最少的变更可以向另一种临近的基因型转变的方向数目”（p.41）。 263

在Kauffman的理论中，N代表基因的数目，K代表基因间上位连接的数目。**上位连接**是指连接中的一个给定基因或特性依赖于另一个基因或特性（p.40）。如果没有上位连接，每个基因可以不依赖于其他基因自由地变化。如果存在上位连接，它给连接特性的相互性与适应度加上了限制。从这个角度看，K是对系统组成部分间关系复杂度的测量。

布尔网络

明显地，特性集合及其间的上位连接构成了一个网络。实际上，Kauffman把N个特性与K个连接表示为动态布尔网络。“布尔网络是二进制变量系统，每个变量拥有两个可能的活动状态（开或关），它们彼此连接从而使得每个元素的活动根据布尔开关功能被另一些元素的**先前活动**所控制”（p.182）。动态布尔网络中的每个节点从它的上位连接接收输入。每个输入限定了接收节点下一刻的行为，使它们从开到关或相反。由于节点可能被连接到不止一个其他节点并从那些节点处接收输入，开关功能根据输入的组合来决定接收节点的行为（pp. 188 - 191）。因此上位连接被视为网络中的约束，如图 9—1 所示，当 $K=2$ 时，有 16 种不同的布尔功能（McKelvey，1999a，p. 308）。

		0	1			0	1
0.CONTR.	0	0	0	8.AND	0	0	0
	1	0	0		1	0	1
1.NOR	0	1	0	9.IFF	0	1	0
	1	0	0		1	0	1
2.⇒	0	0	0	10. t_1	0	0	0
	1	1	0		1	1	1
3. $\overline{t_2}$	0	1	0	11.⇐	0	1	0
	1	1	0		1	1	1
4.⇐	0	0	1	12. t_2	0	0	1
	1	0	0		1	0	1
5. $\overline{t_1}$	0	1	1	13.⇒	0	1	1
	1	0	0		1	0	1
6.XOR	0	0	1	14.OR	0	0	1
	1	1	0		1	1	1
7.NAND	0	1	1	15.TAUT.	0	1	1
	1	1	0		1	1	1

图 9—1　$K=2$ 时的 16 个布尔功能

资料来源：F. F. Soulie，Y. Robert，& M. Tchuente，*Automata Networks in Computer Science*，1987，Princeton University Press. Reprinted by permission of Princeton University Press.

适应度景观

Kauffman 使用**适应度景观**的概念来描述种群的演化行为（Kauffman，1993，此框架由 Sewell Wright 1931，1932 完成；参见第 33 页）。适应度景观表示基因型空间中每个可能基因型的适应性水平，或特性空间中每个特性的适应性水平。适应度可以看成是一个特定基因型的生存能力。每个基因或特性都被赋予一个适应度值，而基因型的适应度被简单地看做是所有组成基因型的特性的均值（p. 42）。比其他基因型组合更容易生存的组合被称为**适应者**（fitter）。

为每个可能的基因型赋予一个适应度值就可以产生遍及整个特性空间的适应度景观。这一景观展示了所有可能的基因特性组合的适应度。在生物学上，适应度常被视为一个种群再生特定的基因特性或特 265
征集合的能力（p. 33），尽管 Kauffman 认为适应度指的是“……实现特定功能的可度量的能力”（p. 121）。在组织学情境中，我们也可以认为适应度是收益率、生产力或者任何一些其他的关于“成功”的度量（Levinthal，2001；Levinthal and Warglein，1999；McKelvey，1999a，b）。

根据其成员所拥有的特定基因型构型，一个物种或种群被视为在适应度或成功景观上的一种分布。所有具备相同基因型的个体在适应度“地形图”中处于相同的位置（p. 34）。演化被视为种群集体尝试通过寻找、选择并保持最好的基因型来优化其适应度的过程，Kauffman 称之为**适应之路**（adaptive walk）（p. 210）或者**爬山过程**（hill-climbing）（pp. 33 - 34）。“突变使得个体或个体的后代向空间中代表相邻基因型的邻近点移动。具不同适应性的个体的差异化繁殖显现选择过程。因此，一段时间后代表种群的个体聚集将涌现出适应度景观”（p. 34）。

上面描述的适应度景观包括代表具较高适应度的基因型的局部最优或高地，以及代表那些具较少适应度的基因型的局部最低或低谷（p. 45）。Kauffman 认为种群演化的能力取决于适应度景观的本质。景观可能非常**平缓**，也可能**极为粗糙**（p. 45）。如果基因型空间中所有基因型的适应度水平相近，则景观就会比较平缓，相邻位置彼此的相关性很高；如果相邻基因型的适应度水平差异很大，则景观就会非常粗糙，相邻位置彼此的相关性很低，Kauffman 称之为景观的**相关性结构**（p. 45）。在相关性较高的位置容易从当前位置获得关于周边位置的知识，也就容易向更好的位置转移。相反，当景观粗糙时相关性比较低，从相邻位置获取信息会比较困难，同样也就难以向更好的位置转移。

可以看到，NK 模型的参数对应于景观的性质。K 是模型中 N 个特性间上位连接的个数。K 可以在 0 到 $N-1$ 之间取值。0 代表系统特性间没有限制连接，$N-1$ 代表每个特性都与其他 $N-1$ 个特性
266 连接并且受其他 $N-1$ 个特性限制。当 $K=0$ 时，由于特性间没有上位连接，因此每个特性可以自由独立地适应所有其他特性，对种群的适应度没有限制。Kauffman 指出，这种适应度景观中相邻位置的适应度值高度相关，并且适应度景观作为一个整体包含单一的全局最优（pp. 45 - 46）。经过一段时间和连续几代后，所有物种的成员会从它们本地邻近的一个突变位置中寻找更好的基因型，并选择那些更具适应性的基因型，即实质上通过吸收那些基因型实现突变。最终，整个种群将实施遍及特性空间的适应性攀登过程，将特定适应度景观中的最佳位置磨砺出来，也就是形成最成功的特性组合及最好的基因型（pp. 45 - 46）。但是，Kauffman 指出，即使整个种群达到了最优，其他景观也可能会因拥有更优状态而占优。景观的相关性结构与攀升过程的复杂度意味着两个问题。第一，景观在一段时间后可能会变化，所以一个种群的景观可能会改善或者恶化；第二，不同的种群将具有不同的景观，这意味着某些种群的适应性潜力会高于其他种群。

在取值范围的另一个端点 $K=N-1$ 处，$N-1$ 个上位连接产生的景观是完全随机的（pp. 46 - 47）。基因型或特性空间中相邻位置间是不相关的，并且系统在最大限度上被限制。景观容易形成多个局部最优而不是形成一个全局最优，但很少有基因型能够攀登至这些最优位置（pp. 47 - 52）。"复杂系统中的冲突限制了可能功能的最优化"，Kauffman 称之为**复杂性灾变**（pp. 46，52 - 54；同样见于 McKelvey，

1999a，b)。

显然，参数 K 与 N 可以取 $K=0$ 到 $K=N-1$ 之间的任何值。Kauffman 建立了一系列 NK 计算机仿真实验来分析不同的 NK 组合。每种组合都产生不同的适应度景观，于是一系列组合产生一个可调适应度景观族（pp. 54－60)，即景观随参数值的改变而改变。尽管模拟实验产生了许多有趣的结果，但也许最重要的发现是最优的景观是由那些取值较小的与 N 相关的 K 值而产生，如 $K=2$，3，4 等(p. 223)。这样的取值结果甚至比 $K=0$ 要好。这意味着系统特征间少量的连接有利于提高系统生存与演化的整体能力。太多的连接导致复杂性灾变。如 McKelvey（1996）所解释的，灾变发生在“由于复杂性妨碍自然选择过程，进而阻止适应度提高的进程”（p. 286)。在 267
某种意义上这个现象与 Astley（1985）的发现是类似的。Astley 发现，如果组织种群的社群网络太过密集，将会因为它们太过依赖于内部资源而不能与外部充分连接从而导致社群的最终灭亡。

Kauffman 同样指出种群有时会以戏剧性的不连续的方式改变，而不是以渐进的或最低限度的一步突变方式改变（p. 69)。这样的**结构转化突变**被称为移码突变或**长跳适应**，使一些特性同时产生变化(pp. 70－74)。尽管长跳变异可以引进重要的组织变革，但它们也会遭遇复杂性灾变（p. 72)。这种类型的变化与间断平衡的观点很相似，我们在前面的章节讨论过该观点（Astley，1985；Tushman and Romanelli，1985)。

自组织

在第 3 章我们从基于主体模型的角度讨论了自组织的概念。网络中的主体根据动态网络涌现所遵循的一组规则相互影响。自组织与自动催化在 Kauffman 的演化理论中也起着非常重要的作用。**催化**是指主体辅助或加快其他主体间的反应或相互反应的过程（p. 289；Kauffman，1995，p. 49)。**自动催化**，或者叫“集中型自动催化系统”，是一个主体在其中能够“加快主体自我形成反应的过程，A 形成B，B形成C，C又形成A”（Kauffman，1995，p. 49）。若能从外部环境获得足够的物质与能量输入，这样的循环网络特性能创建“自我维持或者自我再生的系统”（1995，p. 50）。

如图 9—2 所示，这些概念可以扩展到主体网络。尤其重要的是，“随机图的连接特性显示了效果上的突然转变——相变”，它是节点数N与边数E的比值的函数（Kauffman，1993，p. 307）。如图 9—2 所示，当E/N的比值比较小时，多数节点是孤立的，图中很大一部分是不连通的。当E/N的比值增大但始终小于 0.5 时，网络中组件的数目和规模都将扩大，但是网络元素之间仍然是相对不连通的。当E/N的比值大于 0.5 这一门槛时，图形突然转变成一个包含了大多数节点的大的组件，只留下相对少数孤立点。这个大规模网络是网络的相变，代表网络质的飞跃。

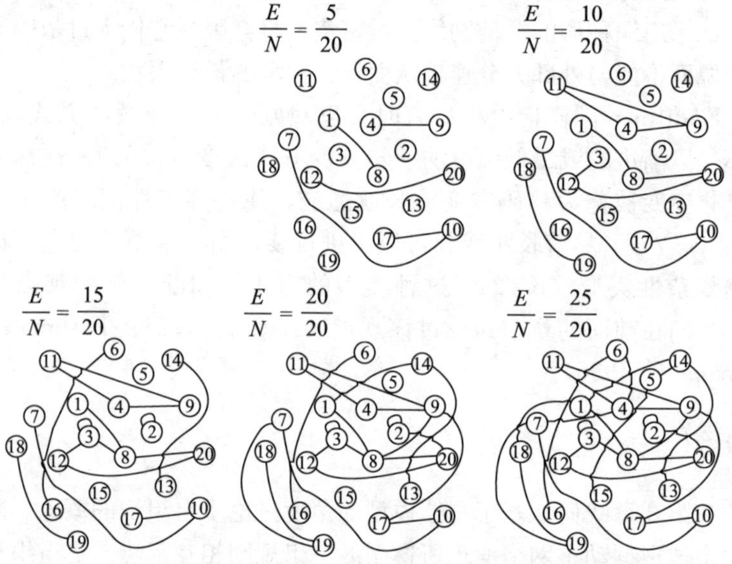

图 9—2　固定节点数 N 被数目逐渐增多的边 E 随机连接的随机图

注：对于较大数值N，当E/N超过 0.5 时，大部分节点连接成一个庞大的组件。当E/N超过 1.0 时，各种长度的环开始涌现。

资料来源：Stuart A. Kauffman，*The Origins of Order*：*Self Organization and Selection in Evolution*. Copyright 1993 by Oxford University Press. Used by permission of Oxford University Press.

Kauffman（1993）声称他研究的一个重要方面是将自组织的概念融入对演化论的研究中（pp. 30 - 31，同样可参见 Kauffman，1995）。Darwin 的进化论几乎全部关注自然选择（比如，本章前面描述的变异、选择与保持过程），将自然选择看做自然世界秩序的唯一来源（Kauffman，1993，p. 10）。自然选择将环境看做唯一的组织主体，通过选择和维持能够增加种群对环境适应度的随机变异发挥的作用。不过 Kauffman 认为自然选择不应该是世界“唯一的来源或秩序”（p. 11），因为将环境力量置于首位太绝对了；没有给其他组织过程、其他秩序的源留下空间（Kauffman，1995，pp. 24 - 25）。 269
Kauffman 说尽管 Darwin 的自然选择仍然是最主要的秩序来源，但它不是唯一的来源（p. 11）。此外，自组织与自组织系统构成世界上另外一种秩序产生的力量（Kauffman，1993，p. 25）。为了支持这一观点，他列举了多种情景，在这些情境下组成复杂系统的组件之间的交互作用涌现出自发秩序。他还发现自然选择通常会在那些呈现自发秩序的系统中发生（Kauffman，1993，p. 16）。他总结说，将“选择与自组织”（Kauffman，1995，p. 25）融入我们关于世界的理论和模型中是非常重要的。

Kauffman（1993）发现随机布尔网络是“一个庞大的无序系统族”。尽管如此，这个系统族仍可定性地分成 3 种他称之为体制的不同系统类别（p. 174）。第一类系统是有序体制；第二类为混沌体制；第三类是前两类系统之间的过渡，称为复杂体制。不同的体制包含不同的组织条件，但是只有介于有序与混沌之间的复杂体制可以提供自组织的基础。

第一种布尔网络系统族按时间顺序运行（布尔网络的节点根据将系统连在一起的上位连接中包含的规则，在离散的时间顺序下改变数值），**有序体制**是一种“系统中许多元素被固定于确定的活动状态的体制。这些固定的元素组成一个大的连接聚簇或**固定组件**，它们在系统中扩散、渗透，并抛弃以复杂方式波动的非固定元素孤岛”（Kauffman，1993，p. 174）。第二种按时间顺序运行的布尔网络系统类型——**混沌体制**——不包括固定组件，而是一些非固定组件的连接聚簇，它们在活动中自由波动，在系统中渗透，抛弃固定的孤岛。在这种混沌体制中，初始条件的微小改变就可以产生大量变革，并蔓延到其他非固定元素。这样的大量变革说明在混沌体制下，动力学特性对初始条件十分敏感（p. 174）。

270 第三种随机布尔网络族是**复杂体制**。其中从有序体制到混沌体制的过渡形成相变，它随各种参数的变化而发生。有序与混沌边缘的过渡区域就是复杂体制。这里固定组件恰好扩散，而非固定组件恰好停止扩散，因此分裂成孤岛。在这个过渡区域中改变单个非固定组件的活动能够引起大量变革，而其典型的规模分布表现为许多小的涌动和一些大的变革（p. 174）。

所有可能的随机布尔网络都可以划分到上述三个族中，而这对自组织来说有着重要的含义。在有序的状态下，多数元素和连接都是固定的，所以自组织不容易实现。在混沌的状态下，几乎什么都不是有序的，所以自组织也会出现问题。Kauffman（1993）认为在第三种体制——复杂体制中，可以找到自组织现象。这里元素与连接既不是固定的也不是混沌的，所以“生命向着有序与混沌之间的体制演化”（p. 26）。在这个有序与混沌之间的过渡区域，系统最有可能进行自组织和变革，并且进入混沌状态或僵化为固定秩序而失去控制的危险最小。

Kauffman（1993）的 *NK* 模型模拟了这些理论上的发现。他特别指出，当 $K=N$ 时，“全体网络最大限度上无序”（p. 192），并且，事实上这使 K 与 N 完全关联。而在另一个极端，在 $K=1$ 处，系统是高度有序的，在这混沌与有序的两个极端之间就是复杂体制的过渡阶段。在 *NK* 模型中，当改变 K 的值，比如 K 可以从 5 取到 2 时，这些现象便涌现出来（pp. 192－193）。因此，复杂有机体和组织的自组织很大程度上取决于网络的内部结构的复杂度。

协同演化理论和 Kauffman 关于耦合景观的 *NK*(*C*) 模型

Kauffman（1993）提出“生物学上真正的、惊人的成功反映了一个事实，即有机体不仅在演化，他们还与其他有机体以及变化中的非生物环境协同演化”（p. 237）。Lewin 和 Volberda（1997）认为组 271
织演化理论向协同演化理论做出了一个类似的转变（Lewin，Long and Carroll，1999）。这种转变把关注的重点从具体组织或单一组织形式转向了多重组织形式、它们的共有环境、竞争的资源，简言之，向社群层次转变。

就像我们在本章前面所讨论的，为了生存，公司种群必须适应组织生态位，在这一组织生态位中它们发现自己并与同类之间互相竞争稀缺资源。另外，协同演化的观点暗示环境的改变，通常表现为小的、增量的随机事件，偶尔表现为非常重要的突发事件，有时是通过生态位里组织中个体或整体的共同努力实现。协同演化承认不同的种群共同生活在一个社群或生态系统中，因此彼此之间必须相互交往。

正如我们在前面所看到的，Kauffman 的 *NK* 理论描述了主体种群在种群适应度景观演化中的自组织、适应性行为。*NK* 模型提到了单个种群的演化但没提到多个种群的协同演化。为了描述协同演化系统的动态性，Kauffman 阐述了 *NK*(*C*) 模型，它在过程中融入了两个新的参数。像前面所说的，*N* 代表每个种群的基因、特性、特征的数量，*K* 代表约束每一特性的内部上位连接。第一个新参数是“*Si*”，它代表协同演化的某一个物种集（p. 244）。每一个 *S* 都拥有自己的 *N* 和 *K*，也就是说，每个种群都有一个特性集和一个上位连接集，其中种群成员间特性数值以具体的、明确定义的方式改变；上位连接在特性间施以限制，其取值范围从 0 到 $N-1$。一个种群的特性不需要和其他种群同样，实际上也有可能是不相同的，至少在某种程度上是这样。第二个新的参数设为“*C*”，它代表不同物种或种群成员特性之间的上位连接。*C* 的取值大表明社群内的种群间拥有大量的上位连接，这暗示着每个种群至少有一些特性限制了其他一些种群的特性。*C* 的取值小表明弱的连通性。就像 *K* 衡量每个种群的内部复杂性一样，*C* 衡量种群之间的外部复杂性（p. 244）。*C* 实质上连接了或“耦合了不同物种的 *NK* 景观”（p. 238）。这就暗示了每个物种景观中的适应性变革影响它所连接的所有物种景观。特别是，“适应 272

性运动使得它的同伴的景观变形”（p. 238）。

除了这样的变形，耦合还可能使耦合系统呈现**纳什均衡**，这是一种“由 C 组合的所有参与者都达到局部最优的状态”（Kauffman，1993，p. 245）。虽然不太容易实现，纳什均衡还是典型地被认为是内部连接系统最好的集体性解决方案，虽然它不要求每一个参与者或参与者子集达到最优。由于耦合会影响到每个群体的适应度，这就产生了一个问题，什么水平的 C（社群或生态系统中群体的连通度）与 S（社群中群体或种类的数目）会更快产生纳什均衡？Kauffman 根据大量 $NK(C)$ 计算机仿真实验总结出，“当 $K>S\times C$ 时，所有协同演化的参与者很快达到纳什均衡。当 $K<S\times C$ 时，协同演化的参与者将很难达到纳什均衡”（p. 253）。由于 K 是对群体内复杂度的测量，而 S 与 C 是对社群群体间复杂度的测量，所以 Kauffman 的结论清晰地表明了内部与外部复杂性间的权衡。随着种类（种群）个数 S 与种类间连接个数 C 的增长，相对不同群体的固定水平 K，均衡将越来越难以达到。换个角度，相对于个体种群内的复杂度而言，社群群体成员间的复杂度越高，社群达到均衡的速度就越慢越困难。有趣的是，这个发现和本章第一部分最后提到的 Astley（1985）的结论很相似，他认为相对于外部环境来说，内部彼此间相互依赖逐渐增长的社群，遇到复杂性的限制可能会引发社群灭亡。

演化 *NK* 模型的理论机制

和其他受系统理论所启发的模型一样，$NK(C)$ 模型也是在寻求具有跨学科性并在结果上超越特定分析层次或内容领域。NKC 是“No Known Content”的首字母缩写（引自 Ahouse et al.，1992）。在本节，我们尝试将 $NK(C)$ 的理论机制应用于个体种群间和组织种
273 群间的两个已知内容领域。首先，我们将它应用于复杂协同演化信念系统的涌现（如同 Ahouse et al.，1992 所假设的）。其次，我们将把它应用于竞争性零售链中组织的复杂协同演化战略实践（Chang and Harrington，2000）。

Ahouse 等（p. 349，1992）提出在研究信念系统的涌现时，$NK(C)$ 模型可解释如下：

（1）每个个体（种类）都有一定数量可能或不可能掌握的信念（基因），信念的总数为［*sic*］N。

（2）可以构造出一个认知挫败（适应度）指数，它基于个体信念的协调水平，以及它与周围那些个体的信念的一致性。

（3）每个信念认知挫败的贡献是根据此个体中的 K 个其他信念以及周围每个参与者的 C 个其他信念确定。

（4）每个参与者在每一轮中可以改变一个信念。

设想个体 i 对 3 个问题有 3 个信念，分别表示为属性 $A1_i$、$A2_i$、$A3_i$。这三个信念是：（1）对生产高质量产品的态度；（2）对经济地生产产品的态度；（3）对采用最新技术来生产产品的态度。对每个个体，这 3 个属性都可以分别取值 1 或 0。值 1 表示优先考虑那种说法，值 0 表示不优先考虑。按照 $NK(C)$ 模型的说法，每个个体有 3 个基因，因此 $N=3$。每个个体的基因集合（在这个例子中即“问题”）称为一个基因型。举例来说，一个个体有一个形式为（1，0，0）的基因型或者说信念系统，这代表该个体优先考虑生产高质量的产品，而不关心是不是经济或者是不是应用了最新技术。

对于每个个体来说，这三个问题的属性可能通过强化或抵触来相互影响。比如，有一个体认为生产高质量产品很重要，他可能就很难接受生产经济产品的看法。这就是参与者 i 的态度 $A1_i$ 与 $A2_i$ 之间负约束的情况。同样，参与者 i 优先考虑生产经济产品 $A2_i$ 与优先考虑使用最新的并且很可能是很昂贵的技术 $A3_i$ 之间也可以很容易看出是存在负约束的。（为了简化我们这里的讨论，我们将不考虑新技术可以使生产的成本更低的情况。）进一步来讲，一个个体优先考虑生产 274
高质量的产品 $A1_i$ 与使用最新的生产技术 $A3_i$ 之间存在正强化，这也是非常合理的。比如如果产品是移动电话，使用新技术设计的生产线可以生产出更高质量的产品。

在 $NK(C)$ 模型框架里，个体基因的潜在影响称为上位连接。根据前面的讨论，3 个问题（或基因）中的每一个都可能影响其他两个，因此每个信念的上位连接（K）的数目就是 2。一般来说，我们定义 K_{pqi} 为参与者 i 从基因 p_i 到基因 q_i 的上位限制。

如果 p 强化 q，并且 $p_i = q_i$，那么 $K_{pqi} = 1$，否则 $K_{pqi} = 0$ (1)

如果 p 限制 q 或 p 和 q 相抵触，并且 $p_i \neq q_i$，那么 $K_{pqi} = 1$，否则 $K_{pqi} = 0$ (2)

如果 p 既不强化 q 也不限制 q，那么 $K_{pqi} = 0$ (3)

如果 p 和 q 是相同的基因，那么 $K_{pqi} = 1$ (4)

在前面的例子中，如果 p 是 $A1_i$（生产高质量的产品），q 是 $A2_i$（经济地生产产品），我们已经讨论过 $A1_i$ 与 $A2_i$ 是相互抵触的，那么上面的系统就可以归纳为：

如果 $A1_i$ 与 $A2_i$ 相抵触，并且 $A1_i \neq A2_i$，那么 $K_{12i} = 1$，否则为 0 (5)

对于一个信念系统为（0，1，0）的个体，由于 $A1_i = 0$，$A2_i = 1$，则 K_{12i} 为 1，因此这两者是不相等的。

需要注意的是，K_{pq} 是个体具有的信念间的一个内向网络关系，这与本书到目前为止讨论的大多数网络关系都是不同的。与式（5）类似的方程可以从关系 K_{13i} 与 K_{23i} 中得出。原则上，K_{qp} 并不一定是对称的，也就是说，$A1$ 限制 $A2$ 而 $A2$ 不一定也要限制 $A1$。但是就目前的情况来看，网络关系 K_{pq} 一般都是对称的，也就是说 K_{13} 与 K_{31} 等价。

当然，与我们上面讨论的相反，可能有人会认为这三个信念 $A1$、$A2$ 和 $A3$ 是彼此独立的，个体信念中的任何一个都不可能受其他两个中任意一个的正向或负向影响。在这种情况下，问题之间就没有约束，因此连接的数目 K 为 0。另外，对个体 i 来说，K_{12i}、K_{13i} 与 K_{23i} 也都为 0。

如前所述，所有 $NK(C)$ 模型的中心机制，或者更一般地说演化与协同演化理论是希望通过适应环境来提高个体的适应度。正是这个
275 改进适应度（不管怎么定义）的研究，将演化和协同演化的生成机制与本书前面提到的其他理论机制区分开来。在讨论系统中的个体如何改进他们的适应度之前，定义系统的适应度是很重要的。

在前面的例子中，如 Ahouse 等人的假设，个体的适应度可以定义为个体的**认知一致性**。尽管 Ahouse 等（1992）使用了**认知受挫度**这个词，我们更偏向于使用认知一致性。在第 6 章中，我们讨论过个体可以通过和朋友的朋友形成友谊来寻找认知一致。在这样的情况下，我们认为认知一致存在于个体的一组信念 $A1_i$、$A2_i$和 $A3_i$当中。举例来说，个体可以对 $A1$（生产高质量的产品）采取积极的态度，这在认知上是和对 $A2$（经济地生产产品）采取消极态度是一致的，反之亦然。这样的构造可以减少个体能够感觉到的不一致性，如果相反，个体优先考虑生产高质量产品并且同时考虑经济地生产，也会产生不一致性。个体对每个问题的态度对其整体认知一致性或者适应度有影响。对于参与者 i，我们定义 $W(A1_i)$ 为基于个体对 $A1_i$的态度的认知一致性或适应度的贡献。个体对 $A1$（生产高质量的产品）的态度可以有不同层次的认知一致性，这取决于个体对 $A2_i$（经济地生产产品）与 $A3_i$（采用新技术）的态度。举例来说，如果个体 i 强烈要求 $A1$（质量）最为重要，同时认为 $A2$（经济地生产产品）不那么重要，而 $A3$（采用新技术）也很重要，那么他就是处于一个高认知一致性（1，0，1）的状态。并且个体对 $A1$ 的积极态度对此个体的整体认知一致性（适应度）有很高的贡献 $W(A1_i)$。当然，如果这个个体认为 $A1$（质量）很重要，$A2$（经济地生产产品）也很重要，而 $A3$（采用新技术）不那么重要，那么这个个体就处于低的认知一致性，即（1，1，0）的状态或者说是高不一致性状态。在这样的情况下，该个体对于 $A1$ 的正向态度对这个个体的整个认知一致性的贡献 $W(A1_i)$ 就比较低。

通常来说，特定基因 pi 对个体的适应度影响可以表示为 $W(p_i)$，并定义如下：

$$W(p_i)=\sum(w_q K_{pqi}) \tag{6}$$

即对于个体 i，p 和其他所有基因 q 的上位限制 K_{pq} 以 w_q 为权重参数的加权和，测量了这些限制或强化的显著性（Kauffman，1993，pp. 40-45）。为了简化，并且因为缺乏一些先验知识，我们假定对所有 q，有 $w_q=1$。 276

具有特定基因构造的个体 i 的整体适应度，定义如下：

$$W_i=1/N[\sum(Wp_i)] \tag{7}$$

对所有 N 个基因的 p 求和。

在此例中，对个体 i，$A1_i$、$A2_i$ 和 $A3_i$ 的适应度贡献可以定义如下：

$$W(A1_i)=K_{11i}+K_{12i}+K_{13i} \tag{8}$$

$$W(A2_i)=K_{21i}+K_{22i}+K_{23i} \tag{9}$$

$$W(A3_i)=K_{31i}+K_{32i}+K_{33i} \tag{10}$$

合并起来，个体 i 的整体适应度 W_i，可以通过个体对 3 个问题的态度的平均值给出：

$$W_i=1/3[W(A1_i)+W(A2_i)+W(A3_i)] \tag{11}$$

在方程（8）中，如果个体的信念系统（A1，A2，A3）=（1，0，1）或者（0，1，0），那么 $W(A1_i)=3$。这是个体具有最高认知一致性的仅有的两种情况。个体适应度 $W(A1_i)=1$ 的其他 6 种情况则是，（0，0，0），（0，0，1），（0，1，1），（1，0，0），（1，1，0），以及（1，1，1）。

按照类似的方式，我们也可以根据个体态度计算其他两个问题 $A2_i$、$A3_i$ 对认知一致性适应度的贡献。由于上位连接在这个特例中是对称的，$A2_i$ 与 $A3_i$ 的适应度分布与 $W(A1_i)$ 相同。因此具有（A1，A2，A3）=（1，0，1）或者（0，1，0）形式的信念系统的个体有最高的整体适应度 $Wi=3$，而整体适应度 $Wi=1$ 对应着其他 6 种组合：（0，0，0），（0，0，1），（0，1，1），（1，0，0），（1，1，0），以及（1，1，1）。

现在我们已经定义并且量化了适应度的一个测量，即认知一致性这个概念，让我们回到根据 $NK(C)$ 模型理解个体如何改进适应度这个问题。在当前的例子中，这意味着每个个体都争取获得更高的认知一致性。其中一种方式是考虑如果他们改变一个信念，是否可以得到更高的认知一致性。假设现在有一个信念系统为（0，0，1）的个体，也就是说他只认为采用新技术是重要的。方程（11）指出这个个体的整体适应度为1。进一步假设，在演变过程中的每一个步骤，个体都可以选择改变或者突变一个信念。如果个体选择改变A2（经济地生产产品），把它从0改为1，那么此个体的构型就从（0，0，1）变成了（0，1，1）。那么，这个个体i的整体适应度分布根据方程（11）仍然是1，这与信念分布（0，0，1）是相同的。而如果该个体选择把$A1$（生产高质量的产品）从0变为1，那么此个体的新分布就为（1，0，1），根据方程（2），$A1$的适应度贡献就从1变为3。从演化的角度看，这可以算是一个很好的选择，因为个体的适应度因此达到了一个新的层次。实质上，这意味着这个个体采纳了在采用新技术（$A3$）的基础上制造更高质量的产品（$A1$）的策略，因此达到了新的认知一致性层次。 277

这种每个个体每一轮只能对一个信念进行改变的过程，在先前讨论的$NK(C)$模型中，被称为一步突变。注意，在具有（0，0，1）信念系统的个体中，一步突变可能产生3个可能的信念系统：（0，0，0）、（1，0，1）或者（0，1，1）。如前面所说的那样，从（0，0，1）到（1，0，1）可以使个体信念系统的适应度从1变为3。但是其他两种可能的一步突变使其从（0，0，1）变到（0，0，0）或者从（0，0，1）变到（0，1，1），而这在适应度上并没有什么改变。正如前面讨论的那样，$NK(C)$景观与由一步突变区分的信念系统适应度值的相似性程度高度相关，例如通过这里的讨论可以得出结论，如果个体在改变他们任何一个态度时，其适应度（或者说是认知一致性）不剧烈变化的话，其景观是高度相关的。因此很容易可以看到，为什么一个高度相关的景观，即一个由一步突变得来的信念系统，通常具有相似的适应度值并且被称为平滑景观。事实上，在当前的例子中，从（0，0，1）到（1，0，1）的一步突变将适应度从1突然更改到3，这在景观上将是一个“粗糙”点。

进一步来说，我们注意到信念系统（1，0，1）的适应度值3在所有可能值中是最高的，也就是最高的认知一致性。这就是整体最优的情况。同样需要注意的是，存在第二种整体最优的情况，此时信念系统为（0，1，0），其适应度也是3。因此，我们为信念系统的涌现定义的景观在某种程度上是粗糙的，有两个峰值。这与我们早先关于
278 NK模型的讨论是一致的，因为在这种情况下信念的数量$N=3$，并没有显著大于3个信念之间上位约束的数量$K=2$。3个信念中的每一个都受另外两个约束。

虽然这里描述的演化过程依赖于评价基于一轮一步突变的适应度转变，我们也可以考虑在一轮中改变更多信念。比如，信念系统是（0，0，1）的个体在一轮中可以考虑改变两个甚至3个信念。改变两个信念，比如$A1$和$A3$，能够导致个体从信念系统（0，0，1）转变成信念系统（1，0，0）。这些一轮中有多种改变的情形曾在本章前面的移码突变或长跳适应中提到。这种变化风险更大，但更不容易帮助个体转移到更高水平的适应度（Kauffman，1993，pp. 69－72，212）。实际上，基于方程（2）中给出的适应度值，同时改变属性$A1$和$A3$，即从信念系统（0，0，1）转变到信念系统（1，0，0），并不能改进个体的认知一致性适应度。

正如前面的部分所讨论的，在粗糙景观中，不太可能出现大量个体都能提高他们的适应度的情况。NK模型的主要目的是定义景观或条件，在这一条件或景观下个体种群有能力集体改进它们的认知一致性。但当个体信念间的上位连接或约束K相对于信念的数量N很大时，前面部分描述的NK仿真结果表明上述现象是不太可能发生的。在每个信念与其他信念间的约束数K（当前例子为2）相对于信念的总数（当前例子为3）很大的情况下，个体组成的集体改进其整体适应度水平的景观不能认为是最优的。这一认识表明，$NK(C)$模型关注的核心是基于个体层次过程的种群层次的效果，更一般来讲，是演化与协同演化理论。尽管如此，我们必须牢记，有些我们称做信念系统状态改变的突变或适应性调整并不能改进整体适应度。事实上，从一个高适应度的状态转移到一个低适应度的状态是十分可能的，例如从一个认知一致的状态转移到一个混乱状态，比如从（1，0，1）改变到（0，0，0）。演化理论预示着，从长期看只有那些能够改进系统适应度的修正才能在群体中保留下来。那些降低适应度的修正将最终

消失。

那么，关于在个体组成的集体中改进整体或集体层次的认知一致性，NK 模型能告诉我们什么呢？有三个一般策略需要关注。第一，我们可以尝试减少 N 个信念间的限制数 K。在当前例子中，这意味着重新定义三个信念的优先级，以使个体在同时考虑比如质量和价格的重要性时不会感到认知上的不协调。另一个重定制策略是回顾我们在本节早先讨论的相反论据，即新技术也许在某些情况下可以使产品的生产更经济。这样的相反论据将改变个体关于高技术必将带来高成本的成见。但是，必须注意的是，这个策略并不是要去除掉所有信念间的限制。事实上，前面提到的 NK 仿真实验说明，个体集合改进他们认知适应度的最优情况只有在 K 显著小于 N 并大于 0 时才会出现。所以在现在的例子中，这个策略可以减少一些限制，但不能去除全部信念之间的限制。 279

第二个策略是增加信念的个数或者个体间的优先度。如果每个个体信念系统或者基因型都被规定拥有更多的（比如说 $N=7$）信念，那么这时景观将相对减少粗糙度。但是必须强调的是，增加的信念相互之间不能或者大部分不能彼此强化或者抵触。如果发生这样的情况，信念数目 N 的增加必然会导致这些信念间限制 K 的增加。这样，N/K 的比率仍然是一个较大的值。这个策略必须是在增大信念数的同时，保证每个信念只能有例如 $K=2$ 个对其他信念的限制。

为个体集合改进认知适应度寻求最优状况的第三个策略是关注 $NK(C)$ 模型中的 C。到目前为止，我们已经关注了有 3 个信念 $A1_i$、$A2_i$ 和 $A3_i$ 的个体 i 的演化情况。我们描述的演化都是指个体通过适应和改变信念从而改进其 3 个信念间的认知一致性。现在我们可以探究个体认知一致性受网络中其他个体 j 的信念强化或抵触影响的程度。

协同演化 NK(C) 模型的理论机制

如前所述，我们现在扩展到考虑系统中有 S 个个体的情况。系 280

统中 S 个个体中的每一个都有各自的信念系统。进一步来说，我们假设每个个体的信念系统也都是关于如下三个问题：$A1$（生产高质量的产品）、$A2$（经济地生产产品）和 $A3$（采用新技术）。我们现在开始考虑个体对于这三个信念的态度，比如 $A1$，被其他个体对于 $A1$、$A2$ 和 $A3$ 的态度约束或强化的方式。根据本节前面提出的分析个体内存在相同态度的逻辑，我们假设每个个体对 $A1$（生产高质量的产品）的态度被其他个体对 $A1$ 的态度强化，并受其他个体对 $A2$（经济的产品）的态度限制，同时也受其他个体对 $A3$（采用新技术）的态度强化。同样，假设一个个体对于 $A2$（经济的产品）的态度受其他个体对于 $A2$ 的态度强化，并且受其他个体对于 $A1$（生产高质量的产品）和 $A3$（使用新技术）的态度限制。最后，我们假设个体对于 $A3$（使用新技术）的态度受其他个体对于 $A1$（生产高质量的产品）的态度强化和对于 $A2$（经济地生产产品）的态度限制。

在前面的叙述中我们用的是传统的 $NK(C)$ 模型，我们用 S 代表社群内的物种数目。但是在现在这个例子中，我们将使用 S 代表其他种群成员的数目，而不是其他物种的数目。在后面的零售连锁店例子中，我们用 S 来代表其他种群数，以和 Kauffman（1993）的模型保持一致。Kauffman 通常假设同一个物种的成员有相同的基因型，所以适合其中一个的也适合全体。所以基因型（种群）内的连接和不同基因型（不同种群）间的连接通常都假设对群体中全部成员有效。在研究这类情况之前，我们将 Kauffman 的模型引入到一个没有进行这样的假设的单个种群的成员中。

如前所述，个体的每一个信念都受这个个体的其他 K 个（在本例中是 2 个）信念影响。进一步来讲，个体的每个信念都受其他个体的 C 个信念影响。在当前的例子中 $C=3$，因为每个个体的任何一个信念 $A1$、$A2$ 和 $A3$ 都受另一个个体的 3 个信念影响。我们定义 C_{pqij} 为参与者 i 对 p 的信念 p_i 和参与者 j 对 q 的信念 q_j 之间的关系。

281 如果 p 对 q 有强化作用，且 $pi=qj$，那么 $C_{pqij}=1$，否则 $C_{pqij}=0$ (12)

如果 p 对 q 有抵触（约束）作用，且 $pi\neq q_j$，那么 $C_{pqij}=1$，否

则 $C_{pqij}=0$ (13)

如果 p 既不强化 q，也不限制 q，那么 $C_{pqij}=0$ (14)

第一步是确定个体 i 的信念 p_i 是不是会被个体 j 的信念 q_j 强化或者限制。如我们上面所提到的，个体 i 对于 $A2$（经济地生产产品）的观点与个体 j 对于 $A3$（采用新技术）的观点是相互抵触的。这使上面的方程（13）发生作用。如果 $C_{23ij}=1$，那就说明参与者 i 对 $A2$ 的信念与参与者 j 对 $A3$ 的信念是不同的。

注意参与者 i 的信念 p 和另一个参与者的信念 q 可以是相同的，也就是说，我们可以考虑个体 i 对 $A1$（生产高质量的产品）的信念和个体 j 对同一问题 $A1$（生产高质量的产品）的信念之间的关系。如果我们认为个体 i 对 $A1$ 的信念与个体 j 对 $A1$ 的信念有强化作用，我们就应用上述方程（12），而 $C_{11ij}=1$ 意味着 i 和 j 都认同 $A1$ 是非常重要的。

我们已经定义了关系 C，现在要回顾一下个体信念系统中任意一个信念对于整体适应度的贡献。在我们关于 NK 模型的讨论中，方程（6）定义了任何一个信念的适应度贡献。方程（8）、（9）和（10）给出了当前例子的一般形式。我们现在的目的是根据将一个个体信念和其他个体的信念连接起来的 C_{pqij}，进一步修正每个信念对适应度的贡献。方程（6）中定义的每个信念的适应度贡献可以进行如下扩展：

$$W(p_i)=\sum(w_q K_{pqi})+\sum\sum(C_{pqij}) \qquad (15)$$

方程中的第 2 项描述 C 连接的影响。双重求和表示每个个体 i 对 p 的信念被所有个体 j 对 q 的信念所强化或者限制，并且对所有 j 的信念进行加总。

系统中的每个个体都相互影响，这是很不现实的。如果真的是这样，系统按 Kauffman（1993，p. 244）的定义就是**完全耦合**。更为现实的假设是，个体只会被一些特定个体的观点所强化或限制，个体和这些特定个体间存在社会关系。这些关系可以是传播关系、血缘关系或者报告关系。如果我们减少能够影响目标个体信念系统的个体数，那么方程（15）可以改为：

$$W(p_i)=\sum(w_q K_{pqi})+\sum\sum(C_{pqij})(R_{ij}) \qquad (16)$$

282 其中 R_{ij} 表示个体 i 和其他每个个体 j 之间的一些社会关系。如果个体 i 与个体 j 没有任何社会关系，方程（16）的第 2 项将被舍弃，因为在这种情况下个体 i 的信念系统不存在 C 的影响。

方程（16）是个体 i 的一个信念 p_i 的适应度贡献。正如方程（7）所暗示的，个体 i 的整体适应度由方程（17）给出：

$$W_i = 1/N\sum(Wp_i) \tag{17}$$

表示一个个体全部信念的平均适应度贡献。

在当前的例子中，对于个体 i，方程（8）、（9）和 10 中的 $A1_i$、$A2_i$ 和 $A3_i$ 的适应度贡献已经扩展为：

$$\begin{aligned} W(A1_i) = & K_{11i} + K_{12i} + K_{13i} + \sum(C_{11ij})(R_{ij}) \\ & + \sum(C_{12ij})(R_{ij}) + \sum(C_{13ij})(R_{ij}) \end{aligned} \tag{18}$$

$$\begin{aligned} W(A2_i) = & K_{21i} + K_{22i} + K_{23i} + \sum(C_{21ij})(R_{ij}) \\ & + \sum(C_{22ij})(R_{ij}) + \sum(C_{23ij})(R_{ij}) \end{aligned} \tag{19}$$

$$\begin{aligned} W(A3_i) = & K_{31i} + K_{32i} + K_{33i} + \sum(C_{31ij})(R_{ij}) \\ & + \sum(C_{32ij})(R_{ij}) + \sum(C_{33ij})(R_{ij}) \end{aligned} \tag{20}$$

每个个体的整体适应度贡献，正如方程（11）所显示的，为：

$$W_i = 1/3[W(A1_i) + W(A2_i) + W(A3_i)] \tag{21}$$

实质上，这就意味着个体的认知一致性适应度不仅受个体自己的信念强化或者限制，还受系统中其他个体的信念影响。正如前面所讨论的 NK 模型一样，每个个体都力求改进适应度景观。我们回顾一个具有（0，0，1）信念系统的个体，也就是该个体认为使用新技术比高质量和节约成本更重要。在前面的情况中，我们描述了这个个体如何从适应度值为 1 的情况通过一步突变转变到适应度为 3，即将质量（$A1$）的优先级提前，使（0，0，1）的信念构型提升到（1，0，1）这样的构型。两个全局峰值代表一个个体能达到的适应度最高值，这样定义的景观多少有些粗糙。特别地，如果一个个体可以演化到
283 （1，0，1）或（0，1，0）的构型，他或她就达到了最大适应度，即他或她的信念是完全认知一致的。但是，将 C 加入到 NK 模型中，

使个体的认知一致性现在还受系统中其他个体信念的强化或限制，这将使情况变得更复杂。为了达到认知一致性适应度值的最高水平，个体不仅要有相互强化的信念，还要和其他个体有联系，因为这些个体的信念强化了当前个体的信念。任何时候如果其余个体中的任何一个改变了他们的信念，焦点个体的认知一致性都会改变。因此，与 *NK* 模型不同的是，每个个体的适应度景观将不再是不变的。有着（1，0，1）或者（0，1，0）信念构型的个体将无法保证一定会达到最大的适应度值。相反，每个个体的适应度景观将根据与该个体有联系的其他个体信念的潜在变化不断变化。

表面上，可以认为在一个坡度、高峰和低谷不断改变的景观上，每个个体都试图转移到更高的适应度水平。这些景观的改变是由其他同样面对类似的坡度、高峰和低谷景观改变而试图调整各自适应度景观的个体引发的，而这种景观的改变也是由其他个体的改变导致的。本质上，每个个体的景观是相互耦合的。这种耦合意味着对某个景观的改进将产生对与其耦合的其他景观的改进，但是同样也可能导致下降。在前面讨论的 *NK* 模型中，每个个体都试图在一个固定的景观中演化到一个更高的认知适应度状态。在这里讨论的 *NK*(*C*) 模型中，每个个体寻求协同演化到一个更高的适应度状态，Kauffman (1993) 称之为“耦合波动景观”(p. 243)。耦合常使获得适应度改进更加困难。

正如在 *NK* 模型中一样，*NK*(*C*) 模型主要关注的不是解释单个实体在景观中的适应之路，而是找出关于系统中集体适应度协同演化的说明。正如前面所提到的，Kauffman（1993，p. 253）表明，在 *NK*(*C*) 模型中，“当$K>S\times C$时，所有协同演化的对象很快就能达到纳什均衡。当$K<S\times C$时，协同演化的参与者在较长的时间内不会达到纳什均衡”。在前面的例子中，每个个体拥有的信念数 $N=3$；个体拥有的信念之间的相互制约数 $K=2$；个体拥有的一个信念与其他任何个体拥有的信念之间的制约数 $C=3$；并且系统中个体的数量为 S。假设我们正在调查一个工作单元中的十个雇员之间协同演化的信念系统。则 S 就等于 10，$S\times C$ 等于 30。因为 K（为 2）远小于 284

$S \times C(30)$，协同演化的系统将在很长时间内都不会达到纳什均衡。达到纳什均衡并不一定是一个令人满意的状态。当前例子中的纳什均衡意味着当考虑系统中其他个体的信念构型时，每个个体都已经获得了最具有认知一致性的信念构型。然而，纳什均衡并不意味着每个个体都已经达到了他们所能达到的最高的认知一致性状态。纳什均衡仅仅意味着个体发现自己置身于一个信念系统中，在这里个体一次改变一个信念（即之前的一步突变）的尝试不大可能把他们带到一个更高的认知一致性状态。因为每个个体都渴望达到一个更高的认知一致性状态，在协同演化的系统中所有个体的整体适应度实际上可能很平庸。所以在现在这个例子中，我们可以认为协同演化的系统没被锁定在一个还没有达到令人满意的认知一致性的状态是健康的。这给了个体一个可以协同演化到一个更高的认知一致性状态的机会，而不是在他们有机会提高个体和集体一致性层次之前就过早陷于纳什均衡。

对于 Kauffman 的模型在社群的物种间的协同演化应用更熟悉的读者可能会质疑我们使用 $NK(C)$ 模型来掌握协同演化信念系统的例子。并且这看上去也可能与本章前面的描述有点不一致，在那里我们的大部分讨论都聚焦于一种组织形式的种群和另外一种组织形式的种群的协同演化。我们相信 Kauffman 的 $NK(C)$ 模型提出的数学公式的一个重要价值是它们具有**无标度**（scale-free）性。例如，其中得出适应度景观的粗糙程度和协同演化系统达到纳什均衡的时间的理论仅仅依赖参数 N、K、C 和 S，但又超越了组成 N、K、C 和 S 的内容。基本的描述是一个有 N 个特性的实体，每个特性都受该特性与同一实体的其他 K 个特性之间的连接所影响，也受与一系列 S 个其他实体中的一些或全部 C 个其他特性之间的连接所影响。在 Kauffman 的著作中，实体可以是物种的基因型，那么 N 个特征就是基因；实体也可以是基因或是一束束的 DNA，那么 N 个特征就是 DNA 中的四
285 种碱基（腺嘌呤、鸟嘌呤、胞嘧啶、胸腺嘧啶）。进一步来说，实体也可以是蛋白质，那么 N 个特征就是蛋白质中的氨基酸。在我们上面的例子中，实体是个体，N 个特征是个体的三种信念，K 是个体三种信念之间的影响，C 就是一系列其他 S 个个体的信念对他造成的

影响。

我们本可以建立一个可选择的模型，其中实体可以是美国人、俄罗斯人、西欧人和经济转型国家的公民（东欧国家，如匈牙利、波兰和捷克）的集合。那样我们就可以把 N 种特性指定为美国民众的独有信念或者俄罗斯、西欧和经济转型国家的人们的 N 种信念。在这种情况下，K 就是美国民众的 N 种信念之间的影响、俄罗斯民众的 N 种信念之间的影响、西欧民众的 N 种信念之间的影响和经济转型国家民众的 N 种信念之间的影响。C 就是美国、俄罗斯、西欧和经济转型国家民众信念之间的影响。如 Ahouse 等（1992）提议的那样，这些信念可以是关于军事开支所获得的优点：为了安全，为了总体经济和为了政府对国内社会政治的介入。在这种情况下，每个种群的公共舆论都会奋力提升他们的"耦合"适应度景观，这里适应度可以解释为认知一致性或是民族一致性。这样这个模型就可以用来促进我们对美国、西欧等国公共舆论协同演化的理解，也可以调查冷战结束这样的关键事件如何改变这些协同演化的动态性从而在信念系统中产生新的分裂。我们将要讨论的下一个例子将把以个体作为实体提升到以组织作为实体。这样，它就能作为桥梁把上面详细介绍的个体信念系统的协同演化和这个例子中陈述的民族协同演化连接起来。

让我们考虑商店协同演化的一个模型，这些商店相互竞争零售链，服务于不同市场中的顾客。这一节中描述的 Chang-Harrington（2000）模型是基于 $NK(C)$ 的基本框架，但也提出了一些和原模型不同的意见。其相似性以及不同点将在这个例子中体现。模型中的实体是属于不同零售链并隶属于不同总部的零售商店。第二个实体集是在这些市场中接受这些商店服务的顾客。每个商店的 N 个特性是一系列用来定义商店运作的维度。与 $NK(C)$ 模型中 N 个特征中的每一个都以存在或不存在表示不同，Chang 和 Harrington（2000）允许 286
每一个维度从高达 100 个可选择的策略中选择。策略可以包括如每日低价、特价销售、更少的产品线、更大的库存、让售货员按业绩提成等。每个顾客拥有的 N 个特性是他们理想的商店策略。例如，Chang 和 Harrington（2000）提出"具有更高收入的群体带来更高的消费，所以他们更加偏爱每日低价和较少的特价商品（这样避免了花费大量时间去寻找特价商品），更少的产品线，更大的库存（减小脱销导致的还要再去一次商店的概率），以及殷勤得有点过分的售货员（这可能会加快买东西的速度），这些售货员可以依业绩提成”（p. 1429）。

这个模型中的 K 代表 N 个维度之间的强化或限制关系，这里的维度可以是用来刻画一个商店的策略或是单个顾客的理想策略。例如，考虑到每个商店的空间限制，拥有更少产品线的策略可能就和对每种产品都有更大的库存有正向的联系。另一方面，特价销售策略会破坏每日低价的策略。

这个模型中的 C 代表一条零售链中的商店和一条与之竞争的零售链中的商店的 N 个维度之间的强化或限制关系。例如，如果与其竞争的商店在市场中推出侵略性的特价销售活动，会影响此商店采用的每日低价策略产生的效果。

一个商店的适应度值由它们吸引顾客的能力所定义，被吸引的顾客就会根据他们理想的策略和商店所提供的策略之间的相似性进行选择。与演化论和协同演化论的理论机制相一致，每一轮中商店都会为了提高自身的适应度而考虑改变现有的策略。

与 $NK(C)$ 模型一样，商店考虑对策略的突变来观察这些改变是否能提高它的能力以提升它在适应度景观中的位置，也就是说，提高它接近顾客的理想商店的实践能力。这些突变可能同时影响一个或几个维度，因此避开了在 $NK(C)$ 模型中典型地讨论过的一步突变。进一步来说，因为每一个特性不是简单地存在或是不存在，而是可以取到 100 个不同的值中的任何一个，这个突变就可以从一个策略转变到
287 另外 99 个策略。如果众多选择之一导致了商店适应度的改善，它就将被当作是一项创新而得到采纳。

与基本 $NK(C)$ 模型的区别之一是，一个采用了改善其适应度策略的零售链，在某些情况下可能把这当作可以被整个链学习的经验而报告给零售链的总负责人。因此每一轮，在分析自身随机突变的同时，每个商店可能也会考虑一些总负责人提供的策略。进一步来说，每个商店都有一定的可能性采用它们观察到的同一市场中竞

争商店的策略来取代自身现有的策略。最后，一条零售链中的总负责人也有一定的可能性对他的商店提出一些其他总负责人提出的策略。

Chang-Harrington（2000）模型使他们有能力考虑不同组织形式对商店在适应度景观上的协同演化能力的影响。首先，他们对考察集中的和非集中的组织形式对商店在适应度景观上的导航能力的不同影响很有兴趣。其次，他们对竞争（大量的竞争零售链）能在多大程度上缓和集中的和非集中的组织形式对适应度景观的影响差异也很感兴趣。最后，在把商店作为实体的同时，这个模型也把顾客作为实体。在考察集中的和非集中的组织形式对商店适应度景观的适应能力影响的同时，Chang 和 Harrington（2000）也考察了市场异质性对被定义为“顾客对理想商店策略的偏好差异”的影响。

在非集中组织形式中，每个商店比那些基于总负责人建议的商店有更大的自由来改变策略。这样的话，它们就有更大的能力把自己的改变调整到与地方客户的理想商店策略一致的水平，从而提高自身的适应度。另一方面，在一个非集中的组织形式中，商店通过总负责人建议向零售链中的其他商店学习的能力减小了。“随着商店转移到景观中的不同部分，一个新策略被发现并被一个商店采用将和零售链中其他商店的现有策略不协调……降低了［旨在提高适应度的］创新的速率”(Chang and Harrington，2000，1436 页)。在一个集中的组织形式中，每个商店基本没有权限来越过总负责人关于改变策略的建议。其结果是，商店间的学习能力得到了大大促进。

他们的模拟结果显示，根据上文详述的机制，当集中的组织形 288
式被应用于低市场异质性环境，而非集中的组织形式应用于高市场异质性环境时，商店种群的整体适应度将更大。进一步来说，在零售链之间的相互竞争增强的条件下，集中式组织形式导致更高的整体适应度值。

在这个例子里，Chang 和 Harrington（2000）对基本 $NK(C)$ 模型的扩展指出了一些关于研究协同演化网络的 $NK(C)$ 模型的适用性和扩展性的多元化发现。这些发现许多都与 Kauffman 先前对这些模型的表述不一致。取而代之的是它们对当前 $NK(C)$ 模型（Ahouse et al.，1992）中的许多简化假设做了补充和发展。首先，当前许多关于 $NK(C)$ 模型的研究都假设 N 个特性间的连接数 K 是一个常数。也就是说 N 个特性中的每一个都受常数 K 个其他特性的强化或限制。当研究社会系统时，这将是一项很具局限性的假设。极有可能 N 个特性中的一个受三个其他特性限制或强化，同时 N 个特性中的另一个仅受一个其他特性的限制或强化。$NK(C)$ 模型对 C 也做了同样的假设。在这种情况下，$NK(C)$ 模型假设每一个特性都受到其他实体间 C 个特性的影响。也就是说不存在柔性适应，即 N 个特性中的某一个可能比另一个受到其他实体的更多特性的影响。其次，$NK(C)$ 模型指定单个实体的特性可能受到其他 S_i 个物种的限制或强化。S_i 的值可能包括了所有其他实体，这一情况即为我们早先定义的完全耦合系统。或者它指定所有其他实体的一个更小的子集 S_i。子集 S_i 的实体数目对所有实体是一样的，而且这些实体是随机挑选的。在社会系统的许多现实模型中，对某一个实体施予限制的实体数目将持续变化着，此外，特定实体将不再是随机挑选的，而是由一些其他传播或社会联系定义。最后，在 Kauffman 的 $NK(C)$ 模型中，任何一个特性的适应度对整体适应度的贡献被赋值为一个随机数。显然，在社会系统中，我们至少可以直接感觉到，相比于其他特性，哪一个特性可能会对整体适应度做出更大贡献。

总　结

289 在这一章里，我们已经分析了应用于组织网络的演化和协同演化理论。在这一章的前半部分，我们认识到在大的组织种群内，组织的特性或能力发生了随机的或有目的的变异。在实践中被认为能够产生组织竞争适应度的增量的（小）创新、突变和其他变异通常通过环境压力被选择，但是有时也会通过内在的选择者被选择。那些被证明是有益的选择通过各种不同的传送方法比如模仿和变异学习，转移到种群中的其他组织。最终，种群中的多数成员保留了这个变异。更多的根本性技术创新通常需要新的组织形式，这些组织形式通常通过企业家的启动和组织的派生被创建。这些新种群经常与他们的前辈共存，直到后者最终解散。所有这些典型地发生在种群成员对稀缺资源的激烈竞争存在于组织所处生态位内的环境下。然而生态位也包含了其他种群，这些种群共同构成了一个社群，这里不同的种群彼此间既竞争又合作。但一段时间后随着更强的合作结构被创建，社群遇到了一个复杂度限制，并且社群无法越过这个限制。这时，社群开始分解，有时很慢，有时迅速发生，留下未用的资源，而这些资源将被进入空生态位的新一轮组织种群分配。

在这一章的后半部分中，我们研究了 Kauffman（1993）关于适应度景观的演化的 *NK* 模型以及它的扩展形式协同演化 *NK*(*C*) 模型。其中 *N* 代表被设想为网络的任一系统的节点数，*K* 为节点间的连接数。*C* 代表在一个社群内不同种群或种类 *S* 之间的连接。因此，*NK*(*C*) 网络模型不仅抓住了种群的内在复杂度，还抓住了协同演化的种群间共生联系的复杂度。这些模型也尝试通过自然选择和自组织来说明组织。两个组织秩序的来源都存在于高度秩序化的网络和混沌网络之间的相变阶段。正如本书前面的理论章节所说明的一样，我们总结出一个多理论多层次网络模型，当然这个模型特指协同演化理论。

我们引用 Kauffman 的一段话开始这一章。尽管略微显得不合惯 *290*
例，我们引用另外一段话作为总结：

> 混沌边缘景象在协同演化中发生，因为随着我们的演化，我们的竞争者同样也在演化；为了保持适应度，我们必须适应他们的适应度。在协同演化系统中，每一个成员在其适应度景观中，都奋力向适应度高峰攀爬，尽管景观经常因其协同演化同伴的适应性移动而变形。引人注目地，这一协同演化系统在一个有序的系统、一个混乱的系统和一个相变的系统中同样出现。几乎有些怪异的是，如此的系统似乎将协同演化到混沌的边缘。好像通过

一只看不见的手，每一个适应性物种都依照它自身的利益行动，但整个系统看上去却如魔法般地演化到一个平衡状态，平均起来，每一个都做得与被期待的一样好。然而，正如我们将在这本书中研究的许多动态系统一样，个体尽管做出了最大努力，通过整个系统的集体行为，每个动态系统最终将走向消失（Kauffman，1995，p. 27）。

网络经济译丛

传播网络理论

第三部分 综合

第10章 传播和其他组织网络的多理论多层次模型

基本论点

293 在本书中，我们主张采用多理论多层次方法来研究传播和其他形式的组织和社会网络。一开始，我们分析了现存的网络研究文献中存在的若干问题。然后我们展示了多理论多层次模型如何提供网络研究策略，解决了其中的大部分问题。（为了介绍上的方便，关于基本论点和社会理论的回顾只采用那些在本书前面章节中没有被引用过的。）

第一个问题是，大部分网络研究是缺乏理论依据的。造成这种情况的一个原因是，只有极少数明确的社会网络理论。另一个原因是，研究人员一般都不了解在各种各样的社会理论中固有的关系和结构含义。即使那些典型的理论研究也没有过多关注在理论中隐含的网络机制。

网络研究的第二个问题是，几乎所有已发表的网络研究文献都是在一个单一的分析层面上进行的，这就反映了大多数学者都从一个相当短浅、单一层次的视角来看待网络的事实。也就是说，他们倾向于关注网络的个体特征，诸如密度。在大多数情况下，研究者们倾向于忽视组成大多 294
数网络构型的多重其他组件和多层次分析的结构组件，诸如相互性、传递性和网络中心性。运用单一层次的分析本身并没有错，只是不够全面。非常重要的是，这些组件提出了在网络的形成、维持和最终重构中的不同理论机制。典型的情况是，较好的解释都来自于利用多层次分析的研究。

第三个问题集中在，大多数网络研究关注网络相对显著的基本特征，例如连接密度，而未能探索其他更复杂的网络特点，例如节点的属性或者多重关系。但是网络的成员常常具有有趣的理论特性，这些理论特性能够有助于形成他们所在的网络以及他们经常连接的其他网络的网络构型。传统的分析解释了网络的相对简单且表面的特征，而忽视了许多网络固有的更细微和复杂的结构特性。

第四个问题是，大多数网络研究倾向于使用描述性的而非推论性的统计。造成这种情况的原因是，网络关系包含固有的依赖性，而依赖性在传统的属性数据中并不存在。这些依赖性使独立观察的假设无效，而这些独立观察的假设形成了大部分关于属性的传统社会科学研究的基础。因此，直到最近，网络研究者才有可用的统计技术工具来检验网络假设。如果没有有效的推论性过程作为一般化的基础，谨慎的做法应该是把某人的主张限制在对被观察网络的描述性陈述中。

多理论多层次方法

我们针对这四个问题提供的一些解决方案，是以多理论多层次模型为中心的。第一，这个模型要求网络分析人员应该使用各种各样不同的理论来解释网络的不同属性，因此扩展了我们的解释和由解释说明的变化。第二，多理论多层次模型明确说明了在几个网络层次上存在的网络组件，从个体链接的存在性到整体网络的属性特征。第三，多理论多层次模型认为，我们可以使用三层分析方法来为网络提供一

295 个更好的解释。三层分析法包含节点属性，以及由我们的多层次网络分解而来的多元或者自回归网络。最后，作为多理论多层次方法的一部分，我们描述了 p^* 分析技术族。p^* 分析技术族处理了在关系数据中固有的非独立性问题，而且提供了关于网络构型统计推论的基础。

推荐使用多重理论有许多原因。第一，能够描述全部网络特性的单一综合理论仍有待理论家探索。在此之前，使用多重理论改进了我们解释具体网络构型的能力。第二，大多数理论解释了网络属性中相对少量的变化。使用多重理论，我们可以解释被研究网络中更多的变化。第三，多重理论提供了探索网络构型的不同视角，从而能够进行更丰富、更结构化的观察。

多理论多层次模型提供了一个三层分析法来研究网络。第一层是把网络分解为其潜在的多层次组件。第二层分析节点的属性。第三层研究其他网络或者早期时点同一网络的作用。并不是所有三层在同一个分析中都会被研究到，但一个完整的分析通常会涉及所有这三层。

第一分析层，网络分解，包括对网络的各种组件的识别和评估。正如我们在第 2 章所解释的，大部分构成网络的基本组件，不同程度地或多或少位于一定的等级层次。每一个网络包括节点和某种水平的连接密度、相互性、三元循环性和传递性、派系属性和整体属性。每一个具体网络由这些属性的一个特别构型组成。进一步来说，这些属性中的每一个都可以用一个或者更多社会理论来解释。因此，第一分析层包括：对当前网络进行理论分析，考察可能相关的解释理论，并将网络分解为这些理论所能解释的相应组件。

第二分析层，属性分析，研究节点的属性。历史上，大多数社会科学研究的最初焦点放在属性而不是关系上，因而漏掉了人类经验这一重要的方面。历史上，网络分析的最初焦点放在关系上，因而最小
296 化了人类属性的重要性。网络分析工作的一个领域已经通过分块模型考察了节点属性，分块模型是一种技术，把整个网络重新配置成各自具有不同属性值的子网络，并分析块内部和块之间的关系。典型地，分块模型已被用来在网络本身之外研究节点的属性。在多理论多层次模型中，我们倡导将属性研究作为三个分析层之一。尽管节点属性可

以被单独分析，我们通常建议把它与网络基本组件以及其他网络结合起来研究。当然，多重属性和同一属性在多个时间点可同样得到研究。

多理论多层次模型的第三层是多元网络，既有网络中的其他关系，又有前面时间点的相同关系。关系极少被用来解释其他关系，这在某种程度上是令人惊讶的，至今有关多元网络——在同一个节点集合上的多个关系——的研究文献非常少见。我们的经验是，大多数网络研究者相信，许多网络可以预见其他网络，例如传播网络可以高度预见友谊网络。更明显的事实是，自回归网络——在前面时间点的同一网络——像其他自回归过程一样，可能预见网络的当前值。但是在这些关系被实证研究利用有效的统计过程来证明之前，它们仍将属于推测范畴。

多理论多层次方法提出的最后一个问题是网络数据中固有的依赖性。p^* 分析技术族把每一个目标网络看做网络配置的一个巨大集合的可能实现。每一个实现由网络组件的一个特定组合构成，这些组件包含诸如相互性、传递性和循环性等属性。通过对适当的属性进行条件化或者控制，可能确定网络中任意给定网络组件出现的概率水平是否超过仅仅基于偶然性得到的期望。这为网络组件相关假设的统计推论提供了基础，因而，也为关于这些组件的假设检验提供了基础。随着 p^* 技术的发展，作为相关的方法，这些努力已经为在这一领域中长久缺失的统计分析提供了根基。因为本书重点介绍网络连接的创建、维持、解除和重建的多理论多层次机制，我们关于 p^* 模型的描述基本上聚焦在 Robins、Elliott 和 Pattison（2001）描绘的社会选择 p^* 模型上。然而，同样重要的是另外一个社会影响 p^* 模型族，它解 297
释了在不同层次上网络的结构属性如何影响个体的属性（Robins, Pattison, and Elliott, 2001）。

除了多理论多层次模型和 p^* 方法，我们也推荐将计算机仿真作为一种有用的网络分析方法。网络是复杂的实体，即使在理论的帮助下也极难凭直觉感知。我们描述了 Blanche 软件，一个多主体计算建模环境，作为针对这个问题的一种方法。Blanche 模拟多理论多层次模型的三个层次：节点间关系、节点属性和先前时点的网络。因此，网络模拟可以根据网络或者其他社会理论来开发，可以进行多次迭代。模拟的结果可以与实证的纵向数据进行统计比较。模拟也可以用来产生未来时点网络构型特征的假设。当模拟建立在理论基础上，并结合应用实际数据，它们可以为社会网络提供强有力的解释。最近的一本书（Lomi and Larsen，2001）详细地展示了仿真模型作为一种揭示组织的动态性策略重新被重视在数量和质量上的证据（March，2001）。特别鼓舞人心的是，其中有些研究特别在仿真模型中吸收了网络方法（Carley and Hill，2001；Krackhardt，2001；Lomi and Larsen，2001；Prietula，2001）。

另外，研究纵向网络数据的一个特别有希望的方法是由 Snijders（2001）开发的一种统计分析技术。此分析根据社会网络演化的一个概率模型的计算机仿真来实施。这项技术在叫做 SIENA（实证网络分析的模拟调查）的一个计算机软件程序中实行。

总之，三层多理论多层次模型把网络分解成多层次组件，分析节点的属性，并且探索它们与其他多元和/或自回归网络的关系；p^* 技术为网络数据的统计分析提供了基础，提供了和多数社会属性数据传统分析相似的一个推论基础。使用多主体计算建模环境，例如 Blanche 的计算模拟，提供了强有力的理论构建和理论测试工具，这些工具可以极大地推进组织和传播网络研究的技术发展水平。

社会理论中的网络理论机制：回顾

298 第 5 章至第 9 章研究了大量社会理论来识别和网络实现相关的理论机制。这里我们简要回顾一下这些理论，并且突出网络研究最重要的一些理论机制。

自利和共同利益理论

自利理论和共同利益理论分析了引导人们为了他们自己的最大利

益而不是其他人的利益或整个集体的利益采取行动的因素。在第5章中分析自利的三个理论是Williamson的社会资本理论、Burt的结构洞理论，以及Williamson的交易成本经济学理论。前两个理论研究了由无联系的称为结构洞的网络区域提供的投资和利润机会。这里，有洞察力的企业家可以投资他们的社会或者结构性资本，从而将这些无联系的节点相互链接起来，期望如此做能够产生社会利润方面的回报或者收益。结构性自治是产生特定网络构型的结构洞理论中的理论机制。

交易成本经济学分析了各种各样的组织生产的协调成本，包括信息和传播。推动这个理论发展的基本原则是：公司在决定组织策略时试图最小化成本。他们必须权衡的是，寻找最好的市场交易是否比阶层化组织的成本更低，这是因为管理科层式组织的成本常常相当高。可用于解释市场的理论生成机制是交换和互惠。在多理论多层次的p^*分析中，科层是一个可以用来解释垂直组织结构的生成机制。从传播的角度来看，一个基于主体的模型在产生涌现结构的过程中遵循的规则是："我试图使传播成本保持最低。"

第5章也研究了集体行为理论的逻辑，同时强调了组成集体的传播网络。组织的一个可选形式是网络组织，它运行在一个不同的原则上，即共同价值最大化，这个原则可以既减少市场上的信息搜寻成本，也减少科层式组织的管理成本。这里，产生结构的基于主体的原则是，"我试图最大化与所有其他人传播的集体价值"。公共品理论证 299
明了网络连通率会影响谁会对公共品的创建和/或维持做出贡献，包括具有连通性和共有性的传播公共品。希望动员公共品传播活动的理想人选，是那些资源丰富的人 那些能够在公共品实现中获得重要的利益的人，以及与拥有相似利益和资源的其他人具有广泛联结的人。自利和共同利益理论之间的一个重要联系出现在传播困境中。这些发生在对公共品的贡献与自我利益不一致的时候，正如在一个可自由使用的数据库的贡献中可能发生的。传播困境的解决方法是对公共品进行一次将个体利益与集体利益相结合的转换。

传染、语义和认知理论

传染、语义和认知理论根据个体与其他人的接触，以及他们对其他人及其关系的认知来解释传播网络的涌现。传染理论试图把网络解释为传染态度和行为的通道。这里，最主要的解释性隐喻是，只有在让人们接触新的或者不同的观点、态度或者行为后，才可能改变他们现有的观点、态度或者行为。传染过程被认为和传染病传播有相似的运作方式，即人们通过接触那些已经染病的个体而传染上疾病，或者正如新教徒仅通过接触新观点就变得博学了。这个理论暗示了，彼此经常接触的网络成员应该有相似的态度、观点和信念。传染理论的补充是接种理论，即让人们少量地接触态度、价值观和信念，将有助于他们逐渐建立起他们自己的防御机制，这个机制将使他们能够抵御说服性的消息。从网络观点来看，这说明了在网络中少量接种内容流，或与已被传染的人之间有弱连接而不是强连接，可以最小化传染的可能性。

传染机制也同样被认为通过模拟过程在组织间网络中发挥作用。这里，组织复制它们接触的其他组织的最佳实践，或者模仿那些有成功声誉的机构。合理化的同构压力使得种群中组成一个网络的那些组织比那些处于网络之外的种群成员更可能彼此相似。

语义理论试图基于个体对组织事件、公共文档、个人经验、集体历史、组织象征和组织文化理解的相似性，来解释网络。可以被合并到一个多理论多层次模型中的语义网络观点提出的生成机制，即网络成员之间的语义关系的强度可以在分析的个体层、二元层和全局层被解释。

组织也同样可以被概念化为在同一群体或者其他群体中的既存在
300 于组织内部也存在于组织之间的知识网络。知识网络是来自一个巨大知识领域的知识元素的分布仓库，它由组织内部和组织之间的知识链连接在一起。**认知社会结构**理论分析了人们所有的关于“谁知道谁”以及“谁知道谁知道谁”的认知。这一系列认知组成了组织成员之间的认知社会网络，而且在组织内部和组织间同等地有效。相似的，**认知知识结构**理论分析了人们所有的“谁知道什么”以及“谁知道谁知道什么”的认知。前者提供了第一级知识网络，使人们能够直接接触那些拥有特定知识的人。第二级网络促使人们寻找其他那些可以帮助他们的人，那些人进而帮助他们找到拥有他们所需知识的人。

交互记忆系统理论解释了知识网络中相互依赖的人们如何开发认知知识网络，这些人有他们自已的一套技术和专长，而认知知识网络有助于他们识别网络中其他人的技术和专长。这些交互记忆系统促进知识在网络中个体之间的流动，因而减少了每个人都掌握在网络其他地方可得的技术或专长的必要性。

交互记忆系统理论定义了四个相互关联的过程，人们通过这些过程开发了交互记忆系统：专业技能识别、检索定位、目录更新，以及信息分配。人们通过**专业技能识别**这一过程识别网络中有多种多样专长的人。当人们面临一个任务，而他们又没有所需要的知识的时候，他们使用**检索定位**过程。他们通过定位在专业技能识别过程中识别的专家的检索信息来完成这一过程。他们使用**目录更新**过程来更新他们 301
关于“谁知道什么”的目录。最终，**信息分配**过程使那些从他们专业领域之外获得信息的人，能够确定信息网络中哪些人的专业相关，从而重新分配知识。多理论多层次模型仅仅用了二元层次上的个体属性和关系，就描述了这些过程。这个理论推出，这些生成机制可以导致一个发展良好的交互记忆系统，这个系统有涌现的性质，例如可以在全局层次度量的知识差别。

最后，从组织传播网络的观点来看，**认知一致**理论试图解释人们在网络和态度中的一致性趋势的程度。成员们的态度被看做是他们网络中的一种平衡功能，而不是诸如传染之类的可选机制。认知一致理论的生成机制是一种三元传递性，这种三元传递性描述了一个人与另一个人有直接关系的同时，通过若干中介与这个人有间接关系的程度。

第 6 章提供了若干有代表性的多理论多层次模型，它们将传染、语义和认知等理论中固有的理论机制包括进来。这些模型将目标网络分解成相关的部分（二元、三元等），分析了可以影响目标网络形成的节点属性，而且提出了其他可能与涌现过程相关的网络。这一理论族可以单独使用，也可以结合其他理论，来构造和检验多理论多层次模型，研究组织间网络的涌现、维持、解散和重建。

交换和依赖理论

交换和依赖理论的逻辑说明，个体和组织建立网络连接是基于他们从他人那里获得信息或者物质资源的需要，以及提供他们自己有价值的信息或者物质资源作为回报的能力。通过寻找交换连接，成员最小化对其他人的依赖。依赖于他人的资源且不能提供任何可交换的东西形成对他人的权力不平衡。显然，成员们的目标将是最小化这种权
302 力差异。减小权力差异的另一个策略是给那些还没有彼此连接的成员建立资源依赖连接。这可能需要扩展依赖网络来合并额外的成员。这样做将增加目标成员自主建立依赖关系的能力，而不需要冒险由其他人在其事务中为自己创建合并或者联合。然而，按照相同的逻辑，个体和组织也会试图建立连接，这样他们就可以最大化那些依赖他们的个体和组织与他们之间的权力差异。他们可以通过向那些他们不必交换任何资源的个体提供所需资源，来创建网络连接。此外，他们也可以试图与那些向目标成员提供相似资源的其他成员合并。网络融合的努力将有效减少依赖选择的数量和目标成员的权力。

第 7 章回顾的实证研究显示，根据交换的逻辑来构建连接的那些个体和组织确实更有能力发挥自主性，提高他们的声誉和有效性。相应的，产生的权力甚至给了这些成员更大的灵活性来构建他们的网络，加强所需的依赖。因为信任可以被看做是在有证据证明另一方将酬答之前参与交换的一个替代形式，它是社会交换关系创建的一个重要先导。正如其他理论中的情况那样，第 7 章介绍的机制和实证发现适用于多样的关系，例如建议、传播、买方—卖方，或者是董事连锁。同样，正如其他章节中一样，基于社会交换机制的连接创建，是建立在多个层次上的——网络的成员层属性（例如，他们的介度中心

度）、网络的二元层属性（例如，不同资源的相互交换）、成员的外生属性（例如，他们所拥有的资源），以及外生关系（例如，信任）。

同嗜性、物理接近性、电子接近性和社会支持理论

我们在第8章回顾了其他4个理论机制，这些机制也同样试图解释我们为什么创建、维持、解除和重建我们的网络连接。这些机制中的第一个，同嗜性，验证了格言“物以类聚”。通过与社会识别理论以及自我分类理论相关的过程，个体和组织倾向于用少数关键维度描述他们自己。通常，这些维度包括性别、年龄、种族、宗教、产品或者服务部门，或者其他组织人口统计学特征（例如任期、专业性隶属、产业阶段）或者在志愿协会中的会员身份。我们注意到，网络可以影响哪些维度在识别和自我类聚的发展中凸显。进一步来说，网络同样限制了对照组，个体和组织可能使用这些对照组来进行社会比较，从而形成小组内和小组外的识别形式。虽然同嗜理论十分依赖于个体属性，第8章回顾的实证研究显示，组织会基于在其雇员中以及同行业其他组织中观察到的同嗜性来建立连接。并不像本书中讨论的大多数理论机制，创建一个网络连接的同嗜机制，究其本身而言，主要依赖于网络中节点的外生属性。 303

第8章所讨论的第二个机制是物理接近性。这个机制提出了物理接近性对创建一个传播连接的可能性的非线性影响。其观点是接近性增加了个体或者组织彼此更多的观察和学习机会，因而为传播连接的形成创造了条件。传播的可能性随着双方之间距离的增加而急剧减少。关于接近性的实证研究同样提供了一些关于分析再定位和错位如何影响传播连接的维持和消除的有趣见解。那些永久性离开他们先前工作的地点而需要被重新安置的雇员们，相比于那些只是临时重新安置的雇员们，承受着更多的压力，而这大概应归咎于他们传播网络的突然变化。正如我们对其他理论机制的讨论一样，接近性适合用于解释在个体、部门和组织间层次上的传播连接的发展。在组织间层次上，基于接近性机制的实证研究是极少数明确分析解除连接再创建的

研究之一。如果分离的成员代表了组织，而组织的总部在物理上接近目标组织，连锁链接也更可能被再创建。基于接近性解释传播连接发展的生成机制依赖于一个外生关系——接近关系。

第 8 章考察的第三个机制是电子接近性。由新的媒体所提供的各种各样的支持——它们的丰富性、带宽、便携性、嵌入性和普遍
304 性——促进了传播。一般而言，我们指出，关于新媒体对传播连接影响的原理是基于三个动因。替代指出两个同样的成员之间创建的使用新媒体的传播连接将取代使用旧媒体的传播连接。扩大表明通过一个媒体创建的传播连接将提高和推进相同个体或者组织间通过其他媒体创建的传播连接。最终，再配置认为通过一个媒体的传播连接的创建将重新配置传播网络内成员间的关系。

关于新媒体对个体和组织的传播网络的影响的实证证据有明显的相互矛盾之处。我们认为，这重申了新媒体对于我们的传播模式的影响进行的前期研究的重要性。技术更倾向于有双重效果而非单一化的影响，同时在相反的方向发挥作用。我们的结论是：关于技术对传播网络影响的更富成效的分析策略，应该考虑其加强或削弱其他影响传播网络发展的理论机制的方式。我们需要特别提出，由新媒体提供的支持可能适于缓和由传染理论、集体行为理论和协调理论所提出的理论机制。

我们指出了若干附加理论的潜力，这些理论分析了流派与以下两方面的关系：一方面是使用新媒体，另一方面是组织结构和标准从一个更明确的网络构型中获益。因为这部分中记载的大部分研究都是个体之间的，我们也回顾了在电子数据交换（EDI）协议中的投资如何具体化现存的业务实践以及阻止组织考虑它们业务关系的重配置。通过一种特定媒体的传播生成机制包括内生的二元关系，以及参与者的外生属性和外生关系，比如传播。

最后，这一章回顾了社会支持作为一种发展传播连接的理论机制的方式。主要有两个动因来解释对社会支持的需要如何构建参与者的
305 传播网络：第一，嵌入密集网络，可以获得物质资源和社会支持，这可以帮助他们应对压力和焦虑；第二，有助于将对目标个体或者组织

的工作环境有一定理解的人集聚到网络中来，这些人可以更好地提供同情和理解；第三，为了最大化社会支持，成员们可以选择在构造他们的传播网络时，发现那些能够提供原料和信息资源的人；第四，个体和组织可能试图与那些不但能提供物质和信息资源，而且能够从他们各自的网络调动额外的物质资源和信息资源的人建立连接。

我们注意到，基于这种机制的实证网络研究很少是在组织环境中进行的。有限的研究回顾提供的一些证据表明，根据社会支持机制构建网络的参与者更有可能产生激进的变革（例如，打破框架），而且报告了更高的工作满意度。然而，另一项研究表明，拥有发展良好的社会支持网络的成员，之所以更可能最先报告日常生活困难，恐怕是因为他们在独立做事时对自己能力的信心使得他们对其他人的依赖逐渐消失了。另一项研究指出，在蓝领背景下或者低安全性工作中，很强的关系连接实际上能加剧不利的工作条件。一项关于网络中的社会支持提供者的报告指出，对其他人提供社会支持的参与者会有更高水平的情感衰竭。这一部分报告的多数研究都是在分析的个体层上进行的，这其中仅有三项研究报告了社会支持机构如何构建它们与政府、医院和其他代理之间的连接以促进对需要他们帮助的主体的关注。描述社会支持如何影响传播连接的建立的生成机制包括成员层内生网络属性，例如中心度，以及外生成员属性，也就是他们提供物质或者信息资源的能力。

协同演化理论

协同演化理论分析了组织群体和其他实体的网络如何在环境生态
位中相互作用以获得稀缺资源。一些环境是资源丰富的，而另一些则
是资源稀少的。但是所有环境资源总量是有限的，这被称为承载能 306
力，即可以支持的最大种群或者社群规模。演化发生在种群特征产
生随机和系统性变化的过程中，而种群特征的选择是基于它们对种
群的适应性，而保持是通过制度程序或者世代遗传和其他复制机制
传播实现。这里，一个基于主体模型的可以用来在种群或者社群中

产生涌现结构的规则是："我之所以与人们传播，是为了改善我在群体网络中的适应性、在种群网络中的适应性或者在社群网络中的总体适应性。"

在组织生态系统中控制协同演化发展的主要关系是共栖和共生。共栖在一个连续范围内变化，这个范围的一端由互惠共生定位，另一端由竞争定位。互惠共生是一种协作关系，在这种协作关系中，相似的种群成员协调他们的行为，因此集体完成任务并共同获取个体不能独立达到的好处。竞争发生在种群的不同成员试图获得相同的或者相似的资源时。通常来说，一方获得的，也就是另一方失去的。这个连续范围的中心是中立，在这一点上，一个群体的存在性不影响其他群体。共生关系是基于功能不同的依赖性。因此，例如一个种群的成员——一个银行家，为另一个种群的一个需要金钱来实现创意的成员——一个企业家提供金融资源。种群的成员同时进入共栖和共生关系，既在他们自己的种群内，也在其他与他们相互作用的种群间。

尽管种群生态观一直趋向于注意孤立的种群而忽视关系网络，但是社群生态学的近期工作已开始聚焦整个生态系统，其中关系网络发挥中心作用。Barnett 和 Carroll（1987）指出，这种多层次属性可以被看做是"组织的相互依赖存在着多个层次：个体组织之间、组织种群之间、组织社群之间"（p. 100）。因此，正如我们在第 9 章所指出的，部分基于种群和社群网络内部以及它们之间的共栖和共生关系，来构建社群生态的多理论多层次模型是可能的。

随着社群的发展，种群更加倾向于彼此相互作用。因此，种群内部和种群之间的网络连接密度都增加了。这产生了两种效果。首先，种群更加需要来自对方的资源，因此对环境的依赖变小了。社
307 群协同演化创造了一种针对环境变化的缓冲或者防御效果。不幸的是，它也创造了一个过度稠密的网络，这个网络开始自我封闭，为它自己的崩溃做最终的布局。当这种现象发生时，社群的种群资源被释放回环境中，因而为一个新的社群的发展提供了基础。

小世界网络

自20世纪90年代后期开始，掀起了一股研究“小世界”的浪潮（参见 Buchanan，2002）。这个跨越几个学科的兴趣的动因，来源于网络的设计和使用。但是这项研究同样为理解源于多理论多层次框架的网络创建、维持、解散和重建提供了潜在的强有力的理论框架。在我们讨论这些具体的应用和扩展之前，我们首先回顾小世界研究最近的发展。

Duncan Watts（1999）在他的著作《小世界：在秩序和随机性之间的网络动力学》（*Small Worlds: The Dynamics of Networks Between Order and Randomness*）中，在如何理解“小世界”方面，提出了30多年以来最具实质意义的推进之一。Paul Erdos（因其对随机图理论所做的基础性贡献而著名）引入了**小世界**的概念。直到最近，大多数关于小世界现象的研究集中在个体间网络上。这个词组揭示了当两个陌生人发现他们通过共同的熟人关系而间接相连时相当惊讶（“世界多么小!”）。在20世纪50年代，MIT的两个研究员，Ithiel de Sola Pool和Manfred Kochen，用算术的方式估计了连接任意两个美国人所需要的连接数量。基于这个假设：每个个体有100～1 000个熟人，而他们中许多可能彼此认识。他们推测，在美国，平均每个人通过两个或者三个中间人，几乎不会超过四个，就可以连接到任何其他随机的某个人。他们的猜想表明，也许我们不应该对这一小世界现象感到惊讶。

1967年，哈佛大学社会学家 Stanley Milgram 和他的同事试图实证性地检验这个猜想。他们要求堪萨斯和内布拉斯加的人们给波士顿的陌生人寄信，他们可以把信件传递给他们认为可能有机会认识那些陌生人的波士顿朋友。Milgram 发现，那些信件中有一半通过不超过 *308*
5个中间人就投递给了那些陌生人。Milgram 和其他人又随后做了一些研究，他们在不同城镇的不同陌生人之间甚至在一个独立的大学校园内，发现了相同的结论。在这个行星上，任何两个个体之间表现出普遍的“六度分离”现象。对这一发现的兴趣，甚至扩展到了社会科学群体之外，在 John Guare 的题为《六度分离》(*Six Degrees of Separation*）的舞台剧（以及随后的一部电影），以及 David Lodge 的小说《小世界》(*Small World*）中，学术研究者间都有直接或间接的联系。基于对 Paul Erdos 的开拓性贡献的赞誉，全世界的数学家们通过其“Erdos 数”来标志他们的声望，该数值是对通过与 Paul Erdos 之间的合著关系所代表的联系紧密程度进行测度。472 个学者曾与多产的 Paul Erdos 合著过，因而都有值为 1 的 Erdos 数。最近，Virainia 大学的 Glenn Wasson 和 Brett Tjaden 在网站上创建了“Kevin Bacon 游戏”(http://www. cs. virginia. edu/oracle/)。在这个网站上，某人可以查询因特网电影数据库来确认世界上任何一个演员和 Kevin Bacon 之间存在多少度的分离（即“Bacon 数”)。在数据库的总共 452 192 个演员中，其中 1 463 个通过曾经和 Kevin Bacon 同台演出而获得 Bacon 数 1；111 714 个演员的 Bacon 数为 2，意味着他们曾经与某个与 Kevin Bacon 同台演出过的人同台演出过：同时，273 133 个演员的 Bacon 数为 3。实际上，平均下来，数据库中所有演员都同 Kevin Bacon 有仅低于三度的分离。例如，Raj Kapoor，印度 19 世纪 50 年代电影行业中一个著名的演员，同 Kevin Bacon 有 3 度分离：Raj Kapoor 在 *Awara*（1951）中与 Shashi Kapoor 同台，Shashi Kapoor 在 *Side Streets*（1997）中和 Peter Appel 同台，Peter Appel 在 *Sleepers*（1996）中与 Kevin Bacon 又同台。这些发现可能暗示了在电影网络中，Kevin Bacon 是一个非常核心的演员，而实际上相似的小世界发现在任何两个演员之间都可能出现。

Watts 检验的中心难题是许多庞大的、稀疏的（每个节点相对总节点数都仅有很少的连接)、物理的、生物的、社会的以及人类设计的网络倾向于展示相似的普遍小世界性质，这种情况究竟是怎样的呢？Watts 把一个小世界网络定义为这样一个网络，其中节点只与小部分节点有很高的局域聚集度（也就是说，这些节点之间相互连接)，而同时与剩余的节点只有几步分离。为了探索小世界网络的涌现，Watts 考虑了两种极端的网络，这两种网络分别只展现了这两个性质之一，而不具备另一性质。第一种网络，叫做**规则**或者**栅格网络**，其中每一个节点只是直接连接到一些相邻节点，而那些相邻节点也同样 309
彼此连接。这些规则网络，像小世界网络，表现出较高的聚集度。但是，与小世界网络不同，它们与网络中剩余的节点有较高的分离度。Watts 把这种类型的网络看做是“穴居人世界”，其中个体与他们洞穴中的其他人紧密连接成一个聚类，但是与他们洞穴之外的其他人有非常高的分离度。Watts 考虑的第二种极端网络是随机网络，其中每一个节点随机地与少数其他节点连接。因为这些随机连接的节点不大可能彼此连接，不像小世界网络，随机网络在节点之间有较低度的聚集度。然而，与小世界网络相似的是，这些随机网络在网络的任何两个节点之间有较低的分离度。这是因为随机连接更可能令网络中远距离的部分彼此靠近。Watts 根据 Isaac Asimov 的小说中的行星将之称为“日暑世界”(Solaria World)。根据该小说的描述，这些个体单独居住，他们只能够借助这个行星，通过机器人和电脑与他人相联系，就像他们与家中的配偶联系那样。

显然，小世界网络就位于规则和随机网络的两个极端之间的一个连续体中，由此它们具有高的聚集度（就像规则网络）和低的分离度（就像随机网络）。为了研究从规则网络到小世界网络的过渡，Watts 使用**构造算法**来使这些节点再连接起来。例如，在规则网络中，去掉一些从一个节点到相邻节点的连接，然后重新定向连接到网络中随机选择的节点上。这一再连接过程的主要发现，同时恐怕也是本书最有意义的贡献是：只需要进行非常少的这样的随机再连接，就可以从一个规则网络过渡到一个小世界网络。本质上，这些随机连接中有一些充当捷径，这些捷径使网络中的远距离部分仅仅以很小的分离度就能间接连接起来。

这一发现的一个中心含义是，在网络连接中相对微小的改变就可以在整体网络结构中（即网络的聚集性以及网络节点间的平均分离度）产生巨大的变化。这一微观层次改变和宏观层次属性之间的细微联系，在 Watts 的书中关于复杂系统的理性讨论的中心阶段得以说 310
明。本书中所报告的一些工作，还是 Watts 居住在桑塔菲研究所

(Santa Fe Institute) 时完成的。桑塔菲研究所是复杂性科学理论和研究的摇篮。与其他复杂性理论学家的工作相一致，Watts 证明了在自然、社会以及人类设计的网络中存在的一些小世界网络，代表了有序（规则网络）和随机（通过少量重连）之间的一种微妙平衡。因此，Watts 的著作的副标题是“在秩序和随机性之间的网络动力学”。

我们已经描述了小世界网络如何从一个规则网络的一个最小的随机重连中产生，而 Watts 随后将注意力集中到了现实世界网络。使用前文讨论过的例子——在因特网电影数据库中的演员间合作网络，美国西部的电力网，以及线虫 Caenorhabditis elegans（迄今神经网络已被完全绘制的唯一一种生物）神经网络，Watts 证实了这些例子中的每一个都满足了小世界网络的标准。他实证性地表明，小世界网络在实际世界中比人们预期的可能更普遍。

受到小世界现象在自然、社会和人类设计网络中普遍流行这一现象的启发，Watts 接着把研究重心放在产生小世界网络结构的网络动力学上。他特别研究了传染性疾病在结构化人群中蔓延的情况、元胞自动机的计算能力、博弈论中合作的演化，以及成对的相位震荡选择器的同步化等问题。在每一个例子中，Watts 分析了动力机制为何——例如，传染性疾病的蔓延，竞争主体之间合作战略的传播和维持，或者是蟋蟀同步鸣叫的能力——对网络的基础结构极其敏感。他认为，小世界网络所展现的动力机制与规则或者随机网络有质的不同。例如，相比于一个纯粹的规则或者一个纯粹的随机网络，一种疾病的传播可能在一个小世界网络中明显地加速。这些发现暗示了小世界的“负面”影响并非不同寻常——其机制与使得两个陌生人发现他们有共同的熟人的机制相同，它解释了一个人如何被另一个人感染。在另一个例子中，Watts 分析了，虽然还未达成定论，小世界网络的
311 结构如何影响竞争主体之间合作策略的传播。小世界网络结构在网络动态性上的影响对这些领域的早期研究有重大意义，这些研究或者忽视了网络结构，或者把这种结构设想为近似规则或者随机网络。正如 Watts 所主张的，因为大多数现实世界网络都具有小世界结构特性，而不是一个规则或者随机结构，一个基于这些假设的网络动态机制不

足以代表实际观察可能得到的情况。

Watts 承认他的本意是试图描述小世界结构的性质，甚至最初的探索是试图调查小世界结构对网络动态性的影响。但是他最初的尝试却深深地激发了一个新的跨学科研究潮流，这个潮流在包括物理、生命和社会科学在内的广阔范围中研究小世界网络的普遍性。即使在后来 Watts 和 Strogatz 1998 年在《自然》上的文章发表，以及随后 Watts 的书《小小世界》(*Small Worlds*) 出版之后，研究者也在一个范围广泛的环境中发现了存在小世界网络的证据。例如，Adamic (1999)，Albert、Jeong 和 Barabasi (1999)，以及 Kleinberg 和 Lawrence (2001) 也都提出构成万维网的网页展现了一种小世界结构；网络上 8 亿个页面中任何两个页面平均有近似 19 度的分割度（或者热链接)。两个意大利科学家 Marchiori 和 Latora (2000) 的研究表明，代表波士顿地铁系统（美国最古老的地铁系统）的网络展示了一种小世界拓扑结构特性。地铁网络高度聚集，但是也有少量的捷径最小化了波士顿地区任何两个随机选择的地点之间的分离度。其他科学家提出连接大脑每个部分的网络也显现了相似的小世界属性。

Watts 的工作和由此激发的一些研究，聚焦于识别那些体现小世界结构的网络。同时，他的观点也有益于那些对设计小世界网络感兴趣的人。一般来讲，小世界网络因为其中任何两个节点之间相对较小的分离度，有利于信息或者其他资源通过网络高效地传送，而不需要通过过多冗余的链接来配置网络。例如，最近有人努力将小世界原理应用到设计更高效的组织以及在网络中创建更智能化的搜索代理上来。在《自然》最近的一篇文章中，康奈尔大学的一位计算机科学家 Jon Kleinberg (2000) 进一步指出 Watts 和 Strogatz 描述人类网络的模型的一个局限性，并做出了扩展。Kleinberg 指出，在模型中 Watts 描述了规则网络的重连纯粹是随机的。也就是说，在规则网络 *312*
中，从一个节点到另一个节点的链接，被重新指向了网络中随机选择的任何一个其他节点。与此相反，他主张，在一个更精确的代表人类网络的模型中，被重新连接的节点并不是纯粹随机选择的，而是借助一个被选择的概率，这个概率与它同初始节点的地理距离的平方成反比。Kleinberg的论点代表了通过引进关于社会网络的社会科学理论提议的若干机制之一来扩充Watts模型的一个先期尝试。正如我们在第8章所描述的，Kleinberg认可了在决定创建、维持或者解除社会网络链接的可能性中物理接近性的作用。

更近一段时间，Watts、Dodds和Newman（2002）通过考虑本书中所识别的两种机制来将这个理论进一步扩展：地理接近性和在一个或更多个维度上的同嗜性。小世界现象“不仅揭示了在一个大规模社会网络中个体间存在捷径，而且普通人还可以找到这些捷径，Watts等（2002）在上述前提下证明了这个扩展是正确的。这不是一个没有价值的声明，因为人们除了关于本地网络的知识外，罕有更多的知识”（p. 1303）。通过并入这两个社会机制，Watts的模拟中的节点在寻找其他节点时拥有一些代理，这些代理节点能将消息转送到目标节点处。他们模拟的结论能与Milgram的研究中所报告的实证结论更好地匹配。更有意义的是，他们的模拟暗示了在查询中，最好的总体表现似乎是在个体在两个或者三个维度上相似的条件下出现。上述发现与Bernard、Killworth、Evans、McCarty和Shelly（1988）提出的独立的实证证据相一致。这一证据是“在小世界实验中拥有不同文化背景的个体，典型地利用两个或者三个维度传递一则消息”（Watts et al.，2002，p. 1304）。

正如我们在贯穿此书的多理论多层次模型的展示中所证实的，社会理论在理论机制方面形成了大量文献，这些理论机制有助于研究个体、组织、行业、民族、灵长类动物和其他动物之间的网络构建。因此，看到这些工作正被并入关于可查找网络的小世界研究中是十分令人欢欣鼓舞的。除了物理接近性和同嗜性，本书中所描述的可以改进随机重连模型的多理论多层次机制，包括传染、社会交换、自利、共同利益和资源依赖理论等。对进一步加深我们对小世界网络的涌现和动态性的理解感兴趣的研究者，将在文献中和多理论多层次模型中发
313 现大量理论和实证证据，来指导在Watts的规则网络中引入不是那么随机的重连。

除了帮助我们更好地理解如何能够通过查找社会网络来找到其他

人，关于小世界的研究也同样能帮助我们加深理解在网络上如何搜索知识库网络。正如前面所提到的，连接网站的链接网络展现了大约19度分离的小世界性质。这意味着，从任意一个随机的网站开始，我们可以在大约19步后到达任何一个目标网站。但是在这里，我们再一次面临Watts等（2002）曾经面对的难题：认识到任意两个网站之间相距19步是一个问题，如何正确选择路径，以最少的步骤达到目标网站则完全是另一个问题。

这是我们在所有网络搜索中面临的挑战之一。我们从一个典型的搜索引擎网站开始，再把感兴趣的话题提交给搜索引擎，希望结果能够帮助我们在最小分割度内找到所要的网站。在没有任何附加操作的情况下，一个最原始的搜索引擎将仅仅列出——没有特别的顺序——所有的“准确”匹配输入条件的网站。这些列表可能非常长，因而没有什么帮助。对使用者来说，幸运的是，搜索引擎的开发者们正在开发网络技术，根据将网站彼此连接的网络结构来优化搜索。例如，Google搜索引擎根据与每一个网站都有联系的网络威望来对一次搜索的结果优先排序（Brin and Page，1998）。也就是说，一个有很多链接指向它的网页可能被认为是更有威望的，因此更可能提供需要的信息。这是一个基于入度的威望测度（参见第2章）。然而，Google所使用的搜索算法更进了一步。一个网页不仅根据指向它的其他网页数目，也根据指向它的网页的“威望”来决定一个网页的威望。当然，这些网页的威望值由指向它的网站数量和它们的威望来递归定义。

Kleinberg和Lawrence（2001）提供了优化搜索和减少搜索引擎与预定搜索目标之间分离度的一个可选策略。他们从认可被实证证实的这一事实开始：指向和来自网页的链接数目是依照**幂率**分布的（Barabasi，2002）。在网络的例子中，这意味着有n个链接指向它的 314
页面的比率大约是n^2。也就是说，世界上所有网页中大约有四分之一有精确的两个链接指向它，大约所有网页中有九分之一有精确的三个链接指向它，等等。网站网络中这种非随机“连接”允许他们把网页划分为中心网页和权威网页。**中心网页**是那些指向许多权威网页的页面，而**权威网页**是被许多中心网页指向的页面。本质上，中心网页可以是导向特定话题传输流的入口（指导、资源列表）。权威网页是这个传输流所指向的页面。在一些情况中，中心网页可能彼此链接（一个子群）或者至少链接到相同的权威网页（结构上等价的）。Kleinberg 和 Lawrence（2001）发现，“了解标志网络社群的特征链接结构，可以为各种基于社群链接信号的网络分析快照”（p. 1850）。因此，不同于 Google 所使用的将搜索指向最有威望的网页的网络分析技术，Kleinberg 和 Lawrence（2001）提议使用网络分析技术，将搜索指向显示共享利益程度最强的社群的网页。

未来的网络组织形式

在 Morgan（1997）的经典著作《组织的印象》（*Images of Organization*）中，他叙述了隐喻如何塑造概念化和理解我们要调查的组织的方法。它们形成了我们要探究的研究问题以及我们回答那些问题的方法。它们优先关注某些问题而忽视其他问题。在工业时代，机器作为一个主导暗喻形成我们对组织的概念。组织作为机器的暗喻的主导地位相继在 20 世纪 70 年代被组织作为生命系统的暗喻取代，然后是 20 世纪 80 年代被组织作为文化的暗喻所取代，以及 20 世纪 90 年代被组织作为电脑的暗喻所取代。这一过程反映了同一时期社会价值的变化。而随着因特网的爆炸性发展，就像最近一本有关贸易的著作中一章的标题“那就是网络，真愚蠢”所反映的，组织的网络隐喻主导地位几乎不容置疑（Hartman，Sifonis，and Kador，2000）。接受组织作为网络的暗喻，已致使关注的焦点前所未有地集中于网络特征以何种方式影响组织过程，以及如何反过来被组织过程所影响（Contractor and Monge，2002）。将组织看做是网络，引发了许多组织学议题的重新概念化问题，例如，根据关系和流重新定义信息、资
315 源、信任和文化的价值。隐喻提示研究者关注本书所探索的中心问题——作为个体、小组和组织的我们为什么创建、维持和解除我们多种多样的网络关系。

数字革命给了我们研究新的组织网络形式的机会。日本幻想家和

发明家 Kenji Kawakami，以拥护“**珍道具**”（chindogu）这种“并非无用创意”的艺术而闻名。珍道具是指一种旨在解决一个烦人的社会需求的发明，它根据最高的技术标准制作且经过用户测试；但是由回顾的角度来看，它是相当无用的。如图 10—1 所示，珍道具的原型是一种自动面条致冷器——“一把袖珍的扇子，正好吹着用筷子挑起来的面条”，允许一个人在吃下它们之前正好吹凉了面条（Kawakami and Papia，1995，p. 42）。历史可能将我们今天正在探索的许多技术上可以实现的新奇组织形式看做是珍道具。原因是，虽然技术常常是我们孕育这些新组织形式的必要条件，我们可能仍然必须依靠我们对社会机制的理解来估计和提高它们的生命力。第 1 章到第 4 章描述的多理论多层次框架和第 5 章到第 9 章描述的网络机制，提供了一个原则性的方法来对我们的许多组织性创新实行“珍道具”测试。

图 10—1

虽然可以列举一些最终变成珍道具的在组织方式上的短暂尝试，同样在这些有关组织的新型网络形式中，还是有许多例子开始挑战“组织”的传统观点。这里我们故意使用组织（organize）（动词）这一术语，因为这些例子可能并不适合我们常规的组织（organizations）（名词）概念。然而，它们实现了许多相同的功能，因此使我们能够重新思考我们对组织的更狭义定义。人们可能正确地猜测这些例子中有许多处于高科技领域。有的时候，这些例子中有些会整体被称为是对等网络（peer-to-peer，P2P）组织形式（Contractor，2003）。

试考虑下面的情景：你对得到一个草莓蛋黄派的食谱很感兴趣。你已经有了两个可采取的策略。第一，你可以到一个图书馆（或者登陆到网上），在中心文档知识库中查找食谱；第二，你也许会询问你的一个或者更多朋友，问他们是否有食谱。如果他们没有，他们可以询问他们的一个或者更多朋友。如果你遵循第一个策略，你就是一个客户端，你从一个服务器上获取信息，服务器在一地（图书馆或网
316 站）存储了所有信息；如果你遵循第二个策略，你就正在参与点到点的相互作用，因为你经过了食谱收集中心的任意中介。为了达到你的目的，你可以选择那个更加有效的策略。

根据多理论多层次框架，我们的目标是解释，相对于与同伴建立传播连接来说，个体可能更倾向（或者更不倾向）于与一个中心数据库建立一个传播连接的条件。共同利益理论（或者集体行为理论，参见第5章）提出个体为了食谱而与一个知识库创建连接的可能性是个体感知的函数，而感知是个体对其他人对知识库中可用食谱在量和质上所做的贡献以及检索食谱付出的成本的评价。另一方面，交互记忆理论（参见第6章）表明，从一个同伴那里寻找食谱的可能性也是个体网络中对食谱很了解的人或网络中知道谁对食谱很了解的人的一个函数。

以前创建一个和知识库的连接也许意味着走近书架或者启程到图书馆去。同样，创建一个和同伴的连接，将是亲自询问某个人，写一封信，或者打个电话。显然，新技术的引进扩充了这些选择。网络的发展使得创建网站为数百万使用网络浏览器的客户提供信息服务成为可能。在一些情况下，你可能将食谱贡献给这些网站或者评价其他人的贡献。但是你使用网站来获得食谱，并不必做出相应的贡献。当然，人们可能也会使用因特网以电子邮件的形式来向一个人、一个邮件讨论清单管理器或一个新闻组来发送食谱请求。在这两个例子中，与电子接近性理论（参见第7章）相关的机制将强化共同利益和交互

记忆理论分别提出的理论机制。新的技术将扩大你的网络范围，并且可能减少你的交易成本。

最近，新的应用技术使得采取高质量对等网络策略成为可能。正如上面所讨论的，可以将对食谱的一个请求以电子邮件的形式发送到一个人、一个邮件讨论清单管理器或者一个新闻组。显然，这不是一个非常高效的策略。你可能仍然无法得到食谱。或者，你也许被淹没在大量的请求信息中。同样，不了解食谱或者对食谱不感兴趣的许多人，也许认为阅读你的请求是对他们时间的一种浪费。解决这些问题的新一代对等网络（P2P）应用诞生了。一般来说，他们使得如下方式成为可能：以与目前有质的区别的方式调动资源和组织行动。在上面的例子中，技术正在被使用来代替和加强现代组织模式（参见第8章）。新一代P2P应用重新设计组织模式（Oram，2001）。他们被广泛地划分为三类：文件共享、电脑资源共享，以及传播和合作。在我们调查这些应用之后，我们将考虑多理论多层次框架怎样帮助我们解释和评估其组织的网络形式。 *317*

第一，应用技术允许同伴直接彼此共享信息（声音的、文本的、视频的以及图像的文件）而不需要访问一个网站。最流行的这种应用恐怕是Napster，它允许个人与世界上任何地方的数百万的同伴共享电脑上的音乐文件。一些人争论说，Napster不是一个真正的对等网络应用，因为它有一个中介服务器来提供哪些同伴在他们的电脑上有什么歌曲的目录。也有其他应用技术，例如Gnutella、FreeNet以及Morpheus，它们无需中介服务器目录，因而是无可争议的对等网络模式。因此，继续前面的例子，你在你的电脑上输入词组“草莓蛋黄派”，然后把它发送到连接P2P应用网络同伴的一个小子集中去，来散播你的食谱（或者一首歌，或者任何其他电子文档）请求。他们的电脑将检查他们是否有食谱，在这种情况下，他们将让你了解它的可用性：如果他们没有这个食谱，他们将进一步把请求传递到一个他们同伴的子集合中。很快，你将有一张来自世界各地的拥有你请求信息的同伴列表。而且，所有这些查找是在没有任何同伴被打扰，或者甚至不知道他们可能与你共享了他们的食谱，或者将你的食谱请求传递到网络上其他同伴的背景下实现的。

第二，P2P 应用的目的在于共享电脑资源而不是共享同伴的电脑中的文件。互联网应用的一个主要专家 Shirky（2001）观察到，“保守地估计……目前世界上网络连接的 PC 机拥有总计 100 亿兆赫的处理能力以及 10 000 千兆字节的存储”（p. 23）。在许多情况下，这些网络连接的 PC 机在它们的硬盘上有闲置的存储空间。甚至，大多数时间，这些 PC 机并没有被使用——考虑一个屏幕保护程序在你的电脑上运行的时间总量。在 1995 年，伯克利的科学家们提出使用这些
318 PC 机的电脑能量来帮助查找宇宙的文明。SETI（查找地球外智能）项目通过使用无线电望远镜从天空中收集到大量的无线电信号。不幸的是，他们没有所需的大量电脑资源来分析这些信号，进而侦查地球外生命。为了解决他们的问题，他们设计了一个叫做 SETI@home 的程序。这个程序作为一个用户可下载的屏幕保护程序来运行。一旦用户的电脑空闲了，这个屏幕保护程度将启用，然后它将连接到 SETI@home 分布式数据服务器。它将下载数据的一小部分，在用户的电脑上分析它，然后将结果返回 SETI@home。在 2002 年 10 月，这个工程已经从用户处收到了超过 2 亿份结果，这是世界上最大规模的计算！受到它的成功所鼓舞，其他人也启动了类似网格的应用来帮助解决在遗传学研究、抗击 AIDS，以及金融数据挖掘中面对的计算挑战。尽管用户自愿把他们的计算资源用于 SETI@home 项目，如 Popular Power 和 Distributed Net 等公司还是对用户的空闲计算资源提供了补偿。在一个更宏大的规模上，美国国家科学基金会正在支持一个国家网格（Smarr，1997；Stevens，Woodward，De Fanti，and Catlett，1997）的开发。目的是开发一套软件和硬件工具，使得可以像从电力分布网格中抽取电力能源那样容易地从因特网上释放出计算机处理能力。在某些紧急事件中，例如一个化学泄漏事件中，需要被卷进危机管理努力中的不同组织可以创建一个虚拟网络组织，这些组织中的每一个可用数据（土壤成分、空气质量、水质量、人口统计等）都能通过网格中其他地方的计算资源而被迅速比较和分析。

第三，一些 P2P 应用帮助同伴彼此之间直接传播和合作。在

1996年，一家新建的以色列公司，Mirabilis，启动了第一个这样的应用，叫做ICQ（“我在找你”）。它允许用户不需要通过任何中心服务器（例如一个电子邮件服务器），就可以在连接到因特网的PC机之间即时发送消息。美国在线即时消息（AIM）程序是一个相似的对等网络应用（美国在线公司在1998年购并了ICQ），其帮助用户在对等网络的基础上与他们的好友进行交流。最近，Lotus Notes的创建者Ray Ozzie开发了Groove，一个对等网络合作环境，它允许几组 319
人创建共享空间而不需要一个中心网络服务器的存在。这些环境不仅允许共享文件，而且允许更强的合作形式，例如文件的同步编辑，并且在用户没有同时都连接的时候保持文件自动更新。

最后，一些应用组合了上面描述的对等网络（P2P）应用。例如，类似Aimster的程序允许一个美国在线即时消息（AIM）用户仅仅与在他们“好友”列表上的其他人共享文件。Mojo Nation允许用户使用一种数字“货币”（称为Mojo）来为下载文件付款，而他们可以通过分享其电脑资源来获得这种货币。

Minar和Hedlund（2001）提醒我们P2P并不是最近的发明。“因特网最初在20世纪60年代末被设计出来的时候，是一个对等网络系统……USENET新闻施行一个非中心化的控制模型，在某种程度上是今天新对等网络应用的鼻祖，比如Gnutella和Freenet”（pp. 4－5）。在20世纪90年代被网络的发展和客户端—服务器架构吞噬之后，对对等网络应用软件的使用在新世纪到来之后又显著增加，而且预计会继续随着大量基于因特网的信息应用的产生而成长，例如移动电话和个人数字助理。

我们在这里之所以要识别这些可能性，是为了引发对下列问题的思考：这些技术会如何重建目前的组织模式，以及多理论多层次框架能以什么样的方式帮助我们更好地设计和评价这些重建。在网络技术基础设施方面，现在我们接触得最多的网络结构，是先前提到的客户端—服务器交互架构。服务器是一个网络中心，而我们作为客户到这些网络中心去查找或者发布信息。因此它反映了一种组织的科层模式。

另一方面，P2P 应用没有在客户端和服务器之间制造差别。每个用户既是服务器也是客户端（或者一个服务者），共享获取信息和计算的能力，以及直接在共享的空间与其他同伴通过任意中心服务器来合作。如此，它反映了组织的异构分层方式。正如 Stark（1999）所指出的，“尽管科层［在服务器上］涉及依赖关系……异构分层也［在服务者之间］引入了相互依赖的关系”（p. 159）。这些异构分层有被自由创建的灵活性，不需要任何管理性的或者技术性的权威，只有在需要时它们才会被维持，然后解散也很容易，并可能在以后新的构型中被重新创建。

你可以把 eBay 和 Epinions 看做两个在零售业中的 Napster 化先
320 驱。更为人所知的，eBay 使得在个体层可以创建将需求和供应连接起来的链接，而 Epinions 把自己认为“有内容的 eBay”（Tolia and Fryer，2001，p. 21）作为消费者提供共享他们对所使用的产品和服务发表评论的一个平台。在这两种服务取得成功的启发下，Tolia 和 Fryer（2001）断言还存在大量的服务需求，包括喷气式飞机的时间共享和雇佣保姆。《纽约时报》的专栏作家 David Pogue 拥有同样的热情。在一个名为“愿望列表：寻找发明家的 9 种创新”的栏目中，Pogue（2002）探讨了一种叫做未知数据（Blind Data）的创新发明，未知数据使用蓝牙技术实现在 30 英尺半径内的无线连接。“类似日本青少年的 Lovegety 玩具，未知数据是一个微小的传送器，戴在一个钥匙环或者垂饰上。但它并不是在任何异性靠近时发出蜂鸣声，而将是一个更有识别能力的小发明。需要编辑你以及你所寻找的性情相投伙伴的关键信息。当你的传送器震动了，这意味着，另外某些人的也在震动。某些 30 英尺之内的人正在寻找恰好像你的人”（p. 61）。显然，本书并没有装作从实质的行为中研究促进浪漫连接的创建、维持、解除或者再建立的理论机制。我们相信，应用 P2P 软件在个体、组织和组织间层次创造网络连接会非常有希望。事实上，已有两个网络公司 elance. com 和 guru. com 提供这种服务。这里所讨论的例子仅仅使得在浪漫的搭档之间或者投标人—招标人之间能够创建二元连接，但是阐述的原理可以扩大到更大的集合中去。

由P2P应用提供的网络灵活性和流动性，使快速增长的劳动力部分产生了新的工作方式。Malone和Laubacher（1998）把整个部分称为电子化自由职业经济，而Pink（2001）把它称为自由工作者国度。他们创建、维持、解除以及重建网络连接的动力可能从传统的科层结构中获得解放，但是他们仍被本书讨论的许多网络机制理论所影响。确实，科层制模式的消失将使多重机制影响这些网络的涌现。为了使组织模式可行，工人们将仍然需要对付由对等网络环境引致的诸如信任、责任、安全性、知识产权以及隐私性这些问题。对等网络环境绕过了我们过去十年所拥有的集中的、可靠的以及运行良好的网络服务器。我们要赶紧增强这样一种观点：我们并没有想象一个缺少了科层组织的世界，也没有根据它们的技术对手，想象一个没有客户—服务器结构的网络。实际上，我们完全希望组织的科层和异构分层形式共存并协同演化——这将会引出关于各种组织目标相对功效的更多研究问题。 321

与P2P趋势相关却不同的是**开源运动**（参见Raymond，2000，一个概览）。开源运动的历史，可以追溯到20世纪60年代，尽管在当时不叫这个名字。在操作系统开发早期，以及在后来闻名的因特网时期，在大学里和独立私人实验室（如AT&T的贝尔实验室）工作的程序员们可以自由地与另一个人共享他们所写的程序源代码。其他人可以得到这个代码，阅读它，修改它，然后扩充它。USENET网络新闻组的发明（作为因特网上第一个主流P2P应用，在上面讨论过）促进了全世界大批程序员合作开发软件能力的提高。

然而，从20世纪80年代早期开始，像AT&T这样的商业组织开始保护它们的软件知识产权，包括AT&T的Unix操作系统版本。为了保护它们的商业利益，它们开始仅仅发布“对象”或者二进制代码。对象代码不是程序员可以阅览、修改或者扩充的。可以把源代码粗略地等效于为某人提供一张入场券。收到源代码的人可以加工（或者用程序员的话来说，编译）这个代码。当然，如果他选择的话，这个人可以修改（或者用程序员的行话，优化）食谱。另一方面，当一个人已经得到了目标代码或者二进制代码，他就得到了已经准备好的主菜，但却没有食谱。这只给接收者非常有限的修改所得到东西的机会。开源活动，因而反映了一个非常巨大和正在增长的程序员社区的承诺。这些程序员自由地共享他们的所有程序，允许其他人在他们免费发布给其他所有人的条件下修改和扩充软件。这种许可设定最初被称为通用公共许可或者**版本保留**（相对于版权），而且已经演化为一个更加所有权—友好的形式，称为开放源代码定义。详细的许可条件就不是我们这里要讨论的范围了。

在数千个开源项目中，有三个特别值得注意：（1）Apache，一个于 1994 年启动的开源网络服务软件，一批程序员为最初的网络服务软件写“补丁”，这些网络服务软件由厄巴纳-尚佩恩的伊利诺伊州大学高级计算应用国家中心开发，而补丁器由此得名。它现在被超过
322 一半的公众可见的网络服务器所使用，它面临来自于微软和网景的网络服务器软件套件的强大竞争（Lerner and Tirole，2000）。（2）Sendmail，创始于 1979 年，控制了超过 80%的因特网邮件传输量，其最接近的竞争对手是 Microsoft Exchange（Lerner and Tirole，2000）。（3）Linux，是由赫尔辛基大学的一个计算机系学生 Linus Torvald 在 1991 年所启动的一个操作系统项目。现在，十年过去了，Linux 在所有网络服务器的操作系统中占有 27%的份额（相比于微软的 41%），而且有 390 万个用户在他们的台式电脑上安装了它。

我们对开源活动的讨论焦点是理解为什么一个“免费的”写、发布、共享、修改以及扩充电脑程序的活动能够成功地成长，以至于它给已经创建的软件公司，如销售私有软件的微软，带来了严峻的市场挑战。答案并不存在于利他主义或者意见相似组织的集体宗教热情中。而是，以 Linux 为例，Weber（2000，p. 19）认为：

> 在这些过分简单和单纯的解说背后，有一个更精妙的有关社会和政治经济学的故事，这个故事对“新”经济中的生产逻辑的讨论有很重要的暗示。一个好的解释性故事必须是社会性的，因为 Linux 是一个集体产品：它是一个在非专利条件下，由代码创建、维持、发展和扩展的主体，其中大量开发者紧密合作。它必

> 须是政治性的，因为其中既存在正式的也存在非正式的结构和组织，这些结构和组织的功能包括分配稀缺资源和管理冲突，以及促进某些实践和价值。而且显而易见的是，它必须是经济性的，因为Linux运作过程的核心是个体，这些个体参与某种成本—收益分析，而且最大化或者至少尽可能满足某些效用函数。这个故事中没有单独的部分——即使是“正确的”——可以独立解释结果。证明这一点的另一个方法是只需论证Linux是建立在一套微观基础（选择自主贡献的个人动机）以及宏观基础（将这些贡献推向一种集体性结果的社会和政治结构）上。

这一言简意赅的赞美抓住了本质，即本书所讨论的多理论多层次框架为什么能在解释作为开源软件发展基础的网络上有如此巨大潜力。开源活动中的生产逻辑与那些在传统软件公司中发现的逻辑根本 323
不同。然而，这个新的逻辑反映了多理论多层次诸多基本机制重新组合的整体能帮助我们理解创建、维持、解除以及再建立我们的网络连接的原因。Raymond（1999）在一个受争议的声明中提出，传统软件公司运作起来像一个“大教堂”，主要计划由科层组织的上层决定，并由科层组织的底层具体执行。他把开源活动比做一个“集市”，在这个集市中，每一个个体自主决定什么是他们的具体贡献（如果有的话），以及谁是他们的合作者（如果有的话）。他指出，在活动中与其他人创建连接和做出贡献的动机很少由“交换”文化（见第7章）导致，而更多由自利主义（第5章）导致。从短期来看，是一种自利主义，即使用免费软件来解决他们在工作中遇到的即时问题，但是更重要的是，从长远看来，提高了某人在活动中的声誉。

具有讽刺意味的是，Raymond（1999）所称的活动的“礼物文化”，即建造某人声誉的方法，部分基于一个人可提供的礼物的价值，这包括（按照价值递减的顺序）：撰写新的代码，调试现存代码，指出代码中的毛病，以及仅仅使用软件来提高它的可见度。Lerner和Tirole（2000，p. 14）指出，声誉是一个关键的动机，不仅仅因为它提供自我满足，也因为它为个人事业发展提供激励，例如“未来的工作机会，开源商业公司的股份，未来接触到风险资本市场的机会”。

很明显，开源活动已经证实了一种全新生产逻辑的生存能力。然而，人们还在研究为什么有些开源项目是成功的（比如这里讨论的三个），而大多数不能激起有活力的网络。进一步来说，只有时间——并且希望有及时的研究——能帮助我们理解这种活动的长期可持续性。

最后，必须研究的是开源活动推广到其他领域的能力，这是开源活动真正重要性的体现。多理论多层次机制潜在地揭示了软件行业中的组织逻辑，但其是否也能引导我们估计开源组织模式在其他多种领域的生存能力？这些发现能推广到诸如注释人类的基因组（Weber，2000）、生物分子的结构（Kiernan，1999）、网站的开放目录分类（参见 dmoz. org），或许甚至是汽车的一个开源设计等其他过程吗？

当我们思索上述问题的时候，还有一些远离软件发展领域的有价
324 值例子也在挑战我们的组织模式观念。Arquilla 和 Ronfeldt（2001）识别了若干最近的社会活动和意识形态运动，称做**网络战争**（netwars），其中“无数分散的小组使用最新的传播技术，可以跨越远距离而联合行动”。他们考虑的小组包括恐怖分子、罪犯、分裂主义者、毒贩、激进活动分子、非政府组织（NGO）和民主社会拥护者。当他们考察看似毫无联系的活动的组织形式时，他们发现了相似的网络模式。

Ronfeldt 和 Arquilla（2001）提出“这些网络的设计和特性依赖于分析的五个层次（也是实践的层次）：（1）组织层——它的组织设计；（2）叙述层——故事得到传播；（3）教义层——协作的策略和方法；（4）技术层——使用的信息系统；（5）社会层——确定忠诚和信任的个体连接”。他们的层次概念不完全类似于我们在多理论多层次框架中使用的层次。另外，它也表明多重理论机制必须被联合起来，以帮助我们解释这些组织网络形式的效用。

进一步地，Arquilla 和 Ronfeldt 的著作（2001）指出，这些网络组织形式使得这些运动参与进**群集**。他们把群集描述为：

> 一个看起来似乎无组织的，但却是精心建构的、协调的、策略性的方式，通过力和/或文件的一个可持续的脉冲调制，从接近中心到远距离的位置，从多个方向对一个特别的点或者多个点进行攻击。“力量和/或文件”这个概念可能在军事或者政策活动中是字面意义的，但是在NGO活动的情况中是比喻性的，而NGO活动可能是，例如，阻塞城市交叉口或者群发电子邮件和传真。群集将最能发挥作用——也许只有它能发挥作用——如果它被设计时是主要围绕无数的、小而散的网络机动单元。群集发生在小（也许会有一些大的）势力网络的分散单元从各个方向聚集在一个目标的时候。总体目标是可靠的脉冲——群集网络必须 325
> 能够迅速而悄悄地集合在一个目标上，然后分裂和重新部署，马上准备好为一个新的脉冲而再组合（p.12）。

Arquilla和Ronfeldt（2001）关于群集的解释，是我们在本书中所提倡的开发多层次网络模型效用的一个重要诠释。群集是在一个网络整体层发生的涌现特征。Arquilla和Ronfeldt的描述表明，只能通过对个体、二元、三元和子图层次上的网络构型的仔细分析来解释一个成功开展的群集活动。

Williams（2001）把注意力聚集在犯罪网络上，描述了“和更正式的科层结构相比，有组织的犯罪更容易在流动网络结构中日益增加”（p.62）。他描述了纽约的思朋斯洗钱网络的网络结构；主要在委内瑞拉和蒙特利尔活动的Cunterra-Caruana党派；美国、加拿大、英国和北欧的摩托车帮歹徒；美国的移民走私网络；以及俄罗斯的有组织犯罪网络。不同于早期的有组织犯罪财团，他们避开科层体制，倾向于一个更松散的网络组织形式。这些犯罪网络的结构被如下机制所推动：（1）隐蔽于法律强制之下；（2）与其他犯罪实体互相合作；（3）跨越民族—政权的边界；（4）在腐败政权中利用结构洞；（5）使他们的网络在面对渗透时，具有鲁棒性及弹性。

在上面所讨论的例子中，网络组织形式的出现不是孤立发生的。事实上，为了与这些证实为社会外围部门的网络组织形式有效地竞争和合作，其他的社会部门也越发感觉到将自己组织内和组织间的结构网络化的必要性。Bryant、Shumate和Monge（2002）分析了来自全球的跨国犯罪组织、跨国企业以及执法机构之间的协同演化过程。Fountain（2001）说明了环境和技术力量如何在全世界范围内促进政府机构重新定义**虚拟政权**。她提出，政府对市民（G2C）的服务，政
326 府对商业（G2B）的数字化采购过程，以及政府和政府（G2G）的连接等关系的发展，都必须考虑这些交互过程嵌入的制度安排。

这一部分关于P2P应用、开源活动、网络大战以及虚拟政权的例子，都强调了一个事实，即我们正在进入一个这样的时代：个体、群体和组织，由于在数字技术方面的不断进步，将通过他们的网络素养度量他们的成功——他们在柔性的、适应性的、适当的网络中，连接、寻找、导航、“识别”以及交互的能力（Bach and Stark，2002）。从悲观的一面来说，网络素养的出现也同样使我们必须做好准备来理解及响应网络的骚扰和动荡（Carley，2002）。我们比以往任何时候对在面对随机或者有意的攻击时，具有鲁棒性、容错性、自我愈合性的结构化网络的重要性都具有更加深刻的理解和更加迫切的需要。Hong（2001）表明了两个P2P应用——Gnutella和Freenet——使用的查找和文件共享策略在它们的效率、速度、可测量性（处理大规模网络的能力）以及容错性（从对某些节点随机和有意的攻击中恢复的能力）方面是有系统差异的。不幸的是，我们只有极少的社会科学理论来理解社会网络的这些能力。

网络理论和研究的未来

如果没有潜力，网络理论和研究也就没有未来可言。在21世纪初，我们就意识到我们居住在一个高度联系的世界和社会中。这里，结构性的相互连接很大程度上决定了我们能做什么和不能做什么（Castells，1996）。正如我们在本书的开头所指出的，网络理论化和网络研究的总量在过去的15年呈几何级数增长。进一步来说，这项研究的爆发跨越了许多学科。前面回顾的Watts的小世界研究就是一

个例子。另一个例子是由 Faust 和 Skvoretz（2002）提出的，他们从多种角度比较了 42 个网络，包括 4 个不同的动物种群（人类、非人类灵长动物、非灵长类哺乳动物、鸟类）、多种关系内涵以及多种社群规模。他们尝试确定这些难以置信的多样化网络是否“尽管存在表面的差异，其结构是相似的”（p. 268）。例如，他们质疑，“参议员之间共同参议［议案］的网络在结构上类似于以下网络：牛群之间的社会舐舔网络，猴子之间的互相清理网络，或者是管理者之间的建议网络”（p. 270）。p^* 分析（Wasserman and Pattison，1996）和对应 327
分析表明，“网络之间的相似性主要取决于关系的相似性，而不是物种的相似性”（p. 268）。他们的一项发现是“牛群之间的社会舐舔网络模型，作为一个目标，非常好地预示了第 93 届国会中美国参议员之间的互相协作关系”（Faust and Skvoretz，2002，pp. 283 - 284）。这些都是他们在跨越时间和空间以及从完全不同种类的社会关系和网络运行中得出的令人难以置信的发现。它暗示了跨越社会行为形式之上也许有深刻的、意义重大的共同社会结构。当然，即使它不存在，这也是一个值得探索的领域，因为我们在寻求过程中所了解到的东西将揭示其他同样重要的关于传播、组织和其他社会结构的深刻见解。

附录：第 2 章所用数据集

Crada. atr	Crada. neg
(2i2)	(2i3,i2)
1 1	1 2 1
2 1	1 3 1
3 1	1 4 1
4 1	1 7 1
5 1	1 8 1
6 1	1 9 1
7 1	1 11 1
8 1	1 12 1
9 1	2 1 1
10 2	2 3 1
11 2	3 1 1
12 2	3 2 1
13 2	3 5 1
14 2	3 7 1
15 2	3 8 1
16 2	3 11 1
17 2	3 14 1
	3 16 1
	3 17 1

续前表

Crada. neg	Crada. neg	Crada. neg
4 1 1	9 5 1	12 7 1
4 5 1	9 7 1	12 11 1
4 7 1	9 8 1	12 13 1
4 9 1	9 11 1	12 14 1
4 11 1	9 12 1	12 15 1
4 12 1	9 14 1	13 11 1
5 1 1	10 11 1	13 12 1
5 4 1	10 14 1	13 14 1
5 7 1	11 1 1	14 4 1
5 8 1	11 2 1	14 7 1
5 11 1	11 3 1	14 8 1
5 12 1	11 4 1	14 10 1
6 7 1	11 5 1	14 11 1
7 1 1	11 6 1	14 12 1
7 3 1	11 7 1	14 15 1
7 4 1	11 8 1	15 11 1
7 5 1	11 9 1	15 14 1
7 9 1	11 10 1	16 2 1
7 11 1	11 12 1	16 3 1
7 12 1	11 13 1	16 7 1
7 14 1	11 14 1	16 11 1
8 9 1	11 15 1	16 14 1
8 11 1	11 16 1	16 15 1
8 12 1	11 17 1	16 17 1
8 14 1	12 1 1	17 7 1
9 4 1	12 4 1	17 16 1

参考文献

331 [1] Abrahamson, E., & Rosenkopf, L. (1997). Social network effects on the extent of innovation diffusion: A computer simulation. *Organization Science*, *8*, 289-309.

[2] Adamic, L. A. (1999, Sdptember). The small World Web. In S. Abiteboul & A. M. Vercoustre (Eds.), *Lecture notes in computer science*; *1996* (pp. 443-452). New York: Springer Verlag. Available online at http://www.hpl.hp.com/shl/papers/smallworld/smallworldpaper.html

[3] Adams, J. S. (1965). Inequity in social exchange. In L. Berkowitz (Ed.), *Advances in experimental social psychology* (pp. 267-300). New York: Academic.

[4] Ahouse, J. J., Bruderer, E., Gelover-Santiago, A., Konno, N., Lazer, D., & Veretnik, S. (192). Reality kisses the neck of speculation: A report from the NKC workgroup. In L. Nadel & D. Stein (Eds.) *1991 Lectures in Complex Systems*, *SFI Studies in the Science of Complexity* (Vol. 4, pp. 331-353). Reading, MA: Addison-Wesley.

[5] Ahuja, M. K., & Carley, K. M. (1999). Network structure in virtual organizations. *Organization Science*, *10*, 741-757.

[6] Albert, A., Jeong, H., & Barabasi, A. (1999). Diameter of the World Wide Web. *Nature*, *401*, 130-131.

[7] Albrecht, T. L., & Hall, B. (1991). Relational and content differences between elites and outsiders in innovation networks, *Human Communication Research*, *17*, 535-561.

---

* 沈佳、马航、王俊昌、崔晋义、祝东宇、关伟雄、周宏伟、李民、张文伟、龚义、郑德平、胡平、鲁小湖、张建民、王小芽、孙晖、罗建平、张和宇、马晓禹、孙涛、李敏、崔静、李军、顾长兵、洪云、杜伟民、王一凡、陶泽、崔剑等校对了书稿。

[8] Albrecht, T., & Ropp, V. A. (1982). The study of network structuring in organizations through the use of method triangulation, *Westren Journal of Speech Communication*, *46*, 162-178.

[9] Albrecht, T. L., & Ropp, V. A. (1984). Communicating about innova- 332
tion in networks of three U. S. organizations. *Journal of Communication*, *34*, 78-91.

[10] Aldrich, H. (1992). Organizational boundaries and inter-organizational conflict. *Human relations*, *24*, 279-293.

[11] Aldrich, H. (1976). Resource dependence and interorganizational relations: Relations between local employment service offices and social service sector organizations, *Administration and Society*, *7*, 419-454.

[12] Aldrich, H. (1979). *Organizations and environments*. Englewood Cliffs, NJ: Prentice Hall.

[13] Aldrich, H. (1982). The origins and persistence of social networks. In P. V. Marsden & N. Lin (Eds.), *Social structure and network analysis* (pp. 281-293). Beverly Hills, CA: Sage.

[14] Aldrich, H. (1999). *Organizations evolving*. Thousand Oaks, CA: Sage.

[15] Aldrich, H., & Kenworthy, A. L. (1999). The accidental entrepreneur: Campbellian antinomies and organizational foundings. In J. A. C. Baum & B. Mckelvey (Eds), *Variations in organization science: In honor of Donald T. Campbell* (pp. 19-34). Thousand Oaks, CA: Sage.

[16] Allen, T. (1970). Communication networks in R & D laboratories. *R & D Management*, *1*, 14-21.

[17] Alter, C. (1990). An exploratory study of conflict and coordination in interorganizational service delivery systems, *Academy of Management Journal*, *33*, 478-502.

[18] Anderson, C., Wasserman, S., & Crouch, B. (1999). A p^* primer: Logit models for social networks. *Social Networks*, *21*, 37-66.

[19] Anderson, P. (1988). The population dynamics of creative destruction. In F. Hoy (Ed.), *Academy of Management Best Papers Proceedings* (pp. 150-154). Anaheim, CA: Academy of Management.

[20] Anderson, P. (1999). Complexity theory and organization science. *Organization Science*, *10*, 216-232.

[21] Appadurai, A. (1990). Disjuncture and difference is the global cultural economy. In M. Featherstone (Ed), *Global culture: Nationalism, globalization,*

and modernity (pp. 295 - 310). London: Sage.

[22] Arquilla, J., & Ronfeldt, D. (2001). The advent of netwar (revisited). In J. Arquilla & D. Ronfeldt (Eds.), *Networks and netwars: The future of terror, crime, and militancy* (pp, 1 - 25). Santa Monica, CA: Rand.

[23] Arrow, H., McGrath, J. E., & Berdahl, J. L. (2000). *Small groups as complex systems: Formation, coordination, development, and adaptation.* Thousand Oaks, CA: Sage.

[24] Ashby, W. R. (1964). *An introduction to cybernetics.* London, England: Methuen.

[25] Astley, W. G. (1985). The two ecologies: Population and community perspectives on organizational evolution. *Administrative Science Quarterly*, *30*, 224 - 241.

[26] Axelrod, R. (1984). *The evolution of complexity.* New York: Basic.

[27] Axelrod, R. (1997). *The complexity of cooperation.* Princeton, NJ: Princeton University Press.

333 [28] Axelrod, R., & Cohen, M. D. (1999). *Harnessing complexity: Organizational implications of a scientific frontier.* New York: Free Press.

[29] Bach, J., & Stark, D. (2002). *Link, search, interaction: The Co-Evolution of NGOs and interactive technology.* Unpublished manuscript. Center on Organizational Innovation, Institute for Social and Economic Research and Policy, Columbia University, New York.

[30] Bacharach, S. B., & Lawler, E. J. (1980). *Power and politics in organizations.* San Francisco: Jossey-Bass.

[31] Badaracco, J. L., Jr. (1991). *The knowledge link: How firms compete through strategic alliances.* Boston, MA: Harvard Business School Press.

[32] Baker, W. E. (1987). *Do corporations do business with the bankers on their boards? The consequences of investment bankers as directors.* Paper presented at the Nags Head Conference on Corporate Interlocks, Kill Devil Hills, NC.

[33] Bandura, A. (1986). *Social foundations of thought and action.* Englewood Cliffs, NJ: Prentice Hall.

[34] Banks, D. L., & Carley, K. M. (1996). Models for network evolution. *Journal of Mathematical Sociology*, *21*, 173 - 196.

[35] Bar, F., & Simard, C. (2002). New media implementation and indus-

trial organization. In L. Lievrouw & S. Livingstone (Eds.), *Handbook of New Media* (*pp*. 254 - 263). London: Sage.

[36] Barabasi, A. (2002), *Linked: The new science of networks*. Cambridge, MA: Perseus.

[37] Barley, S. R. (1990). The alignment of technology and structure through roles and networks. *Administrative Science Quarterly*, *35*, 61 - 103.

[38] Barley, S. R., & Kunda, G. (1992). Design and devotion: Surges of rational and normative ideologies of control in managerial discourse. *Administrative Science Quarterly*, *37*, 363 - 399.

[39] Barnard, C. I. (1938). *The functions of the executive*. Cambridge, MA: Harvard University Press.

[40] Barnett, G. A., & Jang, H. (1994). *The relationship between network position and attitudes toward the job and organization in a police organization*. Paper presented to the Organizational Communication Division of the International Communication Association, Sydney, Australia.

[41] Barnett, G. A., & Salisbury, J. G. T. (1996). Communication and globalization: A longitudinal analysis of the international telecommunication network. *Journal of World-Systems Research*, 2.

[42] Barnett, W. P. (1990). The organizational ecology of a technological system. *Administrative Science Quarterly*, *35*, 31 - 60.

[43] Barnett, W. P. (1994). The liability of collective action: Growth and change among early American telephone companies. In J. A. C. Baum & J. V. Singh (Eds.), *Evolutionary dynamics of organizations* (pp. 337 - 354). New York: Oxford University Press.

[44] Barnett, W. P., & Carroll, G. R. (1987). Competition and mutualism among early telephone companies. *Administrative Science Quarterly*, *32*, 400 - 421.

[45] Barnett, W. P., & Carroll, G. R. (1993). How institutional constraints affected the organization of early American telephony. *Journal of Law, Economics, and Organization*, *9*, 98 - 126.

[46] Barnett, W. P., Greve, H. R., & Park, D. Y. (1994). An evolutionary model of organizational performance. *Strategic Management Journal*, *15*, 11 - 28. *334*

[47] Barnett, W. P., Mischke, G. A., & Ocasio, W. (2000). The evolution of collective, strategies among organizations. *Organization Studies*, *21*, 325 - 354.

[48] Barney, J. B. (1985). Dimensions of informal social network structure: Towarc a contingency theory of informal relations. *Social Networks*, *7*, 1 - 46.

[49] Barrera, M., Jr., & Ainlay, S. L. (1983). The structure of social support: A conceptual and empirical analysis. *Journal of Community Psychology*, *11*, 133 - 143.

[50] Barron, D. N., West, E., & Hannan, M. T. (1994). A time to grow and a time to die: Growth and mortality of credit unions in New York City, 1914—1990. *American Journal of Sociology*, *100*, 381 - 421.

[51] Bass, L. A., & Stein, C. H. (1997). Comparing the structure and stability of network ties using the social support questionnaire and the social network list. *Journal of Social and Personal Relationships*, *14*, 123 - 132.

[52] Batagelj, V., & Mrvar, A. (2002). Pajek 0.85 for Windows. [Computer Software]. University of Ljubljana, Slovenia.

[53] Bateson, G. (1972). Double bind, 1969. In G. Bateson (Ed.), *Steps to an ecology of mind* (pp. 271 - 278). New York: Ballantine.

[54] Baum, J. A. C. (1996). Organizational ecology. In S. Clegg, C. Hardy, & W. Nord (Eds.), *Handbook of organization studies* (pp. 77 - 114). Thousand Oaks, CA: Sage.

[55] Baum, J. A. C. (1999). Whole-part coevolutionary competition in organizations. In J. A. C. Baum & B. McKelvey (Eds.), *Variations in organization science: In honor of Donald T. Campbell* (pp. 113 - 135). Thousand Oaks, CA: Sage.

[56] Baum, J. A. C., & Oliver, C. (1991). Institutional linkages and organizational mortality. *Administrative Science Quarterly*, *36*, 187 - 218.

[57] Baum, J. A. C., & Oliver, C. (1992). Institutional embeddedness and the dynamics of organizational populations. *American Sociological Review*, *57*, 540 - 559.

[58] Baum, J. A. C., & Singh, J. V. (1994). Organizational hierarchies and evolutionary processes: Some reflections on a theory of organizational evolution. In J. A. C. Baum & J. V. Singh (Eds.), *Evolutionary dynamicsof organizations* (pp. 3 - 20). New York: Oxford University Press.

[59] Bavelas, A. (1948). A mathematical model for group structure. *Applied Anthropology*, *7*, 16 - 30.

[60] Bearman, P. (1997). Generalized exchange. *American Journal of Sociology*, *102*, 1383 - 1415.

[61] Becker, G. (1976). *The economic approach to human behavior*. Chicago: University of Chicago Press.

[62] Belliveau, M. A., O'Reilly, C. A., & Wade, J. B. (1996). Social capital at the top: Effects of social similarity and status on CEO compensation. *Academy of Management Journal*, *39*, 1568 - 1593.

[63] Benassi, M., & Gargiulo, M. (June 1993). *Informal hierarchy and managerial flexibility in network organization*. Paper presented to the Third European Conference on Social Network Analysis, Munich, Germany.

[64] Beniger, J. (1986). *The control revolution: Technological and economic origins of the information society*. Cambridge, MA: Harvard University Press. 335

[65] Benson, J. K. (1975). The interorganizational network as a political economy. *Administrative Science Quarterly*, *20*, 229 - 249.

[66] Berger, C. R. (1987). Communicating under uncertainty. In M. E. Roloff & G. R. Miller (Eds.), *Interpersonal processes: New directions in communication research* (pp. 39 - 62). Newbury Park, CA: Sage.

[67] Berger, C. R., & Bradac, J. J. (1982). *Language and social knowledge: Uncertainty in interpersonal relations*. London: Edward Arnold.

[68] Berger, J., Cohen, B., & Zelditch, M., Jr. (1966). Status characteristics and expectation states. In J. Berger, M. Zelditch, Jr., & B. Anderson (Eds.), *Sociological theories in progress* (Vol. 1, pp. 29 - 46). Boston: Houghton Mifflin.

[69] Berger, P., & Luckmann, T. (1967). *The social construction of reality*. Garden City, NY: Doubleday.

[70] Berkman, L. (1985). The relationship of social networks and social support to morbidity and mortality. In S. Cohen & S. L. Syme (Eds.), *Social support and health* (pp. 241 - 262). Orlando, FL: Academic Press.

[71] Berkman, L., & Syme, S. L. (1979). Social networks, host resistance, and mortality. *American Journal of Epidemiology*, *109*, 186 - 204.

[72] Bernard, H. R., Killworth, P., & Cronenfeld, D. (1984). The problem of informant accuracy: The validity of retrospective data. *Annual Review of Anthropology*, *13*, 495 - 517.

[73] Bernard, H. R., Killworth, P. D., Evans, M. J., McCarty, C., &

Shelly, G. A. (1988). Studying social relations cross-culturally. *Ethnology*, *27*, 155 - 179.

[74] Bernard, H. , Killworth, P. , & Sailer, L. (1980). Informant accuracy in social network data IV. *Social Networks*, *2*, 191 - 218.

[75] Bernard, H. , Killworth, P. , & Sailer, L. (1982). Informant accuracy in social network data V. *Social Science Research*, *11*, 30 - 66.

[76] Bienenstock, E. J. , & Bonacich, P. (1992). The core as solution to exclusionary networks. *Social Networks*, *14*, 231 - 244.

[77] Bienenstock, E. J. , & Bonacich, P. (1997). Network exchange as a cooperative game. *Rationality and Society*, *9*, 37 - 65.

[78] Biggart, N. W. , & Hamilton, G. G. (1992). On the limits of a firm-based theory to explain business networks: The western bias of neoclassical economics. In N. Nohria & R. G. Eccles (Eds.), *Networks and organizations: Structure, form, and action* (pp. 471 - 490). Boston, MA: Harvard Business School Press.

[79] Bizot, E. , Smith, N. , & Hill, T. (1991). Use of electronic mail in a research and development organization. In J. Morell & M. Fleischer (Eds.), *Advances in the implementation and impact of computer systems* (Vol. 1, pp. 65 - 92). Greenwich, CT: JAI.

[80] Blalock, H. M. , Jr. (1964). *Causal inferences in non-experimental research*. Chapel Hill: University of North Carolina Press.

[81] Blalock, H. M. , Jr. (1969). *Theory construction*. Englewood Cliffs, NJ: Prentice Hall.

[82] Blalock, H. M. , Jr. (1989). The real and unrealized contributions of quantitative sociology. *American Sociological Review*, *54*, 447 - 460.

336 [83] Bland, S. H. , O'Leary, E. S. , Farinaro, E. , Jossa, F. , Krogh, V. , Violanti, J. M. , & Trevisan, M. (1997). Social network disturbances and psychological distress following earthquake evacuation. *Journal of Nervous and Mental Disease*, *185*, 55 - 78.

[84] Blau, P. M. (1964). *Exchange and power in social life*. New York: Wiley.

[85] Blau, P. M. , & Duncan, O. D. (1967). *The American occupational structure*. New York: Wiley.

[86] Blumer, H. (1969). *Symbolic interactionism: Perspective and method.* Englewood Cliffs, NJ: Prentice Hall.

[87] Bollen, K. A. (1989). *Structural equations with latent variables.* New York: Wiley.

[88] Bonacich, P., & Schneider, S. (1992). Communication networks and collective action. In W. B. G. Liebrand, D. M. Messick, & H. A. M. Wilke (Eds.), *Social dilemmas: Theoretical issues and research findings* (pp. 225 - 245). New York: Pergamon.

[89] Bond, A. H., & Gasser, L. (1988). *Readings in distributed artificial intelligence.* San Mateo, CA: Kaufmann.

[90] Borgatti, S., Everett, M., & Freeman, L. (2002). UCINET 6. [Computer Software]. Harvard, MA: Analytic Technologies.

[91] Bourdieu, P., & Wacquant, L. J. D. (1992). *An invitation to reflexive sociology.* Chicago: University of Chicago Press.

[92] Bovasso, G. (1992). A structural analysis of the formation of a network organization. *Group and Organization Management*, *17*, 86 - 106.

[93] Boyd, B. (1990). Corporate linkages and organizational environment: A test of the resource dependence model. *Strategic Management Journal*, *11*, 419 - 430.

[94] Brass. D. J. (1981). Structural relationships, job characteristics, and worker satisfaction and performance. *Administrative Science Quarterly*, *26*, 331 - 348.

[95] Brass, D. J. (1984). Being in the right place: A structural analysis of individual influence in an organization. *Administrative Science Quarterly*, *29*, 519 - 539.

[96] Brass, D. J. (1985a). Technology and the structuring of jobs: Employee satisfaction, performance, and influence. *Organizational Behavior and Human Decision Processes*, *35*, 216 - 240.

[97] Brass, D. J. (1985b). Men's and women's networks: A study of interaction patterns and influence in organizations. *Academy of Management Journal*, *28*, 327 - 343.

[98] Brass, D. J. (1995a). A social network perspective on human resources management. *Research in Personnel and Human Resources Management*, *13*, 39 -

79.

[99] Brass, D. J. (1995b). Creativity: It's all in your social network. In C. M. Ford & D. A. Gioia (Eds.), *Creative action in organizations* (pp. 94 - 99). London: Sage.

[100] Brass, D. J., & Burkhardt, M. E. (1992). Centrality and power in organizations. In N. Nohria & R. G. Eccles (Eds.), *Networks and organizations: Structure, form, and action* (pp. 191 - 215). Boston, MA: Harvard Business School Press.

[101] Brass, D. J., Butterfield, K. D., & Skaggs, B. C. (1995, June). *The social network structure of unethical behavior*. Paper presented at the International
337 Association of Business and Society, Vienna, Austria.

[102] Brewer, D. D. (1995). The social structural basis of the organization of persons in memory. *Human Nature*, *6*, 379 - 403.

[103] Brin, S. and Page, L. (1998). The anatomy of a large-scale hypertextual web search engine. *Computer Networks*, *30*, 107 - 117. Available online at: http: //www-db. stanford. edu/pub/papers/google. pdf

[104] Brittain, J. (1994). Density-independent selection and community evolution. In J. A. C. Baum & J. V. Singh (Eds.), *Evolutionary dynamics of organizations* (pp. 355 - 378). New York: Oxford University Press.

[105] Brittain, J., & Freeman, J. H. (1980). Organization proliferation and density dependent selection. In J. Kimberly & R. H. Miles (Eds.), *The organizational life cycle* (pp. 291 - 338). San Francisco: Jossey-Bass.

[106] Brown, J. S., & Duguid, P. (1991). Organizational learning and communities-of-practice: Toward a unified view of working, learning, and innovation. *Organization Science*, *2*, 40 - 57.

[107] Browning, L. D., Beyer, J. M., & Shetler, J. C. (1995). Building cooperation in a competitive industry: SEMATECH and the semiconductor industry. *Academy of Management Journal*, *38*, 113 - 151.

[108] Bryant, J. A. (2002). *From the networks to Nickelodeon to Noggin: A community ecology perspective on the coevolution of children's television organizations in the United States*. Unpublished manuscript, Annenberg School for Communication, University of Southern California.

[109] Bryant, J. A., Shumate, M., & Monge, P. R. (2002). *Globalization*

and coevolving Organizations: Understanding legitimate, illegitimate, and legal organizations as coevolving systems. Unpublished manuscript, Annenberg School for Communication, University of Southern California.

[110] Buchanan, M. (2002). *Nexus: Small worlds and the ground-breaking science of networks*. New York: Norton.

[111] Buck, S. J. (1998). *The global commons: An introduction*. Washington, DC: Island.

[112] Buckley, W. (1967). *Sociology and modern systems theory*. Englewood Cliffs, NJ: Prentice Hall.

[113] Burgelman, R. A., & Mittman, B. S. (1994). An intraorganizational ecological perspective on managerial risk behavior, performance, and survival: Individual, organizational, and environmental effects. In J. A. C. Baum & J. V. Singh (Eds.), *Evolutionary dynamics of organizations* (pp. 53 - 75). New York: Oxford University Press.

[114] Burke, P. J. (1997). An identity model for network exchange. *American Sociological Review*, *62*, 134 - 150.

[115] Burkhardt, M. E. (1994). Social interaction effects following a technological change: A longitudinal investigation. *Academy of Management Journal*, *37*, 869 - 896.

[116] Burkhardt, M. E., & Brass, D. J. (1990). Changing patterns or patterns of change: The effects of a change in technology on social network structure and power. *Administrative Science Quarterly*, *35*, 104 - 127.

[117] Burns, L., & Wholey, D. R. (1993). Adoption and abandonment of matrix management programs: Effects of organizational characteristics and interorganizational networks. *Academy of Management Review*, *36*, 106 - 138. *338*

[118] Burns, T., & Stalker, G. M. (1961). *The management of innovation*. London: Tavistock.

[119] Burt, R. S. (1980). Models of network structure. *Annual Review of Sociology*, *6*, 79 - 141.

[120] Burt, R. S. (1982). *Toward a structural theory of action: Network models of stratification, perception, and action*. New York: Academic.

[121] Burt, R. S. (1987). Social contagion and innovation: Cohesion versus structural equivalence. *American Journal of Sociology*, *92*, 1287 - 1335.

[122] Burt, R. S. (1991). Contagion. In R. S. Burt (Ed.), *STRUCTURE Version 4.2: A computer program* (pp. 24 - 27). New York: Columbia University.

[123] Burt, R. S. (1992). *Structural holes: The social structure of competition*. Cambridge, MA: Harvard University Press.

[124] Burt, R. S. (1997). The contingent value of social capital. *Administrative Science Quarterly*, *42*, 339 - 365.

[125] Burt, R. S. (1998). The gender of social capital. *Rationality and Society*, *10*, 5 - 46.

[126] Burt, R. S. (2001). Structural holes versus network closure as social capital. In N. Lin, K. Cook, & R. S. Burt (Eds.), *Social capital: Theory and research* (pp. 31 - 56). New York: de Gruyter.

[127] Burt, R. S., & Knez, M. (1996). Trust and third-party gossip. In R. M. Kramer & T. R. Tyler (Eds.), *Trust in organizations: Frontiers of theory and research* (pp. 68 - 89). Thousand Oaks, CA: Sage.

[128] Byme, D. E. (1971). *The attraction paradigm*. New York: Academic Press.

[129] Campbell, D. T. (1965). Variation and selective retention in socio-cultural evolution. In H. R. Barringer, G. I. Blanksten, & R. Mack (Eds.), *Social change in developing areas: A reinterpretation of evolutionary theory* (pp. 19 - 49). Cambridge, MA: Schenkman.

[130] Campbell, D. T. (1974). Evolutionary epistemology. In P. A. Schilpp (Ed.), *The philosophy of Karl L. Popper* (pp. 413 - 463). LaSalle, IL: Open Court.

[131] Campbell, D. T. (1986). An organizational interpretation of evolution. In D. D. Depew & B. H. Weber (Eds.), *Evolution at a crossroads: The new biology and the new philosophy of science* (pp. 133 - 167). Cambridge, MA: MIT Press.

[132] Campbell, D. T. (1994). How individual and face-to-face-group selection undermine firm selection in organizational evolution. In J. A. C. Baum & J. V. Singh (Eds.), *Evolutionary dynamics of organizations* (pp. 23 - 38). New York: Oxford University Press.

[133] Campbell, D. T., & Fiske, D. W. (1959). Convergent and discriminant validation by the multitrait multimethod matrix. *Psychological Bulletin*, *56*,

81 - 105.

[134] Campbell, D. T., & Stanley, J. C. (1966). *Experimental and quasi-experimental designs for research*. Chicago, IL: Rand McNally.

[135] Campbell, K. E., & Lee, B. A. (1990). Gender differences in urban neighboring. *Sociological Quarterly*, *31*, 495 - 512.

[136] Canon, W. (1932). *The wisdom of the body*. Cambridge, MA: Harvard University Press.

[137] Carley, K. M. (1986a). An approach for relating social structure to cognitive structure. *Journal of Mathematical Sociology*, *12*, 137 - 189. 339

[138] Carley, K. M. (1986b). Knowledge acquisition as a social phenomenon. *Instructional Science*, *14*, 381 - 438.

[139] Carley, K. (1990). Group stability: A socio-cognitive approach. In L. E., B. Markovsky, C. Ridgeway, & H. Walker (Eds.), *Advances in group processes: Theory and research* (Vol. 7, pp. 1 - 44). Greenwich, CT: JAI.

[140] Carley, K. (1991). A theory of group stability. *American Sociological Review*, *56*, 331 - 354.

[141] Carley, K. (1995). Computational and mathematical organizational theory: Perspectives and directions. *Computational Mathematical Organizational Theory*, *1*, 39 - 56.

[142] Carley, K. (1997). Network text analysis: The network position of concepts. In C. Roberts (Ed.), *Text analysis for the social sciences: Methods for drawing statistical inferences from texts and transcripts* (pp. 79 - 100). Hillsdale, NJ: Erlbaum.

[143] Carley, K. (2002). Smart agents and organizations of the future. In L. Lievrouw & S. Livingstone (Eds.), *Handbook of new media* (pp. 206 - 220). London: Sage.

[144] Carley, K., & Hill, V. (2001). Structural change and learning within organizations. In A. Lomi & E. R. Larsen (Eds.), *Dynamics of organizations: Computational modeling and organizational theories* (pp. 63 - 92). Menlo Park, CA: AAAI Press/MIT Press.

[145] Carley, K. M., & Kaufer, D. S. (1993). Semantic connectivity: An approach for analyzing symbols in semantic networks. *Communication Theory*, *3*, 183 - 213.

[146] Carley, K. M., & Krackhardt, D. (1996). Cognitive inconsistencies and nonsymmetric friendship. *Social Networks*, *18*, 1-27.

[147] Carley, K., Lee, J., & Krackhardt, D. (2001). Destabilizing networks. *Connections*, *24*, 79-92.

[148] Carley, K. M., & Newell, A. (1994). The nature of the social agent. *Journal of Mathematical Sociology*, *19* (4), 221-262.

[149] Carley, K. & Prietula, M. (Eds.) (1994). *Computational organization theory*. Hillsdale, NJ: Erlbaum.

[150] Carrington, P. J., Scott, J., and Wasserman, S. (Eds.) (2003). *Models and methods in social network analysis*. New York: Cambridge University Press.

[151] Carroll, G. R. (1985). Concentration and specialization: Dynamics of niche width in populations of organizations. *American Journal of Sociology*, *90*, 1262-1283.

[152] Carroll, G. R., & Hannan, M. T. (2000). *The demography of corporations and industries*. Princeton, NJ: Princeton University Press.

[153] Carroll, G. R., & Hao, Y. P. (1986). Organizational task and institutional environments in ecological perspective: Findings from the local newspaper industry. *American Journal of Sociology*, *91*, 838-973.

[154] Carroll, G. R., & Swaninathan, A. (1992). The organizational ecology of strategic groups in the American brewing industry from 1975-1990. *Corporate and Industrial Change*, *1*, 65-97.

340 [155] Carroll, G. R., & Teo, A. C. (1996). On the social networks of managers. *Academy of Management Journal*, *39*, 421-440.

[156] Carroll, T., & Burton, R. (1999). *Exploring 'complex' organizational designs*. Unpublished manuscript, Fuqua School of Business, Duke University.

[157] Castells, M. (1996). *The rise of the network society* (*Vol. 1. The information age: Economy, society and culture*). Oxford, UK: Blackwell Publishers.

[158] Castells, M. (2001). *The Internet galaxy: Reflections on the Internet, business, and society*. New York: Oxford University Press.

[159] Chamberlain, J. (1974). Provision of collective goods as a function of

group size. *Political Science Review*, *68*, 707 - 713.

[160] Chandler, A. D. (1977). *The visible hand: The managerial revolution in American business*. Cambridge, MA: Harvard University Press.

[161] Chang, M., & Harrington, J. E., Jr. (2000). Centralization vs. decentralization in a multi-unit organization: A computational model of a retail chain as a multi-agent adaptive system. *Management Science*, *46*, 1427 - 1440.

[162] Chang, M., & Harrington, J. E., Jr. (in press). Organization of innovation in a multi-unit firm: Coordinating adaptive search on multiple rugged landscapes. In W. Barnett, C. Deissenberg, & G. Feichtinger (Eds.), *Economic Complexity*. New York: Cambridge University Press.

[163] Ching, C., Holsapple, C. W., & Whinston, A. B. (1996). Toward IT support for coordination in network organizations. *Information & Management*, *30*, 179 - 199.

[164] Cicourel, A. (1990). The integration of distributed knowledge in collaborative medical diagnosis. In J. Galegher, R. E. Kraut, and C. Egido (Eds.), *Intellectual teamwork: Social and technological foundations of cooperative work* (pp. 221 - 242). Hillsdale, NJ: Erlbaum.

[165] Cilliers, P. (1998). *Complexity and postmoderism: Understanding complex systems*. New York: Routledge.

[166] Coase, R. H. (1937). The nature of the firm. *Economica*, *4*, 386 - 405.

[167] Cochran, P. L., Wood, R. A., & Jones, T. B. (1985). The composition of boards of directors and incidence of golden parachutes. *Academy of Management Journal*, *28*, 664 - 671.

[168] Coleman, J. S. (1957). *Community conflict*. New York: Free Press.

[169] Coleman, J. S. (1961). *The adolescent society: The social life of the teenager and its impact on education*. New York: Free Press.

[170] Coleman, J. S. (1973). *The mathematics of collective action*. Chicago, IL: Aldine.

[171] Coleman, J. S. (1986). *Individual interests and collective action: Selected essays*. New York: Cambridge University Press.

[172] Coleman, J. S. (1988). Social capital in the creation of human capital. *American Journal of Sociology*, *94*, 95 - 120.

[173] Coleman, J. S. (1990). *Foundations of social theory*. Cambridge,

MA: Harvard University Press.

[174] Conrad, C., & Poole, M. S. (1997). Introduction: Communication and the disposable worker. *Communication Research*, *24*, 581 - 592.

[175] Conrath, D. (1973). Communication environment and its relationship to organizational structure. *Management Science*, *4*, 586 - 603.

[176] Contractor, N. S. (1994). Self-organizing systems perspective in the study of organizational communication. In B. Kovacic (Ed.), *New approaches to*
341 *organizational communication* (pp. 39 - 66). Albany: State University of New York Press.

[177] Contractor, N. S. (1997). *Inquiring Knowledge Networks on the Web. Conceptual overview*, http://www. tec. spcomm. uiuc. edu/nosh/IKNOW/sld001. htm

[178] Contractor, N. S. (1999). Self-organizing systems research in the social sciences: Reconciling the metaphors and the models. *Management Communication Quarterly*, *13*, 154 - 166.

[179] Contractor, N. S. (2002). Introduction: New media and organizing. In L. Lievrouw & S. Livingstone (Eds.), *Handbook of new media* (pp. 201 - 205). London: Sage.

[180] Contractor, N. (2003). Peer to peer. In S. Jones (Ed.), *Encyclopedia of new media* (pp. 359 - 361). Thousand Oaks, CA: Sage.

[181] Contractor, N., & Bishop, A. P. (2000). Reconfiguring community networks: The case of PrairieKNOW. In T. Ishida (Ed.), *Digital cities: Technologies, experiences, and future perspectives. Lecture Notes in Computer Science* (pp. 151 - 164). Berlin: Springer-Verlag.

[182] Contractor, N. S., Carley, K., Levitt, R., Monge, P., Wasserman, S., Bar, F., Fulk, J., Hollingshead, A., & Kunz, J. (1998). *Co-Evolution of Knowledge Networks and Twenty-First Century Forms: Computational Modeling and Empirical Testing*. Research proposal funded by the National Science Foundation (Grant # IIS-9980109).

[183] Contractor, N. S., & Eisenberg, E. M. (1990). Communication networks and new media in organizations. In J. Fulk & C. W. Steinfield (Eds.), *Organizations and communication Technology* (pp. 143 - 172). Newbury Park, CA: Sage.

[184] Contractor, N. S., Eisenberg, E. M., & Monge, P. R. (1996). *Antecedents and outcomes of interpretative diversity*. Unpublished manuscript, Department of Speech Communication, University of Illinois at Urbana-Champaign.

[185] Contractor, N. S., & Grant, S. (1996). The emergence of shared interpretations in organizations: A Self-organizing systems perspective. In J. Watt & A. VanLear (Eds.), *Cycles and dynamic processes in communication processes* (pp. 216 - 230). Newbury Park, CA: Sage.

[186] Contractor, N. S., & Monge, P. R. (2002). Managing knowledge networks. *Management Communication Quarterly*, *16*, 249 - 258.

[187] Contractor, N. S., O'Keefe, B. J., & Jones, p. M. (1997). *IKNOW: Inquiring Knowledge Networks On the Web*. [Computer software. University of Illinois]. Available at http://iknow.spcomm.uiuc.edu.

[188] Contractor, N. S., & Seibold, D. R. (1993). Theoretical frameworks for the study of structuring processes in group decision support systems: Adaptive structuration theory and self-organizing systems theory. *Human Communication Research*, *19*, 528 - 563.

[189] Contractor, N. S., Seibold, D. R., & Heller, M. A. (1996). Interactional influence in the structuring of media use in groups: Influence of members' perceptions of group decision support system use. *Human Communication Research*, *22*, 451 - 481.

[190] Contractor, N. S, Wasserman, S., & Faust, K. (2000). *Testing* 342
multi-level, multi-theoretical hypotheses about networks in 21st century organizational forms: An analytic framework and empirical example. Paper presented at the annual convention of the International Communication Association, Acapulco, Mexico.

[191] Contractor, N. S., Whitbred, R., Fonti, F., Hyatt, A., O'Keefe, B. J., & Jones, P. M. (2002). Complexity theory and the evolution of networks. Manuscript submitted for publication.

[192] Contractor N., Zink, D., & Chan, M. (1998). IKNOW: A tool to assist and study the creation, maintenance, and dissolution of knowledge networks. In T. Ishida (Ed.), *Community computing and support systems: Lecture notes in computer science 1519* (pp. 201 - 217). Berlin: Springer-Verlag.

[193] Cook, K. S. (1977). Exchange and power in networks of interorganiza-

tional relations. *Sociological Quarterly*, *18*, 62 - 82.

[194] Cook, K. S. (1982). Network structures from an exchange perspective. In P. V. Marsden & N. Lin (Eds.), *Social structure and network analysis* (pp. 177 - 218). Beverly Hills, CA: Sage.

[195] Cook, K. S., & Emerson, R. M. (1978). Power, equity, and commitment in exchange networks. *American Sociological Review*, *43*, 721 - 739.

[196] Cook, K. S., Emerson, R. M., Gillmore, M. R., & Yamagishi, T. (1983). The distribution of power in exchange networks: Theory and experimental results. *American Journal of Sociology*, *89*, 275 - 305.

[197] Cook, K. S., & Whitmeyer, J. M. (1992). Two approaches to social structure: Exchange theory and network analysis. *Annual Review of Sociology*, *18*, 109 - 127.

[198] Cook, K. S., & Yamagishi, T. (1992). Power in exchange networks: A power-dependence formulation. *Social Networks*, *14*, 245.

[199] Cook, T. D., & Campbell, D. T. (1979). *Quasi-experimentation: Design and analysis for field settings*. Chicago, IL: Rand McNally.

[200] Corman, S. R. (1990). A mode of perceived communication in collective networks. *Human Communication Research*, *16*, 582 - 602.

[201] Corman, S. R. (1996). Cellular automata as models of unintended consequences of organizational communication. In J. H. Watt & C. A. Van Lear (Eds.), *Dynamic patterns in communication processes* (pp. 191 - 212). Thousand Oaks, CA: Sage.

[202] Corman, S. R. (1997). The reticulation of quasi-agents in systems of organizational communication. In G. A. Barnett & L. Thayer (Eds.), *Organization communication emerging perspectives* (*Vol. 5*) *The renaissance in systems thinking*, pp. 65 - 81. Greenwich, CT: Ablex.

[203] Corman, S. R, Kuhn, T., McPhee, R., & K. Dooley (2002). Studying complex discursive systems: Centering resonance analysis of communication. *Human Communication Research*, *28*, 157 - 206.

[204] Corman, S. R., & Scott, C. R. (1994). Perceived networks, activity, foci, and observable communication in social collectives. *Communication Theory*, *4*, 171 - 190.

[205] Cramer, F. (1993). *Chaos and order: The complex structure of living*

systems. New York: Wiley.

[206] Crombie, S., & Birley, S. (1992). Networking by female business owners in Northern Ireland. *Journal of Business Venturing*, *7*, 237 - 251. 343

[207] Cross, R., & Baird, L. (2000). Technology is not enough: Improving performance by building organizational memory. *Sloan Management Review*, *41* (3), 41 - 54.

[208] Cross, R., Nohria, N., & Parker, A. (2002). Six myths about informal networks—And how to overcome them. *Sloan Management Review*, *43* (3), 67 - 76.

[209] Cross, R., Parker, A., Prusak, L., & Borgatti, S. (2001). Knowing what we know: Supporting knowledge creation and sharing in social networks. *Organizational Dynamics*, *3* (2), 100 - 120.

[210] Cross, R., Yan, A., & Louis, M. (2000). Boundary activity in "boundaryless" organizations: A case study of a transformation to a team-based structure. *Human Relations*, *53* (6), 841 - 868.

[211] Crouch, B., & Wasserman, S. (1998). A practical guide to fitting social network models via logistic regression. *Connections*, *21*, 87 - 101.

[212] Crowston, K. (1997). A coordination theory approach to organizational process design. *Organization Science*, *8*, 157 - 175.

[213] Cummings, A. (1997). *The radicalness of employee ideas: An interactive model of co-worker networks and problem-solving styles*. Unpublished doctoral dissertation, College of Business Administration, University of Illinois.

[214] Cutrona, C. E., & Russell, D. W. (1990). Type of social support and specific stress: Toward a theory of optimal matching. In B. R. Sarason, I. G. Sarason, & G. R. Pierce (Eds.), *Social support: An interactional view* (pp. 319 - 366). New York: Wiley.

[215] Daft, R. L., & Lengel, R. H. (1986). Organizational information requirements, media richness and structural design. *Management Science*, *32*, 554 - 571.

[216] Daft, R. L., & Weick, K. E. (1984). Toward a model of organizations as interpretation systems. *Academy of Management Review*, *9*, 284 - 295.

[217] Danowski, J. A. (1982). Computer-mediated communication: A networkbased content analysis using a CBBS conference. In M. Burgoon (Ed.), *Com-*

munication yearbook (Vol. 6, pp. 905 - 924). Beverly Hills, CA: Sage.

[218] Davies, G. (1996). The employment support network—An intervention to assist displaced workers. *Journal of Employment Counseling*, *33*, 146 - 154.

[219] Davis, G. F. (1991). Agents without principles? The spread of the poison pill through the intercorporate network. *Administrative Science Quarterly*, *36*, 583 - 613.

[220] Davis, J., & Leinhardt, S. (1972). The structure of positive interpersonal relations in small groups. In J. Berger (Ed.), *Sociological theories in progress* (Vol. 2, pp. 218 - 251). Boston, MA: Houghton-Mifflin.

[221] Davis, K. (1953). A method of studying communication patterns in organizations. *Personnel Psychology*, *6*, 301 - 312.

[222] Dawes, R. M. (1980). Social dilemmas. *Annual Review of Psychology*, *31*, 169 - 193.

[223] Deal, T. E., & Kennedy, A. (1982). *Corporate cultures: The rites and rituals of corporate life*. Reading, MA: Addison-Wesley.

344 [224] DeFleur, M. L., & Cronin, M. M. (1991). Completeness and accuracy of recall in the diffusion of the news from a newspaper versus a television source. *Sociological Inquiry*, *61*, 148 - 166.

[225] Delacroix, J., & Carroll, G. R. (1983). Organizational foundings: An ecological study of the newspaper industries of Argentina and Ireland. *Administrative Science Quarterly*, *28*, 274 - 291.

[226] Delacroix, J., & Rao, H. (1994). Externalities and ecological theory: Unbundling density dependence. In J. A. C. Baum & J. V. Singh (Eds.), *Evolutionary dynamics of organizations* (pp. 255 - 268). New York: Oxford University Press.

[227] Delacroix, J., Swaminathan, A., & Solt, M. E. (1989). Density dependence versus population dynamics: An ecological study of failings in the California wine industry. *American Sociological Review*, *54*, 245 - 262.

[228] DeSanctis, G., & Monge, P. R. (1999). Introduction to the special issue: Communication processes for virtual organizations. *Organization Science*, *10*, 693 - 703.

[229] de Saussure, F. (1916/1966). *Course in general linguistics*. New York: McGraw-Hill.

[230] De Soto, C. B. (1960). Learning a social structure. *Journal of Abnormal and Social Psychology*, *60*, 417 - 421.

[231] Deutsch, K. (1963). *The nerves of government*: *Models of political communication and control*. Glencoe, IL: Free Press.

[232] DiMaggio, P. (1994). The challenge of community evolution. In J. A. C. Baum, & J. V. Singh (Eds.), *Evolutionary dynamics of organizations* (pp. 444 - 450). New York: Oxford University Press.

[233] DiMaggio, P., Hargittai, E., Neuman, W. R., & Robinson, J. P. (2001). Social implications of the Internet. *Annual Review of Sociology*, *27*, 307 - 336.

[234] DiMaggio, P. J., & Powell, W. W. (1983). The iron cage revisited: Institutional isomorphism and collective rationality in organizational fields. *American Sociological Review*, *48*, 147 - 160.

[235] Domhoff, G. W. (1983). *Who rules America now? A view of the '80s*. Englewood Cliffs, NJ: Prentice Hall.

[236] Doty, D. H., Glick, W. H., & Huber, G. P. (1993). Fit, equifinality, and organizational effectiveness: A test of two configurational theories. *Academy of Management Journal*, *36*, 1196 - 1250.

[237] Drogoul, A., & Ferber, J. (1994). Multi-agent simulation as a tool for studying emergent processes in societies. In J. E. Doran & N. Gilbert (Eds.), *Simulating societies*: *The computer simulation of social phenomena* (pp. 127 - 142). London: UCL.

[238] Dunn, W. N., & Ginsberg, A. (1986). A sociocognitive network approach to organizational analysis. *Human Relations*, *40*, 955 - 976.

[239] Durkheim, E. (1895/1964). *The rules of sociological method*. London: Free Press.

[240] Durkheim, E. (1897/1977). *Suicide*: *A study in sociology* (J. A. Spaulding & G. Simpson, Trans.). New York: Free Press.

[241] Dutton, W. H. (1999). *Society on the Line*: *Information Politics in the Digital Age*. New York: Oxford University Press.

[242] Dyson, G. B. (1997). *Darwin among the machines*: *The evolution of* 345
global intelligence. Reading, MA: Perseus Books.

[243] Eisenberg, E. M., Farace, R. V., Monge, P. R., Bettinghaus, E. P.,

Kurchner-Hawkins, R., Miller, K., & Rothman, L. (1985). Communication linkages in interorganizational systems. In B. Dervin & M. Voight (Eds.), *Progress in communication sciences* (Vol. 6, pp. 210-266). Norwood, NJ: Ablex.

[244] Eisenberg, E. M., Monge, P. R., & Miller, K. I. (1984). Involvement in communication networks as a predictor of organizational commitment. *Human Communication Research*, *10*, 179-201.

[245] Eisenberg, E. M., Monge, P. R., Poole, M. S., et al. (2000). *Rhizome 2000*. Unpublished manuscript. Department of Communication, University of South Florida.

[246] Eisenberg, M., & Swanson, N. (1996). Organizational network analysis as a tool for program evaluation. *Evaluation & the Health Professions*, *19*, 488-507.

[247] Emerson, R. M. (1962). Power-dependence relations. *American Sociological Review*, *27*, 31-41.

[248] Emerson, R. M. (1972a). Exchange theory, part 1: A psychological basis for social exchange. In J. Berger, M. Zelditch, & B. Anderson (Eds.), *Sociological theories in progress* (Vol. 2, pp. 38-57). Boston, MA: Houghton Mifflin.

[249] Emerson, R. M. (1972b). Exchange theory, part II: Exchange relations and networks. In J. Berger, M. Zelditch, & B. Anderson (Eds.), *Sociological theories in progress* (Vol. 2, pp. 58-87). Boston, MA: Houghton Mifflin.

[250] Emery, F. E., & Trist, E. L. (1960). Sociotechnical systems. In C. W. Churchman & M. Verhulst (Eds.), *Management science, models and techniques* (pp. 83-97). New York: Pergamon.

[251] Emery, F. E., & Trist, E. L. (1965). The causal texture of organizational environment. *Human Relations*, *18*, 21-32.

[252] Epstein, J. M., & Axtell, R. (1996). *Growing artificial societies: Social sciences from the bottom up*. Cambridge, MA: MIT Press.

[253] Erickson, B. (1988). The relational basis of attitudes. In S. D. Berkowitz & B. Wellman (Eds.), *Social structures: A network approach* (pp. 99-121). Cambridge, UK: Cambridge University Press.

[254] Ethington, C. T., Johnson, J. D., Marshall, A., Meyer, M., & Chang, H.-J. (1996). *Gender ratios in organizations: A comparative study of*

two organizations. Paper presented at the annual convention of the International Communication Association, Chicago, IL.

[255] Eve, R. A., Horsfall, S., & Lee, M. E. (Eds.) (1997). *Chaos, complexity and sociology: Myths, models, and theories*. London: Sage.

[256] Eveland, J. D., & Bikson, T. K. (1987). Evolving electronic communication networks: An empirical assessment. *Office: Technology and People*, *3*, 103 - 128.

[257] Farace, R. V., Monge, P. R., & Russell, H. M. (1977). *Communicating and organizing*. Reading, MA: Addison-Wesley.

[258] Fararo, T. J. (1973). *Mathematical sociology: An introduction to fundamentals*. New York: Wiley.

[259] Faust, K., & Skvoretz, J. (2002). Comparing networks across space and time, size and species. In R. M. Stolzenberg (Ed.), *Sociological methodology 2002* (Vol. 32, pp. 267 - 299). Cambridge, MA: Blackwell. *346*

[260] Feeley, T. H., & Barnett, G. A. (1996). Predicting employee turnover from communication networks. *Human Communication Research*, *23*, 370 - 387.

[261] Feld, S. (1981). The focused organization of social ties. *American Journal of Sociology*, *86*, 1015 - 1036.

[262] Fernandez, R. M. (1991). Structural bases of leadership in intraorganizational networks. *Social Psychology Quarterly*, *54*, 36 - 53.

[263] Festinger, L. (1954). A theory of social comparison processes. *Human Relations*, *7*, 114 - 140.

[264] Festinger, L., Schachter, S., & Back, K. (1950). *Social pressures in informal groups: A study of human factors in housing*. Palo Alto, CA: Stanford University Press.

[265] Fine, G. A., & Kleinman, S. (1983). Network and meaning: An interactionist approach to structure. *Symbolic Interaction*, *6*, 97 - 110.

[266] Fiol, C. M. (1989). A semantic analysis of corporate language: Organiza-tional boundaries and joint venturing. *Administrative Science Quarterly*, *34*, 277 - 303.

[267] Fischer, C. (1992). *America calling: A social history of the telephone to 1940*. Berkeley: University of California Press.

[268] Flache, A., & Macy, M. W. (1996). The weakness of strong ties: Collective action failure in a highly cohesive group. *Journal of Mathematical Sociology*, *21*, 3-28.

[269] Follett, M. P. (1924). *Creative experience*. New York: Longmans, Green.

[270] Fombrun, C. J. (1986). Structural dynamics within and between organizations. *Administrative Science Quarterly*, *31*, 403-421.

[271] Forrester, J. W. (1961). *Industrial dynamics*. Cambridge, MA: MIT Press.

[272] Forrester, J. W. (1973). *World dynamics*. Cambridge, MA: MIT Press.

[273] Fountain, J. (2001). *Building the virtual state: Information technology and institutional change*. Washington, DC: Brookings Institution.

[274] Frank, O., & Strauss, D. (1986). Markov graphs. *Journal of the American Statistical Association*, *81*, 832-842.

[275] Freeman, L. (1977). A set of measures of centrality based on betweenness. *Sociometry*, *40*, 35-41.

[276] Freeman, L. (1979). Centrality in social networks, part 1: Conceptual clarification. *Social Networks*, *1*, 215-239.

[277] Freeman, L. C., Romney, A. K., & Freeman, S. C. (1987). Cognitive structure and informant accuracy. *American Anthropologist*, *89*, 310-325.

[278] Freeman, L. C. (1992). Filling in the blanks: A theory of cognitive categories and the structure of social affiliation. *Social Psychology Quarterly*, *55*, 118-127.

[279] Friedkin, N. E. (1984). Structural cohesion and equivalence explanations of social homogeneity. *Sociological Methods and Research*, *12*, 235-261.

[280] Friedkin, N. E. (1998). *A structural theory of social influence*. New York: Cambridge University Press.

[281] Frost, P., Moore, L., Louis, M. R., Lundberg, C., & Martin, J. (1985). *Organiza-tional culture*. Newbury Park, CA: Sage.

347 [282] Fukuyama, F. (1999). *The great disruption: Human nature and the reconstitution of social order*. New York: Free Press.

[283] Fulk, J. (1993). Social construction of communication technology.

Academy of Management Journal, *36*, 921 - 950.

[284] Fulk, J., & Boyd, B. (1991). Emerging theories of communication in organizations. *Yearly Review of the Journal of Management*, *17*, 407 - 446.

[285] Fulk, J., & DeSanctis, G. (1999). Articulation of communication technology and organizational form. In G. DeSanctus and J. Fulk (Eds.), *Shaping organizational form: Communication, connection, and community* (pp. 5 - 32). Thousand Oaks, CA: Sage.

[286] Fulk, J., Flanagin, A. J., Kalman, M. E., Monge, P. R., & Ryan, T. (1996). Connective and communal public goods in interactive communication systems. *Communication Theory*, *6*, 60 - 87.

[287] Fulk, J., Lu, S., Monge, P., & Contractor, N. (1998). *Interactive communication & computing for virtual work communities*. Final Report Submitted to the Annenberg Center for Communication, University of Southern California.

[288] Fulk, J., Schmitz, J., & Ryu, D. (1995). Cognitive elements in the social construction of communication technology. *Management Communication Quarterly*, *8*, 259 - 288.

[289] Fulk, J., Schmitz, J., & Steinfield, C. W. (1990). A social influence model of technology use. In J. Fulk & C. W. Steinfield (Eds.), *Organizations and communication technology* (pp. 117 - 140). Newbury Park, CA: Sage.

[290] Fulk, J., & Steinfield, C. W. (Eds.) (1990). *Organizations and communication technology*. Newbury Park, CA: Sage.

[291] Fulk, J., Steinfield, C. W., Schmitz, J., & Power, J. G. (1987). A social information processing model of media use in organizations. *Communication Research*, *14*, 529 - 552.

[292] Galaskiewicz, J. (1979). *Exchange networks and community politics*. Newbury Park, CA.: Sage.

[293] Galaskiewicz, J. (1985). Interorganizational relations. *Annual Review of Sociology*, *11*, 281 - 304.

[294] Galaskiewicz, J., & Burt, R. S. (1991). Interorganizational contagion in corporate philanthropy. *Administrative Science Quarterly*, *36*, 88 - 105.

[295] Galaskiewicz, J., & Wasserman, S. (1989). Mimetic and normative processes within an interorganizational field: An empirical test. *Administrative*

Science Quarterly, *34*, 454 - 479.

[296] Galbraith, J. R. (1977). *Organization design*. *Reading*, MA: Addison-Wesley.

[297] Galbraith, J. R. (1995). *Designing organizations: An executive briefing on strategy, structure, and process*. San Francisco: Jossey-Bass.

[298] Gaver, W. (1996). Affordances for interaction: The social is material for design. *Ecological Psychology*, *8*, 111 - 29.

[299] Gell-Mann, M. (1994). *The quark and the jaguar: Adventures in the simple and complex*. New York: Freeman.

[300] Gerlach, M. (1992). *Alliance capitalism*. Berkeley: University of California Press.

[301] Ghoshal, S., & Bartlett, C. A. (1990). The multinational corporation as an interorganizational network. *Academy of Management Review*, *15*, 603 - 625.

348 [302] Giddens, A. (1976). *New rules of sociological method*. London: Hutchinson.

[303] Giddens, A. (1979). *Central problems in social theory*. Cambridge, MA: Cambridge University Press.

[304] Giddens, A. (1984). *The constitution of society: Outline of the theory of structuration*. Cambridge: Polity.

[305] Giddens, A. (1991). *Moderttity and self-identity: Self and society in the late modern age*. Stanford, CA: Stanford University Press.

[306] Giddens, A. (2000). *Runaway world: How globalization is reshaping our lives*. New York: Routledge.

[307] Gilbert, N., & Troitzch, K. G. (1999). *Simulation for the social scientist*. Buckingham: Open University Press.

[308] Glansdorff, P., & Prigogine, I. (1971). *Thermodynamic study of structure, stability and fiuctuations*. New York: Wiley.

[309] Goes, J. B., & Park, S. H. (1997). Interorganizational links and innovation: The case of hospital services. *Academy of Management Journal*, *40*, 673 - 696.

[310] Gollob, H. F. (1968). Impression formation and word combination in sentences. *Journal of Personality and Social Psychology*, *10*, 341 - 353.

[311] Goodell, A., Brown, J., & Poole, M. S. (1989). *Organizational networks and climate perceptions: A longitudinal analysis.* Unpublished manuscript. University of Minnesota.

[312] Gore, A., Jr. (1996). The metaphor of distributed intelligence. *Science, 272*, 177.

[313] Gould, R. V. (1991). Multiple networks and mobilization in the Paris Commune, 1871. *American Sociological Review, 56*, 716 - 729.

[314] Grabher, G. (1993). Rediscovering the social in the economics of interfirm relations. In G. Grabher (Ed.), *The embedded firm: On the socioeconomics of industrial networks* (pp. 1 - 31). New York: Routledge.

[315] Graen, G. (1976). Role making processes within complex organizations. In M. D. Dunnette (Ed.), *Handbook of industrial and organizational psychology*. Chicago: Rand McNally.

[316] Grandori, A., & Soda, G. (1995). Inter-firm networks: Antecedents, mechanisms, and forms. *Organization Studies, 16*, 183 - 214.

[317] Granovetter, M. (1973). The strength of weak ties. *American Journal of Sociology, 81*, 1287 - 1303.

[318] Granovetter, M. (1974). *Getting a job: A study of contacts and careers*. Cambridge, MA: Harvard University Press.

[319] Granovetter, M. (1978). Threshold models of diffusion and collective behavior. *Journal of Mathematical Sociology, 9*, 165 - 179.

[320] Granovetter, M. (1982). The strength of weak ties: A network theory revisited. In R. Collins (Ed.), *Sociological theory 1983* (pp. 105 - 130). San Francisco, CA: Jossey-Bass.

[321] Granovetter, M. (1992). Problems of explanations in economic sociology. In N. Nohria & R. G. Eccles (Eds.), *Networks as organizations: Structure, form, and action* (pp. 25 - 56). Boston, MA: Harvard Business School Press.

[322] Granovetter, M. S. (1985). Economic action and social structure: The problem of embeddedness. *American Journal of Sociology, 91*, 481 - 510.

[323] Grossberg, L., Wartella, E., & Whitney, C. (1998). *MediaMaking.* Thousand Oaks, CA: Sage.

[324] Gulati, R. (1995). Social structure and alliance formation patterns: A longitudinal analysis. *Administrative Science Quarterly, 40*, 619 - 652. *349*

[325] Gupta, A. K. , & Govindarajan, V. (1991). Knowledge flows and the structure of control within multinational corporations. *Academy of Management Review*, *16*, 768 - 792.

[326] Gurbaxani, V. (1990). Diffusion in computing networks: The case of BITNET. *Communications of the ACM*, *33*, 65 - 75.

[327] Hackman, J. R. , & Oldham, G. (1976). Motivation through the design of work: Test of a theory. *Organizational Behavior and Human Performance*, *16*, 250 - 279.

[328] Haines, V. A. (1988). Social network analysis, structuration theory and the holism-individualism debate. *Social Networks*, *10*, 157 - 182.

[329] Hall, A. , & Wellman, B. (1985). Social networks and social support. In S. Cohen & S. L. Syme (Eds.), *Social support and health* (pp. 23 - 41). Orlando, FL: Academic Press.

[330] Hall, S. (1990). Globalization and ethnicity. In A. D. King (Ed.), *Culture, globalization and the world-system* (pp. 25 - 40). New York: Macmillan.

[331] Hannan, M. T. , & Carroll, G. R. (1992). *Dynamics of organizational populations: Density, competition, and legitimation*. New York: Oxford University Press.

[332] Hannan, M. T. , & Carroll, G. R. (1995). An introduction to organizational ecology. In G. R. Carroll & M. T. Harman (Eds.), *Organizations in industry: Strategy, structure, and selection* (pp. 17 - 31). New York: Oxford University Press.

[333] Hannan, M. T. , & Freeman, J. (1977). The population ecology of organizations. *American Journal of Sociology*, *82*, 929 - 984.

[334] Hannan, M. T. , & Freeman, J. (1984). Structural inertia and organizational change. *American Sociological Review*, *49*, 149 - 164.

[335] Hanneman, R. A. (1988). *Computer-assisted theory building: Modeling dynamic social systems*. Newbury Park, CA: Sage.

[336] Harary, F. , Norman, R. Z. , & Cartwright, D. (1965). *Structural models: An introduction to the theory of directed graphs*. New York: Wiley.

[337] Hardin, G. (1968). The tragedy of the commons. *Science*, *162*, 1243 - 1248.

[338] Hardin, R. (1982). *Collective action*. Baltimore, MD: John Hopkins University Press.

[339] Hartman, R. L., & Johnson, J. D. (1989). Social contagion and multiplexity: Communication networks as predictors of commitment and role ambiguity. *Human Communication Research*, *15*, 523 - 548.

[340] Hartman, R. L., & Johnson, J. D. (1990). Formal and informal group structures: An examination of their relationship to role ambiguity. *Social Networks*, *12*, 127 - 151.

[341] Hartman, A., Sifonis, J., & Kador, J. (2000). *Net ready: Strategies for success in the E-conomy*. New York: McGraw Hill.

[342] Harvey, D. (1989). *The condition of postmodernity*. Oxford, UK: Blackwell.

[343] Haunschild, P. R. (1993). Interorganizational imitation: The impact of interlocks on corporate acquisition activity. *Administrative Science Quarterly*, *38*, 564 - 592.

[344] Haunschild, P. R. (1994). How much is that company worth? Interorganizational relationships, uncertainty, and acquisition premiums. *Administrative Science Quarterly*, *39*, 391 - 411.

[345] Haveman, H. A. (1992). Between a rock and a hard place: Organiza- *350*
tional change and performance under conditions of fundamental environmental transformation. *Administrative Science Quarterly*, *37*, 48 - 75.

[346] Hawley, A. (1950). *Human ecology: A theory of community structure*. New York: Ronald.

[347] Hawley, A. (1968). Human ecology. In D. L. Sills (Ed.), *The international encyclopedia of the social sciences* (Vol. 4, pp. 328 - 337). New York: Crowell-Collier & Macmillan.

[348] Hawley, A. (1986). *Human ecology: A theoretical essay*. Chicago, IL: University of Chicago Press.

[349] Haythornthwaite, C. (1996). Social network analysis: An approach and technique for the study of information exchange. *Library & Information Science Research*, *18*, 323 - 342.

[350] Haythornthwaite, C., & Wellman, B. (Eds.) (2001). *The Internet in everyday life*. [Special issue]. *American Behavioral Scientist*, 45.

[351] Head, J. G. (1972). Public goods: The polar case. In R. M. Bird & J. G. Head (Eds.), *Modern fiscal issues: Essays in honour of Carl S. Shoup* (pp. 7 - 16). Toronto, Ontario, Canada: University of Toronto Press.

[352] Heald, M. R., Contractor, N. S., Koehly, L., & Wasserman, S. (1998). Formal and emergent predictors of coworkers' perceptual congruence on an organization's social structure. *Human Communication Research*, *24*, 536 - 563.

[353] Heckscher, C. (1994). Defining the post-bureaucratic type. In C. Heckscher & A. Donnellon (Eds.), *The post-bureaucratic organization: New perspectives on organizational change* (pp. 14 - 62). Thousand Oaks, CA: Sage.

[354] Heider, F. (1958). *The psychology of interpersonal relations*. New York: Wiley.

[355] Heise, D. (1969). Affectual dynamics in simple sentences. *Journal of Personality and Social Psychology*, *11*, 204 - 213.

[356] Heise, D. (1970). Potency dynamics in simple sentences. *Journal of Personality and Social Psychology*, *16*, 48 - 54.

[357] Held, D., McGrew, A., Goldblatt, D., & Perraton, J. (1999). *Global transformations: Politics, economics, and culture*. Stanford, CA: Stanford University Press.

[358] Helper, S. (1993). An exit-voice analysis of supplier relations: The case of the U. S. automobile industry. In G. Grabher (Ed.), *The embedded firm: On the socioeconomics of industrial networks* (pp. 141 - 160). New York: Routledge.

[359] Hinds, P., & Kiesler, S. (1995). Communication across boundaries: Work, structure, and use of communication technologies in a large organization. *Organization Science*, *6*, 373 - 393.

[360] Hoffman, A. N., Stearns, T. M., & Shrader, C. B. (1990). Structure, context, and centrality in interorganizational networks. *Journal of Business Research*, *20*, 333 - 347.

[361] Hofstadter, D. R. (1979). *Godel, Escher, Bach: An eternal golden braid*. New York: Basic.

[362] Hofstede, G. (1984). *Culture's consequences*. London: Sage.

[363] Holland, J. H. (1995). *Hidden order: How adaptation builds com-*

plexity. Reading, MA: Addison-Wesley.

[364] Holland, J. H. (1998). *Emergence: From chaos to order*. Reading, 351
MA: Perseus Books.

[365] Holland, P. W., & Leinhardt, S. (1975). The statistical analysis of local structure in social networks. In D. R. Heise (Ed.), *Sociological methodology, 1976* (pp. 1-45). San Francisco: Jossey Bass.

[366] Holland, P. W., & Leinhardt, S. (1979). *Perspectives on social network research*. New York: Academic.

[367] Hollingshead, A. B. (1998a). Communication, learning, and retrieval in transactive memory systems. *Journal of Experimental Social Psychology*, *34*, 423-442.

[368] Hollingshead, A. B. (1998b). Retrieval processes in transactive memory systems. *Journal of Personality and Social Psychology*, *74*, 659-671.

[369] Hollingshead, A. B. (1998c). Group and individual training: The impact of practice on performance. *Small Group Research*, *29*, 254-280.

[370] Hollingshead, A. B. (2000). Perceptions of expertise and transactive memory in work relationships. *Group Processes and Intergroup Relations*, *3*, 257-267.

[371] Hollingshead, A. B., & Contractor, N. S. (2002). New media and organizing at the group level. In L. Lievrouw & S. Livingstone (Eds.), *Handbook of new media* (pp. 221-235). London: Sage.

[372] Hollingshead, A. B., Fulk, J., & Monge, P. (2002). Fostering intranet knowledge-sharing: An integration of transactive memory and public goods approaches. In S. Keisler & P. Hines (Eds.), *Distributed Work: New Research on Working Across Distance Using Technology* (pp. 335-355). Cambridge, MA: MIT Press.

[373] Homans, G. C. (1950). *The human group*. New York: Harcourt Brace.

[374] Homans, G. C. (1958). Social behavior as exchange. *American Journal of Sociology*, *19*, 22-24.

[375] Homans, G. C. (1974). *Social behavior: Its elementary forms* (Rev. Ed.). New York: Harcourt Brace.

[376] Hong, T. (2001). Performance. In A. Oram (Ed.). *Peer-to-Peer*:

Harnessing the power of disruptive technologies (pp. 203 - 241). Sebastopol, CA: O'Reilly & Associates, Inc.

[377] Horrigan, K., & Rainie, L. (2002). *Getting serious online*. (Pew Internet & American Life Project, Washington, DC). Available online at: http://www.pewinternet.org/reports/pdfs/PIP_Getting_Serious_Online3ng.pdf

[378] Huber, G. P., & Daft, R. L. (1987). The information environments of organizations. In L. L. Putnam, F. M. Jablin, K. H. Roberts, & L. W. Porter (Eds.), *Handbook of organizational communication: An interdisciplinary perspective* (pp. 130 - 164). Newbury Park, CA: Sage.

[379] Huber, G. P., Miller, C. C., & Glick, W. H. (1990). Developing more encompassing theories about organizations: The centralization-effectiveness relationship as an example. *Organization Science*, *1*, 11 - 40.

[380] Hubert, L. J., & Schultz, J. V. (1976). Quadratic assignment as a general data analysis strategy. *British Journal of Mathematical and Statistical Psychology*, *29*, 190 - 241.

352 [381] Hurlbert, J. S. (1991). Social networks, social circles, and job satisfaction. *Work and Occupations*, *18*, 415 - 430.

[382] Hyatt, A., Contractor, N., & Jones, P. M. (1997). Computational organizational network modeling: Strategies and an example. *Computational and Mathematical Organizational Theory*, *4*, 285 - 300.

[383] Ibarra, H. (1992). Homophily and differential returns: Sex differences in network structure and access in an advertising firm. *Administrative Science Quarterly*, *37*, 422 - 447.

[384] Ibarra, H. (1993a). Network centrality, power, and innovation involvement: Determinants of technical and administrative roles. *Academy of Management Journal*, *36*, 471 - 501.

[385] Ibarra, H. (1993b). Personal networks of women and minorities in management: A conceptual framework. *Academy of Management Review*, *18*, 56 - 87.

[386] Ibarra, H. (1995). Race, opportunity, and diversity of social circles in managerial networks. *Academy of Management Journal*, *38*, 673 - 703.

[387] Ibarra, H., & Andrews, S. B. (1993). Power, social influence, and sense making: Effects of network centrality and proximity on employee percep-

tions. *Administrative Science Quarterly*, *38*, 277 - 303.

[388] Jablin, F. M. (1980). Organizational communication theory and research: An overview of communication climate and network research. In D. Nimmo (Ed.), *Communication yearbook 4* (pp. 327 - 347). New Brunswick, NJ: Transaction Books.

[389] Jablin, F., & Krone, K. J. (1987). *Organizational assimilation*. Newbury Park, CA: Sage.

[390] Jackson, M., Poole, M. S., & Kuhn, T. (2002). The social construction of technologies in studies of the workplace. In L. Lievrouw & S. Livingstone (Eds.), *Handbook of new media* (pp. 236 - 253). London: Sage.

[391] Jang, H., & Barnett, G. A. (1994). Cultural differences in organizational communication: A semantic network analysis. *Bulletin de Methodologie Sociologique*, *44*, 31 - 59.

[392] Johnson, J. D. (1992). Approaches to organizational communication structure. *Journal of Business Research*, *25*, 99 - 113.

[393] Johnson, J. D. (1993). *Organizational communication structure*. Norwood, NJ: Ablex.

[394] Johnson-Laird, P. N. (1983). *Mental models: Toward a cognitive science of language, inference, and consciousness*. Cambridge, MA: Harvard University Press.

[395] Jones, C., Hesterly, W. S., & Borgatti, S. P. (1997). A general theory of network governance: Exchange conditions and social mechanisms. *Academy of Management Review*, *22*, 911 - 945.

[396] Kadushin, C. (1983). Mental health and the interpersonal environment: A reexamination of some effects of social structure on mental health. *American Sociological Review*, *48*, 188 - 198.

[397] Kadushin, C., & Brimm, M. (1990). *Why networking fails: Double binds and the limitations of shadow networks*. Paper presented at the tenth annual International Sunbelt Social Networks Conference, San Diego, California.

[398] Kahneman, D., Slovic, P., & Tversky, A. (1982). *Judgment under uncertainty: Heuristics and biases*. Cambridge, UK: Cambridge University Press. *353*

[399] Kahneman, D., & Tversky, A. (1979). Prospect theory: An analysis

of decision under risk. *Econometrica*, *47*, 263 - 291.

[400] Kalman, M. E., Fulk, J., & Monge, P. R. (2001). *Resolving communication dilemmas: A motivational model for information contribution to discretionary databases*. Unpublished manuscript currently under publication review, Annenberg School for Communication, University of Southern California.

[401] Kalman, M. E., Monge, P. R., Fulk, J., & Heino, R. (2002). Resolving communication dilemmas in database-mediate collaboration. *Communication Research*, *29*, 125 - 154.

[402] Kaufer, D. S., & Carley, K. M. (1993). *Communication at a distance: The effect of print on socio-cultural organization and change*. Hillsdale, NJ: Erlbaum.

[403] Kauffman, S. A. (1993). *The origins of order: Self-organizing and selection in evolution*. New York: Oxford University Press.

[404] Kauffman, S. A. (1995). *At home in the universe: The search for the laws of self-organization and complexity*. New York: Oxford University Press.

[405] Kautz, H., Selman, B., & Shah, M. (1997). Combining social networks and collaborative filtering. *Communications of the ACM*, *40*, 63 - 65.

[406] Kawakami, K., & Papia, D. (1995). *101 unuseless Japanese inventions: The art of Chindogu*. New York: Norton.

[407] Kerr, N. L. (1992). Efficacy as a causal and moderating variable in social dilemmas. In W. B. G. Liebrand, D. M. Messick, & H. A. M. Wilke (Eds.), *Social dilemmas: Theoretical issues and research findings* (pp. 59 - 80). New York: Pergamon.

[408] Khurana, R. (1997). *Director interlocks and outsider CEO selection: A field and statistical examination of the Fortune 500 between 1990—1995*. Unpublished doctoral dissertation, Harvard Business School, Harvard University.

[409] Kiernan, V. (November 5, 1999). The "Open-Source Movement" turns its eye to science. *Chronicle of Higher Education*, A51. Available online at: http:// chronicle. com/free/v46/i11/11a05101. htm

[410] Kilduff, M. (1992). The friendship network as a decision-making resource: Disposition moderators of social influences on organizational choice. *Journal of Personality and Social Psychology*, *62*, 168 - 180.

[411] Kilduff, M., & Krackhardt, D. (1993). *Schemas at work: Making*

sense of organizational relationships. Unpublished manuscript, Department of Sociology, Pennsylvania State University.

[412] Kilduff, M. , & Krackhardt, D. (1994). Bringing the individual back in: A structural analysis of the internal market for reputation in organizations. *Academy of Management Journal*, *37*, 87 - 108.

[413] Kleinberg, J. (2000). Navigation in a small world. *Nature*, *406*, 845.

[414] Kleinberg, J. , & Lawrence, S. (2001). The structure of the web. *Science*, *294*, 1849 - 1850.

[415] Knoke, D. (1990). *Political networks: The structural perspective*. Cambridge, UK: Cambridge University Press.

[416] Knoke, D. (1993). Networks of elite structure and decision making. 354
Socio logical Methods & Research, *22*, 23 - 45.

[417] Knoke, D. , and Kuklinski, J. (1982). *Network analysis*. Newbury Park, CA: Sage.

[418] Knorr-Cetina, K. (1981). *The manufacture of knowledge*. Oxford: Pergamon.

[419] Kochen, M. (1989). *The small' world*. Norwood, NJ: Ablex.

[420] Kogut, B. , Shan, W. , & Walker, G. (1993). Knowledge in the network and the network as knowledge: Structuring of new industries. In G. Grabher (Ed.), *The embedded firm: On the socioeconomics of industrial networks* (pp. 67 - 94). New York: Routledge.

[421] Kontopoulos, K. M. (1993). *The logics of social structure*. New York: Cambridge University Press.

[422] Korzenny, F. , & Bauer, C. (1981). Testing the theory of electronic propinquity: Organizational teleconferencing. *Communication Research*, *8*, 479 - 498.

[423] Kosnik, R. D. (1987). Greenmail: A study of board performance in corporate governance. *Administrative Science Quarterly*, *32*, 163 - 185.

[424] Krackhardt, D. (1987a). Cognitive social structures. *Social Networks*, *9*, 109 - 134.

[425] Krackhardt, D. (1987b). QAP—Partialing as a test of spuriousness. *Social Networks*, *9*, 171 - 186.

[426] Krackhardt, D. (1990). Assessing the political landscape: Structure,

cognition, and power in organizations. *Administrative Science Quarterly*, *35*, 342 - 369.

[427] Krackhardt, D. (1992). The strength of strong ties: The importance of Philos. In N. Nohria & R. Eccles (Eds.), *Networks and organizations: Structure, form and action* (pp. 216 - 239). Boston: Harvard Business School Press.

[428] Krackhardt, D. (1994). Constraints on the interactive organization as an ideal type. In C. Heckscher & A. Donnellon (Eds.), *The post-bureaucratic organization: New perspectives on organizational change* (pp. 211 - 222). Thousand Oaks, CA: Sage.

[429] Krackhardt, D. (2001). Viscosity models and the diffusion of controversial innovations. In A. Lomi & E. R. Larsen (Eds.), *Dynamics of organizations: Computational modeling and organizational theories* (pp. 243 - 268). Menlo Park, CA: AAAI Press/MIT Press.

[430] Krackhardt, D., & Brass, D. J. (1994). Intra-organizational networks: The micro side. In S. Wasserman & J. Galaskiewicz (Eds.), *Advances in social network analysis: Research in the social and behavioral sciences* (pp. 207 - 229). Thousand Oaks, CA: Sage.

[431] Krackhardt, D., & Hanson, J. R. (1993). Informal networks: The company behind the chart. *Harvard Business Review*, *71*, 104.

[432] Krackhardt, D., & Kilduff, M. (1990). Friendship patterns and culture: The control of organizational diversity. *American Anthropologist*, *92*, 142 - 154.

[433] Krackhardt, D., & Porter, L. (1986). The snowball effect: Turnover embedded in social networks. *Journal of Applied Psychology*, *71*, 50 - 55.

[434] Krackhardt, D., & Porter, L. W. (1985). When friends leave: A structural analysis of the relationship between turnover and stayers' attitudes. *Administrative Science Quarterly*, *30*, 242 - 261.

355 [435] Krackhardt, D., & Stern, R. N. (1988). Informal networks and organizational crises: An experimental situation. *Social Psychology Quarterly*, *51*, 123 - 140.

[436] Kramer, M. W. (1996). A longitudinal study of peer communication during job transfers: The impact of frequency, quality, and network multiplexity on adjustment. *Human Communication Research*, *23*, 59 - 86.

[437] Krassa, M. A. (1988). Social groups, selective perception, and behavioral contagion in public opinion. *Social Networks*, *10*, 109 - 136.

[438] Kraut, R. E., Egido, C., & Galegher, J. (1990). Patterns of contact and communication in scientific research collaboration. In J. Galegher, R. E. Kraut, & C. Egido (Eds.), *Intellectual teamwork: Social and technological foundations of cooperative work* (pp. 149 - 172). Hillsdale, NJ: Erlbaum.

[439] Kraut, R., Patterson, M., Lundmark, V., Kiesler, S., Mukopadhyay, T., & Scherlis, W. (1998). Internet paradox: A social technology that reduces social involvement and psychological well-being. *American Psychologist*, *53*, 1017 - 1031.

[440] Krebs, V. (2002). Mapping networks of terrorist cells. *Connections*, *24*, 43 - 52.

[441] Krikorian, D. D., Seibold, D. R., & Goode, P. L. (1997). Reengineering at LAC: A case study of emergent network processes. In B. D. Sypher (Ed.), *Case studies in organizational communication 2: Perspectives on contemporary work life* (pp. 129 - 144). New York: Guilford.

[442] Labianca, G., Brass, D., & Gray, B. (1998). Social networks and the perceptions of intergroup conflict: The role of negative relationships and third-parties. *Academy of Management Journal*, *41*, 55 - 67.

[443] Land, K. C. (1969). Principles of path analysis. In E. F. Borgatta & G. W. Bohrnstedt (Eds.), *Sociological methodology*, 1969 (pp. 23 - 37). San-Francisco: Jossey-Bass.

[444] Langford, C. P. H., Bowsher, J., Maloney, J. P., & Lillis, P. P. (1997). Socialsupport: A conceptual analysis. *Journal of Advanced Nursing*, *25*, 95 - 100.

[445] Langton, C., Burkhart, R., Lee, I., Daniels, M., & Lancaster, A. (1998). *The Swarm Simulation System*. Available at: http://www.santafe.edu/projects/swarm.

[446] Larson, A. (1992). Network dyads in entrepreneurial settings: A study of the governance of exchange relations. *Administrative Science Quarterly*, *37*, 76 - 14.

[447] Larson, A., & Starr, J. A. (1993). A network model of organization formation. *Entrepreneurship: Theory and Practice*, *17*, 5 - 15.

[448] Lash, S., & Urry, J. (1994). *Economies of signs and space*. Thousand Oaks, CA: Sage.

[449] Lasswell, H. (1948). The structure and function of communication in society. In L. Bryson (Ed.), *The communication of ideas: A series of addresses*. New York: Harper.

[450] Latane, B. (2000). Pressures to uniformity and the evolution of culturalnorms: Modeling dynamic social impacts. In D. R. Ilgen & C. L. Hulin (Eds.), *Computational modeling of behavior in organizations: The third scientific discipline*. Washington, DC: American Psychological Association.

356 [451] Laumann, E. O. (1966). *Prestige and association in an urban community*. Indianapolis, IN: Bobbs-Merrill.

[452] Laumann, E. O., Knoke, D., & Kim, Y. (1985). An organizational approach tostate policymaking: A comparative study of energy and health domains. *American Sociological Review*, *50*, 1-19.

[453] Laumann, E. O., & Pappi, F, U. (1976). *Networks of collective action*. New York: Academic Press.

[454] Lawrence, R. R., & Lorsch, J. W. (1967). *Organization and environment: Managing differentiation and integration*. Cambridge, MA: Harvard University Press.

[455] Lazarsfeld, P. F. (1941). Remarks on administrative and critical communications research. *Studies in Philosophy and Social Sciences 9* (1).

[456] Lazerson, M. (1993). Factory or putting out? Knitting networks in Modena. In G. Grabher (Ed.), *The embedded firm: On the socioeconomics of industrial networks* (pp. 203-226). New York: Routledge.

[457] Leavitt, H. J. (1951). Some effects of certain communication patterns ongroup performance. *Journal of Abnormal and Social Psychology*, *46*, 38-50.

[458] Leblebici, H., & Salancik, G. R. (1981). Effects of environmental uncertainty on information and decision processes in banks. *Administrative Science Quarterly*, *26*, 578-596.

[459] Leenders, R. T. A. J. (1996). Evolution of friendship and best friendship choices. *Journal of Mathematical Sociology*, *21*, 133-148.

[460] Lerner, J., & Tirole, J. (2000). *The simple economics of Open Source*. Cambridge, MA: National Bureau of Economic Research, Inc., Working

Paper 7600.

[461] Lesperance, Y. (1991). A formal theory of indexical knowledge and action. Technical report. University of Toronto. Computer Systems Research Institute; CSRI-248 Toronto, Ontario, Canada: University of Toronto, Computer Systems Research Institute.

[462] Lessig L. (2001). *The future of ideas: The fate of the commons in a connected world*. New York: Random House.

[463] Levine, J. H., & White, P. (1961). Exchange as a conceptual framework for the study of interorganizational relationships. *Administrative Science Quarterly*, *5*, 583 - 601.

[464] Levinthal, D. A. (1994). Surviving Schumpeterian environments: An evolu tionary perspective. In J. A. C. Baum & J. V. Singh (Eds.), *Evolutionary dynamics of organizations* (pp. 167 - 178). New York: Oxford University Press.

[465] Levinthal, D. A. (2001). Modeling adaptation on rugged landscapes. In A. Lomi & E. R. Larsen (Eds.), *Dynamics of organizations: Computational modeling and organization theories* (pp. 329 - 348). Cambridge, MA: MIT Press.

[466] Levinthal, D. A., & Warglien, M. (1999). Landscape design: Designing for local action in complex worlds. *Organization Science*, *10*, 342 - 357.

[467] Levitt, R. E., Cohen, G. P., Kurtz, J. C., Nass, C. I., Christiansen, T. R. & Jin, Y. (1994). The virtual design team: Simulating how organization 357
structure and information processing tools affect team performance. In K. Carley & M. Prietula (Eds.), *Computational Organization Theory* (pp. 1 - 18). Hinsdale, NJ: Erlbaum.

[468] Lewin, A. Y., & Volberda, H. W. (1999). Prolegomena on coevolution: A framework for research on strategy and new organizational forms. *Organization Science*, *10*, 519 - 534.

[469] Lewin, A. Y., Long, C. P., & Carroll, T. N. (1999). The coevolution of new organizational forms. *Organization Science*, *10*, 535 - 550.

[470] Lewin, K. (1936). *Principles of topological psychology* (F. Heider and G. Heider, Trans.). New York: McGraw Hill.

[471] Liang, D. W., Moreland, R. L., & Argote, L. (1995). Group versus individual training and group performance: The mediating role of transactive mem-

ory. *Personality and Social Psychology Bulletin*, *21*, 384 - 393.

[472] Liebeskind, J. P. , Oliver, A. L. , Zucker, L, & Brewer, M. (1996). Social networks, learning, and flexibility: Sourcing scientific knowledge in new biotechnology firms. *Organization Science*, *7*, 428 - 443.

[473] Liedka, R. V. (1991). Who do you know in the group? Location of organizations in interpersonal networks. *Social Forces*, *70*, 455 - 474.

[474] Lievrouw, L. A. , & Carley, K. (1991). Changing patterns of communication among scientists in an era of "Telescience." *Technology in Society*, *12*, 457 - 477.

[475] Lievrouw, L. A. , Rogers, E. M. , Lowe, C. U. , & Nadel, E. (1987). Triangula tion as a research strategy for identifying invisible colleges among biomedical students. *Social Networks*, *9*, 217 - 248.

[476] Lin, N. (2001). Building a network theory of social capital. In N. Lin, K. Cook, & R. S. Burt (Eds.), *Social capital*: *Theory and research* (pp. 3 - 30). New York: de Gruyter.

[477] Lin, N. ; & Ensel, W. M. (1989). Life stress and health: Stressors and resources. *American Sociological Review*, *54*, 382 - 399.

[478] Lin, N. , Ensel, W. M. , & Vaughn, J. C. (1981). Social resources and strength of ties: Structural factors in occupational status attainment. *American Sociological Review*, *46*, 393 - 405.

[479] Lin, Z. , & Carley, K. M. (1995). DYCORP: A computational framework for examining organizational performance under dynamic conditions. *Journal of Mathematical Sociology*, *20*, 193 - 218.

[480] Lincoln, J. R. , Gerlach, M. L. , & Takahashi, P. (1992). *Keiretsu* networks in the Japanese economy: A dyad analysis of intercorporate ties. *American Sociological Review*, *57*, 561 - 585.

[481] Lincoln, J. , & Miller, J. (1979). Work and friendship ties in organizations: A comparative analysis of relational networks. *Administrative Science Quarterly*, *24*, 181 - 199.

[482] Lipnack, J. , & Stamps, J. (1997). *Virtual teams*: *Reaching across space*, *time and organizations with technology*. New York: Wiley.

[483] Littlepage, G. , Robison, W. , & Reddington, K. (1997). Effects of task experience and group experience on group performance, member ability, and

recognition of expertise. *Organizational Behavior and Human Decision Processes*, *69*, 133 - 147.

[484] Litwak, E., & Hylton, L. F. (1962). Interorganizational analysis: A hypothesis on coordinating agencies. *Administrative Science Quarterly*, *6*, 392 - 420. 358

[485] Lomi, A., & Larsen, E. R. (2001). Failure as a structural concept: A computational perspective on age dependence in organizational mortality rates. In A. Lomi & E. R. Larsen (Eds.), *Dynamics of organizations: Computational modeling and organizational theories* (pp. 269 - 303). Menlo Park, CA: AAAI Press/MIT Press.

[486] Lomi, A., & Larsen, E. R. (Eds.) (2001). *Dynamics of organizations: Computational modeling and organizational theories*. Menlo Park, CA: AAAI Press/MIT Press.

[487] Lorrain, F., & White, H. (1971). Structural equivalence of individuals in social networks. *Journal of Mathematical Sociology*, *1*, 49 - 80.

[488] Lott, B. E., & Lott, A. J. (1960). The formation of positive attitudes toward group members. *Journal of Abnormal Social Psychology*, *61*, 297 - 300.

[489] Luhmann, N. (1990). *Essays on self-reference*. New York: Columbia University Press.

[490] Luhmann, N. (1992). Autopoiesis. What is communication? *Communication Theory*, *2*, 251 - 259.

[491] Malone, T. W., & Crowston, K. (1992). What is coordination theory and how can it help design cooperative work systems. In D. Marca & G. Bock (Eds.), *Groupware: Software for computer-supported cooperative work* (pp. 100 - 115). Washington: IEEE Press.

[492] Malone, T. W., & Laubacher, R. J. (1998, September-October). The dawn of the e-lance economy. *Harvard Business Review*, *76*, 145 - 152.

[493] Malone, T. W., & Rockart, J. F. (1991). Computers, networks, and the corporation. *Scientific American*, *265*, 128 - 136.

[494] March, J. G. (1991). Exploration and exploitation in organizational learning. *Organization Science*, *2*, 71 - 87.

[495] March, J. G. (1994). The evolution of evolution. In J. A. C. Baum & J. V. Singh (Eds.), *Evolutionary dynamics of organizations* (pp. 39 - 49). New

York: Oxford University Press.

[496] March, J. (2001). Foreword. In A. Lomi & E. R. Larsen (Eds.), *Dynamics of organizations: Computational modeling and organizational theories* (pp. ixxvii). Menlo Park, CA: AAAI Press/MIT Press.

[497] March, J. G., & Weissinger-Baylon, R. (1986). *Ambiguity and command: Organizational perspectives on military decision making*. Marshfield, MA: Pitman.

[498] Marchiori, M, & Latora, V. (2000). Harmony in the small world. *Physica A 285*, 539, http://xxx.lanl.gov/abs/cond-mat/0008357.

[499] Markovsky, B. (1997). Network games. Rationality and Society, 9, 67 - 90. Markovsky, B., Willer, D., & Patton, T. (1988). Power relations in exchange networks. *American Sociological Review*, *53*, 220 - 236.

[500] Markus, M. L. (1990). Toward a "critical mass" theory of interactive media. In J. Fulk & C. Steinfield (Eds.), *Organizations and communication technology* (pp. 194 - 218). Newbury Park, CA: Sage.

[501] Markus, M. L., & Robey, D. (1988). Information technology and or-
359 ganizational change: Causal structure in theory and research. *Management Science*, *34*, 583 - 598.

[502] Marsden, P. V. (1988). Homogeneity in confiding relations. *Social Networks*, *10*, 57 - 76.

[503] Marsden, P. V. (1990). Network data and measurement. *Annual Review of Sociology*, *16*, 435 - 463.

[504] Marsden, P. V., & Friedkin, N. E. (1994). Network studies of social influence. In S. Wasserman & J. Galaskiewicz (Eds.), *Advances in social network analysis: Research in the social and behavioral sciences* (pp. 3 - 25). Thousand Oaks, CA: Sage.

[505] Maruyama, M. (1982). Four different causal metatypes in biological and social sciences. In W. C. Schieve & P. M. Allen (Eds.), *Self-organization and dissipative structures: Applications in the physical and social sciences* (pp. 354 - 361). Austin: University of Texas Press.

[506] Marwell, G., & Oliver, P. (1993). *The critical mass in collective action: A micro social theory*. Cambridge, UK: Cambridge University Press.

[507] Marwell, G., Oliver, P. E., & Prahl, R. (1988). Social networks and

collective action: A theory of the critical mass, III. *American Journal of Sociology*, *94*, 502 - 534.

[508] Mattelart, A. (2000). *Networking the world: 1794 - 2000* (L. Carey-Libbrecht & J. A. Cohen, Trans.). Minneapolis: University of Minnesota Press. (Original work published 1996).

[509] Mattelart, A., & Mattelart, M. (1998). *Theories of communication: A short introduction* (S. G. Taponier & J. A. Cohen, Trans.). Thousand Oaks, CA: Sage.

[510] Maturana, H. R., & Varela, F. J. (1980). Autopoiesis and cognition: The realization of the living. In R. S. Cohen & M. W. Wartofsky (Eds.), Boston studies in the philosophy of science (Vol. 42). Dordrecht, Holland: Reidel.

[511] McCulloch, W. S. (1945). A heterarchy of values determined by the typology of nervous nets. *Bulletin of Mathematical Biophysics*, *7*, 89 - 93.

[512] McCulloch, W. S. (1965). *Embodiments of mind*. Cambridge, MA: MIT Press.

[513] McElroy, J. C., & Shrader, C. B. (1986). Attribution theories of leadership and network analysis. *Journal of Management*, *12*, 351 - 362.

[514] McGuire, W. J. (1966). Attitudes and opinions. *Annual Review of Psychology*, *17*, 475 - 514.

[515] McKelvey, B. (1982). *Organizational systematics: Taxonomy, evolution, and classification*. Berkeley: University of California Press.

[516] McKelvey, B. (1997). Quasi-natural organization science. *Organization Science*, *8*, 352 - 380.

[517] McKelvey, B. (1999a). Avoiding complexity catastrophe in coevolutionary pockets; Strategies for rugged landscapes. *Organization Science*, *10*, 294 - 321.

[518] McKelvey, B. (1999b). Self-organization, complexity catastrophe, and microstate models at the edge of chaos. In J. A. C. Baum & B. McKelvey (Eds.), *Variations in organization science: In honor of Donald T. Campbell* (pp. 279 - 307). Thousand Oaks, CA: Sage.

[519] McKelvey, B., & Baum, J. A. C. (1999). Donald T. Campbell's evolving influence on organization science. In J. A. C. Baum & B. McKelvey (Eds.), 360
Variations in organization science: In honor of Donald T. Campbell (pp. 1 - 15).

Thousand Oaks, CA: Sage.

[520] McKendrick, D. G., & Carroll, G. R. (2001). On the genesis of organizational forms: Evidence from the market for disk arrays. *Organization Science*, *12*, 661 - 682.

[521] McPhee, R. D., & Corman, S. R. (1995). An activity-based theory of communication networks in organizations, applied to the case of a local church. *Communication Monographs*, *62*, 1 - 20.

[522] McPhee, R. D., & Poole, M. S. (2001). Organizational structures and configurations. In F. M. Jablin & L. L. Putnam (Eds.), *The new handbook of organizational communication: Advances in theory, research, and methods* (pp. 503 - 543). Thousand Oaks, CA: Sage.

[523] McPherson, J. M., Popielarz, P. A., & Drobnic, S. (1992). Social networks and organizational dynamics. *American Sociological Review*, *57*, 153 - 170.

[524] McPherson, J. M., & Smith-Lovin, L. (1987). Homophily in voluntary organizations: Status distance and the composition of face to face groups. *American Sociological Review*, *52*, 370 - 379.

[525] Merry, U. (1995). *Coping with uncertainty: Insights from the new science of chaos, self-organization, and complexity*. Westport, CT: Praeger.

[526] Merton, R. K. (1949). *Social theory and social structure*. Glencoe, IL: Free Press.

[527] Messick, D. M., & Brewer, M. B. (1983). Solving social dilemmas: A review. In L. Wheeler & P. Shaver (Eds.), *Review of personality and social psychology* (Vol. 4, pp. 11 - 44). Beverly Hills, CA: Sage.

[528] Meyer, J. W., & Rowan, B. (1977). Institutionalized organizations: Formal structure as myth and ceremony. *American Journal of Sociology*, *83*, 340 - 363.

[529] Mezias, S. J., & Lant, T. K. (1994). Mimetic learning and the evolution of organizational populations. In J. A. C. Baum & J. V. Singh (Eds.), *Evolutionary dynamics of organizations* (pp. 179 - 198). New York: Oxford University Press.

[530] Michaelson, A., & Contractor, N. (1992). Comparison of relational and positional predictors of group member's perceptions. *Social Psychology Quar-*

terly, *55*, 300 - 310.

[531] Micro Analysis and Design Simulation Software. (1990). *Getting started with MicroSaint*. [Computer program manual]. Boulder, CO: Micro Analysisand Design Simulation Software Inc.

[532] Miles, R. E. (1980). *Macro organizational behavior*. Santa Monica, CA: Goodyear.

[533] Miles, R. E., & Snow, C. C. (1986). Organizations: New concepts for new forms. *California Management Review*, *28*, 62 - 73.

[534] Miles, R. E., & Snow, C. C. (1992, Summer). Causes of failure in network organizations. *California Management Review*, *34*, 53 - 72.

[535] Miles, R. E., & Snow, C. C. (1995). The new network firm: A spherical structure built on a human investment philosophy. *Organizational Dynamics*, *23*, 5 - 18.

[536] Milgram, S. (1967). The small world problem. *Psychology Today*, *2*, 60 - 67.

[537] Miller, C. C., Glick, W. H., Wang, Y. D., & Huber, G. P. (1991). *361*
Understanding technology-structure relationships: Theory development and meta-analytic theory testing. *Academy of Management Journal*, *34*, 370 - 399.

[538] Miller, J. G. (1978). *Living systems*. New York: McGraw-Hill.

[539] Miller, K. I., & Monge, P. R. (1985). Social information and employee anxiety about organizational change. *Human Communication Research*, *11*, 365 - 386.

[540] Minar, M., & Hedland, M. (2001). A network of peers: Peer-to-peer models through the history of the Internet. In A. Oram (Ed.), Peer-to-peer: *Harnessing the power of disruptive technologies* (pp. 3 - 20). Sebastopol, CA: O'Reilly & Associates.

[541] Miner, A. S. (1994). Seeking adaptive advantage: Evolutionary theory and managerial action. In J. A. C. Baum & J. V. Singh (Eds.), *Evolutionary dynamics of organizations* (pp. 76 - 89). New York: Oxford University Press.

[542] Miner, A. S., Amburgey, T. L., & Stearns, T. M. (1990). Interorganizational linkages and population dynamics: Buffering and transformational shields. *Administrative Science Quarterly*, *35*, 689 - 713.

[543] Miner, A. S., & Raghavan, S. V. (1999). Interorganizational imita-

tion: A hidden engine of selection. In J. A. C. Baum & B. McKelvey (Eds.), *Variations in organization science: In honor of Donald T. Campbell* (pp. 35 - 62). Thousand Oaks, CA: Sage.

[544] Minsky, M. A. (1975). A framework for representing knowledge. In P. Winston (Ed.), *The psychology of computer vision*. New York: McGraw-Hill.

[545] Mintz, B., & Schwartz, M. (1985). *The power structure of American business*. Chicago, IL: University of Chicago Press.

[546] Mitchell, J. C. (1973). Networks, norms and institutions. In J. Boissevain & J. C. Mitchell (Eds.), *Network analysis* (pp. 15 - 35). The Hague, Nether lands: Mouton.

[547] Mizruchi, M. S. (1989). Similarity of political behavior among large Ameri can corporations. *American Journal of Sociology*, *95*, 401 - 424.

[548] Mizruchi, M. S. (1992). *The structure of corporate political action*. Cambridge, MA: Harvard University Press.

[549] Mizruchi, M. S. (1996). What do interlocks do? An analysis, critique, and assessment of research on interlocking directorates. *Annual Review of Sociology*, *22*, 271 - 298.

[550] Mizruchi, M. S., & Galaskiewicz, J. (1994). Networks of interorganizational relations. In S. Wasserman and J. Galaskiewicz (Eds.), *Advances in social network analysis: Research in the social and behavioral sciences* (pp. 230 - 253). Thousand Oaks, CA: Sage.

[551] Mizruchi, M. S., & Stearns, L. B. (1988). A longitudinal study of the formation of interlocking directorates. *Administrative Science Quarterly*, 33, 194 - 210.

[552] Monge, P. R. (1977). Alternative theoretical bases for the study of human communication. *Communication Quarterly*, *25*, 19 - 29.

[553] Monge, P. R. (1987). The network level of analysis. In C. R. Berger & S. H. Chaffee (Eds.), *Handbook of communication science* (pp. 239 - 270). Newbury Park, CA: Sage.

362 [554] Monge, P. R. (1995). Global network organizations. In R. Cesaria & P. Shockley-Zalabak (Eds.), *Organization means communication* (pp. 135 - 151). Rome, Italy: SIPI.

[555] Monge, P. R. (1998). Communication structures and processes in globalization. *Journal of Communication*, *48*, 142 - 153.

[556] Monge, P. R., & Contractor, N. (1988). Communication networks: Measure ment techniques. In C. H. Tardy (Ed.), *A handbook for the study of human communication* (pp. 107 - 138). Norwood, NJ: Ablex.

[557] Monge, P. R., & Contractor, N. S. (2001). Emergence of communication networks. In F. Jablin & L. L. Putnam (Eds.), *The new handbook of organizational communication* (pp. 440 - 502). Thousand Oaks, CA: Sage.

[558] Monge, P. R., Cozzens, M. D., & Contractor, N. S. (1992). Communication and motivational predictors of the dynamics of organizational innovation. *Organization Science*, *3*, 250 - 274.

[559] Monge, P. R., & Eisenberg, E. M. (1987). Emergent communication networks. In F. M. Jablin, L. L. Putnam, K. H. Roberts, and L. W. Porter (Eds.), *Handbook of organizational communication* (pp. 304 - 342). Newbury Park, CA: Sage.

[560] Monge, P. R. & Fulk, J. (1999). Communication technology for global network organizations. In G. DeSanctis & J. Fulk (Eds.), *Shaping organizational form: Communication, connection, community* (pp. 71 - 100). Thousand Oaks, CA: Sage.

[561] Monge, P. R., Fulk, J., Kalman, M., Flanagin, A. J., Parnassa, C., & Rumsey, S. (1998). Production of collective action in alliance-based interorganizational communication and information systems. *Organization Science*, *9*, 411 - 433.

[562] Monge, P. R., & Kalman, M. (1996). Sequentiality, simultaneity, and syn chronicity in human communication. In J. Watt & A. Van Lear (Eds.), *Cycles and dynamic patterns in communication processes* (pp. 71 - 92). New York: Ablex.

[563] Monge, P. R., Rothman, L. W., Eisenberg, E. M., Miller, K. I., & Kirste, K. K. (1985). The dynamics of organizational proximity. *Management Science*, *31*, 1129 - 1141.

[564] Moore, G. (1992). Gender and informal networks in state government. *Social Science Quarterly*, *73*, 46 - 61.

[565] Moreland, R. L. (1999). Transactive memory: Learning who knows

what in work groups and organizations. In L. Thompson，D. Messick，& J. Levine (Eds.)，*Sharing knowledge in organizations* (pp. 3 - 31). Mahwah，NJ：Erlbattm.

[566] Moreland，R. L.，& Argote，L. (in press). Transactive memory in dynamic organizations. In R. Peterson & E. Mannix (Eds.)，*Understanding the dynamic organization*. Mahwah，NJ：Erlbaum.

[567] Moreland，R. L.，Argote，L.，& Krishnan，T. (1996). Social shared cognition at work：Transactive memory and group performance. In J. L. Nye and A. M. Brower (Eds.)，*What's social about social cognition? Research on socially shared cognition in small groups* (pp. 57 - 84). Thousand Oaks，CA：Sage.

[568] Morgan，G. (1997). *Images of organization* (2nd ed.). Newbury Park，CA：Sage.

[569] Moscovici，S. (1976). *Social influence and social change*. London：Academic Press.

363 [570] Nadel，S. F. (1957). *The theory of social structure*. New York：Free Press.

[571] Nardi，B.，Whittaker，S.，Isaacs，E.，Creech，M.，Johnson，J.，& Hainsworth，J. (2002). Integrating communication and information through ContactMap. *Communications of the ACM*，*45*，89 - 95.

[572] Nelson，R. E. (1989). The strength of strong ties：Social networks and intergroup conflict in organizations. *Academy of Management Journal*，*32*，377 - 401.

[573] Nelson，R. R.，& Winter，S. G. (1982). *An evolutionary theory of economic change*. Cambridge，MA：Belknap Press of Harvard University Press.

[574] Newell，S.，& Clark，P. (1990). The importance of extra-organizational networks in the diffusion and appropriation of new technologies. *Knowledge：Creation，Diffusion，Utilization*，*12*，199 - 212.

[575] Nishida，T.，Takeda，H.，Iwazume，M.，Maeda，H.，& Takaai，M. (1998). The knowledge community：Facilitating human knowledge sharing. In T. Ishida (Ed.)，*Community computing：Collaboration over global information networks* (pp. 127 - 164). Chichester，UK：Wiley.

[576] Nohria，N.，& Berkley，J. D. (1994). The virtual organization：Bureaucracy，technology，and the implosion of control. In C. Hekscher & A. Donnel-

lon (Eds.), *The post-bureaucratic organization: New perspectives on organizational change* (pp. 108 - 128). Thousand Oaks, CA: Sage.

[577] Norling, P. M. (1996). Network or not work: Harnessing technology networks in DuPont. *Research Technology Management*, *39*, 42 - 48.

[578] Norman, D. (1999, May-June). Affordance, conventions, and design. *Interactions*, 38 - 44.

[579] Norman, R., & Ramirez, R. (1993, July-August). From value chain to value constellation: Designing interactive strategy. *Harvard Business Review*, *71*, 65 - 77.

[580] Numata, J., & Taura, T. (1996). A case study: A network system for knowledge amplification in the product development process. *IEEE Transactions on Engineering Management*, *43*, 356 - 367.

[581] Ogliastri, E., & Davila, C. (1987). The articulation of power and business structures: A study of Colombia. In M. Mizruchi & M. Schwartz (Eds.), *Intercorporate relations* (pp. 233 - 263). New York: Cambridge University Press.

[582] O'Hara-Devereaux, M., & Johansen, R. (1994). *Globalwork*. San Francisco: Jossey-Bass.

[583] Oliver, A. L., & Montgomery, K. (1996). A network approach to outpatient service delivery systems: Resources flow and system influence. *Health Services Research*, *30*, 771 - 789.

[584] Oliver, C. (1990). Determinants of interorganizational relationships: Integration and future directions. *Academy of Management Review*, *15*, 241 - 265.

[585] Oliver, C. (1991). Network relations and loss of organizational autonomy. *Human Relations*, *44*, 943 - 961.

[586] Oliver, P. E. (1980). Rewards and punishments as selective incentives for collective action: Theoretical investigations. *American Journal of Sociology*, *8*, 1356 - 1375.

[587] Oliver, P. E. (1993). Formal models of collective action. *Annual Re-* 364
view of Sociology, *19*, 271 - 300.

[588] Olson, M., Jr. (1965). *The logic of collective action*. Cambridge, MA: Harvard University Press.

[589] O'Mahony, S., & Barley, S. R. (1999). Do digital telecommunications

affect work and organization? The state of our knowledge. *Research in organizational behavior* (Vol. 21, pp. 125 - 161). Greenwich, CT: JAI.

[590] Oram, A. (Ed.) (2001). *Peer-to-peer: Harnessing the power of disruptive technologies*. Sebastopol, CA: O'Reilly & Associates.

[591] O'Reilly, P. (1988). Methodological issues in social support and social network research. *Social Science and Medicine*, *26*, 863 - 873.

[592] Orlikowski, W. (1992). The duality of technology: Rethinking the concept of technology in organizations. *Organization Science*, *3*, 398 - 427.

[593] Orlikowski, W. (2000). Using technology and constituting structures: A practice lens for studying technology in organizations. *Organization Science*, *11*, 404 - 428.

[594] Padgett, J. F., & Ansell, C. K. (1993). Robust action and the rise of the Medici, 1400 - 1434. *American Journal of Sociology*, *98*, 1259 - 1319.

[595] Page, S. E. (1997). On incentives and updating in agent-based models. *Computational Economics*, *10*, 67 - 87.

[596] Palazzolo, E. T., Serb, D., She, Y., Su, C., & Contractor, N. (2002). *Co-evolution of communication and knowledge networks as transactive memory systems: Using computational models for theoretical integration and extensions*. Manuscript submitted for publication. University of Illinois at Urbana Champaign.

[597] Palmer, D., Friedland, R., & Singh, J. V. (1986). The ties that bind: Organizational and class bases of stability in a corporate interlock network. *American Sociological Review*, *51*, 781 - 796.

[598] Palmer, D., Jennings, P. D., & Zhou, X. (1993). Late adoption of the multidivisional form by large U. S. corporations: Institutional, political and economic accounts. *Administrative Science Quarterly*, *38*, 100 - 131.

[599] Papa, M. J. (1990). Communication network patterns and employee perfor mance with new technology. *Communication Research*, *17*, 344 - 368.

[600] Parsons, T. (1937). *The structure of social action*. New York: McGraw-Hill.

[601] Parsons, T. (1951). *The social system*. New York: Free Press.

[602] Paterniti, R., Chellini, F., Sacchetti, & Tognelli, M. (1996). Psychiatric rehabilitation and its relation to the social network. *International Journal*

of Mental Health, *25*, 83 - 87.

[603] Pattison, P. (1993). *Algebraic models for social networks*. New York: Cambridge University Press.

[604] Pattison, P. (1994). Social cognition in context: Some applications of social network analysis. In S. Wasserman & J. Galaskiewicz (Eds.), *Advances in social network analysis: Research in the social and behavioral sciences* (pp. 79 - 109). Thousand Oaks, CA: Sage.

[605] Pattison, P., & Wasserman, S. (1999). Logit models and logistic regressions for social networks, II: Multivariate relations. *British Journal of Math ematical and Statistical Psychology*, *52*, 169 - 193.

[606] Pfeifer, J., & Salancik, G. (1978). *The external control of organiza-* 365
tions. New York: Harper & Row.

[607] Picot, A. (1993). Structures of industrial organization—Implications for information and communication technology. In W. Kaiser (Ed.), *Vision 2000: The evolution of information and communication technology for the information society* (pp. 278 - 293). Munich, Germany: Munchner Kreis.

[608] Pink, D. H. (2001). *Free agent nation: How America's new independent workers are transforming the way we live*. New York: Warner Brothers.

[609] Piore, M. J. (1975). Notes for a theory of labor market stratification. In R. Edwards, M. Reich, & D. Gordon (Eds.), *Labor market segmentation* (pp. 125 - 150). Lexington, MA: Heath.

[610] Piore, M. J., & Sabel, C. F. (1984). *The second industrial divide: Possibilities for prosperity*. New York: Basic.

[611] Podolny, J. M., Stuart, T. E., & Hannan, M. T. (1996). Networks, knowledge, and niches: Competition in the worldwide semiconductor industry, 1984—1991. *American Journal of Sociology*, *102*, 659 - 689.

[612] Pogue, D. (2002, March 28). Wish list: 9 innovations in search of inventors. *New York Times*, Circuits, Gl.

[613] Polanyi, K. (1957). *The great transformation*. Boston, MA: Beacon.

[614] Pollock, T., Whitbred, R. A., & Contractor, N. (2000). Social information processing and job characteristics: A simultaneous test of two theories with implications for job satisfaction. *Human Communication Research*, *26*, 292 - 330.

[615] Pool, I. de S., Decker, C., Dizard, S., Israel, K., Rubin, P., & Weinstein, B. (1977). Foresight and hindsight: The case of the telephone. In I. de S. Pool (Ed.), *The social impact of the telephone* (pp. 127 - 157). Cambridge, MA: MIT Press.

[616] Poole, M. S. (1997). A turn of the wheel: The case for renewal of systems inquiry in organizational communication research. In G. Barnett & L. Thayer (Eds.), *Organization communication: Emerging perspectives* (*Vol*. 5. *The renaissance in systems thinking*, pp. 47 - 63). Greenwich, CT: Ablex.

[617] Poole, M. S. (1999). Organizational challenges for the new forms. In G. DeSanctis & J. Fulk (Eds.), *Shaping organizational form: Communication, connection, and community* (pp. 453 - 471). Thousand Oaks, CA: Sage.

[618] Poole, M. S., & DeSanctis, G. (1990). Understanding the use of group decision support systems: The theory of adaptive structuration. In J. Fulk & C. Steinfield (Eds.), *Organizations and communication technology* (pp. 173 - 193). Newbury Park: Sage.

[619] Poole, M. S., & McPhee, R. (1983). A structurational example of organizational climate. In L. Putnam & M. Pacanowsky (Eds.), *Organizational communication* (pp. 195 - 220). Beverly Hills, CA: Sage.

[620] Porter, M. E. (1980). *Competitive strategy: Techniques for analyzing industries and competitors*. New York: Free Press.

[621] Powell, W. W. (1990). Neither market nor hierarchy: Network forms of organization. In L. L. Cummings & B. Staw (Eds.), *Research in organizational behavior* (pp. 295 - 336). Greenwich, CT: JAI.

366 [622] Powell, W. W., Koput, K. W., & Smith-Doerr, L. (1996). Interorganizational collaboration and the locus of innovation: Networks of learning in biotechnology. *Administrative Science Quarterly*, *41*, 116 - 145.

[623] Prietula, M. (2001). Advice, trust and gossip among artificial agents. In A. Lomi & E. R. Larsen (Eds.), *Dynamics of organizations: Computational modeling and organizational theories* (pp. 141 - 177). Menlo Park, CA: AAAI Press/MIT Press.

[624] Prietula, M. J., Carley, K. M., & Gasser, L. (1998). *Simulating organizations: Computational models of institutions and groups*. Menlo Park, CA: AAAI Press; Cambridge, MA: MIT Press.

[625] Prigogine, I. , & Stengers, I. (1984). *Order out of chaos: Man's new dialogue with nature*. New York: Bantam.

[626] Provan, K. G. (1983). The federation as an interorganizational linkage network. *Academy of Management Review*, *8*, 79 - 89.

[627] Provan, K. G. , & Milward, H. B. (1995). A preliminary theory of interorganizational network effectiveness: A comparative study of four community mental health systems. *Administrative Science Quarterly*, *40*, 1 - 33.

[628] Putnam, R. D. (2000). *Bowling Alone*. New York: Simon & Schuster. Radcliff-Brown, A. R. (1952; reprint 1959). *Structure and function in primitive society*. New York: Free Press.

[629] Rafaeli, S. , & LaRose, R. J. (1993). Electronic bulletin boards and "Public Goods" explanations of collaborative mass media. *Communication Research*, *20*, 277 - 297.

[630] Rao, H. , & Singh, J. V. (1999). Types of variation in organizational populations: The speciation of new organizational forms. In J. A. C. Baum & B. McKelvey (Eds.), *Variations in organization science: In honor of Donald T. Campbell* (pp. 63 - 77). Thousand Oaks, CA: Sage.

[631] Rapoport, A. , & Chammah, A. M. (1965). *Prisoner's dilemma: A study in conflict and cooperation*. Ann Arbor: University of Michigan Press.

[632] Ratcliffe, R. E. , Gallagher, M. E. , & Ratcliff, K. S. (1979). The civic involvement of bankers: An analysis of the influence of economic power and social prominence in the command of civic policy positions. *Social Problems*, *26*, 298 - 313.

[633] Ray, E. B. (1991). The relationship among communication network roles, job stress, and burnout in educational organizations. *Communication Quarterly*, *39*, 91 - 102.

[634] Raymond, E. (1999). The cathedral and the bazaar: Musings on Linux and Open Source by an accidental revolutionary. Sebastopol, CA: O'Reilly.

[635] Rentsch, J. R. (1990). Climate and culture: Interaction and qualitative differences in organizational meanings. *Journal of Applied Psychology*, *75*, 668 - 681.

[636] Rice, R. E. (1993a). Using network concepts to clarify sources and mechanisms of social influence. In G. Barnett & W. Richards, Jr. (Eds.), *Ad-*

vances in communication network analysis (pp. 1 - 21). Norwood, NJ: Ablex.

[637] Rice, R. E. (1993b). Media appropriateness: Using social presence theory to compare traditional and new organizational media. *Human Communication Research*, *19*, 451 - 484.

367 [638] Rice, R. E. (1994a). Relating electronic mail use and network structure to R & D work networks and performance. *Journal of Management Information Systems*, *11*, 9 - 20.

[639] Rice, R. E. (1994b). Network analysis and computer-mediated communication systems. In S. Wasserman and J. Galaskiewicz (Eds.), *Advances in social netwoek analysis: Research in the social and behavioral sciences* (pp. 167 - 206). Thousand Oaks, CA: Sage.

[640] Rice, R. E., & Aydin, C. (1991). Attitudes toward new organizational technology: Network proximity as a mechanism for social information processing. *Administrative Science Quarterly*, *9*, 219 - 244.

[641] Rice, R. E., & Danowski, J. (1993). Is it really just like a fancy answering machine? Comparing semantic networks of different types of voice mail users. *Journal of Business Communication*, *30*, 369 - 397.

[642] Rice, R. E., Grant, A., Schmitz, J., & Torobin, J. (1990). Individual and network influences on the adoption of perceived outcomes of electronic messaging. *Social Networks*, *12*, 27 - 55.

[643] Richards, W. D. (1985). Data, models, and assumptions in network analysis. In R. D. McPhee & P. K. Tompkins (Eds.), *Organizational communication: Themes and new directions* (pp. 109 - 147). Newbury Park, CA: Sage.

[644] Richards, W. D., & Seary, A. (2000). *MultiNet* 3.0 *for Windows*. [Computer Program]. Vancouver, British Columbia, Canada: Simon Fraser University.

[645] Richmond, B. (2001). *An introduction to systems thinking*: STELLA. Hanover, NH: High Performance Systems.

[646] Richmond, B., & Peterson, S. (1993). STELLA II: An Introduction to systems thinking. Hanover, NH: High Performance Systems.

[647] Ring, P. S., & Van de Ven, A. H. (1992). Structuring cooperative relationships between organizations. *Strategic Management Journal*, *13*, 48 - 498.

[648] Ring, P. S., & Van de Ven, A. H. (1994). Developmental processes

of cooperative interorganizational relationships. *Academy of Management Review*, *19*, 90 - 118.

[649] Roberts, K. H., & O'Reilly, C. A. (1978). Organizations as communication structures: An empirical approach. *Human Communication Research*, *4*, 283 - 293.

[650] Roberts, K. H., & O'Reilly, C. A. (1979). Some correlates of communication roles in organizations. *Academy of Management Journal*, *22*, 42 - 57.

[651] Robertson, R. (1992). *Globalization: Social theory and global culture*. Thousand Oaks, CA: Sage.

[652] Robins, G., Elliott, P., & Pattison, P. (2001). Network models for social selection processes. *Social Networks*, *23*, 1 - 30.

[653] Robins, G., Pattison, P., & Elliott, P. (2001). Network models for social influence processes. *Psychometrika*, *66*, 161 - 190.

[654] Robins, G., Pattison, P., & Wasserman, S. (1999). Logit models and logistic regressions for social networks, III: Valued relations. *Psychometrika*, *64*, 371 - 394.

[655] Robinson, D. T. (1996). Identity and friendship: Affective dynamics and network formation. *Advances in Group Processes*, *13*, 91 - 111.

[656] Rock-Evans, R. (1989). *An introduction to data and activity analy-* *368*
sis. Wellesley, MA: QED Information Sciences.

[657] Roethlisberger, F., & Dickson, W. (1939). *Management and the worker*. New York: Wiley.

[658] Rogers, D. O., & Whetten, D. A. (1982). *Interorganizational coordination*. Ames, IA: Iowa State Universffy Press.

[659] Rogers, E. M. (1971). *Communication of innovations*. New York: Free Press.

[660] Rogers, E. M. (1987). Progress, problems, & prospects for network research. *Social Networks*, *9*, 285 - 310.

[661] Rogers, E. M., & Kincaid, D. L. (1981). *Communication networks: Toward a new paradigm for research*. New York: Free Press.

[662] Romanelli, E. (1999). Blind (but not unconditioned) variation: Problems in copying in sociocultural evolution. In J. A. C. Baum & B. McKelvey (Eds.), *Variations in organization science: In honor of Donald T. Campbell*

(pp. 79 - 91). Thousand Oaks, CA: Sage.

[663] Romo, F. P., & Anheier, H. K. (1996). Success and failure in institutional development: A network approach. *American Behavioral Scientist*, *39*, 1057 - 1079.

[664] Ronfeldt, D., & Arquilla, J. (2001). Networks, netwars, and the fight for the future. *First Monday*, *6*. Only available online at: http://www. firs tmonday, dk/issues/issue6_10/ronfeldt/index. html.

[665] Rosenkopf, L., & Nerkar, A. (1999). On the complexity of technological evolution: Exploring coevolution within and across hierarchical levels in optical disc technology. In J. A. C. Baum & B. McKelvey (Eds.), *Variations in organization science: In honor of Donald T. Campbell* (pp. 169 - 154). Thousand Oaks, CA: Sage.

[666] Rosenkopf, L., & Tushman, M. L. (1994). The coevolution of technology and organization. In J. A. C. Baum & J. V. Singh (Eds.), *Evolutionary dynamics of organizations* (pp. 403 - 424). New York: Oxford University Press.

[667] Ruef, M. (2000). The emergence of organizational forms: A community ecology approach. *American Journal of Sociology*, *106*, 658 - 714.

[668] Rumelhart, D. E. (1984). Schemata and the cognitive system. In R. S. Wyer, Jr., & T. K. Srull (Eds.), *Handbook of social cognition* (Vol. 1, pp. 161 - 188). Hillsdale, NJ: Erlbaum.

[669] Rutte, C. G., & Wilke, H. A. M. (1992). Goals, expectations and behavior in a social dilemma situation. In W. B. G. Liebrand, D. M. Messick, & H. A. M. Wilke (Eds.), *Social dilemmas: Theoretical issues and research findings* (pp. 289 - 305). New York: Pergamon.

[670] Sabidussi, G. (1966). The centrality index of a graph. *Psychometrika*, *31*, 581 - 603.

[671] Salancik, G. R. (1995). Wanted: A good network theory of organization. *Administrative Science Quarterly*, *40*, 345 - 349.

[672] Salancik, G. R., & Pfeifer, J. (1978). A social information processing approach to job attitudes and task design. *Administrative Science Quarterly*, *23*, 224 - 253.

[673] Samuelson, P. (1954). The pure theory of public expenditure. *Review of Economics and Statistics*, *36*, 387 - 389.

[674] Schachter, S. (1959). *The psychology of affiliation*. Stanford, CA: Stanford University Press.

[675] Schachter, S., & Burdick, H. (1955). A field experiment on rumor transmission and distortion. *Journal of Abnormal and Social Psychology*, *50*, 363 - 371. 369

[676] Schank, R. C., & Abelson, R. P. (1977). *Scripts plans and goals and understanding*. New York: Wiley.

[677] Schelling, T. C. (1978). *Micromotives and macrobehavior*. New York: Norton.

[678] Schermerhom, J. R. (1977). Information sharing as an interorganizational activity. *Academy of Management Journal*, *20*, 148 - 153

[679] Schmitz, J., & Fulk, J. (1991). Organizational colleagues, information richness, and electronic mail: A test of the social influence model of technology use. *Communication Research*, *18*, 487 - 523.

[680] Scholte, J. A. (2000). Globalization: *A critical introduction*. New York: St. Martin's Press.

[681] Schumpeter, J. A. (1950). *Capitalism, socialism, and democracy*. New York: Harper Collins.

[682] Scott, J. (1988). Trend report: Social network analysis. *Sociology*, *22*, 109 - 127.

[683] Scott, J. (2000). *Social network analysis: A handbook* (2d ed.). Thousand Oaks, CA: Sage.

[684] Scott, W. R. (1987). *Organizations: Rational, natural and open systems*. Englewood Cliffs, NJ: Prentice Hall.

[685] Seabright, M. A., Levinthal, D. A., & Fichman, M. (1992). Role of individual attachments in the dissolution of interorganizational relationships. *Academy of Management Journal*, *35*, 122 - 160.

[686] Seary, A. J. (1999). PSPAR: Sparse matrix version of PSTAR. [Computer Software]. Available at http://www.sfu.ca/~richards/Pages/pspar.html

[687] Seary, A. J., & Richards, W. D. (2000). Fitting to p* models in MultiNet. *Connections*, *23*, 84 - 101. Also at: http://www.sfu.ca/~insna/Connections-Web/Volume23/23-1Seary/Seary-web.html

[688] Seeman, T. E., Bruce, M. L., & McAvay, G. J. (1996). Social net-

work characteristics and onset of ADL disability: MacArthur studies of successful aging. *Journal of Gerontology*, *51B*, S191 - S200.

[689] Shaw, M. (1964). Communication networks. In L. Berkowitz (Ed.), *Advances in experimental psychology* (Vol. 1., pp. 111 - 147). New York: Academic Press.

[690] Sherif, M. (1958). Superordinate goals in the reduction of intergroup conflicts. *American Journal of Sociology*, *63*, 349 - 356.

[691] Sherman, J. D., Smith, H., & Mansfield, E. R. (1986). The impact of emergent network structure on organizational socialization. *Journal of Applied Behavioral Science*, *22*, 53 - 63.

[692] Shirky, C. (2001). Listening to Napster. In A. Oram (Ed.), *Peer-to-peer: Harnessing the benefits of a disruptive technology* (pp. 21 - 37). Sebastopol, CA: O'Reilly.

[693] Short, J. A., Williams, E., & Christie, B. (1976). *The social psychology of telecommunications*. London: Wiley.

[694] Shrader, C. B., Lincoln, J. R., & Hoffman, A. N. (1989). The network structures of organizations: Effects of task contingencies and distributional form. *Human Relations*, *42*, 43 - 66.

[695] Shumate, M. (2002). *The coevolution of social protest groups*. Un-
370 published manuscript, Annenberg School for Communication, University of Southern California.

[696] Simmel, G. (1922; reprint 1955). *Conflict and the web of group affiliations*. (K. H. Wolff & R. Bendix, Trans.) New York: Free Press.

[697] Simon, A. R., & Marion, W. (1996). *Workgroup computing: Workflow, groupware, and messaging*. New York: McGraw-Hill.

[698] Simon, H. A. (1976). *Administrative behavior*. New York: Macmillan.

[699] Simon, H. A. (1996). *The sciences of the artificial* (3d ed.). Cambridge, MA: MIT Press.

[700] Singh, H., & Harianto, F. (1989). Management-board relationships, takeover risk, and the adoption of golden parachutes. *Academy of Management Journal*, *32*, 7 - 24.

[701] Skvoretz, J., & Fararo, T. J. (1996). Status and participation in task

groups: A dynamic network model. *American Journal of Sociology*, *101*, 1366 - 1414.

[702] Skvoretz, J., & Faust, K. (1996). Social structure, networks, and e-state structuralism models. *Journal of Mathematical Sociology*, *21*, 57 - 76.

[703] Skvoretz, J., & Willer, D. (1993). Exclusion and power: A test of four theories of power in exchange networks. *American Sociological Review*, *58*, 801 - 818.

[704] Smarr, L. (1997). Towards the 21st century. *Communications of the ACM*, *40*, 11, 29 - 32.

[705] Smith, A. (1776/1930). *An inquiry into the nature and causes of the wealth of nations*. London: Methuen.

[706] Smith, K. G., Carroll, S. J., & Ashford, S. J. (1995). Intra- and interorganizational cooperation: Toward a research agenda. *Academy of Management Journal*, *38*, 7 - 23.

[707] Snijders, T. A. B. (2001). The statistical evaluation of social network dynamics. In M. E. Sobel & M. P. Becker (Eds.), *Sociological methodology* 2001 (pp. 361 - 395). Boston, MA: Blackwell.

[708] Spencer, H. (1982). *Principles of sociology* (Vol. 2, part 2). New York: Appleton Century-Crofts.

[709] Spinardi, G., Graham, I., & Williams, R. (1996). EDI and business network redesign: Why the two don't go together. *New Technology, Work and Employment*, *11*, 16 - 27.

[710] Staber, U. H. (1989). Age dependence and historical effects of the failure rates of worker cooperatives. *Economic and Industrial Democracy*, *10*, 59 - 80.

[711] Stark, D. (1999). Heterarchy: Distributing authority and organizing diversity. In J. H. Clippinger III (Ed.), *The biology of business: Decoding the natural laws of enterprise* (pp. 153 - 179). San Francisco: Jossey Bass.

[712] Stasser, G., Stewart, D. D., & Wittenbaum, G. M. (1995). Expert roles and information exchange during discussion: The importance of knowing who knows what. *Journal of Experimental Social Psychology*, *31*, 244 - 265.

[713] Staw, B., & Ross, J. (1985). Stability in the midst of change. *Journal of Applied Psychology*, *70*, 469 - 480.

[714] Stearns, L. B., & Mizruchi, M. S. (1993). Board composition and cor-

porate financing: The impact of financial institution representation on borrowing. *Academy of Management Journal*, *36*, 603 - 618.

[715] Steinfield, C. W., & Fulk, J. (1990). The theory imperative. In J.
371 Fulk & C. W. Steinfield (Eds.), *Organizations and communication technology* (pp. 13 - 25). Newbury Park, CA: Sage.

[716] Sterman, J. (2000). *Business dynamics: Systems thinking and modeling for a complex world*. Boston, MA: Irwin/McGraw-Hill.

[717] Stevens, R., Woodward, P., De Fanti, T., & Catlett, C. (1997). From the I-way to the National Grid. *Communications of the ACM*, *40*, 51 - 60.

[718] Stevenson, W. B. (1990). Formal structure and networks of interaction within organizations. *Social Science Research*, *19*, 113 - 131.

[719] Stevenson, W. B., & Gilly, M. C. (1991). Information processing and problem solving: The migration of problems through formal positions and networks of ties. *Academy of Management Journal*, *34*, 918 - 928.

[720] Stohl, C. (1993). European managers' interpretations of participation: A semantic network analysis. *Human Communication Research*, *20*, 97 - 117.

[721] Stohl, C. (1995). *Organizational communication: Connectedness in action*. Thousand Oaks, CA: Sage.

[722] Stohl, C. (2001). Globalizing organizational communication. In F. M. Jablin, & L. L. Putnam (Eds.), *The new handbook of organizational communication: Advances in theory, research, and methods* (pp. 323 - 375). Thousand Oaks, CA: Sage.

[723] Stokman, F. N., & Doreian, P. (1996). Concluding remarks. *Journal of Mathematical Sociology*, *21*, 197 - 199.

[724] Stokman, F. N., & Zeggelink, E. P. H. (1996). Is politics power or policy oriented? A comparative analysis of dynamic access models in policy networks. *Journal of Mathematical Sociology*, *21*, 77 - 111.

[725] Strauss, D., & Ikeda, M. (1990). Pseudolikelihood estimation for social networks. *Journal of the American Statistical Association*, *85*, 204 - 212.

[726] Tehranian, M. (1990). *Technologies of power: Information machines and democratic prospects*. Norwood, NJ: Ablex.

[727] Thompson, J. D. (1967). *Organizations in action*. New York: McGraw-Hill.

[728] Tichy, N. M. , & Fombrun, C. (1979). Network analysis in organizational settings. *Human Relations*, *32*, 923 - 965.

[729] Tolia, N. , & Fryer, B. (2001, January). Power to the people. *Harvard Business Review*, *79*, 20 - 21.

[730] Topper, C. M. , & Carley, K. M. (1997, January). *A structural perspective on the emergence of network organizations*. Paper presented at the International Sunbelt Social Networks Conference, San Diego, CA.

[731] Tosi, H. L. (1992). *The environment/organization/person contingency model: A Meso approach to the study of organizations*. Greenwich, CT: JAI.

[732] Trevino, L. , Lengel, R. , & Daft, R. (1987). Media symbolism, media richness and media choice in organizations: A symbolic interactionist perspective. *Communication Research*, *14*, 553 - 575.

[733] Tsai, W. (2001). Knowledge transfer in intraorganizational networks: Effects of network position and absorptive capacity on business unit innovation and performance. *Academy of Management Journal*, *44*, 996 - 1004.

[734] Tsgarousianou, R. , Tambini, D. , & Bryan, C. (Eds). (1998). *Cyberdemocracy: Technology, cities and civic networks*. New York: Routledge.

[735] Tsui, A. E. , & O'Reilly, C. A. III (1989). Beyond simple demo- *372*
graphic effects: The importance of relational demography in superior-subordinate dyads. *Academy of Management Journal*, *32*, 402 - 423.

[736] Tsui, A. S. , Egan, T. D. , & O'Reilly, C. A. III. (1992). Being different: Relational demography and organizational attachment. *Administrative Science Quarterly*, *37*, 549 - 579.

[737] Turk, H. (1977). Interorganizational networks in urban society: Initial perspectives and comparative research. *American Sociological Review*, *35*, 1 - 20.

[738] Turner, J. C. (1987). *Rediscovering the social group: A self-categorization theory*. Oxford: Blackwell.

[739] Turner, J. C. , & Oakes, P. J. (1986). The significance of the social identity concept for social psychology with reference to individualism, interactionism, and social influence. *British Journal of Social Psychology*, *25*, 237 - 252.

[740] Turner, J. C. , & Oakes, P. J. (1989). Self-categorization theory and social influence. In P. B. Paulus (Ed.), *Psychology of group influence* (pp. 233 - 275). Hillsdale, NJ: Erlbaum.

[741] Tushman, M. L., & Anderson, P. (1986). Technological discontinuities and organizational environments. *Administrative Science Quarterly*, *31*, 439 - 465.

[742] Tushman, M. L., & Romanelli, E. (1985). Organizational evolution: A metamorphosis model of convergence and reorientation. In B. Staw & L. Cummings (Eds.), *Research in organizational behavior* (Vol. 7, pp. 171 - 222). Greenwich, CT: JAI.

[743] Useem, M. (1980). Corporations and the corporate elite. *Annual Review of Sociology*, *6*, 41 - 77.

[744] Useem, M. (1983). *The inner circle: Large corporations and business politics in the U. S. and UK*. New York: Oxford University Press.

[745] Uzzi, B. (1996). The sources and consequences of embeddedness for the economic performance of organizations: The network effect. *American Sociological Review*, *61*, 674 - 698.

[746] Uzzi, B. (1997). Social structure and competition in interfirm networks: The paradox of embeddedness. *Administrative Science Quarterly*, *42*, 35 - 67.

[747] Valente, T. W. (1995). *Network models of the diffusion of innovations*. Cresskill, NJ: Hampton.

[748] Valente, T. W. (1996). Social network thresholds in the diffusion of innovations. *Social Networks*, *18*, 69 - 89.

[749] Van den Bulte, C., & Moenaert, R. K. (1998). The effects of R & D team colocation on communication patterns among R & D marketing and manufacturing. *Management Science*, 44, S1 - S18

[750] Van de Ven, A. H., & Grazman, D. N. (1999). Evolution in a nested hierarchy: A genealogy of Twin Cities health care organizations, 1853—1995. In J. A. C. Baum & B. McKelvey (Eds.), *Variations in organization science: In honor of Donald T. Campbell* (pp. 185 - 212). Thousand Oaks, CA: Sage.

[751] Van Lange, P. A. M., Liebrand, W. B. G., Messick, D. M., & Wilke, H. A. M. (1992). Introduction and literature review. In W. B. G. Liebrand, D. M. Messick, & H. A. M. Wilke (Eds.), *Social dilemmas: Theoretical issues and research findings* (pp. 3 - 28). New York: Pergammon.

373 [752] Vega, W. A., Kolody, B., Valle, R., & Weir, J. (1991). Social networks, social support and their relationship to depression among immigrant Mexican women. *Human Organization*, *50*, 154 - 162.

[753] Von Bertalanffy, L. (1968). *General systems theory: Foundations, development, applications.* New York: Braziller.

[754] Wade, J., O'Reilly, C. A. III, & Chandratat, I. (1990). Golden parachutes: CEOs and the exercise of social influence. *Administrative Science Quarterly*, *35*, 587 - 603.

[755] Wagner, W. G., Pfeifer, J., & O'Reilly, C. A. III (1984). Organizational demography and turnover in top management groups. *Administrative Science Quarterly*, *29*, 74 - 92.

[756] Walker, G. (1985). Network position and cognition in a computer software firm. *Administrative Science Quarterly*, *30*, 103 - 130

[757] Walker, G., Kogut, B., & Shan, W. (1997). Social capital, structural holes and the formation of an industry network. *Organization Science*, *8*, 109 - 125.

[758] Walker, M. E., Wasserman, S., & Wellman, B. (1994). Statistical models for social support networks. In S. Wasserman and J. Galaskiewicz (Eds.), *Advances in social network analysis: Research in the social and behavioral sciences* (pp. 53 - 78). Thousand Oaks, CA: Sage.

[759] Wallace, M., Griffin, L., & Rubin, B. (1989). The positional power of American labor, 1963—1977. *American Sociological Review*, *54*, 197 - 214.

[760] Warren, R. (1967). The interorganizational field as a focus for investigation. *Administrative Science Quarterly*, *12*, 396 - 419.

[761] Wasserman, S., & Faust, K. (1994). *Social network analysis: Methods and applications.* New York: Cambridge University Press.

[762] Wasserman, S., & Pattison, P. (1996). Logit models and logistic regressions for social networks: I. An introduction to Markov graphs and p^*. *Psychometrika*, *61*, 401 - 425.

[763] Waters, M. (1995). *Globalization.* New York: Routledge.

[764] Watts, D. J. (1999). *Small worlds: The dynamics of networks between order and randomness.* Princeton, NJ: Princeton University Press.

[765] Watts, D. J. (in press). *Six degrees: The science of a connected age.* New York: Norton.

[766] Watts, D. , Dodds, P. S. , & Newman, M. E. J. (2002). Identity and search in social networks. *Science*, *296*, 1302 - 1305

[767] Watts, D. J. , & Strogatz, S. H. (1998). Collective dynamics of 'small-world' networks. *Nature*, *393*, 440 - 442.

[768] Watzlavick, P. , Beavin, J. , & Jackson, D. (1966). *Pragmatics of human communication*. New York: Norton.

[769] Weber, M. (1947). *The theory of social and economic organization* (A. H. Henderson & T. Parsons, Eds. & Trans.). Glencoe, IL: Free Press.

[770] Weber, S. (2000). The political economy of Open Source software. (BRIE Working Paper 140). University of California, Berkeley.

[771] Wegner, D. M. (1987). Transactive memory: A contemporary analysis of the group mind. In B. Mullen & G. R. Goethals (Eds.), *Theories of group behavior* (pp. 185 - 208). New York: Springer-Verlag.

[772] Wegner, D. M. (1995). A computer network model of human transactive memory. *Social Cognition*, *13* (*3*), 319 - 339.

374 [773] Wegner, D. M. , Erber, R. , & Raymond, P. (1991). Transactive memory in close relationships. *Journal of Personality and Social Psychology*, *61*, 923 - 929.

[774] Weick, K. E. (1979). *The social psychology of organizing* (2d ed.). Reading, MA: Addison-Wesley.

[775] Weick, K. E. , & Bougon, M. G. (1986). Organizations as cognitive maps: Charting ways to success and failure. In H. P. Sims, Jr. , & D. A. Gioia (Eds.), *Social cognition in organizations* (pp. 102 - 135). San Francisco: Jossey-Bass.

[776] Weiner, N. (1956). *The human use of human beings*: *Cybernetics and society* (2d. ed.). Garden City, NY: Doubleday.

[777] Wellman, B. (1988). Structural analysis: From method and metaphor to theory and substance. In B. Wellman & S. D. Berkowitz (Eds.), *Social structures*: *A network approach* (pp. 19 - 61). Cambridge: Cambridge University Press.

[778] Wellman, B. (1992). Which types of ties and networks provide what kinds of social support? In E. J. Lawler (Ed.), *Advances in group processes* (Vol. 9, pp. 207 - 235). Greenwich, CT: JAI.

[779] Wellman, B. (2000). Changing connectivity: A future history of Y2.03K. *Sociological Research Online*, *4*. Available online at: http://www.socresonline.org.uk/4/4/wellman.html

[780] Wellman, B. (2001). Computer networks as social networks. *Science*, *293*, 2031 - 2034.

[781] Wellman, B., Quan Haase, A., Witte, J., & Hampton, K. (2001). Does the Internet increase, decrease, or supplement social capital? Social networks, participation, and community commitment. *American Behavioral Scientist*, *45*, 437 - 456.

[782] Wellman, B., Salaff, J., Dimitrova, D., Garton, L., Gulia, M., & Haythomth waite, C. (1996). Computer networks as social networks: Collaborative work, telework, and virtual community. *Annual Review of Sociology*, *22*, 213 - 238.

[783] Wellman, B., & Wortley, S. (1989). Brothers' keepers: Situating kinship relations in broader networks of social support. *Sociological Perspectives*, *32*, 273 - 306.

[784] Wellman, B., & Wortley, S. (1990). Different strokes from different folks: Community ties and social support. *American Journal of Sociology*, *96*, 558 - 588.

[785] Westphal, J. D., Gulati, R., & Shortell, S. M. (1997). Customization or conformity? An institutional and network perspective on the content and consequences of TQM adoption. *Administrative Science Quarterly*, *42*, 366 - 394.

[786] White, D. R., & Reitz, K. P. (1989). Rethinking the role concept: Homomor phisms on social networks. In L. C. Freeman, D. R. White, & A. K. Romney (Eds.), *Research methods in social network analysis* (pp. 429 - 488). Fairfax, VA: George Mason University Press.

[787] White, H. C., Boorman, S. A., & Breiger, R. L. (1976). Social structure from multiple networks, I: Block-models of roles and positions. *American Journal of Sociology*, *81*, 730 - 780.

[788] Wiener, N. (1948). *Cybernetics or control and communication in the animal and machine*. Cambridge, MA: MIT Press. 375

[789] Wiener, N. (1956). *The human use of human beings: Cybernetics and society*. New York: De Capo.

[790] Wigand, R. T. (1988). Communication network analysis: History and overview. In G. Goldhaber & G. Barnett (Eds.), *Handbook of organizational communication* (pp. 319 - 359). New York: Ablex.

[791] Wilier, D., & Skvoretz, J. (1997). Network connection and exchange ratios: Theory, predictions, and experimental tests. *Advances in Group Processes*, *14*, 199 - 234.

[792] Williams, P. (2001). Transnational criminal networks. In J. Arquilla & D. Ronfeldt (Eds.), *Networks and Netwars: The future of terror, crime, and militancy* (pp. 61 - 97). Santa Monica, CA: RAND.

[793] Williamson, O. E. (1975). *Markets and hierarchies: Analysis and antitrust implications, a study of the economics of internal organization*. New York: Free Press.

[794] Williamson, O. E. (1985). *The economic institutions of capitalism: Firms, markets, relational contracting*. New York: Free Press.

[795] Williamson, O. E. (1991). Comparative economic organization: The analysis of discrete structural alternatives. *Administrative Science Quarterly*, *36*, 269 - 296.

[796] Wilson, E. O. (1971). *The insect societies*. Cambridge, MA: Harvard University Press.

[797] Woelfel, J. (1993). Artificial neural networks in policy research: A current assessment. *Journal of Communication*, *43*, 62 - 80.

[798] Woelfel, J., & Fink, E. L. (1980). *The Galileo system: A theory of social measurement and its application*. New York: Academic Press.

[799] Woelfel, J., & Stoyanoff, N. J. (1993). CATPAC: *A neural network for qualitative analysis of text*. Amherst, MA: RAH. Available online at: http://www.galileoco.com/pdf/catpac.pdf

[800] Wright, S. (1931). Evolution in Mendelian populations. Genetics, 16, 97.

[801] Wright, S. (1932). The roles of mutation, inbreeding, crossbreeding, and selection in evolution. *Proceedings of the Sixth International Congress on Genetics*, *1*, 356.

[802] Yamagishi, T., Gillmore, M. R., & Cook, K. S. (1988). Network connections and the distribution of power in exchange networks. *American Journal*

of Sociology, *93*, 833 - 851.

[803] Yates, J. (1989). *Control through communication: The rise of system in American management*. Baltimore, MA: Johns Hopkins University Press.

[804] Yoshino, M. Y., & Rangan, U. A. (1995). *Strategic alliances: An entrepreneurial approach to globalization*. Boston, MA: Harvard Business School Press.

[805] Zack, M. H., & McKenney, J. L. (1995). Social context and interaction in ongoing computer-supported management groups. *Organization Science*, *6*, 394 - 422.

[806] Zahn, G. L. (1991). Face-to-face communication in an office setting: 376
The effects of position, proximity, and exposure. *Communication Research*, *18*, 737 - 754.

[807] Zajac, E. J., & Olsen, C. P. (1993). From transaction cost to transactional value analysis: Implications for the study of interorganizational strategies. *Journal of Management Studies*, *30*, 131 - 145.

[808] Zeggelink, E. P. H. (1993). *Strangers into friends: The evolution of friendship networks using an individual oriented modeling approach*. Amsterdam: Thesis Publishers.

[809] Zeggelink, E. P. H., Stokman, F. N., & van de Bunt, G. G. (1996). The emergence of groups in the evolution of friendship networks. *Journal of Mathematical Sociology*, *21*, 29 - 55.

[810] Zenger, T. R., & Lawrence, B. S. (1989). Organizational demography: The differential effects of age and tenure distributions on technical communication. *Academy of Management Journal*, *32*, 353 - 376.

[811] Zey-Ferrell, M., & Ferrell, O. C. (1982). Role set configuration and opportunity as predictors of unethical behavior in organizations. *Human Relations*, *35*, 587 - 604.

[812] Zinger, J. T., Blanco, H., Zanibbi, L., & Mount, J. (1996). An empirical study of the small business support network—The entrepreneur's perspective. *Canadian Journal of Administrative Sciences*, *13*, 347 - 357.

译后记

2004年8月，在北京大学举办的首届“北京论坛”上，我和Noshir Contractor教授被分在同一个分会场。在交谈中我们惊喜地发现，双方的研究兴趣和方法惊人地一致。我们都十分关注网络带来的社会影响，认为这是当今人类社会面临的紧迫问题之一；我们都十分强调在这个问题上，坚持跨学科、多层次、多视角的必要性和重要性；而且在研究方法上，我们都对计算机模拟和建模进行了多年的工作。从进一步研究工作的角度，我当时最感兴趣的是他们对于社会网络分析（SNA）方法的研究和应用，以及已经投入使用的软件系统。Noshir Contractor教授告诉我，他不久前出版的一本书集中介绍了这两方面的内容，并立即送给我一本。在初步阅读之后，我立即感到需要这本书的决不止是我，中国学术界需要这样的“他山之石”。我向Noshir Contractor教授提出了翻译出版的建议，得到了他的热情支持。这就是今天读者手里这本书的由来。

这本书的翻译是我们这个研究群体——中国人民大学经济科学实验室（这个名字是历史的产物，实在有点名不副实）长期工作的一部分。作为信息学院的一部分，我和我的同事们、学生们基本上是学习计算机的工程技术人员，用现在时髦的用语来说，属于IT之列。所以我们的研究是从非常具体的、实际的项目开始的。从20世纪80年代的企事业单位的管理信息系统（MIS），到90年代的电子商务和后来的电子政务，一直到近年来的基于INTERNET的远程医疗和教育系统，近三十年间，我们几乎涉及了计算机应用的所有领域。实际经验（事实上更多的是教训）使我们深刻地体会到，凡是真正对社会有用的、成功的计算机应用案例，都是充分考虑了包括社会因素在内的、复杂系统的行为和规律才能实现的。因此，我们的注意力逐步转向寻求认识和研究复杂系统的方法论，转向与社会科学的交界和接口，逐渐偏离了纯粹的、原汁原味的工程方向。了解中国学术界的读者一定能够理解，这在树型结构的学科体系形成的体制下，无疑是一条艰难的、吃力不讨好的道路。然而，实践告诉我们，社会需要这样的研究工作，科学也需要这样的研究工作。

当然，这是非常艰巨和庞大的事业。它不但需要有超越学科界限的广阔视野，还需要对于社会实践和新生事物的敏感和密切关注，更需要冲破传统观念的创新精神，任何群体和个人顶多不过是这个事业中的一滴水。作为我们这样一个小小的、力量有限的学术团队，能做的事情当然只能是十分有限的。经过思考和摸索，我们选择了几百年来，中国学人常走的一条道路：从翻译介绍入手。从 90 年代开始，我们先后翻译了关于复杂适应系统（CAS）理论的《隐秩序》(J. Holland)、《涌现》(J. Holland)，关于复杂网络理论的《小小世界》(D. Watts)，关于新经济的《电子商务革命与新经济》等相关著作。正在翻译的还有《社会网络分析》和《六度分隔》两本书。前后联系起来，读者就可以看出其中的内在联系，现在这本书正是这一系列工作的有机组成部分。我们希望这些工作对于有志于这一领域研究工作的同行将会有所裨益。

在一个新的领域中从事翻译介绍，从理解到文字，自然会有许多难以处理的难题，这是必然的、很自然的。这也就是翻译工作拖了五年之久的根本原因。自然我们的水平和能力的限制也造成了相当的延迟。十分幸运的是，在本书的翻译过程中，我们得到了对此领域早有研究的中国科技大学褚建勋副教授的大力帮助。他慨然承担了校阅的繁重工作，从专业的视角纠正错误、润色文字，使译文的质量得到了明显的提升。即使这样，翻译过程中的不妥之处甚至错误也还在所难免，恳请读者及时指出，以便在再版的时候订正。

五年来，几届博士生、硕士生分别以翻译、讨论、互相校阅等方式参与了本书的翻译工作，特别是赵雪、李坤、陈珊珊等，在此不能一一列举。博士生刘颖（现为北京邮电大学人文学院网络文化研究中心讲师）承担了最后定稿阶段的大量工作。实验室的许多老师也对本书的翻译工作给予了关心和帮助。作为主要译者，在此对所有对本书的翻译做出贡献的师生表示衷心的感谢。冯丽君、顾晓波通读了全书，并提出了宝贵意见。对承担校阅工作的褚建勋副教授，再次表示衷心的感谢。

中国人民大学信息学院经济科学实验室

陈　禹

图书在版编目（CIP）数据

传播网络理论/芒戈（Monge，P. R.）等著；陈禹等译.
北京：中国人民大学出版社，2009.8
（网络经济译丛）
Theories of Communication Networks
ISBN 978-7-300-11093-6

Ⅰ.传…
Ⅱ.①芒…②陈…
Ⅲ.传播学一研究
Ⅳ.G206

中国版本图书馆CIP数据核字（2009）第140289号

网络经济译丛
传播网络理论
彼得·R·芒戈　诺什·S·康特拉克特　著
陈　禹　刘　颖　等译
褚建勋　等审校

出版发行	中国人民大学出版社		
社　　址	北京中关村大街31号	**邮政编码**	100080
电　　话	010－62511242（总编室）		010－62511398（质管部）
	010－82501766（邮购部）		010－62514148（门市部）
	010－62515195（发行公司）		010－62515275（盗版举报）
网　　址	http://www.crup.com.cn		
	http://www.ttrnet.com（人大教研网）		
经　　销	新华书店		
印　　刷	北京新丰印刷厂		
规　　格	155 mm×230 mm　16开本	**版　　次**	2009年8月第1版
印　　张	25.25　插页1	**印　　次**	2009年8月第1次印刷
字　　数	353 000	**定　　价**	42.00元